远东国际军事法庭庭审记录·中国部分
——侵占东北辩方举证（上）

Transcripts of the Proceedings
of the International Military Tribunal for the Far East:
The China related
——Manchuria Division (Volumn 1)

主编　程兆奇
韩华　译　龚志伟　校

上海交通大学出版社
SHANGHAI JIAO TONG UNIVERSITY PRESS

国家图书馆出版社
National Library of China Publishing House

内容提要

本书为《远东国际军事法庭庭审记录》中国部分选译系列。本书所译是远东国际军事法庭庭审记录——中国部份：侵占东北辩方举证，本册内容主要分为以下五方面：第一，九一八事变之前的问题；第二，九一八事变及相关后续事件；第三，满洲的特殊性及"满洲国"的成立；第四，"满洲国"的国际问题；第五，"满洲国"的内政。

图书在版编目(CIP)数据

远东国际军事法庭庭审记录.中国部分／东京审判研究中心编译.—上海：上海交通大学出版社，2016
ISBN 978-7-313-14847-6

Ⅰ.①远… Ⅱ.①东… Ⅲ.①远东国际军事法庭—史料 Ⅳ.①D995

中国版本图书馆CIP数据核字(2016)第080135号

远东国际军事法庭庭审记录·中国部分
——侵占东北辩方举证（上）

主　　编：程兆奇	译　者：韩　华
出版发行：上海交通大学出版社	地　址：上海市番禺路951号
邮政编码：200030	电　话：021-64071208
出 版 人：韩建民	
印　　制：上海景条印刷有限公司	经　销：全国新华书店
开　　本：787 mm×960 mm　1/16	印　张：32.25
字　　数：413千字	
版　　次：2016年5月第1版	印　次：2016年5月第1次印刷
书　　号：ISBN 978-7-313-14847-6/D	
定　　价：(共十二册) 1200.00元	

版权所有　侵权必究
告读者：如发现本书有印装质量问题请与印刷厂质量科联系
联系电话：021-59815625 * 8028

前　言

日本发动侵华战争后,英国《曼彻斯特卫报》(*Manchester Guardian*)派往中国报道战局的记者田伯烈(H. J. Timperley),曾在其编纂的《外人目睹中之日军暴行》(*What War Means — The Japanese Atrocities in China*)一书中这样写道:"中国已经发生的和正在发生的事态,对于全世界人士,不管是集体安全主义者或孤立主义者,都有切肤的关系……除非人类准备长期放弃是非曲直的权利,除非人类甘冒绝大的危险,使中国目前所遭遇的无可名状的恐怖苦难,再演于将来,那么,全世界人士对于英勇抗战的中国,就不应该袖手旁观,漠不关心。"

人类不会放弃是非曲直的权利！第二次世界大战后,东京审判对日本侵华的战争罪行进行了总结。远东国际军事法庭的庭审记录记下了日本侵华的确凿事实,也记下了在法庭上辩方极力否定、美化日本在中国所犯的全部罪行,在辩护词和证据中利用所有有利于己方的资料为日本罪犯开脱、做出在内容上不符合历史事实的反证和辩护,更记下了法庭对日本战争罪犯的判决。

本册内容是远东国际军事法庭庭审记录中有关日本侵略我国东北阶段的辩方反证,概括辩方提供的反证证据、辩方证人证词等内容,分为以下五方面:

第一,九一八事变之前的问题

为了回应检方提出的有关日本在满洲权益的起源,日本在满洲的防务和驻军,以及"满洲国"建立的起因等指控,辩方提出反证,竭力证明在九一八事变之前,中国的内战局势、满洲的土匪活动严重威胁日本在东北的利益、日本人的生命与财产,并将日本在东北的驻军、种种侵略渗透辩称为保护日本在满洲的各种正当权益,以及维护满洲的和平与秩序。

第二,九一八事变及相关后续事件

辩方提出证据,否认精心策划九一八事变的阴谋,颠倒关东军发动九一八事变、制造借口侵略中国的事实,反诬关东军遭到中国军队的袭击,宣称关东军进攻东北军北大营是因为日本居民与关东军驻军自身在突发事件中的危险状态、关东军保护其同胞财产安全与免遭灾难,它完全是出于自卫需要而采取的军事行动;辩方还否认关东军发动九一八事变与东京政府存在关系。

辩方提出证据,试图证明九一八事变之后,日本对东北的侵略是为了恢复满洲的和平与秩序、防范土匪,其军事行动限于适当防卫需要的最低程度。在辩方证词中,发生在1932年的一二八事变、日军进犯上海,其起因是蔓延整个长江流域的抵制日货与恐怖活动、一触即发的上海暴徒骚乱;日军为了保护上海的公共租界而进入战备状态,却遭到中国第十九路军的攻击。辩方证词完全不顾事实真相,企图掩盖日军进犯上海的侵略罪行,推卸战争责任。

第三,满洲的特殊性及"满洲国"的成立

辩方提出证据,极力证明满洲各方面的特殊性:满人与中国人(汉人)有很大区别,满洲在满族统治中国的时期,是汉人的"禁地";1911年辛亥革命以后,满洲各地发生独立运动,以及拥护前清宣统皇帝溥仪复辟的民众运动,"满洲国"的独立是在满洲人长期存在的传统与愿望下的一个必然结果。辩方证词将满洲的特殊性与"满洲国"成立直接联系起来,并将日本侵占中国东北、扶植傀儡政府建立"满洲国"的罪恶行径,强加为东北民族自决运动的结果。

第四,"满洲国"的国际问题

辩方提出证据,证明"满洲国"不受日本控制,具有独立主权,日本不仅承认"满洲国",还与"满洲国"签署协议,承诺日本尊重"满洲国"的独立与领土主权、日本将以自行决定的方式对"满洲国"提供支持和援助、日本与"满洲国"将合作进行防卫,鼓励"满洲国"、中国与日本之间建立友好关系,以及经济合作等协议条款,并提出"满洲国"获得了多国承认、具有国际地位的证据。辩方证词罔顾历史真相,歪曲事实,竭力维护日本侵略权益、证明为并吞中国领土做掩护而树立的傀儡政权的"合法",然而这样的证据终究不能掩盖真相!

第五,"满洲国"的内政

辩方提出证据,试图证明,"满洲国"建立了合法的政策,开展了必要的改革,国家恢复了和平与秩序,生命与财产受到保护从而免遭土匪与军阀之祸,国家和人民的财富由此大大增加等。辩方提出证据,企图证明在"满洲国"进行了鸦片与毒品立法,建立了戒毒医院,并制订计划根除鸦片黑市交易,通过逐步控制与采取纠正措施的方式最终实现彻底禁止鸦片与毒品交易。

本册中译完成后,由龚志伟校对。在出版过程中,得到上海交通大学东京审判研究中心的程兆奇教授、赵玉蕙、龚志伟,以及上海交通大学出版社郁金豹、金迪、姜津津的大力支持,在此表示真诚的感谢。

韩　华

2014年8月

本册出庭发言者

法官
威廉·弗拉德·韦伯

检察官
亚瑟·S.柯明斯-卡尔　　亨利·格兰顿·诺兰
弗兰克·S.塔夫纳　　　鄂森
罗纳德·亨利·奎廉

辩护律师
劳伦斯·P.麦克马纳斯　　萨缪尔·艾伦·罗伯茨
威廉·洛根　　　　　　三文字正平
富兰克林·E.沃伦　　　阪埜淳吉
冈本敏男　　　　　　　太田金次郎
贝弗利·M.科尔曼　　　迈克尔·列文
罗杰·F.科尔　　　　　弗洛伊德·J.马蒂斯
大原信一　　　　　　　乔治·A.弗内斯
阿尔弗雷德·W.布鲁克斯　宗宫信次
本·布鲁斯·布雷克尼　　阿里斯蒂德斯·G.拉扎勒斯
山田半藏　　　　　　　林逸郎
欧文·坎宁安

证人

山口重次	岛本正一
片仓衷	远藤三郎
金井章次	鲛岛具重
本庄一雄	北浦丰男
川村享一	丹下薰二
平田幸宏	有马成甫
武田寿一	大山文雄
河边虎四郎	和知鹰二

凡 例

1. 本书所译,为东京审判庭审记录内容中1946年7月29日至同年9月5日期间的中国部分,以日本在华的毒品贸易和1937年前日本侵略中国华北、东北的庭审记录为主。

2. 本书主要根据庭审记录日文版翻译,参照英文版校对,内容按照庭审记录顺序排列,不作变更。

3. 书前"本册出庭发言者"名单,为译者整理而成。

4. 为方便阅读,由译者将全书分段并加各段标题。分段主要根据庭审内容,标题仅起提示作用。

5. 译文中一些历史名词如"满洲国"、"冀东防共自治政府"等,保留原状。

6. 脚注为译者所加。

7. 原文中少量明显错误或者有疑问的地方,译文以脚注作了说明。

8. 译稿中的引文,有的地方参考或征引了现有的译文(如《李顿调查团报告书》),恕不一一指出。

目　录

一、满洲阶段开场陈词　001

二、《李顿调查团报告书》所记九一八事变前满洲情况　016

三、"三国干涉还辽"相关文件　062

四、山口重次作证：事变前满洲的自治活动　077

五、片仓衷作证"柳条沟事变"　112

六、九一八事变前的中日关系　218

七、金井章次作证协和会　260

八、柳条沟事变中的本庄繁　268

九、柳条沟事变中的关东军　287

十、河边虎四郎作证"满蒙开发"　353

十一、侵略热河　375

十二、日本海军与一·二八事变　424

十三、九一八事变与日本国内政治　444

索引　477

一、满洲阶段开场陈词

1947 年 3 月 18 日,星期二
日本东京都旧陆军省大楼内远东国际军事法庭

……

(15 时继续开庭)

……

麦克马纳斯辩护律师:如果庭长阁下允许,我想介绍沃伦少校继续下一阶段,即满洲阶段辩护方反证的工作。

洛根辩护律师:如果法庭允许,我请求声明,有一些证人不能在第一批证人中出庭,我们将在之后的对"满洲国"的经济侵略陈述时,再一同传唤他们出庭。

韦伯庭长:沃伦上校。

沃伦辩护律师:如果法庭允许,我不确定翻译处是否注意到我刚才交给他们的文件是开场陈词,他们手里有日语版本。我希望提醒他们,可以和我同步地宣读文件。

语言监督官:好的,沃伦上校。

沃伦辩护律师:我还想声明,原计划由日方在这一阶段的主席冈本先生宣读此段开庭陈词,我也更愿意由他来读。然而,虽然之前我已经通知过他了,但此刻却找不到他。我想征询一下庭长阁下的意见,可否由我来进行这一部分。

韦伯庭长:开始宣读吧,上校。

沃伦辩护律师：谢谢。

首先，我们认为，在谨呈给法庭的关于满洲部分的证据里，涉及1931年9月18日所谓奉天事变的问题被认为莫衷一是，而且《波茨坦公告》也未考虑要起诉这些历史事件。然而，为了回应检方提出的有关日本在满洲权益的起源和防务，以及有关导致"满洲国"建立的起因的指控，我们必须阐明影响相关各方行动的背景环境和情感因素。鉴于时间的流逝，很多重要的证人死亡或者失踪，大量有价值的档案遗失，而这些对于许多被告的辩护过程是非常关键的，因此导致目前的辩护任务非常艰巨和困难。

为加快案情的陈述，将按时间顺序分以下五个子部分：

（1）奉天事变之前的问题；

（2）奉天事变及相关后续事件；

（3）满洲的特殊性及"满洲国"的成立；

（4）"满洲国"的国际问题；

（5）"满洲国"的内政。

第一部分　奉天事变之前的问题

根据《李顿调查团报告书》（第39页）中的陈述，辩方将证实日本在满洲地区的利益源自1894—1895年的中日战争。日本人认为他们在该地区享有道义上的权利，并将其视为防范俄国威胁的"生命线"。所谓三列强的介入（俄国、法国、德国）使日本失去了它在辽东半岛所获得的合法主权。日军撤军后，三大国与大不列颠立即迫使中国割让多处领土。

韦伯庭长：沃伦上校，我了解到松井石根现在病重，需要立即送至医院。根据最高指挥官的命令，我们对此批准执行。

沃伦辩护律师：庭长阁下，我是否可以继续？

俄国通过与中国秘密缔结条约，占领了全部满洲，并试图侵入朝鲜。证据表明，日本为避免遭受与它邻国同样的命运，同俄国在1904—

1905年开战,并实际收复了失去的半岛。

柯明斯-卡尔检察官:庭长阁下,尽管我也不希望现在提出异议打断我的朋友,但是,不能因为我们不反对开庭陈词中包括历史事件,就假定我们连那些把历史事件作为主题的证据也不反对。

沃伦辩护律师:遇到反对意见时,我们再来处理。庭长阁下——

尽管日本与俄国通过在1907年与1916年之间缔结的一系列条约,对各自在满洲与蒙古的势力范围达成了谅解,但过去的经验告诉日本人要小心翼翼地保卫其权利。为此目的,自1905年到1915年,中日之间签订了多项条约与协议。

在1921年至1922年的华盛顿会议前后,日本把它从德国手中夺得的山东半岛权益还给中国,并宣布放弃日本对中国在贷款与顾问上的优先权,以及取消《蓝辛—石井协议》,承认日本在远东主导地位的英日同盟也在这期间中止。这些事实是为了证明日本希望与邻国——尤其是中国——维护友好关系的诚意,尽管日本公民在中国受到了很多不公正的待遇。

这些证据将证明,1911年中国爆发的革命以及1917年俄国革命,使远东陷入彻底的混乱状态。排外运动,尤其是抵制日货和恐怖活动在各地都很猖獗。辩护方将提交证据,证明在奉天事变之前,日本人所遭受的生命和财产损失。我们将证明,中国内战局势日益恶化对日本利益的影响,以及当满洲的张作霖进占华北,并在北京自称为大元帅,国民党从广州开始北伐并在南京建立政权,这些事件对日本的影响。我们还将证明,许多军阀在势力范围内的省份建立独立政权,互相征伐,由此导致的穷兵黩武违反了华盛顿会议裁减中国军队的决议。

我们也将证明,满洲对日本而言,已经是一个不可缺少的食物与原料供应来源,作为交换,日本向满洲提供工业成品与资金,而且,我们也将证明,日本渴望维持与中国的友好,以及维护满洲的和平与秩序。证据将显示,苏联政府与第三国际已经采取了反对列强的政策,这些列强根据现有条约保持与中国的关系。苏联政府的态度以及中国民族主义狂热,引起了日本的重要关切。正如《李顿调查团报告书》第37页上所述:"由于苏联在外蒙古的支配地位,以及共产主义在中国的发展,进一步增加了日本的担忧。"

1928年,张学良继承张作霖之位成为满洲与华北的统帅,他与国民党结盟,试图清除在其势力范围内的外国既得利益;他颁布了很多损害日本与朝鲜居民的歧视性法律法规。我们将证明,张氏政权的这些行为不仅置满洲人民的愿望于不顾,而且也违反了各项中日条约,但《九国公约》并未重视这种情况。

1931年夏天,在第二次若槻内阁外务大臣币原喜重郎的组织下,努力推行民政党的一贯和平政策,其中包括解决在满洲的300多件未决案件。证据将表明,中国人的暴力行为却反而因政策而进一步增加。

尽管有上述事实,我们的证据将显示,所有在满洲和其他地方的前哨驻军都保持在条约规定的最低限度,指挥官都被命令克制进攻行为。我们将提供地图与图表,上面显示了日本公民在满洲的分布、中国军队的数量与位置、日本军队的数量与位置,以及土匪活动的区域。

证据将证明,发生了一系列涉及在满洲合法居住的日本公民的生命与财产受到损失的事件;大规模的盗匪猖獗,土匪盘踞,而且势力之盛中国政府都没有能力彻底剿灭他们。由于中国政府剿匪失败,土匪盛行时常会激起国际抗议,并引发了许多国家的申诉。

我们的证据表明,这些土匪成员形成了盗贼团伙,他们的行为既没有政治动机,也没有得到任何政府的许可。他们以私人组织的形式挑起战斗,本质上完全是为了他们自己的利益。那些土匪团伙的暴力行为的特点与海盗行为的区别在于,他们不是在例如公海这样不在主权国家管辖内、而是在某个国家的领土内活动。这些土匪在满洲及附近地区活动,而日本人在这些区域享受特权。在遇到追击时,他们总是撤回他们的老巢,而中国政府不能在这些地方有效地剿灭他们,其结果是使他们更轻易地逃走,从而逃脱惩罚。

我们将看到,满洲的土匪活动在数量和邪恶程度上与日俱增,而这与政治秩序及适当的执法力度的缺乏程度成正比。政务混乱、压迫和暴政,土匪利用这种环境,实施犯罪并且逍遥法外。这些人尤其危险,因为他们很轻易就能逃脱追捕,而且一旦放下武器就摇身一变成为看不见的敌人。我们将证明,很多落草为寇的平民与士兵时而在家务农,时而从事劫掠的副业,有时还会假装从事一些维护和平的工作,使人看不出他们身上有曾经当兵、为匪的内在和外表。我们将说明,正是由于非法活动出自像这样一些亦民亦匪之手,所以有必要采取充分的防范措施。

证据将证明,1931年7月和8月,新闻媒体报道了"万宝山事件"与"中村大尉事件",于是中日关系在满洲变得紧张,已接近了爆发的边缘。蒋介石将军在9月7日与14日发表了激昂的演说,煽动中国人反对日本人,在这种情况下,很自然地会有将发生大事的谣言。我们将展示,陆军少将建川曾被派往满洲,目的是确定满洲是否执行了东京下达的克制命令。

韦伯庭长: 正好在这里停顿一下,沃伦先生。我们将暂时休庭,直至明天9:30。

沃伦辩护律师: 谢谢。

(16:00休庭,直至1947年3月19日星期三9:30。)

1947年3月19日,星期三
日本东京都旧陆军省大楼内远东国际军事法庭

……

(上午9:30)

……

法庭执行官： 远东国际军事法庭现在开庭。

韦伯庭长： 除了大川周明与松井石根由其辩护律师代理出席外，其他所有被告都出庭了。我们这里有巢鸭监狱医疗负责人提供的证明，证实松井石根由于病重不能参加今天的审判。该证明书将被记录并存档。

沃伦上校。

沃伦辩护律师： 如果法庭允许，大概法庭注意到，我们昨天开始有点唐突，并且我们没找到冈本先生，他原本在为我们这部分的其余阶段作准备，但现在他在这里，并希望继续宣读开庭陈述。

韦伯庭长： 我听说博学的辩护律师英语说得很好，因此，假如他愿意用英语宣读，我们很乐意听他宣读。我的一些同事更愿意直接听到英语。但是，辩护律师可以选择使用英语或者日语。

冈本辩护律师： 庭长阁下，本法庭各位成员，我将继续宣读满洲部份的开庭陈述。

第二部分　奉天事变及相关后续事件

我们将提供证据，1931年9月18日夜间10:00至10:30驻奉天日本守备队的川本中尉，在沿南满铁路巡逻时听到了爆炸声，并遭到中国军队的射击。他予以还击，并向第三中队指挥官川岛大尉报告。川岛大尉当时正在大约向北1 500码处进行夜间军事演习。与此同时，川本中尉打电话给奉天驻军大队指挥官岛本中佐，岛本随即与守备队司令官平田大佐联系。我们的证据将显示，这些军官随后的行动，是由于日本居民与驻军自身在此突发事件中的危险状态，完全是出于自卫需要。20万日本人和80万朝鲜人的生命与财产，仅靠分散在1 000公里长的铁路附属地的1万名关东军士兵保护，而包围这些关东军的张学良军队则超过20万人。

证据还将显示，关东军司令本庄繁中将意识到，保护其同胞免遭灾难的唯一途径是攻占敌人的指挥部。根据《李顿调查团报告书》的叙述，本庄繁命令在旅顺港的舰队开赴营口；但是，我们提供的证据将证明，本庄繁的紧急请求并非是命令，而且遭到津田海军少将的拒绝；证据还将显示，东京的指令否决了他向朝鲜军发出的增援请求。这些事实可以证明，奉天事变的爆发完全是一个意外，有关各方之间也根本没有任何共同的计划或合作。

证据还将显示，在1931年9月19日一大早，当东京政府收到来自奉天的消息后，他们制订了不扩大的政策，并马上将这一决定通过电报发给了本庄繁中将，同时否决了朝鲜军派兵增援满洲的请求。此外，陆军省立即派遣安藤大佐前往奉天开展调查，我们把这份调查结果作为证据向法庭提出。

日内瓦时间19日下午，日本驻国联首席代表芳泽谦吉向国联理事会宣布，在奉天的战斗将被限制在局部范围内。辩护方的证据将表明，他的这段声明、其他相关文件以及保证都是出于诚意，但是发生了一些无法预料的事件，使得形势恶化。

证据将显示，本庄繁中将当时面临进退两难的局面：一方面是本国政府的命令，它显然低估了当时存在的威胁；而另一方面则是满洲居民的急迫恳求。本庄繁是当时唯一可以判断自卫需要的人，他派了一支小分队急速前往长春与吉林进行防卫。9月21日，朝鲜军司令官林中将在东京不知情也没有同意的情况下，派出了一个大队的混合部队，我们提供的证据将澄清林将军这种做法的实际背景。但是，到了月末，政府的指令得到了彻底执行，尽管多次收到哈尔滨居民的保护请求，所有的日本部队还是被悉数撤回铁路附属地。

在奉天与长春的冲突仅持续数小时。直到1931年11月初所谓的江桥阻击战打响时，满洲才出现真正的敌对形势。当时，马占山将军与张海鹏将军争夺在黑龙江的领导权，战火损毁了铁路桥，日本的维修队赶到时，又遭到马占山军队的开枪射击，这就是江桥之战的起因。证据将表明，在关东军采取措施将马占山军队从齐齐哈尔地区驱逐出去之前，日本政府曾与他们进行了旷日持久的谈判。在那之后，根据东京的指令，关东军迅速撤军。11月下半月，关东军向锦州派遣军队支援天津的驻军，随后又退回驻地，根据《李顿调查团报告书》第77页的叙述，"这令使中方十分惊讶"。

在这段时期，关东军主要的责任是保护居民与财产的安全。我们将提供奉天事变前后土匪所犯暴行的证据。因此，日本采取保护措施并保留对非法行为采取行动的权利，是非常重要和必要的。虽然日本完全执行国联理事会于1931年12月10日通过的停止对抗的决议，但是，若要日本拒绝提供必需的保护，或者将这种责任转交给很可能无力应付局面的中国人，那么日本无法承担这么做的风险。

1931年12月10日，若槻内阁辞职，其反对派政友会在首相犬养毅先生的领导下组成了新内阁。我们的证据将显示，12月间，已在锦州建立大本营的张学良军队，趁关东军奉日本政府之令撤退之机越过冰冻的辽河，侵扰奉天地区，并与当地土匪狼狈为奸。在此之前，关东军已就共同撤军和建立中立区事宜与中国进行了各种外交谈判。证据将表明，因中国方面背信弃义，这些外交努力最终付诸东流。12月23日，关东军的特遣部队与搭乘装甲列车前往奉天的张学良军队发生冲突。当日本官方宣布将恢复锦州地区秩序的决定时，张学良的军队撤退，于是，从1932年1月3日开始，锦州居民得到了保护。

1月，丁超将军与吉林省的熙洽将军反目，并围攻哈尔滨城。我们的证据将显示，应日本居民之请，关东军于2月5日进入哈尔滨，并将军事行动限制至适当防卫需要的最低程度。证据还将表明，犬养内阁奉行的政策是恢复满洲的和平与秩序，并防范土匪。

我们将证明，由于抵制日货运动与恐怖活动蔓延整个长江流域，上海的暴徒骚乱一触即发，工部局于1932年1月28日宣布戒严令，在上海的美国、英国、法国、意大利以及日本驻军，根据公共租界防御计划进入战备状态。在执行这项计划时,日本海军陆战队遭到了作为中国第十九路军——一支不属于国民政府中央军的军队——的攻击。从我们的证据可看出,日本海军陆战队在保卫公共租界时遭受了巨大损失。日本从本土派遣了援军,中国军队在日本指挥官的要求下撤退至20公里以外。

之前,日本政府已请求美国、英国、法国与意大利从中斡旋,安排与中国政府的谈判,两国最终于1932年5月5日签订停战协定。我们的证据将显示,日本政府如何设法使冲突限制于局部范围内,如何在建立中立区后避免未来发生冲突,日本立即撤回了全部远征军,甚至放弃了停战协定所授予日本的驻军权力。

第三部分　满洲的特殊性及"满洲国"的成立

满人栖息在满洲,他们与蒙古人、朝鲜人和日本人一样,都属于通古斯部族。满人与中国内地的汉人有很大的区别。我们的证据将显示,中国人,也就是汉人,并没有对满人产生过什么大影响。然而,在1911年革命之前,满族却统治了中国300年。满洲帝国,也就是清王朝,希望满洲成为满族人永久的土地,同时也是汉人的"禁地"。这个限制到后来已经非常宽松,到1911年之后已完全消失。然而,我们将证明,满族人本能地希望保护他们的领土免受中国革命的影响,同时,逃离内战纷争的中国民众也有这样的愿望,他们在满洲找到了和平与安宁。

本世纪初,满洲还是一个不发达的地区,人口稀少,但我们的证据将显示,在此生息的日本和朝鲜居民为这个地区创造了利益,吸引了汉人大量涌入,在短短的40年间,汉人总数已超过1 000万。

证据显示,1920年,苏联承认蒙古人民共和国为一个独立国家。1922年,张作霖从一名土匪首领自封为大元帅,宣布满洲独立,并试图与其他列强建立独立的外交关系。

1929年,苏联入侵满洲。那时,张学良执掌下的奉天政权将财政收入的90%用于军费开支,货币贬值超过100倍。满洲人民奋起反抗张氏家族的暴政,许多人希望前清皇帝回到祖宗发祥地。我们的证据表明,奉天事变爆发后,满洲人开始公开发动各种运动,以实现他们长久以来一直怀有的愿望。

1931年9月24日,袁金铠先生被任命为"辽宁省维持会"委员长。26日,熙洽将军通告吉林省独立。27日,张景惠将军、丁超将军、王瑞华将军,以及其他满洲人成立了"东省特别区治安维持会"。29日,汤玉麟将军宣告热河省完全自治。同一天,于芷山将军宣布东边道自治。10月1日,张海鹏将军宣布洮南独立。我们的证据将表明,关东军不可能在如此短的时间内煽动这么多独立运动。而且,除了奉天与吉林,其他独立运动的区域也没有日本驻军。我们还将提供证据,说明东京政府再三向日本驻满当局发出切勿插手任何满人新政权运动的指令。

我们的证据还显示,在地方各省进行独立运动的同时,还发生了拥护前清宣统皇帝溥仪复辟的民众运动。证据将显示,溥仪的亲信罗振玉联系了吉林的熙洽将军、洮南的张海鹏将军以及张景惠将军与某些蒙古王公,以上诸人都是清朝的坚定拥护者。1931年11月初,来自满洲各省的代表前往天津恳请溥仪的协助。

1931年10月至11月期间张海鹏将军与马占山将军的冲突,以及1932年1月丁超、李杜二将军对熙洽将军的反叛,在张景惠将军与其他满洲官员的努力下都得到了和解。证据将显示,于冲汉先生是推动"保境安民"运动的领导人,他主张脱离旧政权,建立一个新的"国家"。1932年2月16日,以"东北政务委员会"的名义在奉天召集了一次会议,该委员会的成员包括张景惠将军、臧式毅将军、熙洽将军、马占山将军、汤玉麟将军、齐王、凌升,以及赵欣伯先生。1932年2月18日,"东北行政委员会"发表了"满洲独立"的宣言,全票选举溥仪为新"国家"元首,并于3月9日任命溥仪为"满洲国"执政,与"国务总理"郑孝胥先生共同组成第一任政府。通过证据可看到,"满洲国"独立是在满洲人长期存在的传统与愿望下的一个必然结果。

第四部分 "满洲国"的国际问题

新国家的诞生影响到日本人的权益以及在那里的居民,所以需要建立一个保护日侨及日满间和平合作的基础。日本人认为《九国公约》不适用当时的情况,因此,议会提出并通过了一项承认"满洲国"的决议。1932年9月15日,日本驻"满洲国"第一任日大使武藤信义将军与郑孝胥总理签署了协定,日本在这个协定中承认了"满洲国"。我们提供的证据将表明,该协定及其附加条款的目的是为了加强独立,而非限制其主权。

协定包含了以下承诺:

(1) 日本尊重"满洲国"的独立与领土主权。

(2) 为了全体民众的福祉与繁荣,"满洲国"鼓励其各种族之间合作,共同建设国家。

(3) 日本将以自行决定的方式对"满洲国"提供支持和援助。

(4) "满洲国"将维护和平与秩序,为全体居民提供平等保护,打击土匪行为与排外主义。

(5) 日本与所有其他国家得到平等对待。

(6) 日本与"满洲国"将合作进行防卫。

(7) 鼓励日本、"满洲国"与中国之间建立友好关系与经济合作。

1932年4月,马占山反叛新"国家"。丁超与李杜加入马占山部队,但在日军与"满洲国"军队的联合打击下失败,马占山失势,后来丁超出任安东省省长,再后担任"满洲国"的参议府参议。1932年11月,苏炳文反叛"满洲国",1933年2月汤玉麟反叛"满洲国",但是,他们同样被打败了。我们将证明,这些反对叛乱的联合军事行动都是根据一项旨在为"满洲国"的和平与秩序提供援助的协定而执行的,且对俄国或中国的领土不构成侵犯。

国联理事会发布并通过了李顿调查团的报告。日本必须尊重"满洲国"的独立,随之依照《国联公约》第 1 条第 3 段的规定,于 1933 年 3 月退出国联。1933 年 5 月 31 日,日本与中国达成谅解,签署了《塘沽停战协定》,从而解决了那些影响日本、中国、"满洲国"之间关系的事件。

我们的证据还将显示,1933 年 7 月在大连召开了一次会议,讨论中国、日本与"满洲国"之间的经济问题。这为接下来数年签署关于海关、邮政、电信、运输问题的几项协定铺平了道路。尽管有国联一事的嫌隙,中日之间还是恢复了友谊,远东地区重建和平。

我们将证明,1934 年 3 月 1 日,溥仪加冕"满洲国"皇帝。在此期间,美国与日本之间相互释放了善意。4 月,教皇承认了"满洲国"。5 月和 10 月,萨瓦尔多共和国和多米尼加共和国也相继承认"满洲国"。1934 年 9 月和 1935 年 3 月,苏联与"满洲国"分别签署了江河航行权及出售中东铁路的协议。中日两国还宣布并承诺以政府行为履行以下三项原则:互不威胁互不侵略、共同抵御共产主义、经济合作。1935 年 4 月,"满洲国"皇帝出访日本,受到日本人的热烈欢迎。作为文明国家的"满洲国"发展迅速,在现代化的行政与司法制度下,和平与秩序得以重建,这与以前张氏家族统治下的无序腐败的情况形成了鲜明的对比。

我们的证据将显示,1935 年 8 月,日本政府宣布将废除治外法权并放弃在铁路附属区的权利,1937 年 12 月得以落实。我们还将提供证据,意大利在 1937 年 11 月、西班牙在 1937 年 12 月、德国在 1938 年 5 月、波兰在 1938 年 10 月、匈牙利在 1939 年 1 月、斯洛伐克在 1939 年 3 月、罗马尼亚在 1940 年 12 月、保加利亚在 1941 年 5 月、芬兰在 1941 年 7 月,以及克罗地亚、泰国和丹麦在 1941 年 8 月相继承认了"满洲国"的独立地位;我们也将证明其他国际间的外交与贸易关系。

证明还将显示,通过 1941 年的《日苏中立条约》,苏联保证"满洲国"领土神圣不可侵犯。在 1941 年日美谈判期间,美国也暗示愿意承认"满洲国"。

第五部分 "满洲国"的内政

(1)溥仪作证说,他离开天津后完全失去自由,他的政府则是日本的傀儡。我们将出示证据反驳这种论点。我们将提供有关他的笔迹、他复辟皇位的努力以及他要求与日本人合作的证据。

作为一个受宪法限制的现代君主,溥仪的权力不同于先前清朝皇帝专制下的特权。我们的证据将说明宪法之下的"满洲国"执政与皇帝的权力,以及国家大臣与其他官员的职责。证据还将显示,许多成为了"满洲国"公民的日本人,由于能力出众,被邀请出任"满洲国"政府职务。我们将对各种民间团体的活动作出解释,指出它们在讨论国内重要问题、表达民意以及促进"满洲国"各族居民之间实现合作上的帮助。

(2)我们将证明"满洲国"新政府最大程度地关注,并将人民从封建习俗与做法中解放出来。他们引进了现代国家的预算制度,废除契约征税的做法,以合理化的税收制度替代了之前张氏政权下独裁的强迫勒索。还发行了新货币,以取代超过 15 种价值波动的旧货币。为了避免重复浪费与某些行业的竞争,以及使更多民众分享利益,还对新商号建立加强了监管和调整。

我们还将证明,"满洲国"的产业发展五年计划不会侵犯任何国家。提出五年计划的主要考虑是通过保护与利用国家资源为民众带来利益。我们将证明,建立重工业是为了确保稳定的经济,这是一个独立国家的立国之本,同时还可促进自给自足,以应对世界范围垄断经济趋势可能引发的任何危机。证据还将显示,"满洲国"在机会均等原则下努力吸引外国资本与技术。此外,废除治外法权之后,日本居民与其余"满洲国"人一样,受到同样的法律管辖。

我们还将提供有关"满洲国"鸦片与毒品立法的证据,建立了戒毒的医院,使成瘾总人数减少。逐步禁止鸦片的十年计划是一种合理的、实际的措施,它能根除黑市交易,通过逐步控制与采取纠正措施的方式最终实现彻底禁止。

(3)辩方将对《李顿调查团报告书》中未提供或未作详细叙述的问题进行澄清。在最短时间内,"满洲国"建立了合法的政策,并开展了必要的改革,这在其他任何国家的历史上都不曾有过。"满洲国"国民在一个主权完整、独立自主的政府领导下互助互惠,国家恢复了和平与秩序,生命与财产受到保护,从而免遭土匪与军阀之祸,大规模削减军费,减少税收,改革币制与财政制度,废除治外法权,促进民族平等,改善文化与教育制度并提高教育质量标准,国家和人民的财富由此大大增加。

我的开场陈词结束了,感谢本法庭的耐心听取。

沃伦将陈述与第一部分相关的证据文件,即奉天事变爆发前的事件。

韦伯庭长: 我想现在你没有反对意见吧,柯明斯-卡尔先生?你曾经说,在开场陈词结束时你可能会提出反对。

柯明斯-卡尔检察官: 昨天我的意思是,在开场陈词阶段我们不提出反对,等到辩护方提出具体证据以支持开场陈词的某些部分时,再行反对。我希望这么做足以达到我们的目的。

韦伯庭长: 沃伦上校——

沃伦辩护律师: 如果法庭允许,有些辩护方律师请我向本法庭宣读这张纸条:

希望提请本法庭注意以下事实:正如在之前的开场陈词阶段也发生过的那样,由于具体被告人的利益冲突以及辩护方律师的多样性,在被告的个人阶段提供的证据可能会与本开场陈词中的内容不一致。

韦伯庭长: 我们理解。

沃伦辩护律师: 谢谢您。

为了方便语言处，现在我将按照我的解说词顺序开始。

韦伯庭长：柯明斯-卡尔先生。

柯明斯-卡尔检察官：庭长阁下，关于刚才我博学的朋友宣读的纸条，我认为我们在此阶段有权知道，是哪位被告不同意刚才宣读的陈述，以及他们不同意的是哪部分。

韦伯庭长：这将需要花很长的时间说明，并且丝毫无益于我们。而且开场陈词也常常完全遭到省略。

沃伦上校心里想的是什么我并不知道，但是，我推想所有被告都赞成开场陈词中的一些内容，但某些被告可能不会同意全部，或是不赞成其中的某些内容。

当然，对检方有一个公平的问题，假如你们认为沃伦上校应该说明开场陈词是代表了谁的利益，这样对你们才公平的话，那么，我们就请他这样做。

柯明斯-卡尔检察官：庭长阁下，如果是关于开场陈词，我愿意放弃这个请求。但我们尤其渴望知道的是，哪位被告采用了已提供的证据，以及哪位被告将反驳这些证据。

韦伯庭长：好，我知道沉默代表同意的理论并不适用于刑事诉讼中的全部情况，我最近才认识到这一点。然而，既然这些证据并没有被具体的被告明确地反驳，我认为我们就应当适用于每一位有关的实行；也就是说，我们相信这些证据，而且它也基本上没有受到反驳。

沃伦上校。

二、《李顿调查团报告书》所记九一八事变前满洲情况

沃伦辩护律师：如果法庭允许，辩护方希望通过宣读检方删掉的《李顿调查团报告书》，开始陈述满洲部分的辩方证据。如前所述，满洲部分将通过五个章节来陈述。第一章节是关于所谓奉天事变之前的事件。我们希望从《李顿调查团报告书》第13页，"第一章：中国近期发展概述"开始。鉴于我们以为这部分对辩护方很重要，假如法庭允许，我们希望宣读整章内容。

第一章　中国近期发展概述

韦伯庭长：沃伦上校，在你开始之前，我认为你不必画蛇添足，没必要向我们提供证据确认《李顿调查团报告书》的调查结果。

沃伦辩护律师：阁下，对不起，我不能理解法庭这么说的含义。因为我正在宣读《李顿调查团报告书》的相关部分，但我不记得我们曾经告诉法庭，我们将提出证据来支持《李顿调查团报告书》的调查结果。

韦伯庭长：我知道你正在宣读《李顿调查团报告书》，但是，我们不需要你提供证据来补充《报告》，目的是使我们做出与《李顿调查团报告书》相同的调查结果。

沃伦辩护律师：哦，我明白了。

韦伯庭长：这就是你在第一部分说的："奉天事变之前的问题，辩护方将提供证据证实《李顿调查团报告书》中的陈述。"

我再说一遍，我们不需要你证实《李顿调查团报告书》中的陈述。

沃伦辩护律师：好，庭长阁下，可能有一些误解，我们希望做的是提

供李顿调查团所没有的额外的证据。如果当时他们有这些证据，可能他们的决定就会不同了。基于他们有的证据，我们就不做争辩了。

韦伯庭长：我不认为检方对《李顿调查团报告书》中任何调查结果或任何陈述进行了攻击。因此，辩方没必要以更多的证据去证实《李顿调查团报告书》中的任何陈述与调查结果。

但我并没有限制你。你依然可以宣读《李顿调查团报告书》的内容，只要它是有关的和重要的。

沃伦辩护律师：阁下的意思是否是说，辩方不能提供证据对李顿调查团中未提供或未作详细叙述的问题进行澄清吗？

韦伯庭长：你可以澄清《李顿调查团报告书》中任何含混之处。但我并不是说《李顿调查团报告书》中有这样的含混之处，也没有在援引你正在宣读的内容。

我再重复一遍我引用的句子："辩方将提供证据证实《李顿调查团报告书》中的陈述。"那才是我所援引的内容。

沃伦辩护律师：对不起，庭长阁下，我已经向阁下解释过那句话可能存在误解，我们的用意是提供一些证据，这些证据将对《李顿调查团报告书》中也许存在的若干不清楚的问题加以澄清。

韦伯庭长：那是我没有提出的另外一件事，不过你提出来了。

沃伦辩护律师：是的。庭长阁下，我将继续。

　　第一章　中国近期发展概述
　　1931年的九一八事变，第一次使国际注意到了目前的冲突，但九一八事变不过是长时期一系列小摩擦导致的后果，说明了中日关系日趋紧张。了解基本要素——

韦伯庭长：你读的是哪一部分？
沃伦辩护律师：第一章，庭长阁下，第13页，第一段开始。

韦伯庭长： 你从开始读起的？

沃伦辩护律师： 是的。现在正在读第二句，庭长阁下。

为了完全理解现在的冲突，必须了解这两个国家最近关系的基本要素。因此，我们有必要将问题的研究延伸出满洲以外，并最大范围地考虑所有决定目前中日关系的因素。中华民国强烈的民族愿望，日本帝国与前沙俄帝国的扩张政策，目前苏联的共产主义传播，这三个国家经济与战略的需要：诸如此类的问题，对于任何满洲问题研究都是具有根本性的要素。

满洲是位于日本与俄国之间的中国领土，它已成为政治纷争的中心，三个国家间所有的战争一直是为了满洲。满洲事实上是需求与政策的冲突会集之地，只有先对这些要素进行调查后，才可能充分了解目前冲突的具体事实。因此，我们将逐一回顾这些根本要素。

中国最重要的是国家正在缓慢进行的现代化。当今的中国是一个正在发生变化的国家，国家生活的各个方面显示出变革的迹象，自从1911年革命以后，政治剧变、国内战争、动荡不安的社会与经济局面，以及由此造成软弱的中央政府一直是中国的特征。以上状况已经对与中国来往的所有国家都带来不利影响，如果不加以改进，必将持续威胁世界和平，并影响到世界经济的衰退。

在目前阶段，我们只能就目前状况提供简要介绍，也没有力求提供全面的历史。在中国与西方人来往的第一个世纪中，就西方影响而言，中国实际上依然是一个封闭的国家。19世纪初，由于现代交通的发展缩短了距离，使远东纳入了其他国家易于到达的范围，中国的闭关锁国状况也必然会结束，但事实上，中国还没有为这种新的交往做好准备。1842年战争结束后签订了《南京条约》，向外国贸易与居民开放了一些通商口岸，使外国影响进入了一个政府尚未准备好来消化这些影响的国家。在它还无法满足外国商人在管理、法律、司法、知识与卫生等方面的需要时,外国商人就开始在这些港口安家,而且随之带去了所习惯的条件与标准。外国人聚集的城市在条约口岸迅速兴起,同时,外国的组织、管理与商业方式也展现了威力。任何一方试图打压另一方的努力都没有收效,但长期以来的摩擦和误解逐渐积累。

一连串的军事冲突证明了外国军事的功效,中国希望,通过按照西方的方法建立兵工厂与军事训练,以武力对抗武力。由于它朝此方向的努力受到了诸多限制,注定以失败告终。为了使中国能够与外国人抗衡,需要进行更多的基本改革,但是中国并不希望进行这样的改革。相反,它只想保护它的文化与领土,防范外国人。

当日本最初向西方开放时,也面临着同样问题:新的交往带来的令人不安的想法和不同标准之间的冲突,导致建立外国租界地,订立单方面的关税协定,以及治外法权的要求。但是,日本通过国内改革,通过提高标准以满足西方国家的现代要求,以及通过外交谈判,解决了这些问题。尽管日本也许还没有完全消化吸收西方的思想,而且在不同时代人的新旧思想之间有时可能出现摩擦,但是,日本在没有减少其悠久的传统价值的前提下,迅速与彻底地吸收了西方的科学和技术,并采纳了西方的标准,这种发展得到了普遍的赞赏。

无论日本吸收与改革的问题可能存在多大的困难,中国面临的问题还是要困难得多,因为中国领土辽阔,人民缺乏团结,以及税收不是全部上缴中央国库的传统财政制度。尽管中国必须解决问题要比日本面对的问题复杂得多,在两者间进行任何比较都有失公平,但中国的解决方案必须最终沿用日本曾采用的类似路线。中国不愿意接受外国人以及它对待在华外国人态度,一定会带来严重的后果。统治者关注于抵抗与限制外国影响，并拒绝自己从外国租界内更先进的发展经验中获益。造成的结果是，中国几乎完全忽视了那些使国家能应对新环境所必需的建设性改革。

由于在各自权益和国际关系的观念上存在不可避免的矛盾冲突而导致了战争与争端，其结果是逐步被迫交出国家主权与暂时或永久地丧失领土。中国失去了阿穆尔河北岸与沿海各省的大片土地、流球群岛、香港、缅甸、越南、老挝、交趾中国、台湾、朝鲜，以及其他一些册封属国；并同意长期出租其他一些领土。允许外国法庭、行政官、警察与军队机构进入中国的国土。暂时失去了它主管进出口关税的权利。中国不得不支付外国人的人身、财产损失赔偿金以及造成沉重财政负担的巨额战争赔款。外国列强对中国领土的瓜分甚至威胁到了它的存活。

中国在1894—1895年中日战争中的失败以及1900年义和团运动造成的灾难后果，使一些有远见的领导者看到了进行根本性改革的必要性。改革运动起初愿意承认满族皇室的领导，但是，当这次变法运动及其领导人被出卖给慈禧太后之后，变法遭到了清王朝的镇压，光绪皇帝因为百日维新而受到处罚，实质上被囚禁起来，直到1908年去世。

满清王朝统治了中国250年。清朝晚期的势力被接二连三的叛乱削弱：太平天国叛乱（1850—1865）、云南回民起义（1856—1857）以及喀什噶尔人的叛乱（1866—1874）。尤其是太平天国叛乱，动摇了帝国的根基并严重打击了清王朝的威望，自此一蹶不振。最终，在1908年慈禧太后去世后，清王朝也因内在弱点而陷入崩溃。

在尝试了一些小规模的起义之后，革命者在华南取得了成功。在南京建立了短暂的民国政府，这次革命的最主要领导者孙逸仙博士出任临时大总统。1912年2月12日，当时的隆裕太后以年幼的宣统皇帝的名义下诏退位,随即成立了临时的立宪政体,由袁世凯担任总统。随着宣统皇帝退位,他在各省、县和地区的代表就失去了从前的影响力与威望,成为了普通人,身边只剩下很有限的人听从他们的命令。此外,各省军人不可避免地逐步取代了行政总督的地位。同样地,中央行政的职位也全是由那些得到了势力最强的省级或地方军队长官支持的军队将领控制。

军事独裁的趋势在北方更加明显,由于军队为许多革命提供了支持,这为他们赢得了一些民众支持。军队领导人纷纷将革命成功的功劳揽于自己的身上。他们中大多数是北方将领,形成了所谓的北洋军阀派——这些人出身卑微,在甲午中日战争之后由袁世凯训练的模范军队(新军)中逐渐成长为高级将领。在中国,因为还没有形成类似西方组织的那种集体忠诚,这些将领得到袁世凯的信任基本上都是出于个人效忠的关系。袁世凯任命他们为控制各省的督军,他们在那里执掌大权,可以随意使用省里的收入供养私人军队及其支持者使用。

但南方各省的情形就不一样了。部分由于与外国人交往较深,部分由于南方的社会情况与北方不同,南方民众向来反对军事独裁政治和外部的官方干预。孙逸仙博士与其他一些领导人保持着对宪政主义的信念。然而,他们身后几乎没有军事力量的支持,因为改组的军队在长江以南各省还没有太多进展,而且,他们也没有装备精良的武器。

在历时长久的拖延之后,1913年,第一届国会终于在北京召开,袁世凯巩固了他的军事地位,但仍缺乏充足的财政资源来确保地方军队的忠心。一笔巨额外国贷款,即所谓的善后大借款,为他提供必要的财政来源。但是,在没有国会同意的条件下,袁世凯就签订贷款协议,该行径激发了其政治对手国民党在孙博士的领导下公开的反对活动。从军事方面而言,南方一直弱于北方,而北方将领占领了多个南方省份后,南方的军事实力就更加弱了。

1913年袁世凯解散了国会,其后曾有数次运动恢复旧国会,或召集变相国会,两次运动设立君主政体,总统与内阁也发生了若干变化,军事将领不断改变效忠目标,还有若干省份宣布临时独立。在广州,以孙博士为首的国民党政府,自1917年之后成功地立足并发展,除了中间短暂时间的停顿。这些年来,中国饱受各派系的战争之苦;还有一直都存在的土匪,通过招募身无分文的农民、饥荒地区的绝望百姓以及发不下军饷的士兵,已发展成为真正的军队。甚至那些在南方作战、拥护宪政的人,也不断面临着他们之间的军事争斗而引发的危险。

1923年,俄国革命者建议孙逸仙博士:为确保事业胜利,必须有一个明确的计划、严格的党纪和系统的宣传,因此,孙逸仙博士根据他所发表的"宣言"与"三民主义原则"对国民党进行了改组。通过中央执行委员会的协调,建立了系统的组织并确保了党纪与统一行动。在俄国军官的帮助下,黄埔军校为党培训高效军队以及认同国民党理念的军官,同时,政治训练学校还培养了地方分部的宣传者与组织者。通过这样的训练,国民党很快与普遍的民众建立了联系,他们组织地方分部、农民与工会中的支持者加入国民党。在1925年孙中山博士逝世以后,这种对民众思想的初步控制通过国民党军队成功的北伐继续加强,到1928年底,实现多年来的第一次名义上的统一,以及持续了一定时期的统一措施。

孙中山博士的第一阶段,或者说军政阶段,实现了成功的目标。

然后开始了第二阶段,也就是国民党独裁下的训政阶段,注重于培养民众自治行为,以及重建国家。

1927年,国民党在南京建立了中央政府。国民党控制中央政府,但在事实上,它只是党的一个重要机关。它由五院或者委员会组成（行政院、立法院、司法院、监察院与考试院）。政府尽可能密切效仿孙中山博士的"五权宪法"路线——孟德斯鸠的三权分立外加两个古老的中国制度，即监察机构与考试机构——为了推动过渡到最后的宪政阶段。在宪政阶段，通过人民直接管理或是人民选举的代表管理，人民将自己掌控政府的发展方向。

同样地，在各省采用了委员制组织省级政府，而在乡村、市镇和各区，将教育民众进行地方自治。国民党还准备实施它的政治与经济的重建计划，但是，由于国内的纷争、拥有私人军队的各督军反叛以及共产主义的威胁，这一重建计划受到了阻碍。事实上，中央政府多次不得不为生存下去而战。

尽管暂时表面维持了统一，但是，一旦强大的军阀之间缔结联盟，并率军反对南京政府，甚至连这种表面统一也维持不了了。尽管军阀们从未取得成功，但是，甚至在他们被击败之后，他们仍保持着不容忽视的潜在军事力量。此外，他们从未也不认为反对中央政府的战争是叛乱行为，在他们看来，只不过是在他们派系与另一派系的霸权之争，只不过对方正好驻扎在国家首都，而且是外国列强承认的中央政府。这种缺乏等级的关系更加危险，因为党内自身严重的纷争，已经削弱了中央政府作为孙博士无可争议继任者的地位。这种新的分裂疏远了有影响力的南方将领，他们退回到广州，那里的地方政府与国民党地方分部的行动通常独立于中央政府。

从这摘要描述看出，中国的分裂势力依然强大。缺乏凝集力的原因是民众更倾向于考虑家庭和个人忠诚，而不是国家，除非是在自己的国家与外国列强的关系到了最紧张的时刻。尽管目前已有一些领导人超越了党派主义，但很明显，只有让更多的民众具有国家的全局观，才有可能实现真正的国家统一。

中国处于特殊的过渡时期，不可避免地会出现政治、社会、知识和道德上的混乱,而这些不但使它的朋友感到失望,而且产生的敌对也对和平形成了隐患。但尽管如此,尽管存在着各种困难、拖延和失败,但在事实上还是取得了很大的进展。在目前的争论中经常出现的一个论调是:中国不是"一个井井有序的国家",而是"一个陷于完全混乱和极端无政府主义的国家",它目前的状况使它没有资格成为国联的成员,因此,应当剥夺它受盟约保护的权利。在这方面,有必要提醒在华盛顿会议时各签约国之间就存在着完全不同的态度。然而,甚至在那时,中国就已经存在着北京和广州两个完全独立的政府,同时势力强大的土匪也经常在内地破坏交通通讯,而且中国各地也正在酝酿一场内战。在这场内战开始之前,中央政府于 1922 年 1 月 13 日收到了一份最后通牒,当时华盛顿会议正在进行之中,这场内战的结果是 5 月份推翻了中央政府,7 月张作霖大帅宣布脱离北京政府。这样,即使不算上那些实际处于自治状态的省份或地区,也至少存在三个自称独立的政府。现在,尽管中央政府在一些省份的权威仍然很弱,但中央政权还没有,至少是没有公开地被否定,因此,我们仍有理由相信,如果这个中央政府能继续维持下去,对各省的管理、军力和财力的中央控制将逐步加强。国联在 9 月投票通过中国加入理事会,毫无疑问,正是因为这些考虑以及其他的一些因素。

目前政府已努力实现收支平衡,并采用稳健的财政原则。它对各种税收名目进行了合并与简化。虽然还没有一个适当的预算体系,但财政部已开始发布年报。建立了中央银行。任命了一个全国金融委员会,其中的成员包括了银行业和商界的知名代表。同时,财政部也试图对各省财政进行监督,但征税方法仍然未尽人意。政府的所有这些措施都值得称赞。然而,由于内战不断,政府不得不从 1927 年起增加了 10 亿银元的内债。资金的缺乏使它无法执行雄心勃勃的重建计划,或是完成对交通设施的改善,而这一点对解决国家的大部分问题至关重要。虽然政府无疑在很多事上都不成功,但它还是已经取得了很多成就。

当代中国的民族主义是其政治过渡时期的一种正常现象。在任何一个处于类似情况的国家,都会看到这类民族情绪和渴望。但是,除了具有国家统一意识的民众希望摆脱任何外界控制的正常愿望以外,国民党的影响使中国的民族主义具有一种仇恨所有外国影响的非正常的特征,并将这个目标扩大到解放所有仍受到"帝国主义压迫"的亚洲人民。这种情况的部分原因是从早期与共产党合作的口号中继承下来的。此外,中国现在的民族主义还充满了对过去伟大成就的怀念,希望能重振辉煌。它要求收回出租领土,以及外国政府在铁路附属区行使的行政权和其他非纯商业利益,收回租界的行政权,取消外国人可以不受中国法庭和税收政府管辖的治外法权。公众舆论强烈反对继续这些被视为民族耻辱的权利。

韦伯庭长: 正好在这里停顿一下。我们将暂时休庭15分钟。

(10:45休庭,直到11:00重新开庭如下)

(11:30继续开庭)

法庭执行官: 远东国际军事法庭现在继续开庭。

韦伯庭长: 沃伦上校。

沃伦辩护律师: 如果法庭允许,不幸的是——

韦伯庭长: 有一名法庭成员希望知道你想证实或反驳的是哪些事实,而不是宣读文件。你宣读这部分《李顿调查团报告书》是试图反驳什么吗?

沃伦辩护律师: 庭长阁下,我们并不打算反驳任何事。然而,这份文件原本由检方宣读,根据美国的司法实践,我请求本法庭现在允许我宣读检方没有宣读的部分。

韦伯庭长：但你宣读的内容仍然必须是相关且重要的。你是否想说明：因为中国的局势如此，所以日本在满洲的所作所为是正当的？

沃伦辩护律师：在某种程度上是这样，庭长阁下。毫无疑问，当时中国的背景及混乱局势肯定对日本的行动产生了影响，我们希望证明这一点。此外，庭长阁下，检方仅被允许读文件的摘录，甚至从一段中只挑一句话，这完全改变了整个事件的意思。所以我们希望尽自己的能力，为本法庭提供《李顿调查团报告书》记述的真实画面。

韦伯庭长：继续读吧。

沃伦辩护律师：如果法庭允许。不幸的是，科尔先生和我都患了感冒，喉咙都不舒服，如果可以的话，我们希望能相互替换。

韦伯庭长：检方这样做也是出于同样的利益。我不认为不同的利益会导致不同的决定。你可以放心。

科尔曼辩护律师：（宣读）

外国列强通常对这些愿望持同情态度。在1921—1922年的华盛顿会议上，这些诉求原则上得到了认可，尽管关于具体的实行时间和方法仍有一些分歧。有人认为，如果立即将这些权利交还中国，中国将不得不担负起提供一定标准的行政、警察和司法的义务，但由于其财政和国内其他困难，它无法做到这些。目前仅治外法权一项便可能会导致与各列强的一系列问题。同时还有人担心，如果外国人在中国的各口岸都受到与中国人同样的不公平待遇和高额税赋，国际关系不但不能改善，而且还有可能会进一步恶化。尽管有这些保留意见，但实际上还是取得了很多进展，尤其是在华盛顿会议上，或者说该会议的召开结果。中国收回了五个租借地中的两个，还有其他一些租界地区、中东铁路附属地的行政权、关税自主权和邮政权。此外，还正在谈判一些基于平等的条约。

中国已经开始走上为解决既有困难而采取国际合作的道路，正如在华盛顿会议上所做的那样，如果它能在过去的10年中继续坚持这条道路的话，也许可以取得更多的进展。但是，它的进程却受到了那些排外宣传的严重阻碍。特别是其中的两种做法对造成目前的对立局势产生了很重要的影响——也就是，使用经济抵制，这一点详见第七章，以及在学校宣传反对外国人的思想。

1931年6月1日颁布的中华民国临时宪法中规定，"三民主义应成为中国国民教育的基本原则"。现在学生在学校里要学习孙逸仙博士的理念，就像那些百年经典一样。他的话和孔子的话一样地受到尊崇。但不幸的是，在对年轻人的民族主义教育方面把更多的关注点放在了负面思想上，而不是那些有建设性的思想。通过对学校中使用课本的细读，读者会留下一种印象，作者在试图使用仇恨的火焰点燃爱国主义，使用伤害的方式来积聚勇气。正是由于这些恶意的排外宣传，从学校开始蔓延至公共生活的方方面面，学生们被诱导从事各种政治活动，有时甚至发展为对政府的部长和其他官员进行个人攻击，或袭击他们的住宅或办公室，试图颠覆政府。由于缺失有效的内部改革或国家标准的改善，使得外国列强非常警惕，而且愈发不愿意交回那些权利，因为这是他们在当时唯一的保护方式。

与维护法律和秩序的问题相关，中国目前的交通方式不足也是一个严重的障碍。除非有足够的交通能力确保快速运输国家军队，维护法律和秩序就必须大部分——如果不是完全的话——委托给省政府，而由于省政府与中国政府的距离较远，必须允许他们使用自己的判断来处理省内事务。在这种情况下，独立的思想和行动也许会很容易就越过法律界限，最终导致各省逐渐具有私人领地的特征。此外，各省军队也会与各自的指挥官而非国家保持一致。通过中央政府的命令,从一支军队向另一支调任指挥官,这在很多情况下是不可能的。只要中央政府没有一个切实可行的办法,使整个国家都能迅速而持久地感觉到它的权威性,内战的危险就将继续存在下去。

土匪问题贯穿整个中国历史,目前全国各地都存在,对此也有同样的考虑。关于这一问题,政府一直未能彻底地压制下去。土匪问题随着外界形势的变化而增加或减少,而缺乏适当的交通设施是阻碍彻底清除这一罪恶的原因之一。另一个原因就是中国经常发生地方上的起义和叛乱,尤其是因为管理不善而造成的。即使对这些叛乱镇压成功,土匪也总是能从各地继续活跃的残余叛乱队伍中招募新兵。对太平天国叛乱(1850—1856)镇压后的情况就是一个典型的例子。而近期,很多土匪是来自那些未收到兵饷、也找不到其他谋生方式的士兵,他们在以前参加内战时就已经惯于抢掠了。

在中国的一些地方,土匪活动的增加是由于洪灾和旱灾。这些自然灾害差不多定期就会发生,随之而来的总是饥荒和土匪猖獗。而这一问题被快速增加的人口压力进一步加剧。在人口密集的地区,正常情况下的经济困难仍在日趋严重,那些勉强能够糊口的人群,根本没有余力来应对危机时刻,即使是生活条件上最轻微的恶化,都可能使大批人口陷于极端贫困之中。因此,土匪的发展很大程度受到当时经济条件的影响。在繁荣时期或在富裕地区,土匪活动比较收敛,然而,如果出现上述的任何一种情况,生存竞争加剧或政治局势被扰乱,土匪情况必然会随之增多。

一旦土匪活动在任何地区立住脚,由于中国内地的交通设施不完善,通过武力进行打击会非常困难。在那些难以进入的地区,有时短短几里路就要经过几天行军,但武装起来的土匪却能行动自如,出现与消失都在转瞬之间,没有任何先兆或行动消息。甚至有一些士兵还与土匪私下通气,这种情况时常发生,公路和水路的交通会受到干扰。只有配备了足够的警察力量,这种现象才可能有所改变。而在内陆地区,打击土匪更为困难,因为不可避免地会有游击战。

韦伯庭长:科尔曼先生,我收到一位同事的纸条,我认为上面的内容应当引起你的注意:"如果沃伦上校没有就任何一点进行反驳或澄清,那就没有什么用处。"指的是宣读这份文件。

纸条上还说,上校说他读这部分,仅仅是因为检察方删除了这些内容,这已经给一些法庭成员带来了困惑。如我之前所述,它们必须是相关并且重要的,我的同事也强调了这一点。

科尔曼辩护律师:庭长阁下,我们花费大量时间挑选这些我们认为很重要的内容,我们认为,通过宣读这些内容,一幅比检察方所宣读的更完整的事实图景将得以呈现。

韦伯庭长:当宣读很长的文件摘录时,除非有好的理由,否则每个法庭都会感到不安。继续读吧。

科尔曼辩护律师:谢谢您。(继续宣读)

但是,尽管当地将军的私人军队和土匪在全国盛行的情况可能会影响到国内的和平,但对中央政府而言,已不再像以前那样具有威胁了。然而,又出现了另一个威胁——共产主义。

中国的共产主义运动在形成早期仅局限于知识分子和劳动阶层,但它的信条在1919—1924年间获得了很大的影响。当时的农村地区受到这个运动的影响较小。1919年7月25日,《苏俄第一次对华宣言》宣布,愿意放弃前沙俄政府从中国"侵占"的所有特权,从而在中国创建了一个非常有利的印象,特别是在知识界。1921年,中国共产党正式成立,宣传的重点对象是上海的劳动阶层,还创办了赤色协会。1922年6月,当中共召开第二次大会时,党员的数量不超过300名,它宣布与国民党进行合作。尽管孙逸仙博士不赞同共产党的宗旨,但他还是准备吸纳一些中共党员以个人名义加入国民党。1922年秋,苏俄政府派了以越飞带领的特使团前往中国。他与孙博士进行了非常重要的面谈,并于1923年1月26日发表联合声明,在声明中,苏联保证将向中国的国家统一和独立事业给予同情与支持。

韦伯庭长:柯明斯-卡尔先生——

柯明斯-卡尔检察官:庭长阁下,我们不愿意打断,但是我们认为,该报告的这部分内容与本法庭的案件毫无关系。

韦伯庭长:告诉我们《李顿调查团报告书》的结论就足够了,不需要给出所有的推理过程。

科尔曼辩护律师:阁下,我们认为,不仅李顿调查团的结论和日本人有罪与否相关,而且,他们认为考虑所有这些事实也是非常重要的,而检察方并未将这些事实全部陈述出来。

韦伯庭长:检方也做了类似的事情。在他们宣读的内容中,不仅有结论,还有分析过程。

科尔曼辩护律师:我可以继续吗,阁下?

韦伯庭长:好吧。这个反对意见我必须处理。我也不知道。我最好还是询问我的同事,看他们怎么想。

科尔曼辩护律师:阁下,我们认为,李顿调查团认为重要的任何事情,应该也会对本法庭的考虑很重要。从我们的角度来看,这是非常重要的。

阁下,没有其他要说的了,除了我们的这点看法:重要的不仅只有最终结论。

韦伯庭长:你是否针对调查团的任何结论?你在开场陈词中说你

希望澄清一些内容，是这个吗？

科尔曼辩护律师：阁下，与其说是批评《李顿调查团报告书》中的某些内容，不如说我们认为整个调查并不完整。

韦伯庭长：根据法庭多数意见，反对无效。证据被采纳。

科尔曼辩护律师：（继续宣读）

另一方面，它也清晰地表明，在中国目前的局势，不可能建立共产主义组织和苏维埃政府制度。根据协议，1923年底，莫斯科向中国派来了几位军事和文职顾问，在孙博士的控制下，对国民党和广州军队的内部组织进行改组。

1924年3月，在国民党第一次全国大会上，正式同意了中共党员加入国民党，条件是这些党员应当不再参与无产阶级革命的筹备工作。这样就开始了对共产主义宽容的时期。

这个时期从1924年开始，直到1927年结束。在1924年初，共产党共有2 000名党员，约6万名赤色协会会员。但共产党员很快就在国民党内获得了足够的影响力，这使国民党内一些正统的党员感到不安。1926年底，他们向中央委员会提交了一份建议书，内容包括对除了属于工人、农民或士兵外的所有土地进行国有化；改组国民党；清除所有对共产主义敌视的军队领导；武装2万名共产党员和5万名工人与农民。但这个提议被否定了，于是共产党停止了对国民党反对北洋军阀运动的支持，尽管他们之前是最活跃分子。但在后来的阶段，他们还是参与了这个运动，并于1927年当北伐军队到达华中时，在武汉建立了一个国民政府，共产党人成功地在其中获得了支配地位，因为国民党领导人不愿在他们自己的军队占领南京和上海前与他们发生争议。武汉政府在湖南和湖北的一些运行方式完全是按照共产党的方式。国民革命几乎要转变为一场共产主义革命。

国民党领导人最后认为,共产主义已成为一种非常严重、不容再忽视的威胁。1927年4月10日,当他们牢固地占领南京,并在那里建立了另一个国民政府后,南京政府下令对军队和政府中的共产党人进行清除。7月15日,大多数不愿加入南京国民政府而留在武汉的国民党中央执行委员会成员通过了一项决议,将共产党人排除出国民党,并命令苏俄顾问离开中国。这项决议使国民党重新获得了统一,南京政府也得到了党内的普遍认可。

在国民党和共产党的合作时期,一些部队被改组为共产党的部队。当国民党军队向北进发时,这些部队被留在了后方,大部分是在江西省,共产党派代表与他们进行协调,并劝说他们采取行动反对国民政府。1927年7月30日,在江西省会南昌的驻军和其他部队一同发起暴动,使人民遭受了严重影响。但他们于8月5日被政府军队打败并退回南方。12月11日,共产党发动广州起义并控制了城市两天。南京政府认为苏联代表积极地参与了这些暴动。1927年12月14日,南京政府下令撤销在华的所有的苏联领事许可证书。

1928年至1931年间内战的再次爆发,有利于共产党势力影响的增长。他们组建了红军,并在江西与福建的广大区域建立了苏维埃政权。1930年11月,在击败势力强大的北洋军阀后,中央政府开始集中力量镇压共产主义。在江西省与湖南省某些地方,共产党军队采取了军事行动,据报道,在两三个月内,就导致了20万人死亡,财产损失约10亿银元。他们现在已经发展得非常强大,分别击退了政府派遣的第一、第二次清剿军队。但总司令蒋介石将军指挥的第三次清剿军队,在几次遭遇战中击败了共产党的军队。到1931年7月中旬,政府军占领了最重要的共产党据点,共产党军队全部撤退到福建。

蒋介石将军一方面建立了行政委员会,以重建遭到破坏的地区;另一方面,他率军乘胜追击红军,将他们赶进江西东北部的山区。

正当南京政府将要彻底摧毁红军主力的战斗力时,中国不同地区发生了事变,迫使他们暂停进攻,并撤回了大部分军队。在北方发生了石友三将军的叛乱,驻扎在湖南省的广州军队部分支持石将军;同一时期,还发生了9月18日的奉天事变。在这种环境下,红军重新开始进攻,不久后,国民党的胜利果实几乎就消失殆尽了。

据可靠消息,福建省和江西省的大部分地区,以及广东省局部地区已经完全被苏维埃化。共产党势力影响地区更加广阔,包括中国长江以南的大部分地方,湖北省、安徽省的局部地区,以及江苏长江以北的地区。上海已经成为宣传共产主义的中心。中国的每一个城镇可能都有同情支持共产党的人。到目前为止,只在江西省与福建省建立了省级的共产党政府,但是,小规模的苏维埃政府数量有几百个。共产党政府由地方劳工大会选举产生,但实际上是由经过专门培训的共产党代表控制,其中很多人曾在苏联接受过培训。地方委员会由中共中央委员会控制,控制层级依次为省级委员会、区级委员会等,直到工厂、学校和军队兵营的共产党小组。

一旦红军占领一个地区,如果看起来能够比较长期地占据,他们就努力在该地区建立苏维埃政权。当地民众的任何反抗都会遭到恐怖镇压。然后就会建立上述的共产党政府。一个组织机构完整的政府包含:内务部、肃反委员会、财政部、农村经济部、文化教育部、卫生部、邮政部、交通部、军事部和工农检察部等。但只有在完全苏维埃化的地区才有这种组织架构完善的政府。

其他地区的组织机构都较为精简。

共产党的行动计划包括:取消债务,从拥有大量土地的私人所有者或从寺庙、修道院和教堂等宗教机构强制没收土地,然后分给无地的无产者或小农；简化税务；农民必须上缴一部分土地收获的农产品；为发展农业，采取发展灌溉、农村信用体系以及农村合作社等措施；还将建立公立学校、医院和医务所。

这样，那些最贫穷的农民因为共产主义而大大获益，但富人、中产阶层的土地所有者、商人和乡绅阶层，则或者被直接没收财产，或者被征收重金和罚款，最终完全破产。共产党希望通过实施土地政策，来赢得大多数人的支持。在这方面，共产党的宣传与行动已获得了相当大的成功，虽然共产主义理论与中国社会体系仍存在着冲突。他们充分利用了人们对沉重的税赋、敲诈勒索、高利贷以及军队和土匪的抢掠所引起的怨愤，对农民、工人、士兵以及知识分子分别使用专用口号，并针对妇女的情况专门调整。

共产主义在中国，与在除苏联之外的大多数国家一样，不仅意味着现有党派的某些成员坚守的政治信条，或者与其他政党竞争权力的特殊党派组织。它已经成为国民政府的实际竞争者，它拥有自己的法律、军队与政府，以及自己的活动范围。这样在任何其他国家都没有相似的情况。此外，中国正在经历关键的国内重建时期，这一事实使得由共产党的斗争引起的动乱更加严重，而在过去11个月期间，异常严重的外部危机使动乱变得愈加复杂。国民政府似乎已决定了要收复共产党势力控制的区域，一旦他们实现了收复，他们在那些区域将实施经济重建政策。但是，它的军事活动除了面临上述的内部与外部困难外，还受到资金缺乏与交通不畅的束缚。

1932年夏天，南京政府宣布将进行重要军事行动，对红军的抵抗进行最后的打击。军事行动将伴随着在收复地区进行彻底的社会与行政重建，但是，直到现在也没有宣布取得了重要结果。

由于日本是距离中国最近的邻居与最大的顾客，它比其他任何列强都更加感觉到了本章描述的无政府状态造成的影响。在中国2/3的外国居民是日本人，满洲的朝鲜人数量估计在80万人左右。因此，如果在目前的形势下，要求列强服从中国的法律、司法与税务规定，日本就会有比其他任何列强更多的侨民将遭受痛苦。

日本认为，只要它的条约权利没有希望获得令人满意的替代保护措施，它就不可能满足中国人的愿望。它在中国的利益维护，尤其是在满洲的利益，在其他主要列强退出时，开始变得更加突出。日本对保护本国侨民的生命与财产的焦虑，使得它在内战与地方动乱时，多次采取干涉行动。中国对此行为大为不满，尤其当这样的行为引起武装冲突时，如1928年的济南事件。在最近几年中，中国认为日本的权利主张对中国的民族愿望，已构成了比其他所有列强的权利加在一起还要更严峻的一个挑战。

但这样一个对日本比对其他列强影响更大的问题，并不单单是中日间的问题。中国要求立刻交出某些例外权利与特权，因为他们以为这损害了它的国家尊严与主权。外国人的利益依赖于享有特别条约权而获得的安全，只要中国的状况不能保证给予他们的国人足够的保护，外国列强就不愿意满足这些愿望。正如本章所述，在过渡时期的骚乱过程是不可避免的，它已经形成了一种舆论力量，只要中央政府未完成国家的统一与重建，它在实施外交政策时将继续受到阻碍。在外交关系领域实现中国的国家愿望，也要取决于它在内政事务上履行现代政府职能的能力，直到弥补了这方面的差距，才有可能消除国际摩擦、骚乱、联合抵制以及武装干涉的危险。

目前极端的国际摩擦事件，迫使中国再次寻求国际联盟干预，假如能满意地解决争端，使它认识到国际合作政策的优势，就能实现1922年在华盛顿会议上倡议的有益结果。中国在此刻既没有资金，也没有独立完成国家重建所必需的训练有素的专家。孙逸仙博士本人认识到这一点，并实际地起草了一份雄心勃勃的有国际参与的中国经济发展蓝图。在最近几年中，国民政府在解决自身问题时也寻求并接受了国际援助——财政问题从 1930 年开始；有关经济计划和发展方面，自 1931 年建立全国经济委员会后，开始与国际联盟技术组织合作，包括在 1931 年大洪水之后的救灾工作方面。沿着国际合作这条路，在朝着实现国家理想的方向，中国将以最可靠与最快的速度发展，并且，这样的政策将使外国列强更容易向中央政府提供它所需要的支持，并有助于最快、最有效地消除可能危及它与其他国家和平关系的任何矛盾。

如果庭长阁下允许，沃伦先生将继续宣读。

韦伯庭长：沃伦上校。

沃伦辩护律师：我们将继续宣读《李顿调查团报告书》。我要引用第 25 页最后一段。在本段中间"在西北"处开始，在"预计采矿业可能会变得非常重要"处结束。

在西北、东北以及东部，满洲与苏联的西伯利亚省边界相邻，在东南与朝鲜接壤，在南边紧临黄海。自 1905 年，日本占据了辽东半岛南端。它的面积超过 1 300 平方英里，作为日本租借地管理。另外，日本在一条狭长的陆地带上行使某些特权，这条陆地带超出租借地的范围，包括南满铁路的一些路段，总面积只有 108 平方英里，尽管沿线的长度有 690 英里。

满洲的土地普遍很肥沃，但是，它的发展依赖于运输工具。许多沿江或沿铁路的重要城镇兴旺起来。从前，这些城镇的发展特别依赖于河道网络，尽管现在也仍然非常重要，但现在铁路作为一种运输手段占据了首要地位。生产的重要农作物，比如大豆、高粱、小麦、小米、大麦、稻米与燕麦，在 15 年间产量增加了 1 倍。

1929年，估计这些农作物产量超过了8.76亿蒲式耳。根据《满洲年鉴》的估计，1931年，在占总面积28.4%的可耕种面积中，只有12.6%进行了耕种。因此，假如今后经济条件有所发展，可以期待产量大幅提高。估计1928年满洲农业产品的总价值超过1.3亿英镑，农产品大部分出口，茧绸或蚕丝绸是满洲出口的另一种物品。

山区有丰富的木材和矿石，尤其是煤矿。已探明有重要的铁矿和金矿层，还发现了大量的油页岩、白云石、菱镁矿、石灰石、黏土、滑石以及优质的硅土资源，因此，预计采矿业可能会变得非常重要。

下面，庭长阁下，我们从第26页的最后一段开始宣读接下来的两段，在"估计有1 800万"处结束。

在征服之后，满族人在中国比较重要的城市驻军，禁止满族人从事某些职业，阻止满人与汉人通婚，限制汉人移民进入满洲与蒙古。这些措施主要是出于政治原因，而非种族歧视，目的在于捍卫永远的满清王朝统治。但这些措施不会影响到众多的汉族旗人，他们事实上享有与满族人同样的特权身份。

满族人和汉人同盟的大批离开大幅减少了满洲人口。但在南部，汉人社区继续存在。从这一立足点，一些移民延伸越过奉天省的中心地带。来自关内的移民逐渐增加了他们的数量，这些移民成功地逃避了排外法，或者趁着法律经常修订的时机获益。满人和汉人越来越趋于相同，甚至满洲的语言也实际上被汉语取代了。但蒙古人没有被同化，而是被涌入的移民迫使后退了。最后，为了阻止自北方来的俄国人的进攻，满洲政府决定鼓励汉人移民。在1878年，满洲各地区因此被开放，并向移民提供不同形式的鼓励。这样一来，在1911年中国辛亥革命时，满洲的人口估计有1 800万。

韦伯庭长：这些内容中的大部分对我而言，似乎都非常遥远。但毕竟你最终回到人口问题上，那差不多是唯一重要的陈述。我肯定纽伦堡审判没有要求这样调查德国的历史。

沃伦辩护律师：庭长阁下，我想指出宣读这些内容的理由是，检方已从下列段落中摘录了两段内容，然后他们宣读了几页。我认为，在他们宣读了之后，这是对他们所宣读内容的解释。

韦伯庭长：不管检方做什么，正如我已经说过两次了，你只能提供相关且重要的证据。你有许多摘自报告的内容要宣读吗？

沃伦辩护律师：是的，我们的确有相当多内容要宣读。在这一部分，我想请法庭注意，我们认为这将证明满洲人民渴望独立的愿望已经持续了几个世纪，并不是由日本人在最后几年才激发的。我们认为，从这点来看，它是相关的。

韦伯庭长：问题不在于满洲人民对独立的渴望，而是假如存在这样的渴望，日本人如何利用这种渴望来达到自己的目的。我们认为，假如可能的话，所有的人都希望获得独立。我们并不想以满洲人的例子来证明这一点。

我希望辩护律师就此证据经常进行商议，因为他们也许希望，或者可能决定删掉其中一些内容。

沃伦辩护律师：庭长阁下，我们确实每天都会商议，而且，今天中午我还会再组织一次讨论，看看我们是否能删掉一些内容。当然，我们的论点是满洲的运动是自发的。但尽管如此，我可以继续吗，阁下？

韦伯庭长：继续宣读。

沃伦辩护律师：谢谢您。检方已经宣读过了下列段落的第一部分，我们将从第8行的"在中国"处开始宣读，仍在第27页，庭长阁下。

在中国，不允许官员在其籍贯省份供职。满洲各省都设有一名将军，行使全部的民政事务权以及军事权。后来，曾尝试着把军事管理权与民政管理权分离,但效果并不令人满意。各自权力范围划分并不恰当,经常会发生误解或使事情更复杂,导致效率低下。

检方宣读了下一句,所以我们将从接下来的一句开始,从"巡抚"开始,读接下来的三句,在"非常有效"处结束。

巡抚在总督控制下,负责管理地方行政事务。这样的重组,为以后推行中国地方政府体制的行政改革准备了可能性。由于1907年之后负责满洲事务的行政官员能力出众,满洲最近的这些措施非常有效。

检方宣读了第27页剩下部分、第28页整页,以及第29页直到最后一段。我们将从第29页最后一段读,从"张作霖大帅去世后"开始,一直到第37页本章结束。

庭长阁下,现在我要说明一下:我认为这部分内容重要。但现在还有5分钟就到12时了,我们或者可以缩短内容,只陈述一下大意——或者不精简,假如法庭对这种做法有耐心,我们希望能进行完整的陈述。

韦伯庭长:我们将暂时休庭到13:30。

(12:00 休庭)

……

(13:30 继续开庭)

法庭执法官:远东国际军事法庭现在继续开庭。

沃伦辩护律师:如果法庭允许,在午餐期间,律师们已经就删减我们的摘录数量交换了意见。我们已做了删减,现在的篇幅大概是我们最初打算读的4/5。

我们认为它们很重要，但既然今天上午的庭审，当然——我的意思是，在今天上午庭审期间，我们找到了一些我们认为法庭更需要的证据，因此我们可以做一些删减。但是，这样就会出现一个技术问题，就是在我们提供给翻译官的解说词中，当然就会有一些内容没有用处了。

韦伯庭长： 继续宣读吧。只有在最不得已的情况下，我们才进行干涉。

沃伦辩护律师： 庭长阁下，我想提出一个可以节省大量时间的建议，那也是我下面打算做的。

我们已提供给翻译官一份按宣读顺序排列并作了标记的副本，除非法庭需要一份有关新摘录内容页码的发言辞。但这完全没有必要，因为我们在宣读时可以进行同声翻译。

韦伯庭长： 继续宣读。

沃伦辩护律师： 谢谢您。

从第29页最末一段开始，我们确实希望读那段的剩余部分——我的意思是那部分的剩余部分，其他的内容将被删去。现继续宣读。

张作霖大帅去世后，他的儿子张学良继任满洲的统治者。他也具有那些年轻一代的民族渴望，希望停止内战，并支持国民党的民族统一政策。由于日本已经对国民党的政策和倾向有了一些经验，它不欢迎这种影响渗入满洲的前景。少帅也收到了一些这样的劝诫，但和他父亲一样，他对这些劝诫非常不满，决意按照自己的计划行事。他与国民党及南京政府的关系变得更紧密，并于1928年接受了国民政府的旗帜，同时宣布服从中央政府。他被任命为东北边防军司令长官的同时，被确认为管理满洲和热河的主席，热河是内蒙古的一部分，面积大约为6万平方英里。

满洲与国民政府联合后，有必要对管理机构进行一些改变，使之接近于中央政府的管理机构。它引入了委员会制度，并设立了国民党总部。事实上,旧体制及其人员继续像以前一样运行。党的分支机构插手地方行政管理,这种在中国其他地方很常见的情况,在满洲是不容发生的。要求所有重要的军队长官与行政官员必须是国民党成员的规定仅仅流于形式。与中央政府在军事、民政、财政与外交等所有事务上的关系都取决于自愿合作。不容许有要求无条件服从的命令与指示,有悖于满洲当局意愿的任职或解聘也是不可想象的。在中国的一些其他地方,也有类似的政府行为与党务相互独立。在这种情况下,所有重要的任命都是由地方当局实际控制,中央政府只是进行确认。

外交政策领域,满洲与国民政府的联合将产生更为重要的影响,尽管在这方面地方当局仍然保留了很大的自由度。张作霖元帅对满洲的中国中东铁路持续的进攻,以及他对日本要求某些权利的漠视,证明了满洲在与国民政府联盟之前,已经采取了一种"主动政策"。然而,在结盟之后,满洲开始接纳国民党有条理、系统化的宣传。在其官方出版物与众多所属机构中,它一直都坚持强调以下的首要问题,即收复失地主权、废除不平等条约与推翻邪恶的帝国主义。这样的宣传势必在满洲产生深刻的印象,因为在那块中国土地上,外国的利益、法院、政策、警察和士兵都真实存在,而且随处可见。通过国民政府学校的教科书,国民党的宣传进入了学校。还出现了像辽宁国民外交协会这样的组织,他们激发并加剧了民族主义感情,并持续推动反日情绪。还向中国的业主与房东施压,让他们提高日本人与朝鲜人的房屋租金,或者拒绝续订租赁合同。日本人向委员会报告了许多这种性质的案子。朝鲜侨民也常常遭到蓄意迫害。出现各种反日内容的命令与指示。冲突案件逐渐增加,危险的紧张关系正在发酵。1931年3月,在省会城市设立了国民党总部,随后又在其他城镇与区域建立了分支机构。来到北方的官方宣传员数量也在增加。日本人抱怨说,反日情绪的煽动每天都在加剧。1931年4月，在国民外交协会的支持下，在奉天召开了为期五天的联合大会。来自满洲各地的三百多名代表出席了会议。会议讨论了将日本清除出满洲的可能性，并通过了收复南满铁路的决议。此外，苏联与其公民也遭受了类似的待遇，尽管白俄罗斯人并没有要归还的主权或特权，也常常遭受羞辱与敌意对待。

至于内政，满洲当局已经保留了他们想要的全部权力，只要权力实质不受影响，他们并不反对遵循中央政府采取的行政法规与措施。

联盟后不久，在奉天建立了东北政务委员会。在中央政府名义上的管理下，该委员会是东北的最高管理机构。它由13名委员组成，选举决定辽宁、吉林、黑龙江与热河四省以及所谓的特别区的政府机构领导人及监督人员。自1922年始，由特别区取代中东铁路的行政机构。除中央政府特别保留的事务外，委员会有权处理其余所有事宜，并有权采取不违背法律与命令的任何行动。各省以及特别区的政府职责是执行委员会的决策。

各省的行政体系与中国其他地方的组织机构并没有本质上的不同。保留满洲作为一个行政单位而做出的让步是最重要的差异。如果没有这个让步，自愿结盟可能就不会发生。事实上，尽管有外部变化，但旧的情形依然存在。满洲当局认识到，和以前一样，他们的权力更多来自于他们的军队，而非南京政府。

这些事实也解释了为什么要保持兵力大约25万人的大型常备军，以及据说耗资2亿银元的庞大军械库。军费开支估计占全部支出的80%。剩余军费不足以供给行政部门、警察机关、司法与教育的支出。财政部也无力向官员支付足够的薪水。所有的权力都掌握在几名军人手中时，只有通过他们才能担任官职。这种状况不可避免地导致了裙带关系、腐败与弊政的持续。委员会发现，针对这种弊政的严重抗议非常普遍。但是,这种状况并非满洲特有,中国的其他地方也有类似甚至更糟的情况。

维持军队需要繁重的征税。由于正常税收不能满足需要,当局就通过对不可兑换的各省货币逐渐贬值的方式,向民众进一步征税。这样的事情常常发生,尤其在近期,这与官方收购大豆有关,这项业务在1930年就已经成为垄断。通过取得对满洲主要产品的控制,当局希望能迫使外国购买者,尤其是日本人支付更高价格,从而增加其利润。这种交易说明了当局对银行与商业的控制程度。同样,官员们能够恣意插手各种各样的私人企业,利用职权为自己和亲信敛财。

在1931年9月事变之前的时期,无论满洲管理部门的缺点如何,国家的某些部门还是在努力改进管理,尤其在教育、地方行政管理以及公用事业领域。有必要强调的是,在大帅张作霖、少帅张学良的管理时期,中国人与中国的权益在发展与重组满洲经济资源方面比以前发挥了更大的作用。

如前所述,汉人移民的广泛分布有助于发展满洲与中国其余地区的经济与社会联系。但是,除了这些活动以外,正是在这段时期,在没有依赖于日本资金的情况下,修建中国的铁路,尤其是沈海铁路、打通铁路(北宁路之一支线)、齐克铁路及呼海铁路等,葫芦岛驻港计划,辽河疏浚工程,及各河流航行事业。中国官方与私人的权益参与到许多企业之中。在采矿业,他们在本溪湖、穆棱、札兰诺尔及老头沟各煤矿享有股权,并对开发其他一些矿山全权负责,他们中很多都是在东北矿务局的管辖之下。他们也对黑龙江省的金矿开采有兴趣。在林业上,他们与日本人合资,开办了鸭绿江采木公司,并在黑龙江省、吉林省从事木材业。在满洲多个地方建立了农业实验站,鼓励建立农业协会与进行灌溉工程。最后,谷类加工业、纺织工业、豆类、油类与面粉厂以及茧绸、柞蚕丝、棉花、羊毛纺纱厂和纺织厂都有汉人的权益。

满洲与中国其他地方的贸易往来也在增加。这样的贸易由中国的银行提供部分经费，尤其在满洲主要城市已经建立了分支机构的中国银行。中国汽轮与本地的散装船，定期往来于中国本土与大连、营口（牛庄）和丹东之间。运送的货物越来越多，在满洲的航运上占据了第二位，仅低于日本的货物量吨位。中国保险业务也在增加，中国海关从满洲贸易中获得的税收不断增加。

这样，在中日冲突之前的时期，无论是政治，还是经济关系，满洲与中国其余地方都逐渐得到了加强。这种增长的相互依赖，促使满洲和南京政府的中国领导人日渐奉行一种民族主义政府，将其目标对准了俄国与日本已获得的权益。

1894—1895年的中日战争，已为俄国提供了干涉的机会，表面上是为了中国的利益，但事实上是为了它自己的利益，后来发生的事件证明了这一点。日本因外交压力，被迫将满洲南部的辽东半岛归还给中国，辽东半岛通过1895年《马关条约》割让给了日本，俄国帮助中国还清了日本强加的战争赔偿。1896年，中俄两国缔结了秘密的防御联盟，同年，根据上述联盟条约，中国授权俄国跨越满洲，建造一条西伯利亚大铁路的支线，连通了赤塔市至海参崴。据说这条线是为了如果日本再次进攻中国时运输派往东方的俄国军队所需。为了多少掩饰一下这项工程的官方性质，还建立了华俄道胜银行（后来改称俄亚道胜银行）。

接下来跳过七行文字，从末尾"在合同期间"开始。

在合同期间，该公司将享有管理这片土地的绝对专营权利。俄国对该条款的解释比合同中其他条款都更加宽泛。中国对俄国企图不断扩大合同范围进行了抗议，但却无法阻止。

接下来跳到下一段，开始的四行：

  1898 年，俄国获得了租借辽东半岛南部 25 年的租期，这是日本在 1895 年被迫放弃的地方，同时还获得了在租借地将哈尔滨的中东铁路与旅顺港和大连港连接起来的权利，并获得授权在旅顺港口修建军港。

接下来跳过这段的其余部分，从下一段的"在 1900 年"开始，这段内容很短，我将宣读整段。

  在 1900 年，俄国以义和团运动已威胁到其国民安全为由，占领了满洲。其他列强纷纷抗议，要求俄国撤回军队，但俄国一直拖延采取行动。1901 年 2 月，双方在圣彼得堡市秘密讨论了中俄条约草案。根据条约，作为收回在满洲民事权利的回报，中国将同意保留俄国根据 1896 年《中俄条约》第六条已建立的铁路警戒，并保证在未获俄国同意的条件下，不得将俄国在满洲、蒙古与新疆的矿产，以及其他权益转让给其他国家及其国民。当条约草案的这些及其他条款公诸于众时，激起了中国公众舆论与其他国家的反对，1901 年 4 月 3 日，俄国政府发布了一份关于撤销该项目的通知。

接下来在第 34 页，从第三行中间开始：

  在朝鲜，俄国的压力也在增加。1902 年 7 月，俄国军队出现在鸭绿江口。再加上几次其他行动，这使日本确信，俄国已经采取了威胁它的权益的政策，甚至威胁到了它的存在。

接下来跳读到第 36 页，大概在该页的中间，从第四段往下很短的一段。

塔夫纳检察官：假如庭长阁下允许，就检察方而言，我们希望辩护律师在提请本法庭注意他们感兴趣的问题时，使用将这些问题指出来的方式，而不是宣读这些冗长的摘录。该文件已经被纳入证据。我这样建议只是为了节约时间。

韦伯庭长：如果内容值得宣读，这也是一种比较方便的陈述方式。

沃伦辩护律师：接下来读我刚才已经指出的第36页上的段落，在该页的中间：

> 日俄战争后几乎立即开始了密切合作的政策，这是很有趣的一件事。在缔结和约时，通过在满洲北部与南部确立各自利益范围，他们之间取得了满意的平衡。而原本可能会遗留的冲突痕迹，也因与希望积极参与满洲发展的其他列强之间的争议而被迅速抹去了。对其他对手的恐惧加速了两个国家和解的进程。1907年、1910年、1912年与1916年的条约使得两个国家间的关系越来越密切。

现在，接下来一段，大约往下数七行，在本页的中间，从"此外"一词开始：

> 此外，协约国干涉（1918—1920年），以及后来日本与苏俄在西伯利亚发生摩擦（1920—1922年），使日俄之间的关系走向恶化。苏俄政府的态度给中国民族主义热情强有力的推动力。因为苏俄政府与第三国际采取了反对所有依据现存条约与中国保持关系的帝国主义列强的政策，很可能他们将支持中国恢复独立主权的斗争。这样的发展重新唤起了日本对俄国邻居所有过去的忧虑与猜疑。它曾经与这个国家交战，战争后的数年间又成为了朋友与同

盟。现在,这种关系发生了变化,来自北满洲边界外的危险再次成为日本担心的事情。北方的共产主义思潮与南方国民党的反日宣传之间联盟的可能性,使日本愈发感到,应在二者之间形成一个不受任何一方控制的满洲。过去几年,由于苏联在外蒙古获得显著的影响,以及共产主义在中国的发展,更进一步增加了日本的担心。

然后,跳到第39页,从第二段开始,一直到最后一段。这部分的标题是"日本与中国在满洲根本利益的冲突":

> 日本在满洲的权益,无论是特征上还是程度上,都不同于任何其他外来国家。在每一个日本人的脑海中,都深深刻着他们的国家与俄国人在1904—1905年间的伟大斗争的记忆,他们在满洲大地上、在奉天与辽阳、在南满铁路沿线、在鸭绿江,以及在辽东半岛上的多次战斗。对日本人来说,与俄国人的战争将永远作为对抗俄国人侵犯的威胁、出于自卫的一场生死决斗被铭记。几十万日本士兵战死疆场,耗资20亿日元,这一事实使日本人下定了这些牺牲将不会成为徒然的决心。
> 但是,日本在满洲的权益,在战争之前的10年就已经开始了。1894—1895年的中日战争基本上是因为朝鲜,战斗主要在旅顺港与满洲平原上进行;最后在马关签订了《马关条约》,将辽东半岛全部主权割让给日本。对日本而言,俄国、法国与德国迫使他们放弃这块割让地的事实并未影响他们认为日本获得这部分满洲是作为战争的胜利品的信念,因此,依然拥有对满洲的道义权利。
> 满洲常常作为日本的生命线被提到。满洲毗邻的朝鲜,目前是日本的属国。一个拥有4亿人口、统一、强大和敌对的中国,而且在满洲与东亚举足轻重,这种想法令许多日本人感到恐慌。但

是对大多数人来说，当他们谈及威胁他们国家存在，以及自卫的必要性时，他们想到的会是俄国而不是中国。因此，日本在满洲的权益，从根本上来说，是这一地区的战略重要性。

在日本，有人认为为防备苏联可能的进攻，应该坚定地扎根满洲。他们始终心存焦虑，惟恐朝鲜的反叛者与邻近沿海省份的俄共结盟，在将来可能导致来自北方的新的军事推进。他们把满洲视为一个抵抗苏联和中国其他地方的缓冲地带。尤其在日本军人看来，根据他们与俄国、中国的协议，允许沿南满铁路驻扎几千名铁道守备兵，这是对他们国家在日俄战争中付出巨大牺牲的少量赔偿，以及对防范从那个方向可能发起进攻的微不足道的安全措施。

爱国情绪、军事防御的首要目的，以及特殊的条约权利，所有这些因素，导致了日本要求在满洲拥有一个"特殊地位"。日本人的这种"特殊地位"想法，不受与中国或其他国家之间条约与协议规定的限制。日俄战争所遗留的感情与历史因素，以及对最近25年里日本企业在满洲所获成就的自豪感，正是这些难以定义的东西，构成了日本要求获得"特殊地位"的真实原因。因此，日本自然会使用这种模糊的外交语言，而其他国家根据国际规则很难、甚至是不可能认同这一点。

接下来我跳读至第41页，本页中间的两段，从这里开始：

为了保护与发展在满洲地区特殊的既得利益，日本政府在满洲基本上实行了一种比在中国其他地方更严格的政策。某些内阁阁员趋向于使用干涉主义的方法，辅之以武力威胁，尤其是在1915年提出关于中国的"二十一条"时。但是，有关"二十一条"是否明智，以及其他干涉与武力的方法，在日本一直存在着很大的意见分歧。

尽管华盛顿会议对中国其他地区的形势有显著影响，但在满洲并没有构成实际的变化。1922年2月6日的《九国公约》，尽管有关于中国完整与"门户开放"政策的规定，但考虑到日本在满洲既得利益的特点与范围，该公约并不适用于满洲，虽然从文字上看该公约可以用于满洲。尽管如前所述，日本正式放弃了1915年条约给予它的关于贷款与顾问的特殊权利，但《九国公约》并没有基于这些既得利益在实质上减少权利主张。

我想知道是不是可以让科尔先生替我一会儿。我的嗓子太累了，阁下。

韦伯庭长：可以。

科尔辩护律师：请翻到第49页，第4节：

1915年中日条约与换文及相关事宜

中日之间除了关于铁路的争议，在1931年9月悬而未决的最重要争端，来自1915年中日条约与换文，即所谓"二十一条"的结果。此项争执，多关系南满及东部内蒙古，因除汉冶萍公司问题外，其他在1915年商订之协定，非经代以新协定，即经日本自动放弃。在满洲之争执关于下列规定：

（1）关东租借地之日本所有期展至99年（至1997年）；

（2）南满及安奉铁路之日本所有期延长99年（分别为2002年与2007年）；

（3）允准日本臣民在南满内地，即在根据条约或其他开放与外人居住经商之地域以外者，有商租地亩之权；

（4）允准日本臣民在南满内地有居住往来并经营工商业之权，及在东部内蒙古有参加中日合办农业之权。

日本人享有这些专有权与割让的合法权利与否,完全取决于1915年《中日民四条约及换文》的有效性,而中国一直坚持否认1915年《中日民四条约及换文》对他们具有约束力。无论再多的技术解释与理由,也不能使中国人民——无论官吏或平民——稍移其志,他们深信"二十一条"在事实上与1915年《中日民四条约及换文》同义,也深信中国的目标是解除该约的束缚。在1919年的巴黎和会上,中国要求日本废除"以战争威胁为最后条件"强制达成的协议。在1921—1922年的华盛顿会议上,中国代表团就这些协议的公平与正义,以及其"基本效力"提出质疑。此外,1923年3月,在1898年准许俄国租借辽东(关东)土地原订的25年期限即将期满之际,中国政府进一步要求日本废除1915年的各项规定,并声称中国舆论自始至终谴责1915年《中日民四条约及换文》。因为中国方面坚持1915年条约缺乏"基本效力",所以,关于满洲的各项规定,除情势必要外,不予履行。

对中国人违背日本的条约权利,日本人十分不满,他们宣称1915年《中日民四条约及换文》经双方正式签署、批准,完全有效。固然,日本有相当一部分民意从一开始就反对"二十一条",而且最近以来,日本的演说家与政论家经常批评这项政策。但是,日本政府与人民似乎一致坚持,该约关于满洲的各项规定都是有效的。

在1915年《中日民四条约及换文》中,有两项重要的规定,其一为关东租借地的租期,从25年延长至99年;其二为南满与安奉铁路的让与期也延长到99年。由于租借期限延长是1915年协议的结果,而且收复由前政府租出领土,又系反对外国在华利益的民族主义"收回利权运动"的目标之一,鉴于以上两个原因,中方就在各个时期利用关东租借地和南满铁路煽动情绪,甚至提出外交诉求。1928年之后,少帅张学良宣布满洲服从中央政府,并允许国民党在满洲扩大影响力,该政策加剧了这些问题,尽管当时它们在实际政治中尚隐而不露。

与《1915年中日条约及换文》相关的还有鼓动收回南满铁路，或者去除南满铁路的政治性质而成为纯粹的经济企业。因为规定的最早还款付息并收回这条铁路的时间是1939年，所以，仅仅废除1915年条约本身并不意味着中国收回了南满铁路。而且中国是否能获得这笔还债资金也令人非常怀疑。中国民族主义者不时发表敦促收回南满铁路的言论，这使日本人非常担心他们的合法权益会因此受到威胁。

我跳到第53页，从第五段整段开始：

1915年中日条约"允准日本臣民在南满内地有居住往来并经营工商业之权"。这是一项重要的权利，但对中国人来说，这项权利是令人反感的，因为在中国没有其他地方允许外国人作为一个团体在条约口岸之外居住与经商。在废除治外法权、外国人必须受到中国法律与权限管辖之前，中国政府并不授予日本此项特权。

然而，在南满洲，这种权利有一定的限制：在南满洲内地，要求日本人携带通行证并遵守中国法律法规。但中国官方需先与日本领事首先达成谅解，而后适用于日本人的中国规章才能够执行。

很多时候，中国官方的行为并不符合协议条款，他们也总是争辩协议的合法性。在南满内地限制日本臣民居住、旅游与商业活动，以及由多位中国官员发布的禁止日本人与其他外国人居住在条约口岸之外或续租房屋，在中方顾问正式提交给调查团的文件中并没有就此提出异议。有时通过官方的压力，有时或许还动用严厉的警方措施，以向日本人施加压力，迫使他们从南满与内蒙古东部的许多城镇搬离出去，或是向中国业主施加压力，阻止他们租房给日本人。据日本人说，中国官方还会拒绝给日本人签发通行证，以非法税收骚扰他们。尽管他们已经将对日本人具有约束力的协议提交给了日本领事，但在1931年9月前的几年中，一直都没有执行协议里的规定。

转到第54页，第二段与第三段：

与在南满洲内地居住、从事商业活动密切相关的权利是租赁土地权，这是《1915年中日条约》准予日本人的权力，其中有以下条款："南满的日本臣民，可以通过协商，租赁需要为贸易、制造，或为经营农业企业建筑合适房屋的土地。"在条约确定措辞"根据协商租赁"的时候，两国政府换文暗示，根据中方的文本，"至多三十年的长期租赁，以及无条件续约的可能性"；日方的文本只是规定"长期租赁直到三十年和无条件续约"。有关日本人租赁的土地是否能够自行选择"无条件续约"的问题上，自然会引起问题纠纷。

关于日本人企图获得满洲的土地，不管通过租赁、购买还是抵押，中方均将其视作日本"购买满洲"的国家政策。因此，中国官方通常会阻挠日本人达到这一目标，并在1931年之前三四年，越来越积极地阻止，中国人"收回权利运动"在这一时期达到顶点。

我省略掉下一段。

但是，中国官员不承认条约的合法性，因此他们在日本人租赁土地方面设置了种种障碍。他们通过省级和地方命令，意图依据刑法惩办将土地租赁给日本人的房东；强迫预付租赁土地的特别费用与税金；以惩罚作为威胁，命令地方官员禁止批准此类对日本人的转让。

我转到第 55 页的第五节：

满洲的朝鲜人问题

日本人承认，中国人的猜疑是他们"压迫"朝鲜人的主要原因，但是强烈否认他们实施了鼓励朝鲜人移民到满洲的任何明确政策，声称"日本既没有鼓励、也没有限制朝鲜人移民满洲，朝鲜人移民满洲必须被视为自然趋势导致的结果"，是一种没有任何政治或外交动机影响的现象。因此，他们宣称"中国方面担心日本利用朝鲜移民来策划并吞这两个地区"，这是毫无根据的。

这些针锋相对的观点强化了诸如涉及租赁土地问题、管辖权与日本领事治安警察的难题，这些问题使朝鲜人面临极其不幸的境遇，并恶化了中日关系。

中日之间并不存在任何协议，特别准予或拒绝朝鲜人移民满洲，在条约口岸之外地区居住或从事商业活动，或者在满洲租赁、购买土地，除了在所谓的间岛地区。然而，可能有超过 40 万名朝鲜人的确生活在间岛之外的满洲。他们分布广泛，尤其在满洲东部、朝鲜北部吉林省，而且深入到中东铁路的东段区域、松花江流域下游，以及沿朝鲜东北到乌苏里江的中俄边界与黑龙江流域，他们的移民与居住地已经扩展至与苏联毗连的领土。此外，相当多的朝鲜人是满洲本地人，他们的祖先在几代以前就已经移民到那里了，还有一些朝鲜人不再效忠于日本，成为归化的中国臣民，因此，不管是自己所有还是通过租赁，很多朝鲜人现在实际上在间岛以外的满洲地区拥有耕地。但绝大多数的朝鲜人是在收成分配基础上与华人地主签订租赁合同，只是作为土地租用人耕种稻田。这些合同通常期限为一至三年，由地主自己决定是否续约。

中国人否认朝鲜人在间岛地区之外的满洲有权购买或租赁农

耕地，因为中日之间有关这个问题唯一一份协议是1909年的《间岛协议》，该协议仅对那个区域产生效力。因此，只有入中国国籍的朝鲜人，才有资格在满洲城内购买土地，或是居住和租赁土地。为了否认朝鲜人在满洲自由地租赁土地的权利主张，中国政府宣称，1909年的《间岛协议》只准予朝鲜人在间岛以特别的土地所有特权享有居住的权利，并明确说明朝鲜人受中国司法权管辖，这是一个独立完整的协议，其目的是"通过相互让步，解决中日之间在该地区悬而未决的问题"。《间岛协议》中包含了一个交换条件，即日本放弃对朝鲜人的管辖权，而中国则准予他们拥有农耕地的特权。

1910年，日本并吞朝鲜之后，中日两国继续执行该协议，中国声称《1915年中日条约及换文》不能改变《间岛协议》的约定，尤其是新条约中明确规定"除非本条约有其他规定，所有中日间关于满洲的现存条约继续有效"，对《间岛协议》绝无例外。中国政府进一步声称，《1915年中日条约及换文》不应用于间岛地区，因为后者不属于"南满洲"——这个含糊的地理和政治上的概念。

自1915年以来，日本人一直对中国的这个论点提出质疑，他们认为，既然朝鲜人因日本1910年并吞朝鲜而成为日本臣民，关于南满与东部内蒙古的《1915年中日条约及换文》就应该平等地适用于朝鲜人，其规定准予日本臣民在南满洲居住和租赁土地以及在东内蒙古参与合办农业之权。日本政府认为，在规定发生冲突之处，《1915年中日条约及换文》应取代《间岛协议》，而中方认为《间岛协议》是一份独立完整协议的论点站不住脚，因为朝鲜人在间岛获得的权利事实上是源于日本承认间岛是中国领土一部分的协议。日本声称，如果它不为满洲的朝鲜人争取准予其余日本臣民的权利与特权，那就是一种歧视。

沃伦辩护律师：（宣读）

  日本人支持朝鲜人在满洲获得土地，部分因为他们渴望为日本获得稻米出口，到目前为止，该愿望仅部分得到了满足，因为在1930年生产的700多万蒲式耳稻米中有一半都在本地消耗了，剩余的被限制出口。日本人声称，一方面，朝鲜承租人在开垦了荒地并为中国的地主带来利润后，被不公正地逐出；而另一方面，中国人同样渴望拥有耕地生产稻米，但为了阻止土地落入日本人之手，通常雇佣朝鲜人为承租人或者佃户。为了拥有土地，许多朝鲜人因此加入了中国国籍，但他们中的一些人，在获得了土地后又将土地转让给了日本人的土地抵押机构。关于加入中国国籍的朝鲜人是否应当受到日本政府的承认，日本人一直存有意见分歧，上述情况也是原因之一。

  根据1914年的《修正国籍法》，外国人只有依据他们本国法律被准许加入另一国家的国籍时，才可以加入中国国籍，成为中国公民。但在1929年2月5日，中国修订了《国籍法》，不再要求外国人为了获得中国国籍前，必须先放弃自己的原国籍。因此，尽管日方坚持这种归化根据日本的法律不能被承认，还是有很多朝鲜人加入了中国国籍。日本国籍法从未准许过朝鲜人放弃他们的日本国籍，尽管1924年修订的国籍法中规定"获得外国国籍的人自愿放弃日本国籍"，但是，这项普通法从未经过天皇特命，准许其适用于朝鲜人。然而，在满洲的许多朝鲜人已经加入了中国国籍，在一些区域占当地朝鲜人总数的5%—20%不等，尤其是在日本领事官相对难以到达的地方。还有一些朝鲜人，当越过满洲边界移民到苏联领土时，顺便加入了苏联国籍。

  关于朝鲜人的双重国籍问题，中国国民政府与满洲的省级政府通常不欢迎朝鲜人的随意归化入籍，担心他们通过暂时取得中国国籍，可能成为日本获取耕地政策的潜在工具。1930年9月，吉林省政府颁布了管理全省土地买卖的法律，规定"当归化的朝鲜人购买土地时，必须调查他购买土地是为了作为永久归化公民居住，还是代表一些日本人进行购买"。然而，地方行政官员在执行上级命令时似乎放弃了自己的判断，而是经常颁布一份临时证书代替正式证书，而后者需要由省政府和南京的内政部批准。这些地方官员，尤其是远离日本领事馆的地区，常常容易同意颁发这样的证书给申请证书的朝鲜人，有时，无疑在事实上迫使朝鲜人选择改变国籍还是离开他们的国家，他们的行为既受日本政策左右，也受到由入籍费带来的税收的影响。此外，中国人声称，为了利用朝鲜人作为傀儡土地所有者，或者通过从这些已归化的朝鲜人手中获得转让土地，有些日本人实际上参与了密谋朝鲜人归化的交易。然而，一般而言，日本当局不赞成朝鲜人归化，并在尽可能地对他们行使管辖权。

　　日本人在满洲要求维持作为治外法权必然结果的领事裁判权，这成为不断发生涉及朝鲜人冲突的一个原因。无论朝鲜人是否希望日本人进行这种表面上代表他们利益的干涉，日本人的领事警察，尤其在间岛地区，不仅采取了保护措施，而且还随意进行搜查并没收朝鲜人的房屋，特别是当朝鲜人被怀疑与独立运动、共产党或抗日活动有关时。中国的警察机关在执行中国法律、维持治安或镇压"不良"朝鲜人时，常常与日本警察机关发生冲突。尽管中国与日本的警察机关在许多场合确实有合作，如所谓的1925年"三矢协定"中规定，在奉天省东部，中方将管制"朝鲜人社团"，并在日本人要求下将"行为不端的朝鲜人"移交日本人，但实际情形是争议与摩擦不断，而这样的情况注定会引起麻烦。

　　朝鲜问题，以及因朝鲜问题引起的关于间岛地区的中日关系，已经达到特别复杂与严重的程度。间岛由在辽宁（奉天）省的延吉、和龙、汪清三县组成,而实际上,根据日本政府的说法,还包括珲春地区。四地隔图们江与朝鲜东北地区相望。

在描述朝鲜人对间岛地区的一贯态度时,日本人一直不愿承认1909年的《间岛协定》最终解决了间岛地区归属中国还是朝鲜的问题,原因是,既然这个地区大多是朝鲜人,一半以上的可耕地由朝鲜人耕种,"他们已经在该地区站稳了脚跟,以至于这个地区实质上可以被视为朝鲜人的区域"。日本政府在间岛比在满洲其他地方更加坚持对朝鲜人行使司法管辖权与监督,并常年在那里驻扎400多名日本领事馆的警察。日本的领事机构与朝鲜总督府遣派的日本官员合作,在此地区行使广泛的行政管理职权,他们的职责包括保护日本人的学校、医院,以及政府支持的朝鲜人开设的金融机构。这个地区被前往国外耕种稻田的朝鲜侨民视为一个自然的出口,而政治上该地区也具有特殊的重要性,因为间岛长期是朝鲜独立的倡导者、共产主义组织与其他不满党派的避难所,这个地方还见证了1920年朝鲜人在珲春的反日起义。在朝鲜独立革命爆发之后,日本人在治理朝鲜方面遇到了严重的政治问题。此外,该地区有显而易见的军事意义:图们江下游是日本、中国与苏联的领土交界处。

《间岛协议》规定,"在此之前,朝鲜人定居在位于图们江以北的耕地上",应该获得中国的准许;定居在这块土地上的朝鲜人,自此以后,应该"服从清朝地方官的管辖";他们应该得到与清朝人同等的待遇;而且,尽管涉及这些朝鲜人的所有民事与刑事案件都应由清朝官方听审与裁决,但应允许日本领事官出席法庭,尤其是死刑案件,根据特别中国司法程序,有权"向清朝官方申请进行新的审判"。

但是,日本人认为,《1915年中日条约及换文》就司法管辖权而言,违背了《间岛协议》的规定,而且,据日本与中国的协议,朝鲜人自1915年开始成为日本臣民,应有权享有治外法权的所有权利与特权。中国政府从未承认这个论点,中国坚持,如果《间岛协议》在准予朝鲜人居住在农耕土地上的权利适用的话,那么它也适用朝鲜人应当服从中国司法管辖权的那些条款。对于准许朝鲜人居住在农耕土地上的条款,日本人的解释是可以在间岛购买与租住这样的土地;中国对此解释加以驳斥,认为必须照字面来解释这一条款,即只有已经归化中国国籍的朝鲜人才有权在那里购买土地。

因此,真实的情形是反常的,因为,事实上,在中国地方官的默许下,有未归化的朝鲜人在间岛获得了土地所有权,尽管作为一般惯例,朝鲜人自己也意识到加入中国国籍是在间岛获得购买土地权利的一个必需条件。日本官方数据显示,间岛(包括珲春)有超过一半的可耕地为朝鲜人"拥有",数据还表明15%以上的朝鲜人已经归化加入中国国籍。但无法知道是否是这些归化的朝鲜人"拥有"了这些土地。这一情形自然导致大量的违反常规之处和争议不断,中国警方与日本警方之间也常常发生公开冲突。

日本人声称,大约在1927年末,在中国官方的煽动下,满洲爆发了迫害朝鲜移民的运动,这是普遍反日情绪的一个后果,在满洲各省宣布服从南京国民政府之后,更加剧了这种迫害。中央与满洲地方当局发布的很多命令已在翻译后提交给调查团,作为中国迫害朝鲜人政策的证据,包括强迫朝鲜人归化中国国籍、从他们的稻田上将他们赶走、迫使他们再次移居、使他们屈从于强制和高额税收、阻止他们签订房屋与土地的租赁合同,以及使他们遭受各种野蛮暴行。据说这场残酷的运动是特别针对"亲日的朝鲜人",日本政府资助的朝鲜居民协会成为了迫害对象,朝鲜人管理的或为朝鲜人开办的非中国学校被迫关闭,允许"不良朝鲜人"对朝鲜农民征税勒索、施加暴行,强迫朝鲜人穿中国人的衣服,并断绝任何依靠日本人保护或援助他们困境的要求。

中国人并不否认满洲当局的确颁布了歧视未归化朝鲜人的命令,这些命令、指示的数量与性质,尤其自1927年来所颁发的,无疑反映了满洲的中国当局基本上将朝鲜人的渗透视为一种应受到反对的威胁,只要他们在日本管辖范围内。

因为日本的严厉指控与满洲朝鲜人的可怜困境,调查团特别注意了该问题,但并没有完全接受这些指控即为充分描述的事实,或者推断某些应用于朝鲜人的限制措施完全非法,它的立场是去证实中国在满洲某些地方对朝鲜人行为的基本描述。而在满洲,调查团接待了大量以个人名义为朝鲜人团体代言的代表。

显然,满洲大量的朝鲜少数民族的存在,使中日双方关于租赁土地、司法管辖与警察以及经济竞争的争议更加复杂,这演化为1931年9月事变的序幕。虽然大多数朝鲜人只想不受干扰地谋生,但其中仍有部分人被中国人或日本人、甚或是二者视为"不良朝鲜人",包括倡议朝鲜从日本统治下独立的支持者与游击队、共产主义者、包括走私犯与毒品商在内的职业违法者以及与中国强盗结盟、向自己的同胞征税勒索或敲诈钱财的那些人。甚至朝鲜农民也因其无知、目光短浅和心甘情愿而向头脑灵活的地主欠下债务,从而招致迫害。

尽管朝鲜人可能是无意中参与了这些争议,但在中国人看来,这些争议是日本有关满洲普遍政策的必然结果,中国人认为,大部分所谓对朝鲜人的"压迫"其实名不符实,中国人所采取的某些针对朝鲜人的措施,在事实上是经过日本当局批准或默许的。他们声称,一个不应忘记的事实是,大多数朝鲜人都具有反日情绪,对日本人吞并他们的国土无法释怀,而且,对于那些朝鲜移民而言,如果不是由于他们所遭受的政治与经济困难,他们绝不会离开祖国,这些人通常渴望在满洲能够摆脱日本人的监管。

中国人,尽管承认有点同情朝鲜人,但指出1925年6月至7月签署的《三矢协定》的存在,该协议既反映了中国官方愿意压制日本人认为威胁其在朝鲜地位的"品行不端的"朝鲜人的行为,又体现了日本人自己对某些行动的官方认可,他们愿意使别人相信这些法令是中国人"迫害"朝鲜人的实例。该协议由朝鲜总督府所派遣的日本警察厅厅长和中国奉天省警察厅厅长间签订,外人知者甚少。该协议规定,中国与日本警察机关在奉天省东部合作镇压"朝鲜社团"(可能有反日的性质),规定"中国当局应立刻逮捕并引渡那些由朝鲜官方提供名单中的朝鲜社团领导人",而且,中国警察机关还应该逮捕"品行不端的"朝鲜人并移交给日本人审判与处罚。因此,中国人声称:"对管理和处置朝鲜人实施了某些限制措施,主要是为了使这个协议更易执行。假如以此作为中国官方压迫朝鲜人的证据,即便情况属实,那么这些压迫措施也主要是为了日本的利益。"此外,中国人认为,"由于与本地农民之间激烈的经济竞争,中国当局当然将行使他们固有的权力,设法保护本国同胞的利益"。

假如庭长阁下允许,我们在这部分案件阶段的《李顿调查团报告书》有关内容就宣读完了,现在,如果法庭允许,我们希望提出辩护方第189号文件作为证据,这是日本政府对《李顿调查团报告书》的正式答复。

柯明斯-卡尔检察官:如果庭长阁下同意,我们反对该文件,这显然是日本政府在《李顿调查团报告书》提交给国联后所发布的一份争辩意见。他们完全有机会当面向李顿调查团提供任何他们愿意提出的证据或论点,正如《李顿调查团报告书》自第11页至第12页所显示的一样。他们的确向李顿调查团提供了大量证据与文件。而且,他们还派一名日本评审员与调查团一同工作,与中国人派去的评审员一样,都有权看到对方提供的任何材料并作评论。我们认为,假如辩护方试图通过宣读日本政府这份没有任何证据支持的 38 页充满争论、观点、结论与声明的文件，希望以此质疑《李顿调查团报告书》中任何陈述的正确性，这种做法并不适当。

韦伯庭长：这些被告并不受《李顿调查团报告书》的限制。假如对日本进行审判，这可能是一个有力的论点。但是，如你所述，卡尔先生，我们不能采纳任何争论性质的文件，但这份文件也可能包含了一些具有某些证据价值的事实陈述。当然，法庭询问不会变为决定《李顿调查团报告书》与日本答复各自长处的过程。我们以为，辩方并未对《李顿调查团报告书》中的任何调查结果加以反驳，而是希望澄清某些调查结果；但他们也不受那些调查结果的限制。法官将利用休庭时间细读该文件，看看该文件是否具有任何证据价值。

我们将休庭 15 分钟。

（14:45 休庭，15:00 重新开庭如下）

三、"三国干涉还辽"相关文件

（15∶00继续开庭）

法庭执行官：远东国际军事法庭现在继续开庭。

韦伯庭长：法庭认为，刚才提出的文件实际上无非只有争论。假如存在任何《李顿调查团报告书》中没有涉及、而辩方希望证明的事实，辩方可以用不是这种来源的文件进行证明。这不仅是因为这份文件源于日本，而且因为它来自一个调查团抨击的政党，并且这些人并没有认同该政党。

我们以为，你们并没有反驳调查团的调查结果。如果你们对调查结果进行反驳，那么你们就可以采用日本政府的论点。只要这些论点是基于没有出现在《李顿调查团报告书》中的事实，你们就可以证明那些事实，但要采取其他方法；因此，事实上我们并没有排斥陈述中包含的论据或事实，但我们坚持辩方应以正确方式使用和证明它们。反对有效，驳回文件。

沃伦辩护律师：庭长阁下，我们还没有被准许陈述我们对该文件的态度，但我认为法庭对我们关于《李顿调查团报告书》的态度有一些误解。如果法庭允许，我希望陈述一下我们现在提出这个文件的理由。

韦伯庭长：如果我们已经完全排斥了文件的论点以及包含的事实，那么我们将听你陈述。我们还没有这样做，但是，我们认为你采用的方式也不正确。

沃伦辩护律师：请准许我澄清我们关于《李顿调查团报告书》的态度，可以吗？我确信本法庭误解了我们对《李顿调查团报告书》的看法。

韦伯庭长：我们愿意听取你们的态度，这将非常有帮助，上校。

沃伦辩护律师：我们认为，《李顿调查团报告书》分为调查结果与建立在调查结果基础之上的结论两部分。我们不同意调查团——也就是李顿爵士调查团得出的结论。因此，从这个意义而言，我们不同意《李顿调查团报告书》。我们认为调查结果——不是调查结果，是李顿调查团根据向他们提交的事实所得出的结论是错误的。那就是关于应当适用的取证技术规则，因为他们并没有适用这些规则。

语言监督官：沃伦先生，请你复述那句陈述，好吗？

韦伯庭长：请书记员朗读。

（法庭书记官朗读沃伦先生最后一句陈述）

韦伯庭长：我认为重复一遍也没有提供任何清楚的意图，因此，你最好换一种说法再叙述一遍你的意思。

沃伦辩护律师：李顿调查团在做出结论时没有运用本法庭适用的证据规则。我们认为，《李顿调查团报告书》自身内容之外的其他因素可能对其最后结论产生了重大影响——我的意思是《李顿调查团报告书》中的结论。就他们的事实调查结果或他们叙述的事实而言，我们没有争议，但是——

韦伯庭长：在这个我们刚才已经驳回的文件中，对你们有用的内容只是其中的论点，但你们可以在不提出这份文件的情况下采用这些论点。

沃伦辩护律师：庭长阁下，我们还没有将其中的论点提出作证据。我们现在意识到我们可以这样做。但是，这是当时日本政府的官方观点，反映日本政府在那时的主张。我们将它提出作为书面证据。在我们的最终论点以及对最终案例的陈述中，我们有可能采用也可能不采用该文件，但这——

韦伯庭长：现在我们的翻译遇到很大的困难，我不知道为什么。但是，发言请清晰、简短。他们在翻译我的话时也有困难。我不知道为什么，但也许我的讲话还是不够简短与清晰。

沃伦辩护律师：顺便提一下，庭长阁下，我们只是打算读与本案例有关部分的答复，不到文件的一半。我们觉得，任何刑事案例在犯罪或涉嫌密谋时期，被告的精神状态至为重要，而且这正是产生这份文件的原因。这也正是我们提出这份文件的原因。我们认为，我们提出这份文件作为证据的理由是合理的。它表明了日本人的思想状态，或许涉及某些被告人。

就这么多，庭长阁下。

韦伯庭长：没有理由改变我们的决定。

沃伦辩护律师：庭长阁下，我并不确定关于您作此裁决的理由，但我希望能将文件进行编号识别，并对它提供证词，以便以后可能由复审部门再次考虑。

韦伯庭长：你任何时候都可以提出申请，上校。

沃伦辩护律师：我只希望对该文件进行编号识别。

韦伯庭长：这些被驳回的材料会使得法庭记录杂乱。这也就是反对。

沃伦辩护律师：那么，现在，假如本法庭允许，我希望对辩护方189号文件提供证词，这是日本政府关于调查团报告的观察，涉及《李顿调查团报告书》，日期是1931年12月10日。这份文件包含了对报告的分析，并提出了国际联盟行动之后不久，日本政府提出争辩——我的意思是国联采取行动之前，毫无疑问地，国联当时作出关于日本问题的最后结论之前考虑了这份文件。我们请求本法庭准许我们在审判结束时的案情摘要中将这份文件作为附录，并作为我们案情摘要的一部分递交给复审部门。

韦伯庭长：我们无法控制送达给他的材料。

沃伦辩护律师：法官阁下，如果拒绝提交——我的意思是不准许我们将一份文件编号识别，文件就不会送达复审部门，但我们希望文件送达复审部门,这就是为什么我们请求将这份文件进行标号识别的原因。这是根据我曾经是一名军法检察官的经验。我想美国检察官将证实这一点。

韦伯庭长:如果受到不利的裁决,会有足够的时间进行申请。

沃伦辩护律师:谢谢您,庭长阁下。这澄清了我的问题,让我感觉安心多了。非常感谢您!

现在,假如法庭允许,为了确认《李顿调查团报告书》的调查结果,并说明奉天事变之前的中国情况要比报告中描述的甚至更加混乱,我们希望就某些文件向本法庭进行提出、宣读和做出评论,供本法庭考虑。

首先,我们希望引用第228号证据——我认为那份文件是——我相信这里有一处错误,庭长阁下。

首先,引用第2283号证据文件,辩护方文件编号74;第2284号证据文件,辩护方文件编号74;第2285号证据文件,辩护方文件编号196。这是为了说明日本通过1895年4月17日在马关签署的《中日和平条约》,获得了辽东半岛的主权。特别是证据文件2283中的第I和II条款中规定,中国将辽东半岛的主权割让给日本,这也就是日本在满洲事变的起源。

柯明斯-卡尔检察官:庭长阁下,这是一系列文件中的一份文件,我们曾在辩护开始阶段对这些文件提出反对,本法庭当时没有裁决,但是暂时采纳了这些文件为证据,并表示将以后考虑其重要性。我们现在重申我们的反对意见,理由是这些已经从《李顿调查团报告书》中宣读过的有关以前历史的内容不具有任何重要性。

韦伯庭长:我的一位同僚没有听到你刚才所说的话,沃伦上校。我认为,你的最后一句话应该重复一下。每位法官必须听见你所说的,以及每个人所说的话。

沃伦辩护律师:首先,将引用证据文件第——

韦伯庭长：法庭书记官将宣读在柯明斯-卡尔先生发言之前沃伦先生所说的话。

（法庭书记官宣读有关的一段）

沃伦辩护律师：更正一下，庭长阁下。我已经记录下来了。有一些错误。我可以再宣读一遍吗？

韦伯庭长：很遗憾，竟还要再读一遍。但是，还是读吧。

沃伦辩护律师：（宣读）首先，引用第2283号法庭证据，辩护方文件编号74；第2284号法庭证据，辩护方文件编号74；第2285号法庭证据，辩护方文件编号196。这是为了说明日本通过1895年4月17日在马关签署的《中日和平条约》，获得了辽东半岛的主权。特别是第2283号证据文件中的第Ⅰ和Ⅱ条款中规定，中国将辽东半岛的主权割让给日本，这也就是日本在满洲利益的起源。

韦伯庭长：唯一差异是在日期上的一处错误。

沃伦辩护律师：法官阁下，在日期上存在错误，而且"日本在满洲事变"上也有一处用词错误，这有很大的区别。

我的同事告诉我，这些文件之前已根据惯例采纳为证据了。

韦伯庭长：对，在检方的请求下采纳了这些文件，并且你们没有提出反对。

沃伦辩护律师：不是，庭长阁下，这些是我们的文件。

韦伯庭长：是吗？柯明斯-卡尔先生。

柯明斯-卡尔检察官：庭长阁下，检方提出了反对，但这些文件还是被采纳了，而本法庭在当时没有做出裁决。此外，关于第一份文件，我的朋友关于它的评论完全不准确。

后来做了修订的1895年《条约》中规定，永久割让辽东半岛给日本，但日本在那里的利益根本不是基于这一条约，是根据随后的租借协议。

沃伦辩护律师：庭长阁下，该文件已向本法庭宣读。它是不言自明的。它证明了我刚才所说,而且我也没有日本的利益基础,而是说日本在满洲利益的起源。

韦伯庭长:检方显然要求对他们提出的反对做出决定。我想不起反对的确切理由了。

沃伦辩护律师:法官阁下,我从未听到过。

柯明斯-卡尔检察官:庭长阁下,提出反对的最初理由与现在的理由一样,就是文件不具有相关性和重要性。对所有这些文件都是同样的反对理由,而且本法庭当时说,暂时采纳这些文件,以后将对其重要性进行考虑。

沃伦辩护律师:我的同事告诉我,他们记得——

韦伯庭长:请你暂停一下。我正在和我一位同事谈话。我无法同时听你们说话。这是最困难的事。

沃伦辩护律师:光线太刺眼了,所以我没有看到,庭长阁下。

韦伯庭长:根据法庭多数意见,文件被采纳。驳回反对。

沃伦辩护律师:庭长阁下,现在我希望提出辩方文件第367号作为证据,表明在条约缔结之后不久,德国驻东京大使向日本政府提出放弃辽东半岛的所谓劝告。劝告是在1895年4月23日提出,以战争为威胁。

韦伯庭长:塔夫纳先生。

塔夫纳检察官:法官阁下,我根据两项理由反对提出这份文件。这份文件以及随后的几份文件,都涉及日本放弃辽东半岛所有权以及后来租借权转让给日本的情况。

也许我应该重复一下反对意见,我想,它没有被翻译出来。

第一个反对理由是,这份文件以及随后的几份文件,涉及日本放弃辽东半岛所有权的情况。日本随后获得了根据《朴茨茅斯条约》的条款,获得了转让的租借权。因此,日本拥有的唯一的权利是起源于租借协议,我们认为,在那之前发生的事情是完全不相关与不重要的。

韦伯庭长:证据重复。研究《李顿调查团报告书》的同事向我确认了这一点。这些在《李顿调查团报告书》中都已包括了。

塔夫纳检察官：那就是我第二个反对的理由。

沃伦辩护律师：假如庭长阁下允许，我们认为，我们不应受《李顿调查团报告书》的限制。虽然这些已经被提到，但我向庭长阁下保证，条约本身或这份电报没有出现在报告中。这是额外的证据。我们希望说明，三国对日本事务的干涉以及这件事的背景。假如《李顿调查团报告书》认为足以对它进行调查——假如李顿爵士认为足以对其进行调查，我们以为我们应该有权提供文件，证明向日本政府施加压力的文件——

韦伯庭长：根据本法庭多数意见采纳文件。反对被驳回。

法庭书记官：第367号辩方文件被接受为第2380号法庭证据。

（上述文件被接受为第2380号法庭证据）

沃伦辩护律师：辩方文件第367号：

德国大使于明治二十八年（1895年）四月二十三日关于交还辽东半岛的建议。

电报第348号

明治二十八年（注：1895年）四月二十三日晚8:45发送

至：外务大臣陆奥，舞子。[1]

紧急代码

自：外务副大臣林

电报第349号

明治二十八年四月二十三日晚8:45发送

至：伊藤伯爵（通过广岛的佐藤秘书转交外务大臣）

德国大使在与我会面时，向我读了一份日文照会，内容如下：

---

[1] 日本兵库县的一个地名——校者注。

遵照本国政府指令，做以下声明：

德国政府研究《中日和平条约》的条款，已得出结论，贵国要求据有辽东将是东方永久和平的障碍，永久使中国首都处于不稳固的位置，并且也促使朝鲜的独立成为泡影。因此，本国政府向贵国政府提议，放弃永久拥有辽东半岛。

关于此声明，我奉命叙述如下：

我们请求贵国承认，自从目前中日事件爆发以来，本国政府常常向贵国表明诚挚的善意。正如阁下所知，英国政府在去年10月7日向欧洲各国建议，干预中日事件。但本国出于对贵国的善意，当时拒绝了参加干预。此外，今年3月8日，现任部长根据本国政府的指示，劝告贵国政府，在不提出额外要求的条件下尽快讲和。那时我建议，假如贵国在没有额外要求的条件下尽早讲和，将对贵国有更多的优势，因为欧洲国家可能在中国的要求下干预。此外，我还说，假如日本要求部分割让半岛，那将很容易激起列强的干预。但是，贵国政府没有遵照这些无私的建议。

我们发现，目前的《中日和平条约》的条款非常过分，不仅侵害了欧洲各国的利益，甚至也危及了本国利益，尽管程度较轻。因此，德意志皇帝陛下的帝国政府现在不得不对贵国政府提出抗议，而且如有必要，甚至可能必须采取有效措施。我们知道，贵国政府没有理由拒绝妥协，因为我相信贵国也不愿意使自己卷入与三个国家的战争中。此外，我还得到秘密指示，假使贵国政府希望不损其尊严的条件下找到一条退路，并希望就此举行协商会议，我将向本国政府发回电报。

庭长阁下，随后确实还有一系列的外交往来信件。第385号辩方文件是日本政府于1895年4月30日对驻东京的德国、俄国与法国大使提交备忘录的答复，我们现在希望提出作为证据。

韦伯庭长：按惯例采纳。你打算提出反对吗？你的速度太慢了。

塔夫纳检察官：这和对之前文件的反对理由一样。

法庭书记官：辩方文件385将作为证据被采纳，证据号2381。

（上面提到的文件被编为第2381号法庭证据）

沃伦辩护律师：（宣读）

对德国、俄国与法国大臣提出备忘录的答复。

京都发送，1895年4月30日

至：驻俄国大使西

驻德国大使青木

驻法国大使曾弥

自：外务大臣陆奥

以下备忘录是对德国、俄国与法国大臣向日本呈递备忘录的答复，要求你们将其分别译为法语和德语，并呈交给德国、法国与俄国政府。

日本帝国政府已经细读了由德国皇帝陛下、俄国沙皇陛下以及法兰西共和国总统阁下的特命全权公使以他们各自本国政府的名义呈递的备忘录。

日本天皇陛下的政府已审议了德国皇帝陛下、俄国沙皇陛下以及法兰西共和国总统阁下的政府分别发来的友好劝告，希望再次证明强调维持两国友好关系的重要性，因此同意以特别增补协议的形式对《马关条约》进行修改，特别增补协议将在对下述修订意见进行沟通并确保日本的国家荣誉与尊严后进行起草：

1. 帝国政府同意，放弃永久占领除锦州地区之外奉天半岛的所有权力。但日本政府可与中国政府磋商，确定对放弃领土的适当赔偿金额。

2. 但应明确，帝国政府在清朝全部履行与日本条约所规定的义务之前，仍然保留对上述领土的占领权。

在递交这份备忘录给德国、俄国与法国政府时，应要求迅速答复。

如果德国、俄国与法国政府表现出对以上所述内容依然不满意，要求你们尽力去了解，是否他们最初的备忘录不可能被修改，或是他们在这件事情的调停方面有其他主张。

韦伯庭长：我们将休庭，直到明天上午 9:30。
(16:00 休庭，直至 1947 年 3 月 20 日星期四 9:30)

1947 年 3 月 20 日，星期四
日本东京都旧陆军省大楼内远东国际军事法庭

……
(9:30 开庭)
……

法庭执行官：远东国际军事法庭现在开庭。

韦伯庭长：除了大川周明与松井石根由其辩护律师代理出席外，其他被告都出庭了。我们这里有巢鸭监狱医疗负责人提供的证明，证实松井石根由于病重不能参加今天的审判。该证明书将被记录并存档。

沃伦上校。

沃伦辩护律师：我们希望引用第 2257 号文件，也就是第 163 号辩方文件，这是驻俄国的日本大使在 1895 年 5 月 3 日发给日本外务大臣的一份电报。本法庭已有这份电报，它说明俄国不希望日本在满洲，因为担心日本可能占领旅顺港。

现在将提出第 341 号文件作为证据。这是日本的外务大臣于 1895

年5月5日发给驻德国的日本大使的一份电报,是日本关于放弃奉天半岛的答复。

韦伯庭长:按惯例采纳。

法庭书记官:第341号辩方文件将作为证据被采纳,证据号2382。

(上面提到的文件被编为第2382号法庭证据,并被采纳为证据)

沃伦辩护律师:第341号辩方文件。(宣读)

(1895年)京都,1895年5月5日电。

至:驻德国大使青木、驻法国大使曾弥。

自:外务大臣陆奥。

请阁下将以下备忘录翻译为德文/法文,并呈递给德国/法国政府:

依照德国—俄国、法国—俄国与德国—法国政府的友好建议,日本政府同意永久放弃占领奉天半岛。

在呈递这份备忘录时,请阁下同时做出以下说明:

由于俄国政府不接受日本政府的提议,也因为我们真诚希望结束目前的处境,我们认为,最好的策略就是遵循三国的最初建议,而不再等待德国/法国政府对我们之前呈递备忘录的答复。

补充下述内容,以供阁下参考:

1. 日本政府保留为永远放弃的领土向中国索要赔偿的权利。

2. 日本政府将保留对上述半岛占领一段时间的权利,作为清国对日本履行其条约义务的一项安全措施。

我们提出第403号辩方文件作为证据。这是日本外务大臣在1895年向俄国、德国与法国发出的一份照会。

塔夫纳检察官:庭长阁下,那份文件没有提供给我们。

沃伦辩护律师：如果法庭允许，的确如此。我的话还没有讲完。我们将稍后提供，但是，现在正是将它提出的好时机。因为技术困难，我们目前无法复制这份文件。

还要引用第 2286 号证据文件（第 216 号辩方文件），这是日本外务大臣于 1895 年 5 月 5 日致俄国外交大臣的一份电报。在电报中，日本放弃永久据有辽东半岛的权利。

现在我们要提交第 344 号辩方文件作为证据。尽管该文件之前曾经被驳回，但是，我们在此再次提交，目的是证明上述所谓的三国干涉的真实动机是他们的领土野心。该文件是驻德国的日本代理大使于 1923 年 12 月 5 日致日本外务大臣的一份电报，披露了德国在 1895 年的政策。根据本法庭 2 月 26 日的庭审记录，庭长指出："假如日本不得不归还任何历史能证明的领土或战利品，这或许将得到司法认知。"辩方恳请，本法庭对以下事实进行司法认知：德国迫使中国割让胶州湾，法国迫使中国割让广州湾，英国迫使中国割让威海卫港口，俄国迫使中国割让辽东半岛。第 344 号辩方文件将证明，这些瓜分中国为势力范围的列强，威胁到日本的实际存在。

塔夫纳检察官：我们还没有拿到那份文件的副本。但是我们的反对理由和最初提出该文件时相同，认为文件里提到的内容与本案涉及的问题不相关也不重要。

韦伯庭长：如果一份文件按惯例被采纳，那并非意味着你能再次提出与以前同样的异议。

塔夫纳检察官：我认为庭长阁下误解了辩护律师的话。当这份文件第一次正式提出时，被驳回了。

韦伯庭长：我刚收到另一位同事的便条，同他一样，我也认为听清楚沃伦上校说的有点困难，因为他的嗓子有问题。

塔夫纳检察官：当然，我们认为对于以前被驳回的文件，现在也没有理由采纳。

沃伦辩护律师：假如本法庭允许，文件当时被驳回的原因是法庭认为它不具重要性。但根据观察，我相信它的重要性，越到后来或许越发彰显，就可以再次被提出，于是，我们现在再次提出这份文件。

韦伯庭长：文件看起来并不具备重要性，它与我们最近处理的其他文件不属于同样的范畴。

反对有效，文件再次被驳回。

沃伦辩护律师：我们引用第 2288 号证据文件即第 162 号辩方文件，这是中俄结盟的一份秘密条约，1896 年 5 月在圣彼得堡签署。特别是第三条规定，所有中国港口向俄国军舰开放；第四条规定，同意修建通往符拉迪沃斯托克的铁路；第五条规定，俄国人获得运送军队的权利。

韦伯庭长：我昨天晚上在《李顿调查团报告书》里也读到了这些内容，对吗？

沃伦辩护律师：是的，庭长阁下，我们只是引用一下，这已经被采纳为证据了。

韦伯庭长：那为什么要引用呢？《李顿调查团报告书》已经提到了这些内容，关于条约的存在与条约的规定没有争议。

沃伦辩护律师：但是，庭长阁下，与该条约相关，辩护方文件第 308 号将作为证据提交。这是一份关于修建与经营中东铁路的协议，1876 年 8 月 27 日由清国驻俄大使与华俄道胜银行在柏林签署。这是关于在满洲由俄国控制修建铁路的第一个也是基本的条约。至 1898 年 7 月 6 日，清、俄之间又签署了一款条约，关于修建所谓中东铁路的南满铁路支线。但是，由于技术上的困难，这份文件的处理还没有完成，因此，如果本法庭认为此文件相关，我们请求允许我们稍后提供这份文件。我们只希望宣读这份条约的导言。

韦伯庭长：塔夫纳先生。

塔夫纳检察官： 庭长阁下，这份文件已经提供给我们了，而且，我更愿意现在就来处理这个问题，而不是留到以后。

你将提出第308号辩方文件，是吗？

沃伦辩护律师： 对。

塔夫纳检察官： 我们对提出这份文件至少有两项异议。一项是这份文件在性质上完全重复，在《李顿调查团报告书》的第32页与第33页都已经讨论过了。另外，日本在该国铁路方面的所有权利都是基于《朴茨茅斯条约》的结果，因此，似乎没必要重复发生在《朴茨茅斯条约》之前的细节。

韦伯庭长： 我们已有所有重要的事实。如果再提供给我们大量细节，也不会有助于我们。

沃伦辩护律师： 庭长阁下，我们要提出的下一个文件，309号，属于同一范畴。

韦伯庭长： 为什么要把这些不必要的材料提供给法庭，让我们不胜重负呢？只要是有用的材料，所有的已经在记录中了。

沃伦辩护律师： 我们不认为是这样，庭长阁下。但如果本法庭认为是这样，而且它也不能为法庭提供任何帮助的话，当然我们不希望它把记录弄得很凌乱。

韦伯庭长： 我们的态度很明确。我们没有排斥任何证据，但是我们会拒绝重复采纳同一证据。

反对有效。

沃伦辩护律师： 庭长阁下，我想发表一下看法。只是对这些文件进行了引用。除了一段非常简短的引用，它们并未被采纳为证据。

韦伯庭长： 也许在法庭议事室，双方能够就证据采纳达成一致意见，并将这份证据文件大幅缩减。我们知道这局限于民事诉讼和其他一些司法程序中。但它并不违背公平审判的原则，而且可能会加快进程。

沃伦辩护律师：庭长阁下，我完全同意，而且我将与美国律师一同努力，试图对这些事实达成一致的规定，我认为在这种情况下，这是完全适当的做法。

塔夫纳检察官：检察方将很愿意就此事进行合作。

韦伯庭长：你曾承认过，并不是对我们在过去两天中所听到的所有证据都提出反对。根据我的回忆，是检方提出了这些文件。

沃伦辩护律师：我们现在要提出第 219 号辩方文件作为证据。这是俄、清两国于 1898 年 3 月 27 日签署的租借辽东半岛的条约。该条约特别指出，俄国获得租借权的目的是在那里修建一个海军基地，从而对日本形成巨大威胁。

我们不打算宣读这份文件。

塔夫纳检察官：我们对这份文件提出反对，理由和前两份文件一样。《李顿调查团报告书》第 33 页已涉及了这件事，而且，在这份较早文件中，提到的权利是日本根据《朴茨茅斯条约》而获得的。

沃伦辩护律师：庭长阁下，在《李顿调查团报告书》中提到一份文件，这并不意味着报告表达了这份文件的真实情况。那充其量只是调查团对文件的一种诠释而已。

韦伯庭长：不管怎么说，都没有必要宣读这份文件。

沃伦辩护律师：是的，阁下。

韦伯庭长：它是重复证据。我们将文件驳回。反对有效。

四、山口重次作证：事变前满洲的自治活动

沃伦辩护律师：现在，我们希望传唤一名证人出庭，山口重次，他现在正在证人室。

（山口重次作为辩方证人出庭，首先宣誓，然后通过日本翻译员作证如下）

韦伯庭长：请律师自报姓名。

大原辩护律师：我是大原信一，律师。

韦伯庭长：大原信一律师。

直接询问（由大原辩护律师询问山口重次证人）

问：证人先生，请陈述你的姓名。

塔夫纳检察官：我们可以有一份关于这位律师所代理被告人的陈述文件吗？

韦伯庭长：我想会有。当然，有相应的阶段。你不会真的希望现在这个阶段他就把所有相关内容都提供给你？你肯定不会这么希望的吧？

塔夫纳检察官：我撤回问题。

证人：我叫山口重次。

问：如果法庭允许，对我刚才说的话翻译不是很清楚。

大原辩护律师：我是大原信一，被告大川周明的律师。

问：证人先生，请向法庭陈述你的地址。

答：我的地址是千叶县君津郡根形村下新田。

问：你的年龄？

答：我今年 56 岁。

问：请简要陈述你的生平经历。

答：1919 年 12 月，我移居"满洲国"。自 1920 年 2 月 20 日至 1932 年 7 月，我受雇于南满洲铁道株式会社，主要负责港口、铁路的设备维护。自 1929 年至 1932 年，我作为满洲青年联盟的会员，参与该联盟的创立及运营。10 月 31 日，我开始参与建立"满洲国"的运动。从 1932 年 3 月起，我开始担任沈海铁路保安维持委员会秘书，负责港口设施和联络部。此外，我还是齐克铁路复兴委员会的成员。在担任上述职位期间，满洲政权要求我承担铁道的复兴与统一工作。自 1932 年 3 月至 1934 年 9 月，我参与了满洲协和会的工作，负责它的组织和创建。1937 年 9 月至翌年 9 月，我被"满洲国"政府任命为奉天参与官、牡丹江省次长，离任后，我又在奉天附近务农，并在满洲林业公司担任检查员。1945 年 5 月，公司派我出差日本，当我在日期间，战争结束。自那以后，我就回到了在日本的故乡。

问：证人先生，你于 1919 年移居满洲并受雇于南满洲铁道株式会社，当时你负责该铁路公司的业务吗？

答：1926 年之前我主要负责港口设施的工作。

问：在证人移居满洲时，当时满洲的经济形势如何？

答：从我 1920 年加入南满洲铁道株式会社后，我被派驻在大连的港口站。当时第一次世界大战刚结束，各家公司都在扩张，满洲一片繁荣景象，不仅日本人是这样，满洲人也一样。作为一个从日本初来乍到者，最触动我的是来往于华北和满洲间络绎不绝的轮船，也就是在芝罘港和天津港之间的轮船。每条船上都载满了前往满洲的移民和新来者。即使一些小船也载有一两千乘客，他们不仅挤满了轮船甲板，甚至还占据了甲板上的救生艇。这些乘客中不仅包括劳工，还有大量的男男女女和儿童。他们都很贫穷。当时从芝罘出发的船票价格大约是每人50钱,当然,在他们到达大连时已身无分文。我问他们要去往何处,通常回答是去找从老家来的朋友或亲戚,听说他们已经在满洲内陆地区从事农业并发了财。

韦伯庭长：这些叙述有什么意义吗？

大原辩护律师：那些在满洲"建国"时就已在那里居住的满洲人之所以会移居至此,是为了寻求和平。

韦伯庭长：这已在《李顿调查团报告书》中做了详细叙述,如你所需。

大原辩护律师：我向证人询问这些问题,是因为我相信,当"满洲国"建立后,经济形势开始恶化,中国人和"满洲人"都受到了影响。然而,最初那个地区是和平的,为了说明这一点,我才向证人询问这些问题。我可以继续提问吗？

韦伯庭长：我并不认为你应该继续询问。这不是重要事实。我的观点如此。

问：那么,证人先生,你能告诉法庭那些移居满洲的中国人的情况吗？根据你所目睹的情况,你所见到的与你生意有关的情况。

韦伯庭长：中国人在满洲的情况不能为被告所受指控的罪行进行辩解。

大原辩护律师：我完全理解这一点,庭长阁下。但是,我想非常重要的一点是,那些为寻求和平而移居满洲的满洲人,在以张氏家族为代表的奉系军阀统治下却备受煎熬。

韦伯庭长：难道这能为日本人的所作所为进行辩解吗？在中国,日本人从来就不是中国人民的守护者。

大原辩护律师：这是我作为辩护律师所持的观点,而且,我希望证明那些为寻求和平而移居满洲的清人开始独立运动,并不是被日本人激起或被日本人以武力胁迫,而是为了反抗张氏家庭的压迫统治,希望建立一个和平地区。

韦伯庭长： 这与本案毫无关联。我们将缩短争辩。这是法庭裁定。

问： 证人先生，你知道在1920年之后满洲发生了巨大的变化吗？

韦伯庭长： 这个问题与本案无关。当然，我们昨天宣读的很多内容事实上也没有关联，但《李顿调查团报告书》由检方提出，并且辩方也行使权力宣读了他们认为有关和重要的证词。不过这是另外的问题了。

大原辩护律师： 我知道这些，如果法庭允许。但是，有一些事实《李顿调查团报告书》没有提到，还有一些事实，由于报告书的材料不足，导致其陈述容易引起误解。

韦伯庭长： 如果《李顿调查团报告书》达不到要求，被告也不能对它进行纠正，他没有资格那样做。你是在用大量无关和不重要的证据浪费时间，我们很不满。

大原辩护律师： 我也知道——我也很担心浪费法庭的时间，庭长阁下。但是，我担心《李顿调查团报告书》没有提到——李顿爵士不知道，或是不能了解最底层的日本人和满洲人的感受。不过，我也知道报告是在非常短的时间内匆匆完成的。因此，因为希望提供其他一些证据，除《李顿调查团报告书》以外的更多证据，我才对出庭证人进行询问，如此就能在除了《李顿调查团报告书》外，另有其他证据可以为法庭裁决提供协助。

韦伯庭长： 你提供的证据没有价值。不具作证价值。你明白吗？

（大原辩护律师用日语与译员讲话）

韦伯庭长： 他所说的内容没有英语翻译。

译员： 律师说——他是问庭长阁下的裁定是关于文件还是关于证词？

韦伯庭长： 我说的是，这个证据对我们没有帮助，我们不希望你就这一特定事件继续询问证人。

大原辩护律师： 我明白，庭长阁下。

问：1929年——你知道1929年张作霖[1]强迫满洲人改悬国旗吗？

塔夫纳检察官：庭长阁下，我认为这个问题毫无关联。他询问，是否在1929年更改了满洲的货币字样。这与本案涉及的任何问题都没有关联。

我搞错了这个问题，听错了它具体所指内容，但是本案与国旗的关联性，和我原来搞错的内容比，同样没有关联性。

韦伯庭长：我没有听到他的询问，因为我正在读同事递过来的纸条。我的同事认为，应该允许他继续刚才被我制止的询问，因为他试图说明，满洲人渴望独立。

好吧，我只能再回到上一个问题。请法庭书记官重复一下，可以吗？

（法庭书记官宣读上一个问题如下）

"问：你知道1929年张作霖强迫满洲人改悬国旗吗？"

韦伯庭长：这个问题的关联性是什么？

大原辩护律师：在更换国旗的同时，奉系政府也将其亲日政策转变为反日政策。阵营的转变使当地的日籍居民开始承受巨大压力，在不同国籍的人们之间，冲突时有发生。

韦伯庭长：反对有效。

直接询问（由大原辩护律师继续询问山口重次证人）

问：你是否知道，大约在1929年起，南满铁路来源于货运的收入开始骤减？

塔夫纳检察官：庭长阁下——

问：我非常清楚。因为这是我的职责之一。

韦伯庭长：我想我的一些同事没听清英文的回答或提问。

---

[1] 应该为张学良，原文为张作霖，现保留原文。——译者注

（法庭书记官宣读了最后一个问题）

塔夫纳检察官： 庭长阁下不认为这与本案问题毫无关联，并且对案情无重要性吗？

韦伯庭长： 辩方有什么要说的吗？

大原辩护律师： 南满铁路货运量骤减是由于张氏军阀采取了反日政策而造成的。

韦伯庭长： 反对有效。

问： 居住在铁路区域外的日本和朝鲜居民受到的待遇是怎样的？

塔夫纳检察官： 反对，庭长阁下。同样，待遇与本案涉及问题无任何重要关联。

韦伯庭长： 一国可能会为营救本国公民而进入他国。当然，立即侵入其他国家不是一种传统做法。通常的做法是向外国政府提出申诉。但是，问题不是那些特定的国民发生了什么事，而是日本人为什么要侵略满洲。这是辩方或任何其他方第一次将要涉及这个具体的原因。提问被法庭接受。我知道我的一些同事希望听到回答。反对无效。

答： 当时有很多朝鲜人在铁路附属地以外务农，还有很多日本人也居住在附属地外，从事林业和矿业。但是，在那以前就有一些未解决的问题，比如，土地租赁的问题。

在1928年前，在东北政权的委任和当地满洲人的支持下，成立了很多合资公司。然而，在1930年，东北政权颁布了一条本地法规，收回了国有土地。根据法律规定，任何向日本人或朝鲜族人出租土地、房屋，或是向这些国家的人销售林地的人都将被处以死刑。

韦伯庭长： 这是否是那里亮起的危险信号？

语言监督官： 是的，庭长阁下。

塔夫纳检察官： 庭长阁下，《李顿调查团报告书》已对此进行了大量篇幅的陈述。这里只是重述一遍，是重复内容，因此，我们认为应该驳回。

韦伯庭长：是的，已经全部在《李顿调查团报告书》中了。

我们暂时休庭15分钟。

（10:47休庭，直到13:00重新回到法庭继续审讯）

……

（13:00继续审理）

……

法庭执行官：远东国际军事法庭现在重新开庭。

韦伯庭长：大原先生，昨天沃伦先生告诉我们，希望对《李顿调查团报告书》中的结果补充某些证据。你想现在这么做吗？

大原辩护律师：庭长阁下，我希望——我尽力，庭长阁下，尽可能地避免重复《李顿调查团报告书》，并试图通过提出补充性的询问，向法庭提供协助。

韦伯庭长：如果你的意思是试图对《李顿调查团报告书》进行澄清或补充，那么我的回答是，你仅仅是在对它确认。请指出今天上午提出的证据对《李顿调查团报告书》中的哪一条结论进行了补充或澄清。

大原辩护律师：其实，我正在准备向证人提出主要询问问题。如果法庭能稍微给我一些时间，我将会使法庭满意。我向证人提出的问题涉及——包括了《李顿调查团报告书》阐述的部分内容。但是，我想澄清在那样的环境下谁做了什么事。

韦伯庭长：我想在你告诉我们将提出什么证据的时候，我们也许应该先让证人回证人室。

大原辩护律师：如果法庭允许，我想向证人提问，在奉天事变发生后他做了哪些工作。我将重新组织一下对证人的询问，这些问题也许会显示出《李顿调查团报告书》没有涉及的一些内容，这样也许我能向法庭提供某些协助。

韦伯庭长：当你这样做的时候，请指出《李顿调查团报告书》的哪一部分需要补充或澄清。在《李顿调查团报告书》的哪一页？

大原辩护律师：现在我手上没有《李顿调查团报告书》，我将在下午的庭审中向庭长阁下报告。

韦伯庭长：在你能够有效率地询问证人之前，先让他离开证人席。

大原辩护律师：我希望就9月18日以后发生的独立运动获得出席证人的证词。同时我还希望能得到法庭许可，向证人询问其他问题。这些问题将补充《李顿调查团报告书》中没有提到的内容。

（由大原辩护律师继续询问山口重次证人）

问：证人先生，奉天事变发生时，你在哪里？

答：我在大连的家中。

问：你通过什么渠道或方法听说了奉天事变这件事？什么时间？

答：我通过大连报纸的号外新闻得知9月18日上午发生了奉天事变。

问：证人先生，作为南满洲铁道株式会社的成员，你采取了哪些行动？

答：从报上的号外新闻上得知此事之后，我非常吃惊。因此我立即前往办公室。我对周边地区的多份铁路电报报道进行了调查。

问：证人先生，在当月的29日，你采取了什么行动？

答：作为东亚联盟的一名成员，我积极地追踪局势发展。

问：那是一个什么协会？

答：我说错了，不是东亚联盟。我想说的是满洲青年联盟。之前，这个青年联盟的官员要求我以电报形式向奉天汇报。在获得南满洲铁道株式会社的准许后，我就前往奉天。

问：在那之后你又做了什么？

答：当我到达奉天后，我在车站遇到了小山贞知，他向我解释了已发生的主要情况以及需要完成的工作。

事变发生后，奉天的安全局势和社会秩序彻底停顿。奉天官员竭尽全力去恢复城内的和平与秩序。然而，当时沈海铁路也停止了运营，因此，他们在向城市补给食品方面遇到了很多困难。由于沈海铁路的中断，满洲当局在城市补给食品方面遭遇了大量困难。

大原辩护律师：庭长阁下，这一点在《李顿调查团报告书》中也进行了阐述。但是它的叙述非常简短，因此，作为补充，我想获得答案——我想向证人提问。

韦伯庭长：继续。

答：（继续）当时有人问我，既然我是铁路会社的人，我有什么建议能使铁路恢复运营吗？

问：你是指哪条铁路？那条铁路是重要线路吗？

答：这条铁路是向奉天城输送食物的补给线。无中断的持续运营非常关键。我回答说，既然这条铁路原来是和中国人联合经营的，存在的紧急情况就不应该——不应仅仅由南满铁道或市政府的单方面努力来解决这种紧急情况。铁路是中日两国的一个争议问题，因此，我才说存在的紧急情况不应该由南满铁道自己解决，或是由奉天市政府单方解决。这条铁路以公司形式经营，是因为铁路的一位董事在事变爆发时逃走了，也就是铁路中断发生的时间。当然，公司有许多股东和大量员工，它还招募了一些守备队。

塔夫纳检察官：如果庭长阁下允许，这些细节并非重要事实，因此我们认为应该驳回。

韦伯庭长：大原信一先生。

大原辩护律师：我的意图是通过证人叙述发生在这条铁路上的事实，来阐明满洲独立运动是如何发展起来的。我相信，随着证人继续提供证词，这一点将会变得清晰。

韦伯庭长：反对无效。继续询问。

我们也许不得不在此采纳一种全新的程序，这个程序甚至在民事法律程序上都没有使用过，只出现在民事程序的法官议事室中：就是根据事先提交的宣誓证词进行裁决。

大原辩护律师：如果庭长阁下允许，我们已经取得了该证人的宣誓证词。然而，宣誓证词中包含了许多证人本人的观点。在耗费了大量时间重新调整宣誓证词后，我得出一个结论，即在法庭上直接询问证人会更好。

韦伯庭长：我们已经给了你权利以宣誓证词的形式提供证据。我们也许不得不强制你以那种方式举证。这是问题所在。

问：证人先生，你要继续回答吗？

答：于是，我提出了自己的观点，就是三方，即股东、员工和守备队，应联合起来进行铁路自主经营。然后我陪同小山贞知前往市政府办公室。当时的市长是土肥原贤二大佐。我向市长陈述了我的观点。然后我前往了关东军总部，在那里见到了板垣征四郎大佐，当时他任高级参谋。我强调了无论是满洲、中国还是日本，都不应插手铁路的恢复，这项工作应该自治完成。板垣大佐表示他对满洲人自治经营铁路毫无异议，我的观点获得了他的批准，或者说同意。就这样，通过这样的程序，我的观点被土肥原市长采纳。他随即将这项任务授予了一个治安维持委员会。土肥原大佐向我引见了两名该委员会成员，赵欣伯和丁鉴修。由于这两名中国人都能听懂并讲流利的日语，我向他们详细解释了我的观点。召集股东代表和通知员工的任务也授权给这两个人。10月2日，成立了一个维护沈海铁路秩序的委员会。当时，丁鉴修要我做他的秘书，因为我是第一个表达出自己观点的人，也因为我是铁路方面的专家。由于这个关系，我得以知晓恢复这条铁路的计划。因此，首先，以委员会主席丁鉴修的名义，我向铁路公司的所有员工下发通知，说铁路是一个公众企业，不能中断经营，不然将会对社会公众造成不利影响。

韦伯庭长：我们必须限制这种跑题情况。假设我们不得不强制使用宣誓证词，即，我们将跳过法庭争辩，直接裁定接受或是拒绝证据，那么律师们会不高兴，但是考虑到今天上午发生的情况，还有其他选择吗？

塔夫纳检察官：日本证人素有作出冗长回答的习惯。如果庭长阁下令让证人在回答时尽量简洁，这将会很有帮助。

韦伯庭长：他们必须改变这个习惯。

问：请对刚才提出的问题进行快速、简洁的回答。

答：好吧，我就只解释一下要点。5天内，所有的社员都正式批准和认可了计划，而且股东也参与了进来。

韦伯庭长：仅仅想一下本案涉及的大量指控和各种问题，再看看我们在这类事件上所浪费的时间。日本律师当然也能理解这一点。

塔夫纳检察官：我要改变一下我的问题。

问：证人先生，当时你与阮振铎先生有交往吗？

答：我是在住院期间从一个朋友那里知道了阮振铎这个人。我知道他是吉林一家医院的负责人，我的一位朋友石川告诉我这个人是吉林一家医院的负责人，他非常关注建立"满洲国"的事情。我要更正一下：我以前不认识阮振铎，但住院期间，我们公司的一位同事石川告诉我，他是吉林一家医院的负责人，非常关注奉天事变的发生，并表达了参与建立"满洲国"运动的愿望。

问：他对独立运动作了什么贡献？

答：我将他引见给了奉天省政府顾问金井章次先生。作为省政府秘书处负责人，他协助臧式毅为独立运动制订了计划。金井曾遭到便衣游击队员的袭击，住宅也被炸毁，然而，他的决心从未动摇，仍继续致力于他的事业。

问：他是否向证人讲述过，为什么要参加这个运动？

答：由于我后来与他非常熟识，因此经常听到他的观点。为了将满洲的3 000万民众从军阀的压迫统治中解救出来，为了建立一个民主国家，就必须建立一个独立的国家。他屡次谈论这些观点。

问：他是否告诉过你，为什么必须解救3 000万民众——满洲的3 000万人民？

答：他时常会对我们讲一些细节，但是我们知道得并不具体。

问：如果可能的话，证人先生，你能叙述一下阮振铎先生为什么要发起，为什么他对这个独立运动产生了兴趣？

答：他说满洲原先是一个自然资源丰富的"国家"。因此，如果能够维护和平并振兴工业，满洲就可以效仿美国发展成为一个工业国家。然而，统治东北地区的军阀却认为，凭借3 000万民众，他们可以与中国抗衡相当长的时间。为了筹集军资，他们对人民课以重税并残酷剥削；为了扩充军力，他们强行征兵，使得民众毫无自由可言。根据文治派倡导的收复领土与重建和平的政策，在东北军政府垮台之后，民众应当在先驱的领导下，寻求建立一个民主"国家"，从而逃离前政权的魔掌。他总是对我们说，无论他的称呼是什么，也无论他是否被指控为叛国者，他都将继续这个事业，因为他胸怀解救3 000万民众的这个信念。

问：在奉天事变爆发前，证人刚才提到的那个文治派是否已经存在？

答：是的。

问：那是一个什么类型的派系？

答：它在王永江的领导下于1926年建立，之所以被称为文治派，是为了与军阀派系形成鲜明对比。

问：证人先生，你能列举出几个文治派的成员吗？

答：我可以列出与我有关的一些人名。

问：请列出。

答：好。比如，于冲汉。

问：他在当时位居何职？

答：他曾经是张作霖的一名官员。当我第一次见到他时，他当时是鞍山一家铁矿的总经理。

问：他后来担任了什么职位？

答：尽管身患疾病，他还是在独立运动爆发后担任了自治运动的领导职责。

语言监督官：庭长先生，我们想问一下中国人的姓名，以便翻译成英文。

答：还有一个人是于静远，他的儿子。

韦伯庭长：对这种冗长的叙述难道没有限制吗？

大原辩护律师：庭长阁下，我的用意是让证人列出更重要领导人的姓名。庭长阁下，我相信这将有助于阐明独立运动的建立基础。

韦伯庭长：塔夫纳先生，你的态度看上去非常失望。显然，这些材料不具证据价值，并且过去半个小时内都没有提出有价值的证据。

我们暂时休庭到 13:30。

（12:00 休庭）

（13:30 继续审理）

法庭执行官：远东国际军事法庭现在继续开庭。

（山口重次作为辩护方证人出庭，坐进证人席后，通过日本译员作证如下）

直接询问（由大原辩护方律师询问山口重次证人）

问：证人先生，你在休庭前提到了文治派。这个派系大概在什么时间成立，领导是哪些人？

答：确切地说，文治派并非一个有组织的政党。它只是将民间政治领袖组织起来对抗军政府。

问：是否有人告诉过你文治派的纲领？

塔夫纳检察官：如果庭长阁下允许，我认为这个问题，是否有不具名人士告诉过他这个民间政党的纲领，与本案无关，而且也不重要。

韦伯庭长：他应当描述消息来源并提供姓名。他可以这么做。

塔夫纳检察官：我们希望将反对内容的范围扩大到询问主题。

韦伯庭长：噢，我们还是要听一下他有关这些团体及其目标与运作的陈述。反对无效。

问：证人先生，可以继续吗？

答：如我之前所述，我与于冲汉、于芷山、韩云阶和赵欣伯有关系。这些人都是所谓文治派的成员。

我刚才提到的这些人总是对我说，他们倡议停止战乱，满洲人应与日本和中国同时维持平等的合作关系，共同致力于开发满洲的资源，并且所有那里的居民都可以享有繁荣。

我想就他们的政治愿望补充一点，他们还倡议我们所说的民主。

问：当时在这个文治派的领导人中，谁的职位最高？

答：职位最高的是王永江。

问：证人先生，你是否听说过王先生的生平经历？

答：在满洲，他被认为是一位非常有影响的政治领袖。

问：王先生从事过哪些活动？

答：1920年，王先生曾任张作霖政府的官员，后来是警察厅长和财政厅长。我记得，1929年他退出这些活动时的职位是代省长。满洲人非常尊重王先生，尊他为一位遵循现代王道原则的政治领袖。

张作霖非常器重王先生，因为他在财务事务方面的出色能力，使得张作霖得以维持军力。

问：我的理解是，1928年前王先生一直是位文官。那么他在1928年后从事什么活动呢？

答：在那之后，王永江力劝张作霖停止战争，采取政策保境安民。然而，他的建议并没有被张作霖采纳，因此，他表示将不再参与任何政治事务。他发表了一份非常重要的声明，然后退隐锦州老家。

问：证人先生，你是如何知道王先生的这份声明的？

答：这份声明在当时的政治圈广为人知,我是通过文件资料并通过与其子交谈知道这份声明的,我与他的儿子很熟悉。

问：那么,证人先生,你知道所谓"保境安民"的翻译是引用自这份声明吗？

问：对。你是从谁那里听说的？

答：我是从官方正式向公众发布的文件中看到的。

问：你是否听到过这个所谓文治派中的任何成员解释"保境安民"这句话的意义？

答：是的。我曾多次听前面提到的那些人提起过。

问：你是否听说过这个文治派的成员之一韩云阶先生？

答：是的,我非常熟悉。

问：他从事什么工作？或者说他成就了什么事业？

答：1932年,他曾任黑龙江代省长。

当时我作为"满洲国"协和会的水灾救济委员,被派驻于齐齐哈尔。因为工作的关系,我经常与韩先生合作,至今我俩还是好友。由于我的工作性质,我经常与韩先生合作。从那时起,我成了他的朋友,直到现在。

问：韩云阶先生是否与马占山有任何联系？

答：我听韩先生本人说,同时也间接地从别人口中听到,韩先生在满洲的一场反战大游行中发挥了重要的领导作用。在这个过程中,他付出勇气和努力,不惜冒着生命危险。如果时间允许,我想对此举例解释。

问：请阐述。

答：我将简短陈述。马占山曾经在大兴安岭附近作战,保卫齐齐哈尔,但是被迫撤退至海伦。当时马占山和张景惠都有极高的呼声成为黑龙江省省长。在那期间,韩先生担任了代省长一职。

期间,吴松鳞领导的一支骑兵旅,属于马占山的部属,他们知道守护齐齐哈尔的日军兵力不足，于是计划重新夺回这个城市，并且已经开始了南向行动。

当听说了这件事，韩云阶从齐齐哈尔撤退，前往海伦。韩先生在海伦见到了马占山，他对马占山说："你说过你想要通过停战来解救民众，但是据我了解，你的军队已经在齐齐哈尔发起了军事行动。"我问马占山他是否下命令这样做。他将发动战争的罪行告诉了马占山。

马占山回答说，他不知道这件事。他向韩先生保证，他绝无发动战争的意图，他从未命令部属进行这场战斗，而且他也不知道正在进行的行动。但如果情况属实，他将立即下令停止行动。

韩先生听到这些非常高兴，于是离开了马占山的办公室。他在另一个房间遇到了他的一个时任拜泉县县长的朋友。那个朋友告诉韩先生不要马上离开房间，因为当韩先生在马将军办公室的时候，他听到几位青年军官正在谈论韩，指责他将个人意志强加于他们的指挥官，因此他们决定当晚枪杀韩。

这位朋友告诉韩先生，他偷听到他们已经在海伦车站的空旷场地上准备了一架机关枪，意欲枪杀韩，因此，他劝韩不要离开。然后，这位县长走进马占山的办公室，向他叙述了偷听到的内容。听到这些，马将军大为震怒，他立即传唤那几个密谋此事的军官，此外，还派了心腹幕僚护送韩先生回哈尔滨。韩先生后来说，在途中，配备有机关枪的军队将他们包围，但护送他的官员制止了他们的行为。

问：证人先生，你知道其他文治派的人参与了独立运动吗？若人数众多的话，你不必提供具体姓名。

答：在奉天附近，参加运动的人几乎都是所谓文治派的成员。我应该再补充一点。文治派的活动大多是在奉天附近。但也有一些活动是在吉林省由宗社党与旗人发起。

问：你是否听说过吉林的旗人参加的独立运动？

答：由于当地的满洲人团体以及一个吉林的复辟派都参与了运动，

我听说了这件事。

问：这些属于吉林派系的人对你说了哪些关于他们的愿望或抱负的话？

答：我直接听到的观点是他们支持以溥仪为皇帝的"满洲国"独立，光复清王朝。当时的独立运动存在着一种非常微妙的对立观点。奉天的文治派支持建立一个民主国家，但吉林和蒙古的文治派则强烈希望恢复帝王统治。曾有一度，阮振铎告诉我在吉林省有一个名叫满族共进会的秘密社团，并向我解释了它的规章。

问：规章是怎么写的？请简短地阐述。

答：规章的主要内容是恢复清王朝，同时帮助旗人和蒙古人摆脱汉族，实现独立。

问：规章是否篇幅很长？

答：因为是规章，因此非常简短。我记得，大约包括20个条款。

问：你是否记得这个派系的总部在哪里？成员有哪些人？

答：当时阮振铎告诉我，熙洽是运动的主要推动者，尽管我并没有亲眼见过名单，但是根据阮先生对我的解释，熙洽是这次运动的核心人物。

问：难道在当时不是禁止任何人，包括出席证人，与该派系成员有来往或向这个独立运动提供帮助吗？

答：当时我是南满洲铁道株式会社的员工。公司有严格规定，禁止任何社员在未获得会社特别指令的情况下参与该事件，如有违反，将严惩不贷。关东军也发布了一项军令，严禁日本人参与任何政治活动。

问：看来证人在1932年已建立了"满洲国"协和会。你能讲述一下它成立的环境吗？

答：事变爆发5个月后，也就是1932年的3月，一个新的"国家"建立了。即使是在那些亲身参与"建国"运动的人们之中，也存在着两大阵营，即奉天的文治派和吉林的复辟派。我们非常担心不同种族之间会产生矛盾。例如，日本人和朝鲜人都将自己视为不可战胜的民族，因此他们可能会采取压制满洲本地人的行为。在这种情况下，我们得出结论，民众只有在独立运动中团结起来——我们的结论是，我们只有遵循根本的"建国"精神，紧密地团结合作不同民族，才有可能维护一个所谓的民主国家。自1931年10月直到满洲"独立"，我一直在与共同工作的那些人讨论这件事，很多人都表示赞同，一致同意建立"满洲国"协和会。五人被任命为委员会成员，负责该协会的筹建工作，包括：阮振铎、于静远和田劲、山口重次、小泽开作。我记得大约是在1933年4月2日，任命了委员会成员——最初办公室设在位于奉天三经路的原东北交通委员会所在地，并与新京政府和关东军达成谅解。关东军总部未就此问题发表任何具体观点。

但在另一方面，新京政府对此却颇有不满，他们对该问题持不同看法。换句话说，目前中国的麻烦之一，就是国民党和中国共产党并存。因此，他们不希望在满洲建立任何可能会招致麻烦的新政党。这就是他们对此事持有的看法。所以，我们具体解释了我们与国共两党的不同之处，并寻求他们的理解。最终决定避免建立一个严格意义上的民间政党，而是让政府也参与合作，在该党内占据席位，使之成为一个联合的全国政党。这样就达成了一致。由于政府成员的参与，因而名称也变更为满洲协和党。

问：谁以它将同国民党和中国共产党差不多为理由反对建立这个满洲协和党？

答：主要推动者是吉林派，他们拥护君主统治、支持郑孝胥，郑孝胥后来就任了总理。

问：请简要阐述满洲协和党作为一个政党的纲领。

答：在王道原则和各民族合作原则的基础上，建立一个新国家；促进公民政府；提高人民福祉和发展工业；摧毁共产主义，消除资本家的垄断;通过平等机会的政策寻求和睦的国际关系。

问:就这些吧。证人,看起来你是满洲青年联盟的创建者之一。那么,证人先生,你是否知道,该联盟出版了一本书,名为《青年联盟的故事》?

答:是的,我们出版了这本书。

大原辩护律师:我的本方询问结束了。

冈本辩护律师:如果允许,我要传唤证人片仓衷先生。对不起,我搞错了。

韦伯庭长:有交叉质证吗?

塔夫纳检察官:庭长阁下,您能稍等我们商量一下吗?

韦伯庭长:可以。

塔夫纳检察官:庭长阁下,检方决定不进行交叉询问。

韦伯庭长:好吧。证人,法庭要问你一两个问题。《李顿调查团报告书》第97页写道——

语言监督官:庭长先生,请容许我们花一点时间把这份报告取过来。

韦伯庭长(宣读):"很显然,在1931年9月之前,满洲从未听说过独立运动,但是日军的入侵使它成为可能。"你对此有何看法?

山口重次证人:我认为这只是一种不同的观点。

韦伯庭长:那么,同一报告第93页上写道:

"在宣布'独立'并公布了建立'新国家'的计划后,自治指导部在组织民众支持方面担当了领导角色。它在建立各种协会以加快'新国家'建立上起到了相当大的作用。它指导各分会采取一切可能的行动,促进并加快独立运动。于是,新的促进协会纷纷迅速涌现。""满洲国"协和会是这些促进协会之一吗?

山口重次证人:不,它并不是其中之一。

塔夫纳检察官:庭长阁下,我可以改变主意对几点问题进行交叉质证吗?

韦伯庭长：这由你决定，但我不知道你是否能帮上什么忙。我推测，你得到的答案可能和法庭差不多。

塔夫纳检察官：我只想问几个问题。

交叉询问（由塔夫纳检察官询问山口重次证人）

问：你熟悉全国组织协和会为庆祝十周年盛典而出版的一本书——《大满洲帝国》吗？

答：我没有看过。

问：那是这个组织的周年庆典，你曾经一度是这个组织的积极参与者，不是吗？

答：我应该解释一下我与"满洲国"协和会那时的关系，希望你能从中理解为什么我不能回答你的问题。

问：我问的问题同你终止与该团体关系之后发生的事情无关。我所指的是证据731号即检方文件2329号，这份文件阐明了该组织的创建目的。我准备朗读一下，然后问你这个阐述是否正确。

语言监督官：塔夫纳先生，你能讲一下将要宣读的是哪一段吗？

塔夫纳检察官：第2页，第4段。

问（继续）：

以上阐述清楚地表明，协和会具有一项重要的特殊使命，就是向所有满洲民众乃至全世界传播"国家"的精神与意识形态。为了实现这个宏伟目标，协和会必须长期地进行意识形态奋斗，在国内和国外将理想付诸行动……

这是关于该组织目标的正确阐述吗？

答：你所提到的那本书是什么时间出版的，是什么类型的书？

问：先别谈这本书出版的时间和地点，这是关于你们协会观点的正确阐述吗？

答：我不能完全赞同。

问：我再来给你读一下另一段文字。我现在朗读同一页从上面数第 2 段，第 2 页。

韦伯庭长：我们暂时休庭 15 分钟。

（14：45 休庭，直到 15：00 重新开庭如下）

……

（15：00 继续审理）

……

法庭执行官：远东国际军事法庭现在重新开庭。

交叉询问（由塔夫纳检察官询问山口重次证人）

问：在回答我的上一个问题时，我的理解是，证人不认同我朗读的部分陈述。你认为陈述的哪一点不正确？

答：在回答这个问题之前，我想要先做一些解释。

问：等一下。

塔夫纳检察官：我认为，应要求证人回答这个问题。

布鲁克斯辩护律师：如果法庭允许，对证人回答的翻译有一点问题，我认为那可能是证人必须解释的地方，我希望能允许他做一下解释。

问：你的解释是关于什么？

答：我想要说的与那一点有关。

问：等一下。我建议你回答问题，而不是在回答问题前先发表一通演说。

答：我只在 1928 年至 1934 年之间与"满洲国"协和会有关系。因此，在这个日期之后我就不知道他们的活动了。

冈本辩护律师：对不起，庭长，翻译漏掉了一个地方。他说——

韦伯庭长：这可能对你来说已经是很合理了，但我们必须坚持用正确的方式进行更正。

塔夫纳检察官：语言部对回答还有什么补充吗？

译员：更正：从"我在1928年至1934年之间与'满洲国'协和会有关系。1934年，由于持不同观点，我辞职了。因此，我不知道协会在那个日期之后的活动"。

问：这没有回答我的问题，证人先生。我问你的是，我宣读的内容是否正确地阐述了你曾作为一名成员时那个组织的目标与目的？

答：宣读内容是否符合协会的目标与目的？

问：正确。

答：如我刚才所言，"满洲国"协和会在建立时的目标主要与"国内"形势有关。事实上，当时没有时间去考虑国际事务。因此，我们根本就没有任何有关国际关系的想法，但是似乎检方要求我回答——关于该组织的国际政策的叙述是否正确。还有时间因素——它是五六年过去后发生的事情——在那时之后——我不知道"满洲国"协和会后来为什么开始采取如刚才宣读内容的政策？只读了问题的一部分，难以立即做出回答——要我回答是好还是不好，但只将其中一部分读给我听。

问：被告板垣征四郎，关东军高级参谋，也是你们协会委员会的一员吗？

答：军官不参与为筹建而设置的委员会。

问：你的回答是否意味着，板垣征四郎不是你们协会委员会的成员？

答：是的。

问：我将向你宣读证据第731号第1页开头的第3段。

"1932年4月，奉天成立了一个特殊的委员会，为协和会的成立奠定基础。委员会包括板垣征四郎大佐和片仓衷大尉。"

还有其他一些名字。你仍然坚持板垣不是那个协会委员会的成员之一吗？

答：是的。

问：关东军司令官是否是协和会的成员之一？他是否兼任该协会的顾问？

答：当"满洲国"协和会成立时，关东军司令官是协会的一名荣誉顾问。

问：在它成立时，关东军是否发布了任何关于该协会目的或协会性质的文件？

答：在成立时，关东军未发布任何文件，但在那之后有一些。

问：在1941年协会召开会议时，谁代表了关东军出席？

韦伯庭长：在1941年？

塔夫纳检察官：在1941年。

韦伯庭长：他刚才说从1934年起就不再是成员。

塔夫纳检察官：是的，阁下。他有可能不知道。

布鲁克斯辩护律师：我反对，庭长阁下，因为与本案无关且不重要，而且超出了本方询问的范围。

韦伯庭长：唯一真正的反对基础是，根据他的证词，他在那时已经不再是成员了。因此，如果他不是一名成员，就不能期望他知道，但是，如果你坚持要问，我还是会允许你提这个问题。

塔夫纳检察官：问题撤回。

韦伯庭长：第731号证据是否显示了协会是何时成立的？

塔夫纳检察官：没有显示日期。

问：以下叙述是否属实：作为关东军的一个下属政治组织，该组织由关东军总司令指挥和指导？

答：我将回答这个问题。

正如我前面所陈述的那样，从1934年建立时起，它一直是一个严格的独立组织。尽管当时正在努力寻求关东军的谅解，但它并没有受制于关东军指挥。

问：根据笔录，第2791页证人笠木良明的证词，该组织的主要目标是帮助发展和指导独立运动。你同意这一点吗？

答：笠木良明是一名公务员。而我是协会建立委员会的成员之一。我已经提到过该组织在当时的目标。我相信我已经把它解释得非常清楚了。

问：那么，你否认证人笠木的证词属实吗？

答：我并不是说他的证词是一个谎言，但我相信它在很多方面不完整。

问：那个委员会在最初成立时约有120名成员，是吗？

答：如我之前所述，委员会只有5名成员。

问：笠木先生在他的证词中说委员会有120名成员。你知道他说的是什么委员会吗？

答：我不知道。

问：该协会的各部门被划分为8个不同的类别，是吗？

答：你是指从事业务的组织？

问：我说的是自治指导部。

答："满洲国"协和会与自治指导部是两个完全不同的组织，尽管我在自治指导部成立时也有所参与，但自那以后我就不再参与了，因此，对它我仅仅间接地知道一些。

问：自治指导部和"满洲国"协和会之间存在任何关系吗？

答：随着"满洲国"协和会的组织和建立，自治指导部就解散了，因此，在二者之间不存在联系或关系。

问：你与"满洲国"协和会之后的自治指导部的关系是怎么样的？

答："满洲国"协和会是在自治指导部解散之后才成立的。

问：那么，自治指导部的解散日期是哪一天？

答：这个组织一直持续到"政府"和"国家"成立的时候。因此，我们认为它真正解散是在"国家"成立时，3月1日。

问：哪年的3月1日？

答：1932年。

问：那么它是什么时候建立的？

答：你是指自治指导部吗？

问：是的。

答：我记得是在1931年11月。

问：我刚才问你和那个组织的联系是什么，和自治政府指导委员会。你能说一下吗？

答：我和自治指导部没有关系或联系。

问：你刚才告诉我，你和它在某种程度上有联系。这是什么意思？

答：当自治指导部筹建之时，出现了一些沟通问题，他们有那么一两次向我进行过咨询。筹备工作结束后，成立了一个建立自治指导部的委员会。我与这个团体没有任何关系。

韦伯庭长：关东军的哪一位司令官担任了该协会的荣誉顾问？

山口重次证人：本庄繁中将。

问：还有其他关东军司令官担任顾问吗？

答：我记得，每次关东军司令官更换人选时，新的司令官就会被提名为荣誉顾问。请允许我再补充一两点：当本庄繁中将担任关东军司令官时，他接受了荣誉顾问的职务，但下一任司令官，武藤信义将军，就没有接受。

问：除了武藤信义将军这个例外，是否其他所有继任的关东军司令官都担任了协会的荣誉顾问？

答：至于武藤信义将军以后的关东军司令官，那时我已经不再担任"满洲国"协和会的职责了。因此，我在这些活动的范围以外，所以我不能准确地回答。但是，据我所知，大多数继任司令官的确接受了这个职务。

韦伯庭长：证人是否说过"满洲国"协和会是在自治政府指导委员会解散后成立的？那么就是在1932年成立的。

塔夫纳检察官：是的，阁下。

韦伯庭长：但是他是否说过他在1928年是其成员之一？

山口重次证人：自治指导部于1932年3月解散，"满洲国"协和会的建立委员会于1932年4月份成立，"满洲国"协和会的成立典礼于1932年7月25日召开。

韦伯庭长：根据我们的理解，你说过你从1928年至1932—1934年期间是"满洲国"协和会的成员之一？

山口重次证人：您说的是1928年至1934年吗？

韦伯庭长：这是给我们的印象。是否为翻译错误，或是我们误解了你所说的话，我就不知道了。

塔夫纳检察官：庭长阁下，我会尽量弄清这个问题。

韦伯庭长：谢谢你。

交叉询问（由塔夫纳检察官继续询问山口重次证人）

问：你作为"满洲国"协和会的成员之一，是什么时候？

答：从1932年4月到1934年9月。

问：那么，1932年之前，你是否是满洲其他什么协会的成员？

答：从1928年至1932年，我与满洲青年联盟的建立和管理有关系。

问：现在暂时回到"满洲国"协和会上，你熟悉内阁委员会于1932年3月1日采取的有关夺取满洲军权的行动吗？

答：关于日本内阁委员会，我不知道。

问：我想问一下，是否"满洲国"协和会的工作是根据内阁委员会的会议规定或与其合作实施的，1932年3月1日的日本内阁委员会会议。我要宣读一小段文字，证据第222号的第5段。案卷中没有此证据。

"关于我们夺取军队实权，我们应在国联认可的前提下，根据制服匪徒的权利和保护帝国的政策，努力完成这项任务。"换句话说，这是你们协会的意图吗？

答：不是。

问：我再读另外一小段内容："关于我们对外交和内政实权的掌握，我们最开始应该任命一小部分日本人担任官员或参赞，以后可以逐渐增加人数。"这是否描述了日本军官在满洲的行为？

答：我没有理解这个问题的意思。语言部能再读一下问题吗？

（法庭书记官宣读了问题）

答（继续）：我没有听说过这项命令。

问：你的意思是否是，内阁委员会在这方面的决定没有被实施？

答：是的，我认为是这样。

问：现在我援引第223号证据，有关1938年4月11日的内阁委员会会议，是1932年，我会问你内阁委员会的该次决定是否在满洲实施。

（宣读）"新成立国家将从我国招募权威顾问，并任命为金融、经济和一般性政治问题的最高级顾问。"新成立国家将任命胜任的日本人在枢密院、中央银行和新国家设立的其他机构中担任领导职务。

我的问题是，内阁委员会在1932年4月11日会议上的决定是否在满洲得到实施？

布鲁克斯辩护律师：如果庭长阁下允许，我反对这个问题，因为它猜测这个委员会的讨论最终会以命令的形式体现，但是除了检方未经宣誓的证词，法庭并没有相关证据，能证明这些内容以行动命令的形式发布。

根据我的理解，这些也不是整个内阁的决定，而是内阁委员会的决定；而且，法庭也没有证据表明，所论及的事宜在这么早的阶段就发生了作用。我知道后来倒有一些关于条约的讨论。

韦伯庭长：塔夫纳先生。

塔夫纳检察官：文件显示这是1932年4月11日内阁会议的决定。

韦伯庭长：基于这个证据，反对无效。证人必须回答。如果没有反对意见的话，这尤其属于主讯范围以外的问题。我不知道他是否知道关于内阁决定的内容。

布鲁克斯辩护律师：如果庭长阁下允许，我提出反对，理由是证人说过他那时在满洲，但我想，如果法庭希望听他回答，我就不提出反对了——为了节约时间。

韦伯庭长：从传唤证人出庭的理由和他的资历方面来理解，我认为这不在主讯范围内。

塔夫纳辩护律师：在对他的询问中没有提到过内阁委员会。

韦伯庭长：据我回忆，没有提到过内阁。他在本庭是作为与协会成立有关系的南满铁道官员出庭，提供与协会成立相关的证词。我的看法是否过于狭隘？

塔夫纳检察官：我认为是这样，我想陈述一下自己的理由。证人已就满洲的自治运动提供了长篇证词。这些证据显示，大多数所证事实是由东京内阁会议采取行动导致的结果，或是受其行动影响所致，同时他们也不具备自治运动的特点，而是受到了任命日本人和夺取军队控制权的影响。

韦伯庭长：这体现了有关内阁活动和决定的哪些内容呢？他也许提到了，但我想不起来。

塔夫纳检察官：他的确是没有提到过内阁委员会会议，但为了反驳他试图从证词中得出的推论，我认为我们应该就这些借口向他提问。

韦伯庭长：反对有效。有一件更重要的事。我将收到一份传唤30名证人的申请，他们都是住在东京的日本人，他们将就这件事或这一阶段出席作证。我打算，如果合适的话，要求他们在法庭作证的三天之前向法官提供宣誓证词及其副本。换句话说，我打算要求提供宣誓证词。这是一个选择。它将是一个很大的变化——至关重要的一个变化。它可以使我们不经过争辩就决定是否接受证词。当然，这会引起是否背离了公平审判原则的辩论，如果反对意见占了上风，我们将继续在法庭上进行争辩。我是说,在那种情况下,我们将不得不在法庭上争辩后再做出决定。

我们将暂时休庭,直至明天 9:30。

(16:00 休庭,直到 1947 年 3 月 21 日星期五的 9:30)

1947 年 3 月 21 日,星期五
日本东京都旧陆军省大楼内远东国际军事法庭

……

(9:30 重新开庭)

……

法庭执行官:远东国际军事法庭现在开庭。

韦伯庭长:除了大川周明和松井石根外,所有被告都到场了。我们这里有巢鸭监狱医疗分队提供的证明,证实松井石根由于病重无法出席今天的审讯。该证明将被记录并归档。两名被告由其辩护律师代理。

塔夫纳先生。

(山口重次作为辩方证人被召入法庭,坐进证人席后,通过日本译员作证如下)

塔夫纳检察官:如果庭长阁下允许,我再向证人问几个问题。

韦伯庭长:你在昨天 15:00 时已经告诉我们了,塔夫纳先生。

塔夫纳检察官:是的。

交叉询问(由塔夫纳检察官询问山口重次证人)

问:山口先生,你在主讯期间作证说,金井协助臧式毅制定独立运动的计划。臧式毅将军拒绝了独立运动的帮助,难道不是吗?

答：臧式毅后来掌管了奉天政府，在新"国家"成立之前，他制定了奉天省的组织大纲。

问：请你回答我的问题。如果你觉得问题不清楚，我可以重复一遍。

在所谓的奉天事变爆发后，臧式毅将军拒绝参与任何有关在奉天建立独立政府的活动，尽管他的想法后来可能有所变化，不是这样吗？

韦伯庭长：大原信一先生。

大原辩护律师：我反对，庭长阁下。在直接询问过程中从未提及过臧式毅。

译员：根据书记官，证人回答："情况属实。"

韦伯庭长：反对无效。这个证人理应告诉我们某些中国人及其他人的态度。也可以就具体人物向他提问。

塔夫纳检察官：我将援引庭审记录第18823页，作为我交叉询问的基础。

问：当臧式毅将军拒绝协助建立独立政府时，他是否遭到逮捕？

答：我不知道这件事。

问：你提到过他被任命为奉天省省长，你不知道当时为了让他行使职权，不得不将他从监狱释放吗？

答：我从未听说此事。

问：我建议你看一下《李顿调查团报告书》第90页的内容，我现在把这一小段读一遍，第90页从上数第二段，最后三行："12月15日，袁金铠先生被臧式毅将军取而代之，后者从监狱释放并被任命为奉天省省长。"这能帮助你回忆起来吗？

答：我从10月1日起就到奉天了，但我从来没听说过臧式毅被捕或他拒绝发表独立声明。

问：我现在读《李顿调查团报告书》第89页第2段的前三行："在臧式毅将军拒绝帮助建立独立政府后，他们又找了另一位有影响力的中国官员，袁金铠先生。"这能帮助你回忆吗？

答：我不知道这些事情的情况。

问：山口先生，你作证说，在1931年9月29日，所谓的奉天事变爆发后，你从大连的家中动身前往奉天。你说去拜访了土肥原贤二。拜访目的是什么？

答：9月29日，我离家前往奉天。我拜访土肥原大佐的目的，正如我昨天所说，是为了恢复沈海铁路。

问：土肥原贤二当时是奉天城的市长，是吗？

答：是的。

问：南满洲铁道株式会社是根据会社管理层和社员签订的一个条约运营的，是吗？

答：你是指南满铁道吗？

问：是的。

答：正如你所说，阁下。

问：那么，为什么你认为有必要与市长协商呢？也就是被告人土肥原贤二。

答：我所指的是沈海铁路，它是与南满洲铁道株式会社相互独立的另一家公司。

问：那个铁路不是南满洲铁道株式会社的一个分支吗？

答：不是。

问：奉天事变爆发时，那个铁路正在由其管理层和员工经营吗？

答：由于事变爆发以及事变造成的后果，铁路处于暂停状态。

问：我的问题是，该公司是否由其管理层、董事会和员工经营？

答：是的。

问：根据庭审记录的第18819页上你的证词，为什么你要强调恢复铁路不应由南满洲铁道株式会社完成？我的意思是，如果两家铁路公司相互独立，那么，南满洲铁道株式会社和这件事有什么关系呢？

答：南满铁道与这件事没有关系。

问：那么，你强调恢复工作不应由南满洲铁道株式会社完成，这有什么重要意义吗？

我换一种方式来提问：有人向你建议南满洲铁道株式会社应承担恢复另一家公司的工作吗？

答：没有人。

问：如果没有人提出过这个问题，那么你为什么要强调这一点呢？

答：这条铁路长久以来一直是个争议问题，因为它的兴建违反了条约规定——据说存在这样的条约。

问：这和你向土肥原强调你的观点，即恢复铁路不应由南满洲铁道株式会社完成，两者之间什么关系吗？

答：正如我在前边提到的，它是一个争议问题。同时一个政权被摧毁了。一种危险的情况是，这可能会造成单方面的行动，我的想法是，如果出现了单方面行动，这个争议问题就会引来新的争议问题。

问：是土肥原召唤你吗？

答：不是。

问：事实上，你去见土肥原，是不是因为你知道他对当时的独立运动很感兴趣？

答：不是。

问：我的理解是，你说土肥原贤二将恢复的工作委托给治安维持委员会，是这样吗？

答：是的。

问：这个委员会是什么时候成立的？

答：我可以请你重复一下这个委员会的名称吗？

问：治安维持委员会。

答：我的理解是，它是指沈海铁路保安维持会。根据我的回忆，它成立于1931年9月2日。不对,应该是10月2日。

问:我的理解是,你还去见了被告人板垣征四郎,也是关于这个所谓的自主革新,是吗?

答:是的。

问:那么,这个计划是由你、被告人土肥原贤二和被告人板垣征四郎共同制订的吗?

答:土肥原大佐时任市长,根据他的职责,他参与并监督了委员会的成立,但板垣只是表示了同意,并未参与这个计划的制订。

问:在制订其他计划时也是这个模式吗?

答:是的。当时,自治重建的精神很受尊重。

问:换句话说,这就是自治运动计划的由来,是吗?

答:我不完全赞同这种说法。

塔夫纳检察官:我没有其他问题了。

韦伯庭长:大原先生。

再次直接询问(大原辩护律师询问山口重次证人)

问:为什么你在1931年9月29日从大连前往奉天?

韦伯庭长:这个问题我们已问过三遍了。三次提问得到了两种回答。我们不想再有第三种回答了。

问:沈海铁路是一条中国的铁路吗?

答:是的。

问:证人先生,你说过你的计划得到了板垣征四郎的批准,你指哪个计划?

答:那是一份协议,内容是自治重建将由五六位公司员工和股东来实施,而且军队不会阻碍这个计划。

塔夫纳检察官:我反对,本方询问过程已经完全包括了此事,现在只是重复之前的话。

大原辩护律师：我向证人提出这个问题，是因为证人未能正确理解检方塔夫纳所提到的治安维持会，证人所想到的是怀有同一个宗旨的另外一个委员会，因此，我试图对此加以澄清。

韦伯庭长：反对无效。

问：证人先生，当你提及恢复沈海铁路时，你是指哪一个委员会？当你提及与重建计划相关的委员会时，你是指哪一个治安维持会？

韦伯庭长：我不知道是否有任何证人能够理解这种方式的提问。即使是我们自己都很难明白。大原先生，我并不是在挑剔你。

问：在建立恢复沈海铁路的委员会时，你有什么动机吗？

答：没有，目的就是为了恢复沈海铁路悬挂中华民国的旗帜。

问：为什么要加快铁路重建？

答：一方面，奉天迫切需要食品供应；另一方面，存在着政治混乱的危险。

问：昨天下午，检方塔夫纳在宣读了第222和223号法庭证据之后，问你为什么内阁的决定没有被实施。对这个问题，证人先生的回答是"的确如此"。你的意思是，决定没有被实施，还是决定被实施？

答：我想我回答的是，关于这件事我一点也不知道。

韦伯庭长：我以为那个问题被驳回了。

塔夫纳检察官：一个文件被驳回，但另一个文件未被驳回。

问：满洲共有多少个治安维持委员会？

韦伯庭长：我们的一位法官认为，应当提醒日本律师，再次本方询问的过程中，不能提出新的问题，而只能提出在交叉质证中已提到的问题。再次询问过程必须用来解释在交叉质证中已说过的事情。

问：塔夫纳先生昨天宣读了《李顿调查团报告书》第97页的一段内容，标题是"结论"——对不起，我弄错了。是庭长先生宣读的这段话："很显然，在1931年9月前，满洲从未听说过独立运动，但是日军的入侵使它成为可能。"——如果没有日军侵入，独立就不可能发生吗？

答：我坚信,即使没有发生奉天事变,满洲的独立运动也是不可避免的。

问：这是你的坚定信念吗?

韦伯庭长：他不需要重复。

塔夫纳检察官：我反对。

韦伯庭长：回答将被忽略。

大原信一：我没有其他问题了,庭长阁下。

韦伯庭长：没有问题要问证人了。证人可按惯例离席。

（证人退席）

五、片仓衷作证"柳条沟事变"

韦伯庭长：冈本先生。

冈本辩护律师：我们想传唤证人片仓衷出庭。

（片仓衷作为辩护方证人出庭，首先宣誓，然后通过日本译员作证如下）

直接询问（由冈本敏男辩护律师询问片仓衷证人）

问：证人的姓名？

答：片仓衷。

问：你的地址？

答：东京都目黑区上目黑五之二六五八番。

问：你的出生日期？

答：1898 年 5 月 18 日。

问：战争结束时你担任何职？

答：第二〇二师团长。

问：你的军衔？

答：陆军少将。

问：1931 年 9 月 18 日奉天事变爆发时，你在哪里？

答：当时我在旅顺港。

问：当时你做什么工作？

答：关东军参谋部总务。

问：你第一次到满洲是在哪年？

答：1930 年 8 月。

问：你在满洲一直待到什么时候？

答：1932 年 8 月底。

问：在 1932 年或这前后几年，你在满洲旅行过吗？

答：1930 年秋季，我在北满洲的东部旅行，1931 年夏季，在北满洲的西部旅行。

问：中村大尉被杀事件是发生在那个时期吗？

答：是的。

问：你对中村大尉事件做了现场调查吗？

答：是的。

问：你去到哪里？

答：在洮南地区附近。

问：我可以要证人讲话低声一些吗？调查的结果是什么？

答：事件发生在 6 月底——确切地说，6 月 27 日，中村大尉在洮南西部被一些中国士兵杀害。

问：军队最早获得了中村大尉事件消息是什么时候的？

答：1930 年 7 月初。

问：事件是否立即报告给中央，即向东京报告？

答：是的，关东军向陆军省和参谋本部做了报告。

问：日本驻满洲领事馆是否也获得了消息？

答：是的。

问：什么时间？

答：差不多同一时间。

问：是否采取措施搜寻中村大尉？

答：我记得大约在 7 月 15 日，哈尔滨特务机关从洮南和齐齐哈尔派出了搜救队。

问：有没有发现任何证据，任何线索？

答：我不太确定，但大约在 7 月 23 日或 24 日，我们发现了第一个最重要的线索。

问：何种线索？

答：齐齐哈尔南满铁路的一位日本铁路官员从一个自洮南回来的中国人口中，听说了中村大尉被杀的消息。

问：军队就此事采取了什么措施？

答：关东军派我前往洮南地区，我们立即通过军事手段开展调查。

韦伯庭长：塔夫纳先生。

塔夫纳检察官：如果庭长阁下允许，我很抱歉这么频繁地提出反对，但这整个事件都在《李顿调查团报告书》中提到了，在第 63 到 65 页，还有第 66 页，这是重复叙述。因此，为节约时间，我们认为应该提出反对。

冈本辩护律师：我们很清楚这些，阁下。但《李顿调查团报告书》给我们的印象是，它似乎将军队描述成在利用一些事情制造新的问题或新的事件，我们试图为该事件的真实细节提供完整、全面的解释。

韦伯庭长：好吧，请你只限于有必要的内容。

问：根据《李顿调查团报告书》，首次发布中村大尉事件的消息是在 8 月份。这样做有什么原因吗？

答：当时，有各种事情需要与中国谈判，而这些谈判必须具有确凿证据，否则，很有可能整个事件会由于这样或那样的原因不了了之。为避免这种可能性，我们手中应该掌握确凿的证据。

问：当你在满洲旅行时，根据你的亲身经历和所见所闻，在当时中国人对日本人的态度是什么情况？

答：当我在北满洲期间，特别是那个地区的东部和西部，以及在与调查中村大尉事件相关的几次旅程中，如果我穿普通的平民服装或中国人的服装，经常会在哨卡被铁道守备队侵扰，我在乘火车时就是这样。当我携带手枪乘坐火车时经常被铁道守备队侵扰。同时，从满洲不同地区的铁道守备队那里,我们也经常听到抱怨,说他们常被中国人侵扰,遭到他们的逮捕和干涉。

问:那么我想问你,证人先生,你旅行时经常穿平民服装或中国服装,而非军队制服吗?

答:作为习惯,在铁路区以外旅行时会穿中国人或平民的服装。

问:当时,铁道的守备工作如何?当时铁道守备是否完善?

答:独立的铁道守备平均每月巡视铁路大约3 000次。

问:结果如何?

答:尽管我们的独立铁道守备对铁路进行巡视,铁路运营还是经常受到阻碍,铁路线被切断以及发生其他各种事件。

问:每次会采取什么措施?

答:就关东军而言,它的政策是和平解决这些事件,尽可能在当地处理这些争议,它执行了这个政策。

问:哪一类日本组织负责谈判?

答:关于军事问题,小的军事问题由奉天特务机关负责解决,重要事宜则由日本驻奉天总领事处理。

问:中方负责谈判的呢?

答:通常是奉天特务机关与张学良军队的最高司令部参谋部文官谈判,而总领事与张学良政权的联络办公室谈判。

问:1931年9月18日你在哪里?

答:旅顺港。

问:你在什么时间第一次听说所谓的奉天事变或柳条沟事件爆发的?

答:9月18日23:30。

问:你能解释一下事件发生前和刚发生后的情形吗?

答:当天,关东军司令官本庄繁由石原莞尔和关东军的其他一些文官陪同,正在从辽阳视察后的返回途中,预计当晚到达。旅顺港只有参谋长三宅光治、我和其他文官。

那天在旅顺港的大和饭店有一个同学聚会晚餐,也就是,我们的军校同学当晚在那家饭店举行一个晚餐聚会,我回家很晚,打算睡觉时已是夜里 11:30,此时我接到一通电话。电话是当天的值班官员小西工兵大尉打过来的。听上去他非常激动。电话里,他告诉我奉天发生了一件出乎意料的大事,有一份重要电报刚发来,他要我马上去办公室。我穿上日军制服,跑向距离我家约 2 200 米的总部。一见到小西大尉,我就看到了这封电报,上面说在奉天北面的柳条沟发生事件,那个地点的一段铁路被炸毁。我随即拿起电报跑去 200 米外的三宅参谋长的官邸。

韦伯庭长:他说是炸毁?

(法庭书记官宣读先前回答如下:"那个地点的一段铁路被炸弹炸毁")

片仓衷证人:是的,我们收到的第一封电报说奉天北靠近柳条沟地点的一段铁路被炸毁。

语言监督官:庭长先生,我们是语言部。证人使用的词语可以被翻译为"炸毁"、"爆毁"或"通过爆炸方式破坏"、"爆炸"。

冈本辩护律师:(用英文)是"爆炸",不是"用炸弹炸"。在日文中,这非常明确。

语言监督官:他说的是"bakuha"。"bakuba"的意思是"用炸弹炸"或"破坏"。

冈本辩护律师:不,不是这样的。

译员:如果你有不意见,把问题交给语言部吧。

韦伯庭长:你不能纠正他,冈本先生。这必须由证人来做。但译员可以解释他的立场。

译员:语言部发言,我们认为"爆炸"会是一个更合适的词。

(冈本辩护律师继续询问片仓衷证人)

问:小西大尉为什么首先通知你这件事?

答：当时我的职责是协助参谋长板垣进行各种公共关系相关工作，以及在总参谋办公室处理商务事宜。

韦伯庭长：我们暂时休庭15分钟。

（10∶45休庭，直到11∶00，随后庭审重新开始如下）

（11∶00重新审理）

法庭执行官：远东国际军事法庭现在重新开庭。

韦伯庭长：冈本先生。

（冈本辩护律师继续询问片仓衷证人）

问：证人先生，你刚才说，你前往官邸去见参谋长。当时关东军总司令在哪里？

答：关东军总司令当晚21∶00返回他的官邸，所以，他在家中。

问：奉天事变的消息什么时间向总司令进行了报告？

答：大约在23∶40或23∶50，由参谋长直接通过电话进行了报告。

问：当时总司令正在做什么？

答：他正在洗澡。

问：我认为，对于为什么小西工兵大尉首先将消息报告给你，你的解释仍然不充分，所以，我想请你再多介绍一些细节。

答：既然我身为涉外事务的副官兼总务，那么此类电报当然要先给我过目，这是当时的惯例。

问：消息报告给总司令后采取了哪些措施？

答：所有的参谋官在参谋长官邸集合，然后从那里一起前往关东军总部，同时总司令也会到那里去。

问：除了你最初收到的信息，还有任何其他信息从奉天传回来吗？

答：当参谋长和其他文官在关东军的总司令部研究第一份电报时，接到了另一份电报，同时总司令也赶到了。

问：你记得第二份电报的内容吗？

答：是的，大概内容。

问：你能简要叙述一下这份电报吗？

答：在虎石台的日本公司正在与3、400名敌军作战，敌军不断增加机关枪和步枪火力，野田中尉受伤，伤势很严重。

问：关东军司令官听到这个消息后作出了什么决定？

答：关于接到来自奉天的第一份电报，关东军司令官说应遵循既定的行动计划，在奉天周围集结主要兵力，观望对方将采取何种行动。但是，当又接到第二份电报，上面说敌人已经增派兵力且战斗逐渐蔓延，司令官就改变了原来的作战计划，采取行动逐渐增调所有兵力对抗敌军。当时，关东军司令官非常谨慎，因为尚不知晓长春内外和吉林内外的敌军形势。他修订了在和平时期制订的原计划，试图将敌军引向长春，并暂停了从长春向奉天调集日军的计划。

问：本庄繁将军这个决定的根据是什么？

答：决定是根据关东军职责的管理规定与和平时期制订的行动计划。

问：我对你回答的理解是，实际采取的行动与和平时期制定的计划区别很大。

答：是的，有一些不同。

问：司令官什么时间离开了旅顺港？

答：在9月19日3:03到3:33之间。

问：然后旅顺港就空了，是那样吗？

答：关东军司令官本庄繁将军带在身边的有石原莞尔参谋，以及其他主要参谋与一些幕僚。留在旅顺港的有关东军总部多数部门的长官，如兵器部、经理部、军医部、庶务部、法务部等各部的部长。三宅参谋长负责善后工作。

问：在去奉天的途中是什么情况？

答：似乎居住在铁路沿线的日本人都听说了奉天事变的爆发，当时他们中有很多人希望看到这件事能永久性地得到解决。我不记得是在什么地方了，但我记得有一个日本人对我们说："如果你们打算敷衍了事，那么我们就在铁轨上一字横卧，当你们返回时就从我们身上轧过去吧。"有一些日本人在和我们说话时就是像这样情绪激动。

问：在到达奉天后你们去了哪里？

答：我们在 19 日 11:30 至 12:00 之间到达奉天，并在站长办公室设置了我们的指挥部。

问：然后你们做了什么？

答：然后，晚上，我们把总部转移到位于奉天城中央大道的东拓官舍，并在一家名叫"沈阳馆"的日本旅舍扎下了兵营。

问：你在东拓官舍的总部一直待到什么时间？

答：直到 1932 年 8 月底。

问：你是否从东京接到任何有关奉天事变的命令？

答：是的。

问：它们是什么样的命令？

答：9 月 19 日大约 18:00，收到参谋总长金谷和陆军大臣南用电报发来的命令。

问：你记得这些电报的内容或电报主要内容吗？

答：是的，记得一些。

问：你能简要叙述一下吗？

塔夫纳检察官：如果庭长阁下允许——

韦伯庭长：塔夫纳先生，这些电报已被采纳为证据，不是吗？

塔夫纳检察官：我不认为他们所说的电报已被采纳入证据。如果已被采纳，那么我就不提出反对。否则，我认为应出示电报原文，而不是根据证人的回忆叙述。

韦伯庭长：有一些电报已被采纳为证据。你们指的是哪一份，冈本先生？

冈本辩护律师： 我们所提及的电报原文现在是陆军省的绝密文件，它们已经被盟军总司令征集，我相信它们已被送入华盛顿文献中心。所以，我们对这些文件申请了调取——我指的是从华盛顿文献中心调取这些陆军省的文件，但是目前还没有收到。

韦伯庭长： 我相信本庭的法官们希望看到所有这些电报，如果不能提供原件，副本也可以。我们不应受到技术因素的制约。让我们先听一下电报内容，但要以后来收到的原件或副本为准。

冈本辩护律师： 我们准备向法庭提交这些电报的副本，但是我们想先通过本证人的证词，确认当时这些电报确实存在。

韦伯庭长： 你必须让我们确信这些电报确实发出。你可以在辩方举证的任何阶段做这件事；但是，如果这些电报真的被发出，它们将是至关重要的证据。

冈本辩护律师： 如果不是因为技术困难，我们原本应在对证人询问前就向法庭提供。但不幸的是，我们现在还无法向法庭提供这份证据，因此，我只是希望确认一下关东军收到了这些电报。

韦伯庭长： 你希望他也叙述一下电报内容吗？

冈本辩护律师： 是的，阁下，为了确认——因为有很多份电报，所以要确定是我们现在所说的那份电报。

韦伯庭长： 那就不太好了。如果我们允许他叙述内容，这将是一个不好的先例，因为这将违反我们的规定。意味着你可以对每份文件都这样做。

如果你提出反对，我就必须赞同你的反对，因为不这样的话，我们就是不尊重规定。你反对吗？

塔夫纳检察官： 是的，阁下。

韦伯庭长： 反对有效。

冈本辩护律师： 那么，我们将以文件形式，而不是通过询问本证人的方式，进行提交电报内容。

问：证人先生，你记得收到来自东京的是哪一类命令吗？

答：是的。

问：命令是什么，是哪一类命令？

答：来自陆军大臣南的电报说，内阁决定遵循一个不会加剧或蔓延紧张局势的计划，他们希望，也就是政府希望该事件能够在这个政策的基础上得到解决。

韦伯庭长：这违反了法庭规定，显然是疏忽。

冈本辩护律师：很抱歉，庭长阁下。

韦伯庭长：上述证词无效。

问：那么，换一个问题，证人是否在奉天见到了建川将军？

答：是的，9月19日晚上。

问：建川将军到奉天有什么任务？

答：在事变发生的前一天，也就是9月17日，东京向旅顺港发来一封电报——

塔夫纳检察官：庭长阁下，我可以打断吗？

译员：证人说"建川少将即将被派往奉天"，他只说了这些。

塔夫纳检察官：这似乎也违反了庭长阁下关于电报的规定。我们提出反对，并请求证词无效。

布鲁克斯辩护律师：庭长先生，作为美国律师，我可以听一下这个回答吗？

韦伯庭长：不行。反对有效，证词无效。这一点非常明确。

我们和律师一样迫切地想听到电报内容，但是我们必须采取适当的方式。

布鲁克斯辩护律师：我们能否对该证词进行特殊考虑呢？如果电报——如果收到电报后立即能对证词进行确认，证词就被采纳；如果不能确认就裁定为无效？

我们很久之前就对这些文件提出了申请，它们目前在盟军手中，我们尚未收到。它们还没有到这里。这是我们目前所能得到的最好证据。

韦伯庭长：我们拒绝了你的发言许可，布鲁克斯上尉，但是你无视我们的拒绝。

规定将被严格执行。如果检察方希望豁免这条规定，是可以的，但他们还没有这样做。同样，辩方也有机会在他们认为适宜的时候豁免某项规定。这并不是偏向检方的歧视性规定。

问：继续我的提问。我刚才问证人，关于建川少将到达满洲一事，关东军采取了什么措施？

答：关东军总司令本庄繁将军派板垣征四郎大佐前往辽阳，将建川少将接到奉天。

问：你是如何见到了建川少将？

答：19日晚，由于东京发来了好几封电报，我们召开了一次参谋官会议。我奉命去请建川将军出席这次会议并发表看法，因为他刚好在奉天。

问：那么你做了什么？

答：我不知道建川将军在哪里，因此花了很长时间去找他，当夜很晚时，我终于找到了他。于是，我请建川将军前往那家日本旅舍沈阳馆，我们大约在午夜时分一同驱车到达那个地方。

问：建川将军说了什么？

答：我见到他时，他说他昨天刚到，已见过板垣征四郎。但是当奉天事变爆发时，他无法就奉天事变的发生做任何事情，但是他计划与关东军司令官进行面谈，因为关东军总部第二天就要开拔奔赴前线了。

问：还有其他吗？

答：于是，建川将军坐我的车一起前往日本旅舍沈阳馆，并和聚集在那里的参谋们谈话。

问：谈话内容是什么？

答：建川将军的谈话内容大意是，他特别强调，虽然奉天事件对关东军而言非常不幸和遗憾，但不论中国人做了什么，或可能会做什么，关东军都不应将军队调往满洲北部。

问：他的观点与关东军的观点一致吗？

塔夫纳检察官：我希望打断一下，庭长阁下。这是一个非常不好的针对观点的询问。我认为我们应该提出反对，尽管观点的证据在这里已经出现很久了。

冈本辩护律师：我撤回问题，庭长阁下。

问：建川将军见到了司令官吗？

答：是的，20日一大早。

问：证人先生，根据这些会议和你收到的信息，你是否知道东京的政策？

答：是的。

问：是什么？

塔夫纳辩护律师：庭长阁下——

韦伯庭长：他可以告诉我们他在会上得知的内容，说了什么和做了什么。

塔夫纳检察官：是的。

韦伯庭长：但是他不能进行诠释。证人只可以叙述会议上说过和做过的内容。

问：那么我问你，证人先生，从这些会议中，你得知了哪些东京的政策，说过哪些关于东京政策的话？

答：你是指19日晚的会议上吗？

问：是的。

答：关于19日晚与建川将军的，如我之前所述，他说，不论中国人做了什么事，或是可能做什么，日军都不应将军队派往满洲北部。

问：为避免混淆问题，我要改变一下问题。事件一发生立即向吉林地区派遣军队。原因是什么？

韦伯庭长：他可以代表关东军吗？他只能告诉我们他听到过什么，或是从做这些事的人那里听到了什么。司令官对他说过原因吗？

问：证人从司令官或参谋长或其他参谋那里听到过任何有关向吉林省派遣军队的原因吗？吉林地区。

答：除了在关东军总部协助参谋板垣征四郎，我同时还兼任实际上是司令官和参谋长首席秘书的一些职责，所以，我有机会知道几乎所有的事情。

问：那么，你能向我们讲一下向吉林派遣军队吗？

答：9月20日，居留民会长、吉林省政府顾问和吉林军队的顾问，向我们发来一个请求，由于那个地区出现的动荡局势，他们希望能派遣军队到该地区。当时，作战主任石原莞尔中佐赞同派遣军队，但关东军司令官不愿批准。

问：司令官为什么反对派遣军队？如果你被告知了原因，你能讲一下吗？

答：是的，我亲耳听到了原因。

问：你现在能叙述一下吗？

答：根据中央政府发来的政策，不加剧、不扩大事件的政策，本庄繁将军希望尽可能和平、理性并通过调停手段来解决事件。然而，鉴于吉林省出现的混乱和动荡局面，由于该省居民的动乱，也因为有必要保护在那个地区的日本居民，他认为尽早解决在吉林的局势，将是对该地区铁路更有效的保护，同时也可确保该地区日本居民的安全。同时，如果在局势得到控制后立即从该地区撤军，就可以遵循不加剧、不蔓延扩大的政策，从而执行了日本政府的政策。考虑上述所有问题后，本庄繁将军同意了派遣军队。

问：向吉林派军后采取了哪些措施？

答：我记得大约在9月23日或24日，关东军的大部分军力都派驻到铁路附属地。然后司令官颁布了一些命令，他向事变发生后关东军所做的努力表示慰问，同时发布了更严格的军队纪律，还下令做好准备，下令做好各项准备并清理未尽事宜。

问：当时有来自东京的任何命令吗？

答：参谋总长金谷将军发来电报说，既然事件目前已差不多解决，他希望关东军今后在采取任何行动前，都要与中央政府进行适当的联系和磋商。

问：哈尔滨当时在法治和秩序方面是什么情况？

答：大约从9月20日起，我们从哈尔滨特务机构和日本驻哈尔滨总领事馆处听说，哈尔滨的法治和秩序状况越来越差。举几个具体例子：自9月29日起，报告说战败了的中国军队在从长春向哈尔滨方向败退途中，经常进行各种暴乱行为，或是多个地点张贴了各种反日标语，或是将手榴弹投入朝鲜银行、日本报馆和总领馆。

韦伯庭长：我们暂时休庭，直到13:30。

（12:00 休庭）

……

（13:30 继续审理）

法庭执行官：远东国际军事法庭现在重新开庭。

韦伯庭长：冈本先生。

（片仓衷作为辩护方证人出庭，重新坐进证人席后，通过日本译员作证如下）

冈本辩护律师：庭长先生，可以请法庭书记官读一下休庭前我们进行到哪里了吗？证人是否已作回答。

韦伯庭长：他回答了两句。我不知道他是否已完成回答。

（最后一个问题及回答以日语和英语各宣读了一遍）

直接询问（由冈本辩护律师询问片仓衷证人）

问：从哈尔滨接到了什么请求或情报？

答：大约在 9 月 22 日或 23 日，我们接到了一份来自哈尔滨陆军特务机关和日本驻哈尔滨总领事馆的请求，说鉴于局势极端严重，他们希望能派军队保护该地区。

问：然后关东军采取了什么行动？

答：至于关东军，根据建川第一部长所说，将会派兵前往满洲北部。依照金谷参谋总长从东京发来的命令，关东军今后在采取行动之前，应先与中央进行磋商和联络。然而，由于哈尔滨向关东军发来的频繁请求，于是关东军就向中央发去了他们对采取何种行动的观点。

问：东京对这个询问的回复是什么？

答：收到了杉山陆军次官的命令，说不能派遣军队到哈尔滨保护该地区。

问：证人，请你说话声音小一些，可以吗？然后关东军采取了什么行动？

答：我想是在同月的 24 日左右，我们又收到另一份来自哈尔滨特务机关和日本总领事的请求，我想这是收到的第三份请求，于是我们向南陆军大臣、金谷参谋总长发去了最后的询问，请他们允许我们派遣军队。

问：你们从中央收到了什么回复？

韦伯庭长：塔夫纳先生。

塔夫纳检察官：如果庭长阁下允许，很显然证人正在为我们今天上午所提到的电报内容作证，因此我提出反对，并请求法庭宣布回答无效。

冈本辩护律师：阁下，我认为证人应被允许为他在执行公务期间所接收的来自东京的信息作证。

韦伯庭长：我不知道这一点会被如何利用。试想，一份电报被接收到并被读出来，他可以告诉我们读的是什么内容。他可以告诉我们收到电报的其他人说里面有什么内容。

塔夫纳检察官：我希望提醒庭长阁下，证人说他看到了电报并试图去，或者说已经开始向法庭叙述这些电报内容。

韦伯庭长：他不能这样做，但是如果他说："我向本庄繁将军读了电报，内容如下。这是我向本庄繁将军所说的内容。"或是向其他什么人说的内容，他就可以讲出来。这里有微妙的区别，但这样就可以，因为他只是就当时情况下所说的话进行作证，我们无法制止他。看起来，当时电报内容被读出来是件不可避免的事实，但是他听到了吗？

问：那么，证人先生，我将用这种方式来问你——

韦伯庭长：不能引导他。

问：在回答我之前的一个问题时，你作证说，你负责接收电报，正确吗？

答：正如我所说过的那样，除非是有关私事的电报，我负责亲自接收所有发给关东军司令官和参谋长的重要电报，并亲自给他们送过去，这是一个惯例。

问：那些是加密电报吗？所有那些电报是否都是以密码形式？

答：它们是加密的电报，重要的加密电报由关东军的一位名叫中村的特别秘书进行解密，然后由他亲自将破译后的电报交给我。

问：那么我的理解是，证人通常会知道电报内容——非常熟悉？

答：是的，我一般对简短和重要的电报都熟悉。

问：那么，关于中央有关向哈尔滨派军问题的电报，你是否收到那份电报并亲自读给司令官？

韦伯庭长：在这个阶段，塔夫纳先生，我希望你能就这一点进行辩解。

我说过，如果电报被读出声，而本证人听到了，或者由他本人读出来，他就可以告诉我们，他读的是什么或是他听到别人读的是什么。你对这一点要争辩吗？

塔夫纳检察官：是的，阁下。

韦伯庭长：他在为一件事作证，为说过的话作证，但是你总是可以把任何事情都归为说过或做过。

塔夫纳检察官：庭长阁下，我认为这个问题毫无疑问是为了获知电报内容。

韦伯庭长：我们在这里并不关心动机是什么。我们也不可能对此进行调查。如果当时电报被读出声而本证人听到了，或是他本人读出来，就能够叙述所读的是什么内容。这是我的观点。我不认为这有什么可质疑的，我不认为这是可争辩的。

塔夫纳检察官：当然，如果这是法庭的裁定，我也没有什么可说的了。

韦伯庭长：不，我希望对此进行争辩，为了让我们每一位法官也明白这一点。

塔夫纳检察官：好的。如果法庭还记得，这个问题的所有目的，都是为了从本证人口中获取对所涉及电报内容的描述。而现在又在利用一种方式试图让同一信息被法庭采纳，这种方式所根据的理论是电报被读出了声。最好的证据规则还是要求提供电报。

韦伯庭长：不，他说的是关于本庄繁将军和其他人之间传递的内容。他可以叙述向本庄繁将军朗读过的内容和其他一些事情。这一点没有问题，我认为这就和 ABC 一样容易理解。对我而言，这是一个很基本的事情。但是，正如派屈克·德福林提醒我的，问题在于，他可以作为一项事实来叙述本庄繁将军和其他人之间传递的内容，但是如果电报内容产生争议，就不能作为电报内容的证据。但同时，我们也不会去调查律师在询问时的动机。你只是在猜测他的动机或目的是什么。

反对无效。

塔夫纳检察官：我可以向法庭提起另外一件与刚才问题无关的事吗？

韦伯庭长：什么事？

塔夫纳检察官：律师在这个问题刚出现时说，他们由于技术问题无法提供这些电报。但事实上，有人提醒我，他们曾声称有电报的副本。我认为，鉴于证人正在试图描述这些电报内容的事实，如果他们有副本，就应当将副本提供给法庭。

韦伯庭长：当他到了要证明电报内容的阶段，这将很有必要。但现在他还处于叙述他与司令官之间传递信息的阶段。他说他的职责是秘书。如果他收到了这些电报，他就会不可避免地需要读出来。我是这样认为的。他也可能不读就呈递电报，但显然这些密电要由他破译。

塔夫纳检察官：不，阁下，不是由他破译的。

韦伯庭长：那是别人破译的。然而，法庭已作出裁决。

冈本辩护律师：为向法庭回应检方的陈述，我们最初是从检方文件中获得了这些电报的副本，那是——

韦伯庭长：检方的证据？

冈本辩护律师：不是。这些文件是由检方提供的，并交给了辩护方阅读，但并未提交给法庭。

塔夫纳检察官：庭长阁下，既然他们拥有这些电报的副本，我认为他们把这一点告诉我们应该不是什么难事。

冈本辩护律师：我很乐意对此进行解释。第1642号检方文件在去年被交给了辩方，但是英文版本中未包含涉及的这些电报内容，而只有日文版本——我是指在日文版本原件的副本中，包括了这些电报的内容。

韦伯庭长：日文版本在检方手中，你是这个意思吗？

冈本辩护律师：不是。我要再解释一下。日文版和英文版都提供给了辩方，但是英文版不完整，因此，我们是从日文版中，发现了文件中包含这些电报——我们已经尽一切办法去寻找原件了,但是我们没有找到,因为,我听说——也许并不正确——麦肯锡法官将它们带到了华盛顿,或者是带出法庭之外的其他什么地方,因此——

韦伯庭长: 说它们被带到法庭范围之外,这是一个非常严重的指控。我并不认为你真是这个意思。只有在它们是证据的情况下才能这么说。

冈本辩护律师: 不是这个意思。对不起,我不该用"法庭"这个词。应该是,带离了检方办公区的储存室。

韦伯庭长: 那个地方不在我们的管辖范围内。

冈本辩护律师: 也许我可以补充一点:这件编号为1641的文件并没有作为证据向法庭递交。这是我们目前面临的情况。

我已将这份由检方去年提供的日文版本的文件送交语言部翻译。我们目前还没有收到翻译文件。

塔夫纳检察官: 律师的意思肯定不是说,他在一年前将文件送回检方翻译了。

韦伯庭长: 法庭有权命令提供这份文件,如果是在法官议事室提交申请,我们就可以当场进行处理。我已经在议事室以这种方式宣布过很多次指令了,这能加快进程。但是必须首先使我确信这些文件是存在的。

塔夫纳检察官: 检方将在今天下午提交申请。

问: 现在继续问我的前一个问题:你能叙述一下,当你将电报送交参谋总长金谷时,你了解这封电报的大意吗?由参谋总长金谷发给关东军司令官的电报。

韦伯庭长: 电报是否向其他人读出来?

片仓衷证人: 我将电报分别呈给了参谋官板垣征四郎、石原莞尔,参谋长三宅光治,以及关东军司令官本庄繁将军,并得到了他们的签名。

韦伯庭长：它被读出了吗？

片仓衷证人：我亲手将电报交给了司令官本庄繁将军，并向他阐述了电报大意，还向几个相关官员也呈送了电报，我前面提到的这些官员读出了电报内容。

韦伯庭长：你对本庄繁将军说了什么？你能记得你当时的原话吗？

片仓衷证人：我向本庄繁将军报告说，参谋总长金谷发来命令，说不应该派遣军队到哈尔滨。

冈本辩护律师：谢谢你，庭长阁下。

问：除了刚才提到的电报，还收到过任何其他从东京发来的电报吗？

答：南陆军大臣发来的命令。

问：证人是否将那份电报向别人读过？

答：这些电报以同样的方式呈递给我的上级长官，并由我阐述了电报大意。

韦伯庭长：电报大意是什么？或者说，你当时对上级长官说了哪些话？如果你能回忆起来的话。

片仓衷证人：关于向哈尔滨派军，他们已经收到了首相的命令，政策是不对这个地区采取保护措施，且这件事已向天皇报告。

问：然后关东军司令官采取了什么措施？

答：尽管不断收到哈尔滨特务机关和驻哈尔滨总领事馆的请求，鉴于中央当局的命令，司令官放弃了派军的想法，就是说，放弃了防守或保护该地区的计划。

问：当时是否收到过东京发来的有关军事管理问题的任何电报？

答：大约在9月20日，我们收到了陆军次官根据军部大臣命令发来的一封电报，是有关满洲正在实行军事管理的一个谣言，军部命令是不应采取这一行动。

问：然后关东军采取了什么行动？

答：对关东军而言，由于东京的这个命令非常出人意料，关东军立即展开调查。

问：结果是什么？调查结果发现了什么？

答：根据调查结果，发现营口的岩田大队，在为维持法治和秩序而对当地中国人进行指导的过程中，被误解为在实施军事管理，并被媒体如是报道。

营口是日本人在日俄战争期间第一次实行军事管理的地方，奉天事变爆发后，岩田大队进驻营口，为当地政权提供一些指导，在政府管理下建立法治和秩序。这个事实被误认为进行军事管理并被媒体误报道。

问：关东军方面做了些什么？

答：根据关东军司令官本庄繁将军的命令和意愿，三宅参谋长提醒各部队，他们的任何行动都要当心，不要被理解为军事管理，同时向东京报告了相关情况细节。

问：你是否熟悉向中央军事当局报告的内容？

答：我熟悉。

问：土肥原贤二大佐违反该报告的原则担任了奉天市长，这属实吗？

答：我坚信，这并没有违反原则。

问：你是否听到过关东军参谋长或司令官谈及，为什么要任命土肥原贤二为奉天市长？

答：是。

问：你听到了什么？

答：当时，奉天有各种各样的中国公共机构、设施和团体，但是大多数中国领导人已经放弃了那个地区。由于奉天是满洲的中心，首先应在那个地区努力建立起法治和秩序。因此，土肥原大佐暂时被任命为奉天市长，他将担任该职直到能找到胜任人选填补这个空缺。

问：除了土肥原贤二，是否还有其他军人参与了奉天市的行政管理？

答：其他的都不是军人了。

问：有其他日本平民吗？

答：居留民会长和另外几个人作为顾问参与了管理。

问：是否有日本军人或平民参与了奉天省的行政管理？

答：一般来说，当中国某地的法治和秩序崩溃时，第一件事就是要建立一个维持法治与秩序的委员会。在这种情况下，成立了辽宁治安维持会。治安维持会的主席是袁金铠，委员会中还有一些日本人。

问：谁推荐或任命了袁金铠担任顾问，委员会的主席？

答：奉天重要的中国领导人。

问：关东军与这件事有任何关系吗？

答：据我所知，没有任何关系。

问：你是否见过袁金铠先生？

答：是的。

问：什么时间？

答：当他在10月初前来拜访关东军司令官时，我第一次见到他。

问：你说的是1931年吗？

答：是的，1931年。

问：你了解袁金铠这个人的性格吗？

答：在东北地区，袁金铠、王永江、于芷山是广为人知的三位文官。

问：他们在那之前是什么职务？

答：他曾是张学良属下东北政务委员会的副主席。

问：关东军与治安维持会的关系是什么？

答：就关东军而言，正如我之前所说，因为我们反对建立军事管理——但是鉴于维护法治与秩序是一件非常重要的事情，我们与当地的多个机构合作并保持密切联系。

问：你所说的保持联系，是否指向它们发出命令或做一些其他事？

答：没有发过命令，而是寻求他们对维护法治与秩序的合作。

问：当时奉天总部的人员构成是否有变化？

答：奉天事变爆发后，有几个人随即被派往那里，同时，不时会召集其他一些人，逐渐在那里形成了人员办公室或人员小组。

问：你能简单解释一下它是如何构成的吗？

答：最初，参谋部只有板垣征四郎大佐、我和其他几人，一共六个人。我们从调查课调入了几个人员。参谋部下设总务课、第一课、第二课、第三课，后来又建立了第四课。板垣大佐任总务课课长，我在当时任参谋，同时也是板垣大佐的助手。第一课负责作战，由石原莞尔中佐领导；第二课负责情报；第三课负责治安；第四课负责新闻报道。

问：当时东京有否派人前往该地区视察？

答：大约在9月22日，安藤利吉兵务课长奉陆军大臣之令到达满洲。

问：他来干什么？

答：安藤兵务课长受陆军大臣之命，前来满洲调查四个问题。

问：证人是否听到安藤谈起这四个问题？

答：安藤甫一抵达奉天，就立即会见了本庄繁司令官、三宅参谋长、板垣大佐、石原中佐、我本人以及另外一个人列席。当时安藤报告了他的调查任务，所以我知道得比较清楚。

问：安藤利吉要调查的四个问题是什么？

答：第一个问题，调查在抚顺设置警备队的事宜，这也是中央切切牵挂的。第二个问题，尽管中国军队在9月18日晚已宣布了不抵抗，但关东军还是对他们发起了攻击，对此安藤将展开调查。第三个问题，据称某位参谋官在与日本驻奉天总领事通电话时，使用了非常冒犯的语言，因此，安藤将对那位官员所采取的态度进行调查。第四个问题，事变突然爆发，关东军的行动过于迅速，安藤将调查关东军是否平时早就处在备战状态了。

问：您能详细说明第一个问题，即抚顺中队的问题吗？

答：当时，在抚顺驻有一个中队，长官是一位叫川上精一的大尉。大约在9月中旬，井上大尉召集了一批南满铁道等机构的相关人士，提出了一个重要提议。会上，井上大尉说，受命调查中村大尉事件的第二支小分队将于9月16日或17日返回。分析中方的态度，或许事态将变得非常急迫，若发生万一，而在抚顺又没有准备夜间列车，故希望早做安排。听到这些话，在座的各方人士都十分惊诧，尤其是南满洲铁道株式会社，它在两天后就派了一位理事，前往抚顺向川上大尉确证此事。不过，17日左右没有发生什么大事，所以，这位南满铁道的理事又返回了大连。然而，这个消息传到了日本总领事林久治郎的耳里。当时的满洲，日中两国间的局势十分紧张，中村事件更不啻火上浇油。林总领事对此事感到震惊，于是他给关东军司令官本庄繁将军写了一封信，但这封信到本庄将军手里时已经迟了。本庄繁将军于19日抵达奉天，他在那里才收到从旅顺辗转送过来的林领事的口信和信函，从而得知了此事，而与此同时，情报也传到了东京。当时一些日本军官对满洲的形势极为愤慨，林领事苦口婆心地劝诫青年军官们切勿惹是生非，然而随着事变的爆发，结合其他情况看，总令人不禁觉得是关东军在其中起了作用。

问：证人是怎么了解到这些情况的？

答：19日林总领事向本庄将军说了这些情况后，本庄将军立即命令岛本正一中佐调查事实真相。翌日即20日，抵达奉天，三宅光治参谋长在了解了调查内容后，在傍晚带着我到奉天总领事馆，在那里对我详细说明了情况。以上内容也向安藤兵务课长做了汇报。

问：下面，请就第二点，即中国军队的不抵抗问题进行作证。

答：事变发生当夜，板垣大佐刚好在奉天，他得到奉天领事关于中方采取不抵抗主义的情报后，要求停止出兵。但是鉴于战斗已经开始了这一事实,已没有什么事可以改变这种状况了。并且,事实上,这被视为是中国的一个老把戏,即通过宣称这样的政策,试图使我们放松警惕。

译员：证人,你说的"当夜"是什么时候?

片仓衷证人：18日晚。

韦伯庭长：我们暂时休庭15分钟。

(14:45分休庭,直到15:00重新开庭)

(15:00重新开庭)

法庭执行官：远东国际军事法庭现在继续开庭。

韦伯庭长：冈本先生。

冈本辩护律师：可以请法庭书记员宣读一遍前一个回答吗?

(法庭书记官宣读前一个回答)

在事件发生的时候,板垣征四郎大佐刚好在奉天,并听到林久治郎领事说,既然中国军队采取了不抵抗的立场,希望关东军能加以考虑,但是,鉴于战斗已经开始了这一事实,已没有什么事可以改变这种状况了。并且,事实上,这被视为是中国的一个老把戏,即通过宣称这样的政策,试图使我们放松警惕。

直接询问(由冈本辩护律师询问片仓衷证人)

问：证人先生,你实际参加调查了那件事吗?

答：在回答前我可补充一点吗?

问：可以。

答：于是——当时板垣大佐向兵务课长派来的安藤大佐提议,他应当前往真实的战斗现场,亲自对发生的情况进行调查,向参加战斗的商社和军队指挥官询问。通过查看真实的战场,确定在中方所谓的不抵抗政策下,是否真的发生了战斗。

问:你说向安藤大佐讲这些事情的人是板垣征四郎,是吗?

答:对之前回答稍作更正:关东军司令官告诉安藤大佐,应亲自前往战斗现场查看中方的不抵抗政策是否真实,以及是否真的发生了战斗。

问:然后安藤大佐做了什么事?

答:安藤大佐又问了两个其他问题,然后就前往现场进行调查——关于我刚才提到的那些事情。

问:那么,你能详细叙述一下第三点吗,关于某位参谋官的错误或者说傲慢态度?

答:在总领事林久治郎谈及中国方面不抵抗政策的电话通话中,据说板垣征四郎使用了很尖锐的词语——给人留下冒犯的印象。

问:那么是否也向安藤大佐解释了这件事呢?

答:板垣大佐自己进行了解释,本庄繁将军也在场。

问:那么,请你详细叙述一下第四点,即,关东军采取行动的速度过于迅速?

答:在事变爆发前,由于实际上关东军的兵力很少,所以采取的政策是,如果有紧急事件发生,应当在几秒内就实施行动,并且应当有周密的行动计划和训练有素的军队。然而,如我之前所说的那样,在事变爆发时,关东军司令官的立场和态度曾两度发生变化,事实上军队的活动也无法完全按照所希望的那样。而且,由于通过铁路运输军队不能按照希望的方式进行准备和安排,负责作战行动的陆军中佐石原莞尔大为恼火。

问:那么,你刚才作证的抚顺商社的行动是怎么回事?

答:19日和20日进行的调查发现了这件事的真实情况。在得知关于中村大尉事件的第二次调查结果后,川上大尉大大松了一口气,因为他发现后果不像他所预期的那么严重。而在那之前的 18 日晚，在召集一次紧急集合时，他匆忙赶往集合地点，慌乱中甚至都忘了带望远镜。

问：那份报告提交给了兵务课的安藤大佐，是吗？

答：除了向安藤大佐提交这份报告，还要他亲自到现场进行调查。

问：然后安藤大佐做了什么？

答：在那之前，关东军司令官命令在现场进行了法律调查，调查报告也提交给了安藤大佐。

问：在准备这份报告时，负责编写报告的成员现在还在人世吗？

答：当时，关东军派大山法务部长、臼田宽三少佐、岛本中佐，及其他宪兵、军医们等一批人组成了调查团去了现场。据我所知，大山和岛本目前仍健在。

问：安藤大佐呢？

答：我想安藤大佐已经去世了。

问：安藤大佐什么时间回到了东京？

答：安藤大佐对现场非常仔细地进行了 4 天调查，然后在 27 日返回东京。

问：那么，你知道关于吉林省的独立运动以及后来吉林独立的一些事吗？

答：是的，我知道。

问：你能简要叙述你知道的内容吗？

答：当时，吉林军队的参谋长熙洽是张作霖的代表。

问：熙洽是满人还是汉人？

答：很明显，他的名字熙洽中只有两个汉字，所以他是满人，不是汉人。

问：他是宣统皇帝的某位血亲吗？

答：是的，是他的亲戚。

问：为什么他会决定独立？

答：熙洽长期以来一直是君主复辟的拥护者，并且不愿意听命于张学良。奉天事变爆发后，似乎是罗振玉前往吉林与熙洽进行了联系。

问：证人在什么环境下知道了罗振玉的行动？

答：我记得是在9月22日或23日左右，罗振玉前去奉天会见板垣征四郎大佐。他在回奉天的几天之前联系了吉林的熙洽和洮南的张海鹏。在谈话中，他说他发现熙洽已经为独立做好了准备，并希望将宣统皇帝接到吉林去。罗振玉本人打算亲自到天津把宣统皇帝接过来，于是他离开奉天途经大连前往天津。熙洽当时在吉林，虽然张作相不在吉林，但熙洽与张作相的友人进行了商议，9月底与他们商议后，熙洽就宣布了独立声明。

问：当罗振玉与板垣征四郎会面时，证人也在场吗？

答：没有。但是板垣大佐将这次会面告诉了我。然后我还起草了一封电报，向中央当局汇报这次谈话的主要内容。

问：是否收到东京关于此事的命令？

答：陆军次官发来一封电报，下令说关东军不应以任何形式参加满洲的君主复辟这类运动。那时已接近9月底。

问：关东军是否根据这个命令采取了行动？

答：为了获得情报信息，我们有各种联系和往来。但是，关东军并没有直接参与运动。

问：你能对信息交换做一下详细解释吗？

答：就是收集来源于各种渠道的情报。

问：在你的工作职责范围内，你是否与收集情报的任务有关？

答：我没有直接参与。我的职责是将获得的情报进行汇总并整理为精简形式。

问：吉林距离奉天多远？你如果不记得，没有关系。

答：我想大概有400公里。

问：是否有其他将军在其他地方宣布独立？

答：张海鹏将军10月1日在洮南宣布独立。接着，在一个叫山城镇的地方——大约距离奉天200公里到250公里，处于奉天和吉林连线中点——于芷山将军宣布独立。

问：洮南与奉天的距离是多少？

答：直线距离大约为450公里。

问：关东军是否派军到洮南、山城镇或其他地方？

答：当时关东军没有派军。

问：关东军是否资助了这些由满洲将军领导的独立运动或自治运动？提供财务资助？

答：当时关东军可以用于这个用途的特别资金每年总额不超过5万日元。事实上，由于没有可以用在这个方面的资金，关东军感到无计可施。

问：用于这个方面的资金，你所说的"用于这个方面的资金"是指将资金用于独立运动目的吗——支持独立运动？

答：没有一分钱花在独立运动上，因为特别资金只用于支付收集情报、巡逻和各种接待的花费。

当时，我们向南满铁路和其他方面要求提供支持，但事实上，他们使用了自己的私有资金，而没有用我们的资金，也就是说没有使用南满铁路方面的资金。

问：那么，南满洲铁道株式会社的员工在哪些方面或哪些分支机构为关东军提供了帮助？

答：与运输相关的事宜，以及关于维持法治与秩序的一些事情。

问：关东军是否曾经因为独立或自治运动而对南满铁路的私人团体或员工下达命令？

答：有一两个人被派去进行联络工作，但是，从来没有因为这些运动的原因命令他们。

问：关东军对你所作证的这些独立运动持何态度？

答：鉴于中央当局制定的政策，关东军的重点放在维持法治与秩序上。针对满洲不同地区由不同领导人发起的各种独立运动，关东军采取的态度是先静默观望，待独立运动成熟之后再与相关方面进行联络。

问：当时在满洲是否有一位将军叫马占山？

答：在满洲事件发生时，他是驻黑河的第三旅旅长。

问：证人是否知道有关马占山将军行动的情况？

答：我了解。

问：请简要叙述你所知内容。

答：当时黑龙江省的省会是齐齐哈尔，省长是万福麟。在奉天事变发生时，万福麟在华北。他不在的时候，他的儿子万国宾帮他料理事务。

差不多那个时候，我们从奉天的中国兵营得到了中文的密码本，因此，这使我们很容易截获到中方的情报。根据我们从一份截获密电中得到的信息，万福麟非常希望张学良回到满洲，回到齐齐哈尔。但他的儿子，万国宾，却非常担心张学良返回黑龙江的背后有日本人支持。

但看起来齐齐哈尔地区的民众已得到消息日本人不会来，因此，对张海鹏的民众支持日渐增强。由于万福麟认为他的儿子万国宾过于软弱，不能掌控局势，因此他把马占山请到齐齐哈尔，并任命他为黑龙江军队的指挥官。

问：你之前的证词都涉及了过多细节。以后回答请再简短一些。

马占山和张海鹏之间是否在什么地方发生过冲突？

答：是的，双方在嫩江发生了冲突。

问：虽然时间顺序稍微有些乱，但是我还是想问一下：你知道"满洲国"建立后马占山任职军政部部长的事吗？

答：他当时担任的职务大概是被称为军政部总长，同时掌管军政部部长和总参谋长的职责。

问：你是否知道在什么环境下马占山被任命为"满洲国"军部部长——军政部部长？

答：我知道。

问：请简单叙述。

答：临近11月底，马占山与日军发生了一次军事冲突，他被击败并撤退到哈尔滨北部一个叫海伦的地方。当时，关东军的板垣征四郎大佐前往海伦与马占山会面。在板垣大佐向马占山解释了日本人的真实意图后，韩云阶和赵仲仁劝说他接受这个任命。当时虽然张景惠在哈尔滨，但他尽了很大努力将马占山任命为黑龙江省省长。后来，临近1932年2月底，他在新国家的成立大会上被任命为军政部部长。

问：现在我要换一个话题。你是否知道在日本发生了一次被称为"十月事件"的政变？

答：是的，知道大概情况。

问：你是怎么知道这件事的？

答：10月18日，东京发来一份电报，内容说关东军不应采取类似于从日本国内军队独立出去的行动。同一天，天皇的侍从武官川岸也来到奉天，向奉天的日军传达日本天皇旨意。由于向奉天日军传达日本天皇旨意是一件非常重要的事情，而且由于意识到在关东军司令官正要参加重要典礼时，向他呈递这样一封对关东军行动和态度表示怀疑的电报是非常不适宜的，这必将动摇他的信心，所以我推迟了把电报交给他的时间。当我呈给本庄繁将军那封东京发来的电报时，我还听到在现场的其他部门说，东京发来了一封类似的电报。所以我们立即开始调查。但是在关东军内并没有调查结果，因为我们什么都没有发现。在前一天，也就是10月17日，我们也收到一封电报，内容是说一些青年军官，由于他们的某些行动在东京被拘捕。奉天事变爆发以来，关东军凭借极少的兵力做出很多努力，就这些事实，关东军司令官本庄繁将军向陆军参谋总长和陆军大臣写了一封电报，对关东军的实际情况作了一番解释,目的是使中央当局了解真实的情况。

问:在调查时是否有东京来的人参与?

答:有。

问:是谁?

答:是军事参议官白川义则大将。

问:为什么白川义则大将要来参与调查?

答:白川义则大将来的原因,是感觉到可能发生某些事情或马上就会发生。但在前往满洲的途中,他发现关东军没有什么要调查的事,所以就没有进行调查。

问:你知道在满洲有一个名叫于冲汉的人吗?

答:是的,我知道。

问:他是什么人?

答:他和王永江、袁金铠一样,都是满洲最有名的文官。

问:于冲汉曾去拜访过本庄繁将军吗?

答:是的,在 11 月 3 日,也就是明治节,他来到奉天并首次拜见了本庄繁。

问:你是否参加了会议并听到于冲汉与本庄繁将军之间的谈话?

答:没有,我不在谈话现场,但是我从板垣大佐那里听说了谈话内容,而且我见到了当时于冲汉提供的文件。

问:本庄繁将军对于冲汉先生领导的独立运动持什么态度?

答:在于冲汉向本庄繁将军提到的问题中,他强调了两个重要问题。第一点是,目前事件已发展到这种状况,为了保护和维持东北地区的安全、民众福祉以及法治与秩序,该地区应从南京政府分离出来,以独立的形式建立一个新国家。在东北地区以独立的形式建立一个新的区域,应采取不进行军事训练的原则,也就是反军事化的原则,并建立和遵守不威吓、不侵略的原则,在上述原则的基础上,建立一个门罗社会。

韦伯庭长： 我们暂时休庭，直到星期一 9:30。

(16:00 休庭，直至 1947 年 3 月 24 日星期一 9:30)

1947 年 3 月 24 日，星期一
日本东京都旧陆军省大楼内远东国际军事法庭

……

(9:30 重新审理)

……

法庭执行官： 远东国际军事法庭现在开庭。

韦伯庭长： 除了大川周明和松井石根外，所有被告都到场了。我们这里有巢鸭监狱医疗分队提供的证明，证实松井石根由于病重无法出席今天的审讯。该证明将被记录并归档。两名被告由其辩护律师代理。

(片仓衷作为辩护方证人被召回法庭，坐进证人席后，通过日本翻译员作证如下)

韦伯庭长： 布雷克尼少校。

布雷克尼辩护律师： 我代表辩方向法庭提出申请，希望能准许一星期的休庭时间，使辩方可以对其案件进行整理和准备。提出此项申请的原因是出于辩方的极端紧急情况，这些原因于上星期四在法官议事室时已做出详细陈述。

我觉得法庭所有成员应该都已经熟知了该过程的记录，所以我就不在这里重复这些原因了，我只补充一点，就是目前情况的紧急性与合理性与上星期四相比，未发生任何变化。

韦伯庭长： 布雷克尼少校，如果不休庭，你们还能再进行多久？我们对这项申请深感遗憾并非常关注。

布雷克尼辩护律师：今天出席庭审的相关人士向我建议，如果可以不按顺序传唤证人，他们或许可以持续到本周结束。否则，他们将持续到目前在证人席的证人作证完毕。

韦伯庭长：不按顺序传唤的证人可以提供宣誓证词吗？

布雷克尼辩护律师：他们的证词尚未准备好以哪种方式提交。

韦伯庭长：假定你们能得到七天的休庭时间，那么在提出下一次休庭要求之前，你们可以继续多长时间？

布雷克尼辩护律师：恐怕我不能作出承诺，阁下。我们期望，也许我们能够没有困难地继续到 6 月份，但我不希望被理解为在无论发生什么可能或偶然事件的情况下作出了承诺。

韦伯庭长：如果你们能继续到 6 月份就太好了。

布雷克尼辩护律师：这是我们的希望。

韦伯庭长：我没有怀疑你们在尽最大努力与法庭合作。我从来没有怀疑过这一点。法庭准备以一切合理的方式满足你们的请求，当然，这是在你们给予法庭无需置疑的全力合作条件下。

检方关于此事有什么要说的吗？

塔夫纳先生。

塔夫纳检察官：庭长阁下，关于在法官议事室的阐述，对比辩方与检方各自的情况，我想作出一两项陈述。

韦伯庭长：塔夫纳先生，如果你现在还没有准备好陈述，可以稍后再作。当然，此决定将被保留。

塔夫纳检察官：现在我已经准备好了关于此事的所有陈述。

有关在辩方案件开始时检方积压了大量的处理文件，这个指控与事实不符。我们提前一两天准备好了要提供的文件。所有检方文件必须在提交证据的过程中完成翻译和处理。检方案件的满洲阶段在 8 月份已完成。我们很难理解，我们在 8 月份就完成的案件，怎么会有应交给辩方的未处理完文件？

韦伯庭长：辩方是什么时间具备了处理这些文件的条件？他们是否必须等你们完成，就是说，要等你们结案？

塔夫纳检察官：我不确定他们是什么时间在自己方面具备条件，但是检方将条件具备的文件提供给他们，这是在 1 月下旬或更早一点的时间。当我们不太忙的时候，我们还建议他们把文件转给我们，以协助加快进程。对于翻译文件或进行处理的请求，我们从未拒绝过。

韦伯庭长：当然，有将近 50 位辩方律师要对使用哪些文件达成一致。

塔夫纳检察官：我觉得有 100 多位辩方律师。我认为，有这么多律师协助，他们在 8 月份之后应该已经达成一致了。

韦伯庭长：你认为律师数量越多，就越有可能加快同意过程吗？这也有可能会带来利益冲突。我不知道这些利益冲突，但他们说的确是有。

塔夫纳检察官：我是根据自己的经验说，如果有足够多数量的律师，他们应该能完成工作。

韦伯庭长：如果他们能就文件达成一致的话。

塔夫纳检察官：如果他们从 8 月份到现在都未能达成一致，有什么能保证他们最终会有一致意见呢？我确信，我们所有人，包括法庭、辩护律师和检方，都会对漫长的审判过程和所花费的时间感到担忧。

韦伯庭长：到目前为止，大部分的时间都是用在检察方面。

塔夫纳检察官：我将很乐意为庭长阁下提供一些有关的数据。

韦伯庭长：我愿意听一听。

塔夫纳检察官：检方案件有两个阶段：一是有关宪法和法律；另一是准备公众关于战争的舆论，这大体上与辩方案件的第一部分相对应。检方在陈述这两个阶段时所用的时间，包括我们负责发起争辩的部分，是 21 小时 17 分钟，而辩方所用时间是 31 小时 8 分钟，加起来一共是 52 小时 25 分钟。

在辩方阶段第一部分中，辩方用了 48 小时 43 分钟陈述他们的部分，而检方用于交叉质证、提出反对以及相关争辩的时长为 22 小时 32 分钟，加起来一共是 71 小时 15 分钟。而且，我们得知还有大概 5 名证人未作证——至少他们出现在证人列表中——此外还有大量的文件待提交给法庭。基于检辩双方在这些阶段实际用的时间，在检方的原案阶段，辩方用的时间比我们多 34%。而在辩方的原案阶段，辩方用的时间比诉方多 128%。这些是根据我上面提供的数据计算的。

我们认为这是一种令人担忧的情况，我当然希望对任何将会进一步造成延误的程序提出反对。事实上，如果在陈述过程中出现中断，也许没有别的办法，只能准许合理的诉讼延期。但我们认为应该借此机会表达我们对这种情况的担忧。

韦伯庭长：那么，我们应该继续进行，直到出现中断吗？那样会使情况有所改善吗？我们必须寻找一种最好的方式。那样做是最好方式吗？

塔夫纳检察官：我无法说是。如果辩方传唤一个证人的意图，只是为看一看在他们没有做好准备工作前，证人能在证人席坚持多久，那么，我们同样是在浪费时间，而不是节约时间，除非辩方能在这段时间内把他们要做的工作赶上来，这样案件才能在不需要休庭的情况下向前推进。

韦伯庭长：我们希望能够避免由于不按顺序传唤证人而造成的低质量、错误和无力的证人询问。塔夫纳先生，你反对这个申请吗？

塔夫纳检察官：不，阁下。如果将出现庭审中断，我们觉得我们不能对恢复条理性需要的合理时间提出反对。

韦伯庭长：关于辩方所说的，如果我们不进行休庭，可能会在本星期发生中断。对此你有质疑吗？

塔夫纳检察官：没有，阁下，我没有质疑。

韦伯庭长：法庭将考虑这件事。

冈本先生。

冈本辩护律师：由于我对星期五下午的回答不是很清楚，我希望法庭书记官能重复一下问题——重复上一个回答。

新国家应当建立在非军事化原则，以及不威吓也不被他国威吓的原则上，从而在门罗主义原则的基础上建立一个国家。

直接询问（由冈本辩护律师询问片仓衷证人）

问：请解释，详述一下有关在门罗主义基础上建立国家的声明？

答：根据于冲汉的观点，只要能在东北地区以独立的形式建立一个国家，就能建立一个像瑞士那样的国家，一个在原则上没有武装、不威吓他国、也不被他国威吓的国家。鉴于1929年满洲军队在未进行任何抵抗的情况下就被苏联军队击败，以及奉天事变爆发后满洲军队被日本镇压这些事实，他的观点还包括，应该建立一支国家防卫军队，保护东北地区，这样该地区就可以有一支军队对日军和俄军进行反击了。

问：请不要沉浸于长篇叙述。我希望对门罗主义有一个详细解释。

答：那些就是我关于门罗主义所能补充的内容了。

问：你是否听到过关东军对那一点的态度？

答：是的，我知道本庄繁司令官当时采取的政策。

问：在这方面，关东军司令官本庄繁将军的政策是什么？

答：本庄繁将军在10月底，10月和11月两个月中，颁发了很多声明和命令，说关东军的职责是尽全力于维持——保护法治和秩序，而不是以任何方式干涉政治问题，并且应当始终采取一种静默观望的态度。

问：当时蒙古的情况如何？

答：我想是在临近9月底的时候，一位名叫甘珠尔扎布的蒙古青年，建立了一支小部队并担任首领，对奉天东北部约250公里外的通辽发动攻击，然后在那里成立了一支内蒙古自治军。

问：那么，当时是否有一位名叫张景惠的将军在哈尔滨领导了一场运动？

答：张景惠将军是东省特别区长官和中东铁路特别区长官。当奉天事变爆发时，他正在奉天附近，事变后，他立即返回了哈尔滨，并与公路司令丁超将军、刑务所长王瑞华一起宣布独立。然而，由于张景惠将军不像熙洽和于冲汉，他手里没有任何武装力量，因此他的独立声明是非常无力的。

问：当时关于溥仪的活动是否有什么情况？

答：11月13日，溥仪返回满洲。

问：请用比较轻柔的声音。然后发生了什么事情？

答：溥仪于13日到达营口。

问：你知道溥仪来到满洲时的情况吗？

答：是的，根据我在关东军总部的观察，我知道当时的情况。

问：请叙述。

答：我在上星期说过，罗振玉于9月26日回到吉林，得知熙洽和张海鹏都有复辟君主制的愿望。27日，也就是第二天，罗振玉途经大连前往天津。10月1日，突然从天津军当局发来了一条消息，其内容大致是：如果溥仪能得到那里3 000万民众的支持，同时日本人也对民众的支持予以理解的话，那么溥仪愿意回到满洲。但是他感觉目前还未到返回的时机。差不多在收到这条消息的同时，辽宁省地方维持委员会的核心人物金梁已前往天津，目的是发起一场将溥仪接回满洲的运动。当时在大连和满洲各地都能听到很多支持复辟的声音。

问：关东军在这方面做了什么？

答：我记得在10月下旬——我不记得确切日期了——土肥原贤二大佐被派往天津。

问：土肥原贤二有什么任务？

答：土肥原大佐被派往天津是出于本庄繁将军的个人意愿，与东京的陆军参谋部或军部无关。土肥原大佐的天津之行大体上有两项任务。

问：请向我们叙述。

答：一项任务是收集有关平津地区的情报。第二项派给土肥原大佐的任务，是研究如果当时驻扎在锦州的张学良部队挥师南下进入关内，应当采取什么适当的措施。其中包括进行观察，如果张学良部队向天津方向撤退，驻扎在平津地区的中国将军可能会采取什么态度。再有就是围绕着以下几种情况的军事研究，如果张学良部队退回中国东北地区，如果他的部队在那里与日军发生冲突，如果需要调遣关东军，日方在这些情况下应采取何种行动。这些纯粹的军事问题研究也是派给他的任务之一。此外，在当时情况下，由于当时在平津地区出现有各种各样的声音，需要探听一下如果溥仪回到满洲或不回满洲各会带来什么样的影响。

尤其是第三项关于溥仪返回满洲的任务，本庄繁将军向土肥原贤二大佐下达了严格的命令，不要就溥仪是否将成为满洲的最高长官或皇帝作出任何承诺。

问：从你的证词中，我听到这个说法：派遣土肥原贤二是根据本庄繁将军的个人意见。

答：是关东军司令官根据他的职责而下达的命令，因此，这是本庄繁将军以官方名义发出的命令，而不是以个人名义。不仅是对土肥原贤二大佐，还包括关东军的其他文官，本庄繁将军都有权派遣他们去执行各种任务。

问：土肥原贤二大佐前往天津后有什么联络吗？

答：我记得大约在11月上旬，土肥原大佐与关东军总部联系，报告说溥仪希望尽快前往满洲，并且溥仪自己认为，如果他去了，马占山的问题就可以解决，且蒙古人也将追随他的领导，也就是说会支持他，这样他希望能在吉林建立自己的政府。当时，由于天津的日本总领事桑岛反对溥仪返回满洲,土肥原大佐问他应当怎么做。

问:请使用较短的句子回答。关东军采取了什么步骤?

答:于是,关东军参谋长三宅命令土肥原大佐暂时把这件事往后推一推,因为在黑龙江省嫩江地区还有各种尚未解决的军事问题。

问:然后土肥原贤二做了什么?

答:随后,土肥原大佐又向关东军总部发了另一条消息,报告说溥仪希望在辽河冰冻之前过河。

问:然后发生了什么?

答:关东军的态度没有任何变化,同一命令又发回一遍。

问:然后呢?

答:我记得大约在11月11日晚上,天津军队发来一封电报,说溥仪计划于12日早晨出发去营口,因此希望关东军尽可能地为他提供协助。此举是为了使溥仪远离11月8日在天津发生的一起暴乱。12日,一名信使被派往营口迎接溥仪,但是由于溥仪并没有到,这名信使就又返回了。次日,也就是13日,溥仪出人意料地到了营口。

问:关于溥仪,关东军然后采取了哪些行动?

答:由于溥仪在没有事先通知情况下于13日突然到达,关东军对将他安置在哪里有些不知所措。最后他被带到了鞍山附近一个叫汤岗子的温泉。

问:然后又发生了什么?

答:随后,满洲的土匪对汤岗子发动了一次出人意料的突然袭击。虽然溥仪非常想去吉林,而且熙洽也非常迫切地想要溥仪到吉林,但由于关东军从中央当局接到了非常严格的命令,于是决定将溥仪带到旅顺港,先进行初步磋商,然后再做任何决定。

由于中央当局的严格命令,关东军决定将溥仪带到旅顺港,使他同对他感兴趣的各个派系隔离开来。

问:你所说的中央当局命令具体指什么?

答：9月底或10月初时，遵照陆军大臣南次郎的命令，陆军次官杉山发来一封电报，命令关东军不应以任何方式涉入满洲的君主复辟运动。

问：满洲民众关于溥仪到达满洲持何态度？

答：我对这个问题知道一些。

问：请简单解释。

韦伯庭长：塔夫纳先生。

塔夫纳检察官：大概两个问题之前，证人提及收到了关于溥仪的一封电报。根据昨天宣布的规则，不应询问此类问题，因此，我希望宣布该回答无效。

韦伯庭长：不管你是否反对，我们都不会将任何此类回答作为任何文件内容的证据。与律师的态度无关，本庭有责任根据我们所理解和应用的规则，给予证据应有的效力。我只说这一遍，但应理解为该原则适用于整个庭审过程。

问：请用非常简单的语言告诉我们满洲民众对溥仪来到满洲持什么态度。

答：洮南的张海鹏给溥仪送去20万大洋，同时还派了一名特使到满洲欢迎溥仪。张海鹏派了一名非常有名望的特使前往旅顺港欢迎溥仪。

问：还有其他的事吗？

答：有。我们接到一个消息，说一个名叫劳静远（音）的中国人前去拜见溥仪，后来还与他进行了谈话。

问：蒙古人那边是什么情况？

答：凌升，呼伦贝尔盟首领的儿子，在旅顺港拜见了溥仪。

问：关东军向溥仪提供了什么待遇？

答：旅顺港的保护由关东厅负责，关东军在与总领事馆、关东厅商议后，禁止溥仪与日本人会面。

问：溥仪与满洲人的会面呢？

答：只要不会对溥仪造成人身伤害，他与满洲人的会面可以不受限制。这是关东厅对关东租借领土所采取的规定。

问：溥仪在旅顺港时住在什么地方？

答：在黄金台的大和旅馆。

问：证人是否知道任何关于自治指导部的情况？它差不多那时刚刚成立。

答：是的，我知道地方自治指导部。

问：这个组织和关东军之间的关系是什么？

答：至于关东军，只有负责维持法治和秩序的关东军第三课和负责媒体关系的第四课与这个组织进行联系。

问：是否有关东军长官以任何形式与这个组织有关系呢？

答：没有。

问：关东军是否有给这个组织提供现金资助的情况？

答：没有。但我听说辽宁省地方维持委员会曾经向这个组织提供过现金。

问：证人是否听说过有关辽宁省政府独立的事情？

答：是的。

问：请简要地叙述。

答：11月3日，在于冲汉与本庄繁将军会面后，还见了袁金铠。于冲汉向袁金铠提供了全力支持，他要袁金铠将辽宁省地方维持委员会更名为辽宁省公署，并宣布辽宁省独立。

韦伯庭长：这是重复内容。

法庭的一位成员对检方的数据进行了计算，看起来辩方占用的时间要比检方多25%。这令人担忧。但是，正如他指出的，辩方阶段只有5个，而检方阶段有12个。而且，辩方对某些阶段，如暴行阶段，可以预料用的时间是非常少的。当然，我们还要听个人被告者的证词。

但是我们在本证人上浪费了很多时间,他已经用了好几天,而且还将再用几天来作证,如果我们使用宣誓证词,只要几个小时就足够了,我强调这一点,我们应该对所有的案件都使用宣誓证词。辩方将不会在宣誓证词中受偏见影响。

尽管日本律师尽了很多努力,该证人是跑题最严重的,大多数日本证人都爱跑题。

布鲁克斯辩护律师：庭长先生,辩方现在提出的证据大约占我方案件的2/3,而检方才刚刚开始提出他们的。而且,你也会看到,我们的案件数较少,但是我们的大多数证据都会在常规阶段提出,大约占2/3。

韦伯庭长：我们暂时休庭15分钟。

（10:45分休庭,直到11:00重新开庭）

韦伯庭长：我刚收到由某些媒体成员署名的字条,指出议事室诉讼记录副本的分发被停止了。我从未阻止过分发议事室的诉讼记录副本,但是我的确说过,根据我所深受影响的英国传统,发布议事室诉讼记录是对法庭的藐视。

冈本先生。

直接询问（由冈本辩护律师继续询问片仓衷证人）

问：证人先生,你是否读过《李顿调查团报告书》?

答：是的,读过这份报告的日文翻译版。

问：根据《李顿调查团报告书》,其中有一段关于臧式毅将军的叙述,他驻扎在奉天的时候曾被关东军扣押。

答：是的,我记得报告中的这段叙述。

问：你知道这是否属实吗?

答：我从未听说过他曾经被扣押。

问：你知道是什么事情导致臧式毅将军被任命为奉天省政府的主席吗?

答：我知道。

问：请非常简单地叙述。

答：臧式毅是奉天省的本地人,最开始他并未做出决定。但是在赵欣伯、丁鉴修和于冲汉的支持和劝说下,他接受了省长的职务。

问：关于奉天事变,关东军司令官本庄繁将军是否下了任何命令?

答：是的,对参谋长三宅和其他长官下了重要的指令。

问：请告诉我们你当时听到了什么。

答：本庄繁将军的政策及目的有四点。第一点是关于把张学良政权从南京政府中分开。第二点是他关于在满洲不同地区建立不同政权的看法。第三点是他关于满洲最重要、最知名领袖的想法。第四点是关于日本人对事件解决的态度和心态——准备。

问：你说把张学良政权与南京政府的关系切断,是什么意思?

答：那种想法是,由于当时满洲的情况发展,张学良已不可能返回满洲。同样,南京政府进入该地区也只能使情况更加恶化和混乱。涉及于冲汉,他认为,除了帮助像于冲汉这样的人建立一个独立国家,保护该地区民众的福祉,没有别的选择。

问：你能解释一下第二点吗,就是在不同地区建立独立政权?

答：本庄繁将军下达命令的第二点,是说关于满洲的多个独立运动,不应提供任何外部支持或进行外部干预,但这在当时是必要的,因为要解决那里发生的事件。换句话说,不应仅仅为了尽快解决问题就使用外部压力。

问：那第三点呢? 也就是满洲和蒙古的最高领袖问题。

答：本庄繁将军命令的第三点,是说为了在满洲建立一个新政权,他们不应依赖于一个人,比如溥仪,而是应充分考虑该地区 3 000 万居民的公众舆论。

问：第四点,也就是日本人的精神准备,这是指什么?

答：本庄繁将军命令的第四点,是指为了确保日本人在那里的利益，有必要加强日本与中国的协作，在日本人和中国人之间鼓励一种和谐与合作的氛围，从而建立一种长期的关系，并消除可能会对促进这种关系产生阻碍的因素。

问：张学良政权的总部在哪里？

答：在锦州。

问：当时锦州附近的情况如何？

答：张学良的政权在锦州附近，他的军队增加了兵力，并在周围地区开挖战壕。

问：你是否知道11月底在天津发生了暴乱？

答：是的，我知道。

问：关东军对此事采取了什么行动？

答：我知道这些行动。

问：请非常简要地叙述关东军所采取的行动。

答：我记得是在11月26日，天津守备部队指挥官向关东军发来一封电报，请求对发生在天津的军队暴乱事件派出援军。

问：关东军做了什么？

答：关东军的本庄繁司令官决定将奉天的一部分兵力调往新民的南方，然后将驻扎在齐齐哈尔的第2师团向奉天集结。

问：然后呢？

答：然后他开始准备向锦州进军。

问：那么，就是说他们向锦州推进了？

答：派往新民的军队在出发了一段路后又被召回来了。

问：为什么召回军队？

答：有两个原因：一是新民的守卫部队指挥官发来消息说天津地区的军事动乱已被平息了，另外还有一份来自中央当局的命令，说不允许进行这次派军。

问：当军队被派往锦州又被撤回时，关东军的部署是什么情况？

答：大约有两个大队在齐齐哈尔的城内和周边，其他部队大部分集中在铁路区沿线，附属于南满铁路。

问：你知道当时参谋副长二宫去了奉天吗？

答：是的，我知道。

问：二宫将军去满洲的原因是什么？

答：为东京的陆军参谋部提供联络，并研究满洲的局势。

问：关东军和中央当局的观点有什么不同吗？

答：是的，关东军的观点和看法经常要向中央当局报告，其中就包括一些不同观点。

问：这与二宫将军前往满洲有关系吗？

答：是的，有关系。

问：请简要地叙述此事。

答：当时坊间流传一个谣言，说关东军有一些长官持有非常强硬的观点，包括想要监禁司令官，或是关东军的一些年轻参谋官未经其上级长官批准就擅自向东京发电报。关东军希望二宫将军了解，关东军发出的所有重要文件和电报都必须同时获得关东军司令官及参谋长的批准和授权。关东军司令官解释了这种情况，并获得了二宫将军的理解。

问：证人先生，以你的观察，司令官本庄繁将军是一种什么样的人？

塔夫纳检察官：如果庭长阁下允许——

答：一个纪律非常严格和注重细节的人。非常严肃。他对行为准则严格要求，并且非常注意细节。

塔夫纳检察官：我要反对这个问题及其回答。我反对这类的交叉询问，因为它显然与本案不相关也不重要。

韦伯庭长：在我出席的任何法庭都不会允许这类问题。它并没有遵守这一规定，但它在这里是不被允许的。

反对有效。

问：证人是否知道当时中国方面的情况？

答：你是指中国的关内？

问：在张学良政权辖内的情况。

答：在锦州地区，便衣、土匪和各类转变为土匪的警察，企图在南满洲制造混乱和暴动。

问：证人是否知道建立一个中立区的建议？

答：是的，我知道由中国方面提出的这个建议。

问：关于这件事采取了哪些步骤？

答：南京和其他相关方开始了谈判，但是由于我们的军队从新民撤军，这个提议也被撤销了。也就是说，这些谈判在南京进行，但是由于日本军队撤出新民，这个提议也随即被撤。

问：当时和匪徒有关的情况是怎样的？

答：11月期间，在奉天南部的铁道区发生了约1 000起土匪行为，土匪总人数有1万多人。

问：你知道锦州及周围地区的其他情况吗？

答：这些土匪里混入了穿着平民衣服的正规军，在锦州前线在辽河河畔活动。

问：鉴于这种情况，关东军采取了什么行动？

答：针对张学良部队可能从锦州撤回关内的可能性，关东军向中央当局发电报告了它的观点以及如何应对这种局面的想法。

问：东京对此采取什么态度？

答：日本政府方面，南京的日本大臣、日本驻南京使领馆以及陆军武官开始商议关于从锦州撤军的事情。

问：你知道日本中央当局的政策是否有变化吗？

答：在11月上旬，张学良承诺撤兵，但他并未执行这个承诺。

问：然后采取什么行动？

答：当时，从东京的通报以及其他一些渠道，我们得知，日本政府已向国联提交了一份关于对土匪采取惩戒措施的重要建议书。

问：然后关东军采取了什么行动？

答：关东军差不多在这时制订了一个计划，直接向锦州政权派去了一个军方特使。

问：这个军方特使是什么样的特使？

答：军方特使的目的之一是要锦州政权停止它在满洲制造混乱和暴动的企图与政策，另一个目的是要求锦州政权撤离，但这个计划落空了。

问：奉天政府的臧式毅采取什么态度？

答：臧式毅派亲信前往北平，要求张学良从锦州撤兵。

问：你是否知道当时张学良的态度是怎样的？

答：开始他向日本表示同意撤兵，但他并没有执行这个协议。

问：请简短地叙述关东军采取的步骤。

答：关东军努力在辽河东部地区保护和维持法治与秩序。

问：你是否知道当时在日本发生了一起变革，政治变革？

答：是的。

问：当时关东军与张学良的军队是否发生了任何冲突？

答：是的，在张学良的军队与关东军在营口西部，一个叫田庄台的地方发生了一场冲突。

问：请简要叙述，这个事件导致日本政府和关东军采取了什么行动？

答：日本政府在12月27日发表了一份声明，次日，也就是28日，关东军越过辽河，发起对土匪的惩戒战役，打击那个地区的土匪。

问：在锦州地区进行的这个行动有什么结果？

答：敌人没怎么抵抗就撤退了。

问：有什么善后措施？

答：一部分第二十师团的军队进行恢复并保护锦州地区的治安，后来，奉天的官员到了以后，就由他们接管这个任务。

问：关东军当时的部署是什么样的？

答：部分关东军进入锦州之后，部队就分开了，通常，关东军进行的是保护和维持南满洲地区的法治与秩序。

问：你是否知道有关朝鲜人在当时的情况？

答：一些朝鲜人被从监狱中释放，很多在间岛的朝鲜人对他们的未来充满信心。

问：蒙古的情况是怎么样的？

答：大约在12月中旬，一些蒙古人在泰来集会，这是位于洮南与齐齐哈尔之间的一个地方。作为这些蒙古领导人协商的结果，12月底，在郑家屯的一次会议上，决定建立一个蒙古的独立自治政权。

问：你是否知道北满洲当时的情况？

答：熙洽将军和一些与他关系不好的人，如李杜和丁超，之间发生了几次两败俱伤的战役。

问：关于这件事，你们是否收到了来自哈尔滨的消息？

答：是的，阁下。

问：是什么消息？

答：消息是有关扣押张景惠之后，丁超和熙洽将在哈尔滨东部建立防线并抵抗吉林。

问：你们是否从哈尔滨的日本居民那里收到了关于此事的任何消息？

答：由于熙洽方面的行动，吉林军队在于珍徽的领导下，开始向哈尔滨方面进攻，因此，我们收到了哈尔滨发来的消息，请求派军保护哈尔滨地区。

问：关东军是否派遣了军队？

答：是的，在与东京当局达成谅解后，派出了一部分兵力。

问：证人先生，你之前说过，东京关于不能向北满洲派兵有严格的命令。那么，这和你现在的陈述不是矛盾吗？

答：是的，满洲9月份时的情况、日本政府针对当时情况的政策以及日本人为保护自身利益的立场，都与日本政府对这个地区的政策有所不同。

问：请简短叙述有关当时关东军派兵的情况。

答：关于向哈尔滨派兵，通过日本驻哈尔滨总领事，我们与中东铁路就使用该铁路南线一事达成谅解，根据达成的协议，我们向那个地区派遣了两个大队的兵力。

问：你能记得之前作证时说过的向锦州和哈尔滨派兵的日期吗？

答：是的，我记得。

问：什么时间向哈尔滨派兵？

答：1932年1月底向哈尔滨派出军队。

问：向锦州派兵呢？

答：1931年12月底。

问：当时日本政府变化了吗？

答：是的。

问：当时是哪个内阁？

答：犬养内阁。

问：在向哈尔滨派兵，日军进入哈尔滨之后，采取了什么措施？

答：采取的政策是不使用日军兵力在哈尔滨城内维持法治和秩序，这项任务交给了中国方面。日军的主要工作是检查丁超的撤退部队。

问：丁超发生了什么事？

答：丁超回到满洲，被任命为安东省的省长和"满洲国"顾问。

问：除丁超外，是否有其他官员向"满洲国"宣誓效忠？

答：是的，很多。

问：那些投降的士兵怎么办？

答：战败投降的士兵在满洲被重新安置在满洲军或警察队伍中，或是成为普通平民。

问：是否有战犯集中营的问题？

答：没有战犯，没有战犯这回事。

问：为什么？

答：当时日本人的态度是，那些对日军持敌对态度的人将受惩罚，但是那些已经停止抵抗的人将受到欢迎并接纳到正常的满洲生活中来。他们根本没有被作为战犯对待。

问：1932年1月份前后，日本中央当局和关东军之间是否有一些讨论或安排？

答：是的。

问：是什么样的磋商？

答：在东京参谋本部的要求下，关东军司令官派板垣征四郎大佐前往东京。

问：他此行的任务是什么？

答：板垣大佐此行目的，是试图解释关东军内的情况和当时满洲各地的发展状况，同时使中央当局理解本庄繁将军的决心和意愿。

问：本庄繁司令官的决心是什么？

答：本庄繁将军表达了一个非常重要的决心，关于当时在满洲进行的各种独立运动，没有其他方式能解决满洲的问题，只有当独立运动发展成熟时，根据独立运动的发展去解决。

韦伯庭长：我们将休庭到13:30。

（12:00 休庭）

（13:30 继续审理）

法庭执行官：远东国际军事法庭现在重新开庭。

韦伯庭长：冈本先生。

显然他已结束了他的主询。

塔夫纳先生。

冈本辩护律师：对不起，我迟到了。

（片仓衷作为辩方证人被重新召回法庭，坐进证人席后，通过日本翻译员作证如下）

直接询问（由冈本辩护律师询问片仓衷证人）

问：证人先生，你刚才关于本庄繁司令官的决心进行了作证，它是向中央政府提的一个建议吗？

答：这是本庄繁将军关于当时发生的客观情况所表达的一种决心。

问：你是否了解本庄繁将军这个决心的原因是什么？

答：是的，我知道。

问：你能简要地解释吗？

答：一方面本庄繁将军和于冲汉进行了谈话；另一方面，板垣大佐也在满洲各地旅行，倾听领袖人物所持有的各种观点和意见，也就是"满洲国"内满洲人的观点。通过本庄繁将军和于冲汉的谈话，以及板垣大佐对满洲领袖观点和意见的调查，满洲人渐渐知道了，我们，也就是日本或是关东军，没有占领满洲的意图，或是不曾对满洲的领土有所企图。

当得知日本的真实意图并不是占领满洲，或对满洲领土有所企图时，满洲人非常高兴，同时，这些满洲人一致认为，如果张学良政权回到满洲，他们就会处于一种困难和窘迫的位置。

问：你是指这就是本庄繁将军这个决心的基础吗？

答：是的。

问：你本人是否从司令官本庄繁将军那里听到过他的决心？

答：是的，当板垣大佐前往东京时，在一次关东军的参谋长官会议上，我本人从司令官本庄繁将军那里听到。

问：板垣大佐从东京返回后是否进行了报告？

答：是。

问：你听到他在报告时所说的话了吗？

答：我听到了报告，因为当时我在场。

问：请简短叙述你所听到的报告内容。

答：陆军省与参谋本部都理解了满洲当时的情况，但荒木和其他军队当局方面对建立一个独立国家并无任何打算。然而，陆军省与陆军参谋本部也都能理解张氏政权不能回到满洲，而且也不能让满洲回归南京政权。但是东京当局的意图，是让在那个地区的关东军与当地各派政权保持密切接触，在满洲各地维持和保护法治与秩序。

问：除了你刚才所述，和东京是否还有其他的联系？

答：在板垣征四郎离开满洲期间，也就是他在东京期间，本庄繁将军与芳泽大使进行了一次重要的会面。大使先生是从日内瓦返回东京途中路过满洲的，本庄繁将军向大使传递了一个重要信息。

问：当两个人进行会谈时，你在场吗？

答：参谋长三宅、陆军中佐石原莞尔和我在会面时都在场。

问：本庄繁将军当时说了什么？

答：简而言之，他提到了三点。

问：请简要叙述。

第一点是我之前已作证的内容，就是关于满洲快速成熟起来的独立运动，本庄繁将军的想法是解决满洲的问题应该跟随运动的发展。

本庄繁将军向芳泽大使提到的第二点是，在处理满洲当时情况时，他不希望看到满洲的问题被当作一个政治问题解决，即不同政党为了自私的政治利益。

第三点是，由于在解决这个事件中付出全力的士兵们都来自日本的渔村或农村，本庄繁将军希望，这些士兵各自所在的渔村和农村社区的条件能有所改善，从而使这些官兵安心，同时也把这件事件得到解决的益处延伸到他们所来自的渔村和农村。

最后，本庄繁将军向芳泽大使补充说，出于他个人对日美两国关系的担忧,他希望日本派一些使团去美国,使美国政府和人民更好地了解有关情况。

问:芳泽大使的回答是什么?

答:芳泽大使回答说,当他从日内瓦返回,进入满洲后,他感觉似乎幕布已被拉开、乌云已经消散,这与他在日内瓦时具有的挫折感大不相同。他现在已经非常了解满洲的情况,在他返回日本后,他将在实施本庄繁将军的希望和想法方面尽最大努力。

问:如果你知道,请叙述当时溥仪身边人的活动。

答:是的,我知道。

问:请简要叙述。

答:看起来,在以郑孝胥为中心的派别和以罗振玉为中心的派别之间有一些不同意见。

问:这两派的意见有什么不同?

答:罗振玉的观点是,如果溥仪被带回满洲,就必须复辟满洲王朝,或是溥仪被立为皇帝。郑孝胥派别则认为,溥仪可以先作为满洲的最高统帅——也就是说,如果他首先担任满洲的最高领导,这也是可以接受的。

问:关东军,尤其是本庄繁将军是什么态度?

答:关东军和本庄繁将军并不是特别赞同君主复辟的想法,但是他们没有谈及溥仪作为满洲领导人的问题。

问:然而,据说当时东北行政委员会成立了。你知道吗?

答:是的。

问:你能解释一下它的构成吗?

答:大约在1932年1月,于冲汉、臧式毅和赵欣伯联名提议,关于将多个独立运动进行合并。

但是,在1月底,在李杜与丁超以及熙洽与于琛徵的队伍都发生了分裂,结果导致邻近的哈尔滨进行了战役,因此,这个运动,或者说这个会议被推迟到了2月份。这件事之后,在2月中旬,马占山、熙洽和臧式毅在奉天会面。2月16日,在赵欣伯的奉天家中开了一次会议,并在那里成立了东北行政委员会。

问:于冲汉在这个行政委员会中吗?

答:不在。

问:为什么不在,你是否知道原因?

答:是的,我知道。

问:请简要解释。

答:当时的会议主要限于各省实际拥有军队和管理控制权的领导人。于冲汉没有参加这些会议,是因为在这些方面他还不够资格,因此——同时也因为他正在生病,身体不适。

问:你是否知道关东军对东北行政委员会的态度?

答:我知道。

问:请简要叙述。

答:关东军并没有干涉或参与这个委员会,而是要求行政委员会向关东军提供信息。

问:汤玉麟当时在行政委员会中吗?

答:汤玉麟不在委员会中,但是他的名字在行政委员会决策的参与人员名单中,也就是说,他同意将他的名字列为参与委员会决策的人员名单之中。

问:溥仪身边的亲信有任何人参加这个委员会吗?

答:没有。

问:为什么他们没参加?

答:如我前面所述,这个委员会的组成,是各省真正把持政治和军事控制权的领导人。这些人构成了这个委员会,或者是他们的委托人,还有从蒙古过来的人。至于溥仪的亲信,他们的想法是,如果有满洲3 000万民众的一致支持,溥仪就会来到满洲。

问：日本人是否也参加了那个委员会？

答：没有。

问：东北行政委员会的成果有哪些？

答：对将满洲从南京政府和张学良政权中独立出来达成了一致。还对建立一个新国家达成了一致。但是，关于国家的政府结构存在观点分歧。

问：这些观点分歧在哪里？

答：熙洽和蒙古代表拥护君主制，而臧式毅和其他人则支持民主政府。

问：结果怎么样？

答：张景惠收集了各种冲突观点，来到旅顺港，希望建立一个在摄政制下的民主形式政府。

问：他去旅顺港拜见的结果是什么？你知道吗？

答：我知道。

问：请解释。

答：宣统皇帝的最后决定是，新国家语言为满语，国家首脑是执政（摄政王），年号"大同"，国号为"满洲国"。至少满洲的国旗，他决定用五种颜色——新的五色旗。

问：在溥仪决定这些事情前，关东军是否提出任何要求？

答：本庄繁从未提出过任何要求。

问：证人先生，你是否知道当时溥仪把一些文件送交本庄繁将军？

答：是的。

问：你是否曾听本庄繁将军向你们读过这些文件？

答：是的，他在一次参谋长官会议上解释了这些文件的大致内容。

问：请陈述你听到的这些文件的大意。

答：大概意思是，"满洲国"感谢日本所起的作用，他们将把满洲的国家防御和维持法治与秩序的工作委托给日本方面，但是提出了两三项具体条件。第一项条件是日军在满洲的守卫队或驻扎部队的费用由双方共担。第二项条件是将从国家防御的角度来要求日本人对交通运输进行监管和控制。第三项条件是，鉴于"满洲国"的立国原则是五个民族间的相互和睦，他们请日本人推荐一些满洲政府的官员人选。

问：本庄繁将军如何看待"满洲国"的独立？

答：关于"满洲国"的独立，在新国家成立后，他采取了合作和帮助的立场与政策。

问：根据你的作证，似乎是本庄繁将军的立场或态度逐渐发生了变化。是吗？

答：没错。

问：关东军总部之外的各部和军队当时对这件事持什么态度？

答：在满洲各地的师团长和各个部队将他们的全部时间都用于维持法治和秩序，他们自己并不关心政治问题。并且本庄繁将军也不允许这些在战场的军队以任何形式参与政治事件。

问：根据《李顿调查团报告书》，多门师团长参与并协助了吉林省的独立。你是否知道这件事？

答：当我从这份报告的日文版中看到它，我非常吃惊。

问：你知道真实情况吗？

答：是的，我知道。

问：请叙述。

答：当多门师团长于1931年9月被派到吉林时，他劝熙洽及其军队投降并返回满洲。9月底，当熙洽宣布吉林省独立时，多门将军也出席了典礼。似乎是多门将军对熙洽的劝降以及他参加了吉林省的独立庆典，被误解和误报为参与了吉林省独立运动。

问：在满洲的日本居民为各省的独立运动和"满洲国"建立提供了哪些参与或什么协助？

答：在不同的时间有所不同。

问：你是否知道在"满洲国"建立的时候发生了什么？

问："满洲国"建立后？

答：之前，直到"满洲国"建立时。

答：是的，我知道。

问：请简要叙述。

答：开始时，在满洲各区对维持和平和秩序提供一些合作，并在交通和工业领域提供协助，保障日本居民的生活水平。但是，如我上星期所说的，他们没有对满洲各省的各个独立运动提供过任何合作和协助。关于我简要提及的各种独立运动，满洲的日本居民没有提供任何合作与协助。大约从1931年底开始，在多省领导人的邀请和请求下，一些日本人担任了这些省的顾问，并进行了职权内的合作，但这种合作纯粹是行政管理领域，而不是以任何形式关于独立运动或建立新国家的合作。

问：日本人的状况是否由于"满洲国"建立而起变化？

答：是的，非常重要的变化。

问：变化是什么？

答：根据"满洲国"的建国宣言以及保证赋予人身自由或个人权利的基本法，满洲的日本居民也成为这个新国家的公民。

问：那么日本的军人呢？

答：日本军队和外交官不在此范围内，因为他们的特殊职责。代表日本机关的日本军队和外交官被排除在外。

韦伯庭长：我想那是肯定的，冈本先生。你的问题没有必要。你只是在确认《李顿调查团报告书》中的内容。日本士兵和日本外交官当然不在这个范围内。

冈本辩护律师：对不起，阁下。

问：我现在援引《李顿调查团报告书》。它说，1931年9月18日之前，在满洲有一个独立运动。证人先生，你知道这件事吗？你知道是否有这样一个运动？

答：是的。

问：我将援引《李顿调查团报告书》，但是你是否知道在1931年9月18日前满洲有没有独立运动？

答：说在那个日期前没有独立运动，是错误的。

问：证人先生，你知道李顿调查团到满洲吗？

答：是的。

问：你是怎么知道这件事的？

答：我在1931年底得到通知，说一个国联调查团将来满洲。

问：关东军关于这个委员会采取了哪些行动——关于这个调查团的到来？

答：关东军的态度是，让李顿调查团看到和理解自从事变爆发和各种独立运动兴起以来，日军在满洲行动的真实情况，不会隐瞒任何情况，这样他们就能完全——李顿调查团能够完全掌握关于军队和政治发展的所有细节。

问：但是，据说中国的调查员顾维钧被拒绝进入"满洲国"。你知道这件事吗？

答：是的，我知道。

问：请向我们，向法庭，叙述这件事的情况。

答：至于当时的关东军和日本外交机关方面，他们没有反对顾维钧进入"满洲国"。但是满洲人方面，尤其是"满洲国"政府的外交部门和"满洲国"领导人，非常反对和不欢迎他来到满洲。

问：你的意思是说关东军与此事毫无关系吗？

答：是的，关东军只关心保护的问题，如果顾维钧来，那就要对他进行保护。

问：自从调查团进入满洲后，你与调查团成员有过交谈吗？

答：是的，当本庄繁将军和李顿公爵进行谈话时，我参加了。另外，还有调查团成员与关东军文官之间的一些会议和磋商。

问：证人先生，你刚才作证说，所有的材料和数据都提供给了李顿调查团。你的这个陈述是正确的吗？

答：是的，我的意思是说，真实情况已完全向李顿调查团做了解释。

问：这是否意味着，你在本法庭作证时所说的同样也都告诉了李顿调查团？你是否将你在本法庭所说的内容告诉了那个调查团？

答：是的。我记得是将所有的事都向李顿调查团解释了，除了本庄繁将军对参谋官传达的一些纯属内部事务或军队事务的事情。

问：那个调查团是否曾要求你作证？

答：没有。

问：那么，你在作证之外是否与那个调查团交谈过？

答：没有。

问：证人，你在一分钟前刚说过，你出席了本庄繁将军和李顿爵士的谈话，对吗？

答：完全正确。

问：请简短地陈述你在那次会面中所听到的本庄繁将军的话。

答：我将尽可能简短地叙述我对当时的回忆。首先，本庄繁将军告诉李顿爵士，关东军的行动纯粹是出于自卫。本庄繁将军讲的第二点是关于满洲的特殊性。第三，本庄繁将军大致解释了导致"满洲国"独立的环境和事件。第四，关于在"满洲国"建立一个新国家，本庄繁将军提议，经过最终分析，唯一能解决两国之间各种长期问题的办法，就是通过在日本和"满洲国"之间进行相互协作、合作及相互帮助。此外，本庄繁将军还坦率地对李顿爵士说，鉴于东亚的形势，日本将不得不负责"满洲国"的国家防御，并且，至少是目前，日本将负责维持"满洲国"的法治和秩序。

问：这些是本庄繁将军的个人观点，还是日本政府的观点？

答：这是关东军司令官本庄繁将军的观点。

问：关于这件事是否收到中央政府的命令？

答：没有。

韦伯庭长：本证人还要多长时间？

冈本辩护律师：恐怕要整个下午，庭长阁下。

韦伯庭长：那么，我们也许会坚持要求他以宣誓证词的形式进行余下的直接询问。这个过程太冗长了。

冈本辩护律师：这是法庭的决定吗，庭长阁下？

韦伯庭长：先继续进行，直到15：15。我将在15：00告诉你我们打算怎么办。

问：关于日本在满洲的既得权利，关东军持什么立场？

答：关东军的观点是，不仅要保护在满洲的日本利益，而且要获得满洲人对日本的友好态度，这完全是从道德基础来考虑。

问：关于这件事采取了什么措施或步骤吗？

答：你能明确一下问题吗？

问：关于这件事，东京是否向关东军发来过一些决定——如日本的军事会议决定——日本内阁会议？

答：是的。大约在3月中旬或下旬，"满洲国"独立后，东京向我们传达了内阁决议的大致内容。

问：在内阁会议上讨论的问题是否向关东军的参谋会议作了传达？

答：是的。

问：你能简要解释一下大概内容吗？

答：似乎有三个内阁会议。内阁决定被分为三个部分。

问：为了节约时间，我不会问你这些决定的细节。但是，这些决定的大致内容是关于日本控制——实际控制"满洲国"吗？

塔夫纳检察官：如果庭长阁下允许，我反对这个问题，原因是非常有引导性。

韦伯庭长：我们会最后决定。

让他先按照你的原意回答吧。不能引导他,冈本先生。不允许你这样做。他将给出三个标题。我们听一下这三个标题。

问:你能解释内阁的决定吗?

答:决定内容很长,我不记得每个词了。

韦伯庭长: 我们将休庭15分钟。

(14:45休庭,直到15:00重新开庭)

(15:00重新审理)

法庭执行官: 远东国际军事法庭现在重新开庭。

韦伯庭长: 冈本先生。

直接询问(由冈本辩护律师询问片仓衷证人)

问:证人先生,你是否知道大约在1932年5月,日本的内阁发生了变化?

答:我知道。

问:谁组成了新内阁?

答:斋藤内阁。

问:谁是斋藤内阁的外务省大臣?

答:内田康哉。

问:日本的内阁变化是否导致对满洲的日本政策改变?

答:是的。

问:请简要叙述你知道或听到的有关情况。

答:与前任内阁相比,新内阁关于满洲的政策变得更积极,事实上,新内阁承认了"满洲国"。

问:后来关东军的组成发生了什么变化吗?

答:8月份,司令官本庄繁调离,由另一位司令官接替。

问:参谋长呢?

答：前任参谋长三宅光治在当年4月份就已被调任其他职位，他的继任者桥本也在8月份调任到其他职位。

问：你呢，证人先生？

答：我也被调离了。

问：你是否知道本庄繁将军在被调离奉天回到东京后做了什么？

答：1932年9月上旬，本庄繁将军前往皇宫，向天皇陛下汇报军事事务。

问：你陪同将军前往皇宫向天皇汇报了吗？

答：是的，当时我陪同他一起前往皇宫。

问：你是否知道当时天皇向本庄繁将军说了什么？

答：在对军事事务正式汇报之后的讨论中，我听到了天皇陛下的话。

问：请简要叙述你所听到的内容。

答：他简短地向本庄繁将军，以及其他从满洲回来的将官、参谋谈了三个问题。首先，陛下询问了满洲北部在遭受了洪灾之后的情况。有关这个问题，根据实际情况向天皇进行了报告。陛下的第二个问题是满洲民众是否对成立新国家这件事感到欣喜。对于陛下的询问，回答是满洲的领导人整体而言对于他们在新国家所从事的工作非常热忱，但大多数民众尚未建立现代政府和政治的意识，因此，很难对未来进行预期；然而，一个事实是满洲的民众普遍抱有信心，因为满洲的情况已经比军阀控制那里时有了很多改善，因此，满洲的未来取决于那个国家的未来。陛下的第三个问题有关一些谣言，他问柳条沟事件是否是关东军方面的一场预谋。本庄繁司令官在回答这个询问时，强调说关东军以及他本人，作为关东军司令官，从未参与过任何形式的预谋。

问：后来你担任了什么职务？

答：我在久留米的第十八师团担任参谋长。

问：你的再下一个职务是什么？

答：陆军参谋本部的成员。

问：那是在哪一年？

答：1933年8月。

冈本辩护律师：庭长阁下，我现在发现我错过了一些问题。我应该继续问我在休庭前询问证人的那个问题。

问：在休庭前，我问你关于1932年3月内阁作出的决定，你没有回答完那个问题。你能继续回答吗？

韦伯庭长：他不是说不了解这个问题吗？

问：作为关东军的一名参谋官，你是否知道这个内阁决定？

答：如我前面所述，我已经忘记决定内容的细节了，但是我记得决议包含三个部分。第一部分是日本关于在满洲建立新国家要考虑的措施。第二部分是关于日本的对外关系。最后一点是关于解决各种细节问题，如关于日本的财产和利益，也就是解决债务和义务的问题。

问：那份内阁决定是否包括与关东军在满洲进行军事控制有关的事情？

答：我不认为其中有任何词语和关东军对满洲军事控制有关，但是有一些内容——我记得那份决定中包含了与国家防御和在满洲维持法治与秩序相关的内容，以及关东军对此的态度，或应有的态度。

问：内阁的命令说了什么？

答：这不是一份命令。内阁决定作为参考资料发给关东军总部。

问：关东军是否基于这份决定采取了行动？

答：除了在满洲维持和平与秩序外，没有采取特别措施，但这件事关东军之前也一直在做。

问：那么回到我之前的询问。你作证说，1933年你成为参谋本部的成员。他在那里担任何职？有什么职责？

答：作为参谋本部第二部第四课的成员，我的职责包括收集情报和制定宣传计划，同时还兼任第二部第五课的职务，担任满洲事务的补佐。

问：1933年夏季时，日本与中国关于满洲问题的关系是什么情况？

答：大约在1933年6月，华北和满洲方面签署了《塘沽停战协议》，7月，所谓的大连会议在大连召开，日本、"满洲国"和华北所派出的代表参加。这个会议的结果是华北与满洲的军事冲突结束，至少是暂时告一段落。会议决定，今后其他悬而未决的问题将通过友好协商过程解决，并作出努力使宿敌成为朋友。

问：你是否知道在满洲建立了君主制？

答：是的。

问：请叙述你所知道的情况。你当时的职务使你了解这个情况吗？

答：是的，我熟悉当时的情况，是因为我在参谋本部担任满洲关系的补佐。

问：日本方面赞成还是不赞成满洲的君主制？

答：有一个课提出反对，但大多数人没有反对君主制。

问：谁对它表示反对？

答：各界人士中都有反对君主制的声音，包括军人、私人圈子和政界圈。

问：参谋本部的态度呢？

韦伯庭长：我们不关心这个问题。是否有独立的愿望也许是、也许不是关注问题，但是具体的政府形式肯定不是一个关注点，无论是君主制或类似制度，还是共和国，都不是一个关注问题。

冈本辩护律师：我换一个问题。

问：你后来被调去陆军省了吗？

答：是的，在1934年12月。

问：你那时的职责是什么？

答：我是军务局满洲课的课长。

问：当时日本和中国的关系是什么情况，尤其是关于满洲的问题？

答：在大连会议后出现了各种问题，如邮政问题、海关、电报以及准许各自的记者进入他们的国家,这些问题在 1935 年和 1936 年间得到了友好的解决,所以,当时日本和中国之间没有什么特别的满洲问题。我对日期稍微作一点更正,直到 1935 年春天前,没有特别的悬而未决问题。

问:你的意思是说在 1935 年春天出现了一些未决事件吗?

答:在华北发生了一件与位于玉田附近的保安队有关的事件,该争端还涉及于学忠。

问:证人先生,你知道后来日本政府撤销了满洲的治外法权吗?

答:是的,我知道。

问:陆军省总体来说对这件事持什么态度或立场?

答:我记得大约在 1935 年 2 月,陆军省向外务省提议,在外务省建立一个关于在满洲撤销治外法权的委员会。

问:撤销治外法权在什么时间生效或实施?

答:内阁作出撤废满洲治外法权的决定是在 1935 年 8 月,它的第一部分实施在 1937 年 6 月,最后一部分实施在 1937 年 12 月——内阁作出决定在 1935 年 6 月,第一部分实施生效在 1936 年 6 月,撤废决定的最后完成在 1937 年 12 月。

问:日本当时进行了保留吗?

答:是的。

问:请解释。

答:当最后一部分撤销实施时,保留了对军事事务的管理、神社管理和对教育事务的管理。

问:你熟悉发生在 1936 年 2 月 26 日的事件吗?

答:是的。

问:当时你的职责是什么?证人先生。

答:我当时任陆军省军务局满洲课的课长。

问:你是否有关于该事件的直接经历?

答:是的。

问：请简要叙述。

答：在2月26日上午，我一听说这件事发生，就立即前往负责平息政变的军部官邸。

问：然后发生了什么？

答：在穿过了叛乱军建起的三条安全防线后，我终于到达陆军大臣的官邸。在那里，我对那些士兵说，他们不应该加入这场政变，我一边劝说他们放弃行动，一边要求见陆军大臣。当我正在与陆军次官古庄说话时，一名叛乱军的头目朝我射击。子弹打在我的左太阳穴，在叛乱头目打中我后，他抽出战刀开始攻击我。

问：请不要讲细节，只需简短解释。

答：我劝说这些士兵，说日本士兵不应在没有天皇陛下的命令下参与这些行动，然后我被送到了医院。

问：你后来从陆军省调任到关东军吗？

答：是的。

问：什么时间？

答：1939年3月。

问：你在1937年时在关东军服役吗？你在1937年不是在关东军服役吗？

答：我说错了。是1937年3月。

问：你当时的职责是什么？

答：一开始我负责处理满洲问题，后来在12月，我担任了第四课的课长。

问：当时中国事变已发生了吗？

答：没有。在我就任新职时还没有发生。

问：自从1937年7月中国事变发生后，满洲从这件事受到的影响是什么？

答：它成为"满洲国"建设和发展一个重大障碍。

问：请解释，简要阐述你认为它成为"满洲国"发展的主要障碍的原因。

答：当时，"满洲国"成立只有5年，它的"中央政府"和各省政府都正处于管理改革之中，同时，它还处在五年产业计划的进程中。

问：证人先生，你是否知道五年产业计划的一些事情？

答：是的。

问：当制订这个计划时，计划中多少是针对苏联，或者说有多少苏联因素被考虑到计划之中？

答：由于苏联连续进行了五年计划，满洲感觉受到很大的威胁，并认为有必要加强自己的实力，以应对这种情况。

问：你的意思是说，关于苏联问题进行了一些具体的考虑吗？

答：正相反，我是说只占很小的分量，在制订计划时重点主要放在了满洲的商业发展和发展与加强满洲的产业基础上。

问：请稍微详细一点解释中国事变的爆发对这个计划带来的影响。

答：这个计划的预算基础不超过20.04亿元。由于中国事变的爆发，实施计划的资金和许多必需物资就没有了。尤其是根据日本的要求，对计划进行了扩展，但就计划内容而言，增加的利益并没有归于满洲，因为它是用来支持与中国事变有关的物资，而不是用于满洲的自身发展。因此，满洲人认为他们不得不肩负不必要的负担；另外，当时也很难吸引外国资金以实施满洲发展。

问：证人先生，你说你曾任关东军第四课课长。那么，这个部门与"满洲国"有什么关系吗？

答：由于在1937年12月最终撤销了"满洲国"的治外法权，以及日本对确保"满洲国"独立而提供的协助已至顶点，关东军进行了重组，第四课成为一个非常小的部门，组成人员只有我和其他大概9个人，我们基本上像是一个商业组织，是为了与满洲方面进行联络而建立的事务机关。

问：你刚才作证说，由于中国事变的爆发，对满洲的五年计划进行了修订。这是否意味着第四课进行了干预,修订是由于包括你在内的第四课的干预?

答:满洲方面只在很小程度上愿与日本合作。但是,这个五年计划的大部分修改是由于日本方面为进行中国事变而提出的要求,因此,第四课与这件事没有关系。

问:日本的要求是通过什么渠道进行沟通的;也就是,日本的上述要求是如何进行沟通的?

答:如果日本方面作出了决定,首先会交给对满事务局。然后,由陆军省交给关东军总部,最后再由第四课转给"满洲国"政府的总务厅。

问:这是否意味着,第四课的职责是转交来自日本方面的要求?

答:是的。

问:关东军自己是否曾向"满洲国"提出过什么要求?

答:没有。

问:请举出一个具体例子。

答:就关东军而言,它从未下达任何命令。它只是通过司令官或参谋长向总务长官提出建议、表达愿望或进行劝告。

问:在撤销治外法权时,是否采取了一些关于驻扎日军的措施?

答:是的。

问:是什么?

答:因为"满洲国"是一个独立的国家,但同时,尽管如此,日本向这个国家派驻了军队,因此,撤销治外法权导致了各种问题发生。对于他国向一个独立国家派驻军队时可能出现的各种情况,关东军要外务省进行调查,并根据调查结果,决定对此给予特殊考虑,使"满洲国"能够得到尊重。

问:请举几个具体的例子。

答:当一个满洲平民对关东军有犯法行为时,对他的审判、处罚和其他有关措施将由满洲的平民政府实施,而不是由军事法庭实施。再比如,如果日军需要某些物资,它的采购合同必须遵守"满洲国"的法律。换句话说,简而言之,日本撤销了军队的特权,即撤销了根据国际法规定任何军队都可享有的治外法权,它将尽可能地遵守"满洲国"法律。关于这一点,日本全权大使及关东军司令官已同"满洲国"国务总理交换了正式文件。

韦伯庭长:这些先到这里吧。谁将代表辩方处理休庭事宜?法庭准备批准在本证人作证后休庭 7 天,但有以下条件:今后辩方的证人将提供宣誓证词;在那之后直到 6 月份,将不得再有此类申请。

布鲁克斯辩护律师:庭长阁下,关于证人,这个规定是否适用于日本人之外的其他证人?

韦伯庭长:适用于所有证人,因为要进行同声传译,而且也给法庭一个机会,根据是否有必要在法庭上进行争辩来考虑要听哪些证词。

布鲁克斯辩护律师:是的,阁下。

冈本先生还没有问完本证人,但我想,经过辩方律师的讨论,如果庭长阁下允许,我们可能想在明天上午谈几点看法。

韦伯庭长:我们暂时休庭,直到明天 9:30。

(16:00 休庭,直至 1947 年 3 月 25 日星期二 9:30)

1947 年 3 月 25 日,星期二
日本东京都旧陆军省大楼内远东国际军事法庭

……

(9:30 重新审理)

……

法庭执行官:远东国际军事法庭现在开庭。

(片仓衷作为辩方证人被召回本法庭,坐进证人席后,通过日本译

员作证如下）

韦伯庭长：除了大川周明和松井石根由其辩护律师代理外，所有被告都到场了。我们这里有巢鸭监狱医疗分队提供的证明，证实松井石根由于病重无法出席今天的审讯。该证明将被记录并归档。

冈本先生。

冈本辩护律师：我只有几个问题要问证人。

直接询问（由冈本辩护律师询问片仓衷证人）

问：证人是否知道这个事实，即在满洲建立了一个名为协和会的社团？

答：是的。

问：证人是否曾是协和会委员会的一名成员？

答：是的，当我在关东军总部第四课任职时，我是该社团中央委员会的一名成员。

问：在该社团建立时，你与它有任何个人关系吗？

答：是的。

问：你与它有什么关系？

答：1932年7月18日，在"满洲国"的新京召开了一次协和会建立委员会的会议。当时有一次关于这个社团成立大会形式或典礼的讨论，为了联络的目的，关东军的两名代表、"满洲国"的两名代表和协和会筹备会的六名代表参加了这次会议。

问：你能明确一下你们参加这次会议与建立社团之间有什么不同吗？

韦伯庭长：建立社团的准备工作。你能解释一下参加这次会议与参与建立社团之间是否有不同吗？两者是一回事或者不是一回事？

答：协和会建立委员会就建立社团的各种事宜进行讨论，而成立社团的实际准备工作却是由筹备委员会去做的，所以，我们与成立这个社团没有关系。

问：那么，你能告诉我们当你担任关东军第四课课长以及中央委员会成员时，你的职责是什么吗？你作为协和会的一名核心成员，职责是什么？

答：第四课课长以及在我之前的第三课课长都曾是协和会中央委员会的成员——担任关东军总部与协会之间关于协和会建立事宜的联络人。

问："联络"这个词意味着参与协会的活动吗？

答：当时中央委员会更多的是一个顾问机构，其决策由中央委员会主席制定。

我想再补充一下。

此外——除我本人以外，协和会中央委员会的其他成员包括：日本大使馆的领事、关东军行政办公室长官和其他与"满洲国"有关的日本官员，其目的是促进"满洲国"内各民族的和谐并加强日满协作。

问：关东军司令官与这有什么关系吗？

答：本庄繁将军以及继任的关东军司令官主要是作为协和会的荣誉顾问。

问：有多少名参与这件事的成员来自关东军？多少名委员会成员是代表关东军？

答：担任中央委员会成员的有一两名来自关东军。

问：在协和会的成员中，是否有其他军人代表关东军？

答：除了"满洲国"军队的最高顾问外，没有其他人了。

问：日本军队的成员是否被允许参与满洲的政治，例如协和会？我是指一般意义上的军队官兵。

答：不，不允许他们参与。

问：你是否知道关于"满洲国"政府军队的事情？

答：是的。

问：你能否向我们阐述一下满洲军队的建立——"满洲国"军队——国军？

答：一般来说它可以——"满洲国"军队的建立可以分为三个步骤。

问：请简要叙述。

答：第一步是"满洲国"军队的第一个阶段，一开始，或者说在"满洲国"成立的早期，张学良政权的旧部和隶属于各省自治独立军队的各支军队，主要是为了维持法律和秩序的目的聚合在一起，同时也是为了提高军队质量。第二阶段大约从1937年开始，"满洲国"军队和警察部队为了维持法律和秩序的目的进行了合并。为此目的，还建立了维持法律和秩序部门，军队主要致力于这项任务。第三阶段大约从1940年开始，为响应"满洲国"人民的热切期望，颁布了征兵法，并建立了相当于国防军的部队，由虽然人数不多但却训练有素的精兵良将组成。

问：你之前作证说，于冲汉将军没有认识到建立"满洲国"军队的必要性。但根据你刚才的证词，似乎事实情况有一些不同。

答：从于冲汉当初主张不设军队政策的时间，到我刚才作证的那个时间，他的思想发生了一些变化。事实上，在后来的阶段，他赞同建立一支"满洲国"国军。

问：你是否知道日本在满洲建设——建立一个国家的原因？你知道日本为什么赞成在"满洲国"建立军队吗？

答：是的。

问：这些原因是什么？

答：关于这个问题有两个观点。

问：请简要叙述。

答：中国有一句谚语说，好钢要用在刀刃上，因此，以前没有去培养军人，优秀人才也不会去当兵。然而，在"满洲国"，随着新成立"国家"的"国家意识"崛起，有关配备精良专业武器的国家愿望也不断扩大。第二个观点是，鉴于"满洲国"的边境局势，满洲人强烈地感到，他们必须加强实力,运用高射炮和其他武器来防御边境。日本认为应大力支持这种愿望,因为这将有益于日满联合进行防御的原则。

问：日本在满洲有一支相当庞大的军队。这支军队的开支如何提供的?

答：大部分来自日本的军费开支。

问：你使用了"大部分"这个词。这是否意味着其中有一部分由"满洲国"政府承担?

答：正如我昨天作证时所说,根据"满洲国"政府的请求——就是说他们自己提出的要求,"满洲国"政府希望承担日军在该国驻扎的一部分费用。这是一个关东军司令官菱刈隆和郑孝胥在1934年共同达成的协议,或是说承诺,内容是关于"满洲国"将支付驻扎日军的费用,最高可达"满洲国"政府预算的10%。第一年的支出不超过900万元。但是,这个制度在1938年暂停了。

问：然后发生了什么?

答：从那之后,"满洲国"政府只在它觉得必要时才提供资金。当时来自日本的军费开支也暂停了,同时"满洲国"政府预算也不再为日本驻军提供10%的资金。这是发生在1938年关东军司令官植田在任时,当时我是负责这件事情的课长。

问：与这件事有关,你能叙述一下日本人关于铁路租借采取的行动吗?

冈本辩护律师(用英语)：不,应该是"贷款"。

答：在满洲事件发生之前,铁路贷款的利息是8%左右,但在"满洲国"成立后,利息降为7.9%。利息逐年减少,所以,当1939年我担任相关的课长时,铁路贷款已经没有利息了。

问：你作证说,日本对治外法权的撤废做出了三项保留。它们是什么?正确吗?

答：正确。

问：请你叙述一下当时做出的保留事项。

答：一项是对有关军事管理的保留。当时，在"满洲国"方面来看，满洲的日本居民是"满洲国"的法律主体，但同时，根据日本法律，他们并没有放弃自己的日本国籍。因此，根据宪法他们有服兵役的义务。在"满洲国"的日本居民人数非常多，所以，同他们有关的一部分事务由日本方面进行处理。第二项保留是关于教育管理。

问：请简要叙述。

答：由于在"满洲国"有许多日本居民，而且由于那里的教育设施非常少，这些人的教育问题就由日本方面来管理。这是第二项保留。

问：下一项呢？

答：下一项是有关对铁路区的管理。因为大部分神社都是在铁路附属地，那里的管理也就暂时交由日本人进行。

问：你是否参与了满洲重工业株式会社的成立？

答：我没有参与它的成立。

问：在那之后，你是否参与了满洲重工业株式会社的发展？证人先生，你是否为满洲重工业株式会社在那之后的发展作出过任何贡献？

答：是的，作为关东军总部第四课课长，我给予他们积极配合。

问：你能否简单叙述你所知道的关于这个公司的情况？

答：关于这个公司的成立目的，在满洲和日本都有一些反对意见。在满洲，南满铁道提出反对是因为从他们手中抢走了非常重要的经济活动；而"满洲国"政府的一些青年官员提出反对，则是因为对如何进行计划经济持有不同观点。

在日本的反对意见来自一些日本私营企业，主要出于他们对鲇川义介的忌妒。同时，日本的极端民族主义分子也反对成立这个公司，因为他们感到吸引外资进入"满洲国"将导致另外一起"哈里曼事件"。

问：关东军是否对吸引外资表示过任何反对？

答：自从满洲事件发生以来，关东军一直支持外资进入，从未表示过反对。

问：关东军对满洲的开放政策持何种态度？

答：从未反对过这项政策。

问：你担任第四课课长直到什么时间？

答：直到1939年8月。

问：在那之后你去"满洲国"了吗？

答：1941年7月，作为山下奉文将军的高级文官，我前往了关东防卫军总部。

问：请向我们叙述你当时的职责。

答：关东防卫军总部是在关东军司令官梅津美治郎将军的领导下，派去防御呼伦贝尔和黑河，或者说防御"满洲国"边界以外的地区。

问：你什么时间听说了"大东亚战争"的爆发？

答：我在"满洲国"时听说了这件事。

问：你是否知道"大东亚战争"的爆发对满洲民众或者"满洲国"的影响？

答：当我在"满洲国"时，我的观察是"满洲国"民众开始时非常愿意同日本合作，但随着日本对"满洲国"提供物资的持续需求，民众方面的不满开始增长。

问：你对满洲的各种问题提供了非常确定的证词。你是否关于这个问题做过任何研究？

答：从我的任职经历显然可以看到，我曾多次去满洲和"满洲国"，一直与满洲的事务有密切关系。同时，我在庶务科编写满洲事件历史文献时担任了助手。

冈本辩护律师：我现在完成了我的本方询问。在被告南次郎的个人案件阶段，我可以再次传唤本证人吗？

韦伯庭长： 如果需要，可以再次传唤他。

冈本辩护律师： 被告板垣征四郎的辩护律师山田先生，希望在本方询问中补充几个问题。

韦伯庭长： 山田先生。

直接询问（由山田辩护律师询问片仓表证人）

问：关于关东军向中央当局提出的建议，是否全部得到了实施？

答：是的，被采用的建议得到了实施。

问：关于关东军向中央当局提出的这些建议，是否总是会收到中央当局对此的指令？

答：是的，对于那些需要回复的问题会下达指令。

问：关东军是否总是遵守这些从中央当局发来的指令？

答：是的，我们总是遵守中央当局的命令，我们对于所有诏令绝对服从。然而，如果中央当局的指令与关东军持有的观点和意见有分歧，那么关东军将再次向中央当局上报它的观点。

问：你现在所提到的诏令是什么？它是何种命令？

答：这是由陆军参谋总长根据天皇指示下达的命令。

问：板垣将军曾在海伦会见了马占山。关东军的一个参谋，是否能仅以个人名义在任何时间与这一类人员进行这样的会面？

答：文官在同外界接触时有两种态度：板垣将军在海伦见马占山这件事，是一个非常重要的问题，他需要在关东军司令官的指令和命令下前去会面。然而，如果是不太重要的事情，文官为了收集情报和其他数据，可以自行决定采取行动。

问：当执行这样重要的谈判时，事后要写正式报告吗？

答：当然。

问：日本人采取了哪些措施去重建被毁坏的桥——被马占山将军的军队毁坏的嫩江大桥？当张海鹏的军队向北部推进时，马占山将军的军队曾摧毁了那座桥。

答：10月底，在南满铁路的要求下，开始了关于修复那座桥的谈判。

问：之后发生了什么？

答：南满铁路为运输粮食要求修复大桥。南满铁路总裁内田一边向本庄繁司令官提出请求，同时还通过总领事林向外务大臣币原提交了一份请求，要求开始关于修复大桥的谈判。外务大臣币原向总领事林发来一份指令，然后由清水领事在齐齐哈尔开始进行谈判。

问：之后发生了什么？

答：之后继续谈判。

问：最终是否进行了修复工作？

答：就在派遣修理公司的当口，战役打响了。

问：关于"满洲国"政府的人事问题，关东军参谋长有什么权限？

答：参谋长协助关东军司令官推荐在"满洲国"任职的日本官员。

问：那么，关东军参谋长有关系，仅仅是因为执行关东军司令官人事调动的意愿？

答：就实际的人事问题而言，官员事实上是由总务厅厅长把有关信息转交给关东军，然后，根据关东军司令官的意愿，参谋长向日本国内转交这些文件，上报有关的申请。

问：我记得，你在作证时说，你与李顿调查团的成员没有过任何直接对话。你与这些成员究竟是有还是没有过直接对话？

答：我昨天作证时说，我在奉天的大和旅馆与李顿调查团的成员进行了讨论。

问：关于解释各种事情和对李顿调查团的接待工作，谁负责——关东军的哪个人负责这些事？

塔夫纳检察官：我反对这个问题，庭长阁下，因为在本方询问时已问过了。

韦伯庭长：不仅如此，这个问题看起来不相关也不重要。他现在不是针对委员会的任何调查结果。反对有效。

山田辩护律师：我结束询问。我保留在我的委托人、被告板垣的个人案件辩护开始时再次传唤本证人的权利。

韦伯庭长：你在这个方面的利益将完全得到保护。

塔夫纳先生，你打算进行一个冗长的交叉质证吗？毕竟，关于本证人提到的问题，《李顿调查团报告书》和日本方面提供的资料都比较完整。但是，这由你来决定。

塔夫纳检察官：我不打算问很多问题，但是证人的回答也许会使我进一步提问。

交叉询问（由塔夫纳检察官询问片仓衷证人）

问：片仓将军，从1930年8月至1932年8月底，你在满洲是什么军衔？

答：大尉。

问：在那段时期，你作为参谋的职责是什么？

答：如我之前所解释过的，我最开始是一名助理，负责公共关系和与外界联络，还有关东军总部的一些行政事务等，后来，作为一名参谋，负责我以前所叙述的各种活动。同时，在此期间我还担任司令官和参谋长的秘书职责。

问：宽城子和南岭位于吉林省吗？

答：是的，在吉林省。

问：根据法庭记录第18908页你提供的证词，由于9月20日接到报告说当地出现了混乱和动荡情况，向吉林派遣了军队。为什么你没有提到日军在9月18日午夜时对吉林省宽城子和南岭的中国驻军发动了进攻？

答：我没有提到，是因为我没有被问到这个问题。如果问了，我就会很愿意地回答。

问：为什么你没有告诉本法庭，9月18日晚，在安东、营口、辽阳和其他一些小城镇的中国军队被击败并被缴械？

答：凤凰城和营口的中国军队被缴械，但是没有对安东和辽阳的中国军队发动进攻。

问：我问的是你为什么没有告诉本法庭在这些地方的这些军队被缴械。

答：我没有提到这些，是因为辩护律师没有问到这个问题。然而，我准备好了去回答。

问：你会英语吗？

答：不会。

问：为什么你没有告诉本法庭，9月18日晚，日本舰队受命从旅顺港出发前往营口，并且朝鲜方面要求增援？

答：我没有提到，是因为辩护律师没有问。但如果你希望我讲这些事情，我可以详细地叙述。

韦伯庭长：这个交叉质证的唯一目的是提醒我们检方的证据。

问：我想为你读三小段内容，这是从《李顿调查团报告书》第71页摘录的——

布鲁克斯辩护律师：我希望反对，庭长阁下。《李顿调查团报告书》被接受为证据，检察方以后可以引用，而且他也有适当的时间向本法庭陈述他的辩词。我想请法庭注意这件事。我认为，除非在这里对证人的可信度有疑问，否则现在不是进行那一步骤的适当时机，他没有让证人针对这些问题回答并进行解释。

韦伯庭长：你的次序颠倒了，布鲁克斯大尉，这个反对应该由进行本方询问的日本律师提出来。

布鲁克斯辩护律师：律师委派我与冈本先生一同提出反对，正如我们在法官议事室所解释的那样，庭长阁下。我在与冈本先生一起合作，这正是我每天都出庭的原因。

韦伯庭长：我们的理解是，你们代表不同的利益。

布鲁克斯辩护律师：我们代表的是同一利益，庭长阁下。我是代理南次郎将军的美国律师，而他是南次郎将军的日本律师。主席沃伦上校要我来提出反对。

韦伯庭长：然而，交叉质证的律师显然有权向本证人出示他的证据。这是交叉质证的主要目的之一。但在本案中，在我看来这是一种浪费时间，我在布鲁克斯先生打断前就这么说过。

塔夫纳检察官：我将撤回问题。

问：根据法庭记录的第 18929 页，你作证说关东军与治安维持委员会组织没有任何关系。那么你如何解释《李顿调查团报告书》第 89 页的调查结果，其中有一段是关于袁金铠："日本军队当局邀请他和其他八名中国居民组成一个治安维持委员会。"

答：如我之前所述，辽宁省地方维持委员会由三个人组成，他们后来关于为那个委员会提名一位日本人顾问而来到关东军总部。根据我的个人所知以及回忆内容，关东军总部，或是军队本身，从未在任何时间参与过这些委员会的成立或组织。

韦伯庭长：我们暂时休庭 15 分钟。

（10：45 休庭，直到 11：00 重新开庭）

（11：00 重新审理）

法庭执行官：远东国际军事法庭现在继续开庭。

韦伯庭长：塔夫纳先生。

交叉询问（由塔夫纳检察官继续询问片仓衷证人）

问：你说关东军与治安维持委员会没有什么关系，那么，你如何解释你后来在法庭记录第 19003 页的以下证词：

东京当局的意图是让在那个地区的关东军与当地各派政权保持密切接触,在满洲各地维持和保护法治与秩序。

答:关东军与治安维持委员会的建立毫无关系。然而,为了寻求他们在维持法律和秩序方面的合作,在这些委员会建立后,关东军与他们保持了接触和联络,因为关东军没有建立军事管理。正如我之前告诉辩方律师的,差不多在板垣将军前往东京的时间,也就是1932年1月左右,关东军与满洲各省政府的领导人保持了联系并寻求他们的支持。如果我能简要地叙述我的观点,那就是:它与这些委员会的成立、创建或建立毫无关系,但它的确在这些委员会建立后与它们保持了联系。

问:我很高兴你以简单的形式进行回答,而这个简单形式是不是就是意味着:关东军不被允许在新组织出生时露面,但却担当着它的保姆,直至它长大成人?

答:关东军根本不是治安维持委员会的保姆。按照中国的老惯例,这些委员会一经建立就已经是一个发育成熟的成年人了。

问:然后关东军是不是也对一个名为自治政府指导理事会的组织进行了婴儿期照顾,或者是,这个组织也是一出生就是成年人?

答:自治政府指导理事会的情况有一点不一样。自治政府指导理事会是在各个不同地区建立的,也就是,各省或低一级和规模较小的地方,为了培育和促进自治政府指导理事会的发展,满洲人、一些日本人在于冲汉的领导下,也就是说,为了促进和培育自治政府指导理事会,于冲汉领导成立了一个委员会,由满洲人和一些日本人组成。

问:那么,这个指导理事会的目的是促进独立运动,不是吗?

答:关于这一点,有两个变化。

问:我要打断一下。我问的不是变化。请你回答我问你的问题可以吗?

答:指导理事会原来和之前的目的是针对自治政府去行使指导理事会职责,但从1932年起,它开始了一个与成立"新国家"有关的启蒙运动。

问：那么，从1月份起，主要目的就变为促进建立一个新国家了吗？

答：它的主要目的是为当地自治政府、指导委员会或理事会行使指导职责，同时，它还开始了与成立新国家有关的启蒙运动。

我能对此补充几句吗？1932年1月，于冲汉与臧式毅进行了一次有关建立"新国家"的会议。此外，在1932年1月，黑龙江省也宣布独立，随后满洲的其他各省也纷纷宣布独立，逐渐呈现了更为联合的形式。

问：这个自治管理指导理事会在9月几日建立的？应该是自治政府，不是自治管理。

答：我记得是自治政府指导理事会于1931年11月10日正式成立。

问：你说过有一个委员会在一个中国人的领导下成立，对吗？

答：是的。

问：而且这个委员会中还有几个日本人？

答：是的。

问：这个委员会一共多少人？

答：你是指日本人？

问：不是，这个委员会的所有成员有多少人，120人？

答：我不记得确切的数字了，也许在100人左右。

问：如果笠木先生，他当时是委员会的一名职员，说这个委员会有120人，你会否认吗？

答：我不记得数字了，但我想大约是——大概在100人左右，所以和那个数字很接近。

问：那么，这个有100人或120人的委员会，只有大约15人是中国人或满洲人，其余都是日本人，这难道不是事实吗？

答：我觉得人数不会这么少。如果允许我稍微解释一下，在各省的自治政府指导理事会是可以设置分会的，例如，奉天省的指导理事会下面就有 20 多个县设有分会。

问：这里我要打断证人一下，因为你的解释和我的问题毫无关系。从运营目的出发，这个自治政府指导理事会被划分为 8 个处，是吗？

答：我认为是 5 个处。

问：你是否熟悉一个叫"总务处"的部门？

答：如我之前所说，我并不了解细节情况，因为维持法律和秩序的问题归关东军总部第三课负责，而我属于负责媒体关系的第四课，所以，我并没有亲自或直接地与这些事情有关系。

问：你于 1931 年和 1932 年在第四课任职？

答：我当时在庶务课，担任板垣将军的助理。

问：1931 年和 1932 年时你在第四课吗？

答：不在。

问：那为什么你说你在？

答：我于 1937 年 12 月到第四课。因为关东军总部发生了很多非常重要的机构变化，在不同时期第四课的职责也不一样。如有必要，我很愿意对负责满洲事件的具体部门加以解释。

问：我没有问你那个问题。我问的是你是否熟悉自治政府指导理事会的总务处，你说你不熟悉，因为当时你在第四课，而与自治政府指导理事会的总务处有关的事情由第三课负责。现在你说你是第三课的一名成员，那么给我们讲一下它的运行——也就是自治政府指导理事会的总务处的运行。

答：我不了解自治政府指导理事会的总务处的职责。

问：但是，你的确知道它是由日本人直接控制的，不是吗？

答：有很多日本人与它有关系，但是我不能说完全都是日本人。

问：事实上，将军阁下，关东军难道没有资助并尽一切可能去促进满洲的独立运动吗？

答：正如我对辩方律师所说的，关东军，也说是本庄繁司令在 11 月份向中央当局表达了他的观点,并在1月份提交了他的建议,关东军对有关方面也进行了一些研究。然而,就关东军的行动而言,是要与东京进行协商后并根据"满洲国"的发展形势而决定的,是根据出现的需要进行考虑后,才会采取相应行动。

问:根据出现的需要是什么意思?

答:我已经说过,关东军的态度经历过三次变化。

问:请你回答我的回题可以吗?你说"根据出现的需要",这是什么意思?

答:1932年,在关东军与东京商议后,东京的中央当局反对建立一个独立的国家;然而,它没有反对建立一个统一的政权。当时在日本发生了内阁更换,从而导致了政府的政策变化以及关东军在满洲的军队部署,所以,因为种种原因,需要根据需要采取不同的步骤。例如,可以说由于板垣将军在满洲各地与有名望的满洲领导人会面,向他们确保日本无意占领满洲,也没有对满洲领土有什么企图,可以说板垣将军的这个保证成为对他们开展独立运动的一种建议。

满洲的领导人不希望张氏政权回到满洲,或南京政府将管辖范围延伸到满洲。同时,关东军也不希望在满洲建立这样的政权,事实上——所以,板垣将军告诉这些人,有名望的满洲领导人,日本的真实意图不是去占领或对"满洲国"领土有所企图,这可能会成为这些满洲领导人自己做一些事情的推动力,从这种意义上,可以说向开展独立运动非直接地给予了一些刺激。

问:我要打断你的演讲,证人先生,并请你回答我的如下回答:

你说关东军会根据出现的需要对独立运动提供帮助,这是什么意思?

韦伯庭长:我们假定你的问题被正确地翻译了。果真如此的话,如果这个问题的目的是验证可信度,也许你问到这里就可以满意了。我们不需要本证人对你的证据进行确认。你不能促使他进行反驳。你只能对可信度进行验证,也许这一点你已经做得足够多了。

塔夫纳检察官: 我撤回问题。

问: 现在我想问你几个有关所谓事变发生之前的问题。关东军是否在1931年8月18日或之前使用飞机将阎锡山赶出了关东州?

语言监督官: 塔夫纳先生,你说的"使用飞机赶出",意思是不是使用军事飞机将他赶出那个地方?

塔夫纳检察官: 是的。

答: 我不知道他被赶走这件事。

问: 是否使用飞机对这个人发起攻击?

答: 没有。

问: 满洲铁路的股票价格是否由于满洲远征军的谣言而在1931年7月20日突然下跌?

答: 我从来没听说过因为远征——军队远征导致股价下跌。

问: 石友三是否反对南京政权?

答: 我不了解这个情况,因为当时我不负责有关中国事务的情报职责。

问: 也许我能帮助你回忆一下。土肥原是否为他反对南京政权提供了帮助?

答: 可以重复一遍这个问题吗?

(译员重复了一遍问题)

答: 我不知道。

问: 你曾告诉我们,因为你在关东军的职责,你熟悉发生的每件事,或几乎是每件事。

答: 我亲自处理过的与满洲事变相关的事情,在文官会议上发生的事情,以及我本人从关东军司令官那里听到的事情,的确,我非常熟悉这些事情。除了这些事之外,也许有一些事情我并不了解。也许有很多事情我都不了解。

问：你是否记得土肥原被召回奉天，因为他在奉天事变前向石友三部队提供了帮助？

答：我不知道。

问：在所谓事变爆发前，军队企图利用中村大尉被杀事件，通过夸大其重要性，作为解决满蒙问题的一个工具，这难道不是事实吗？

答：我非常了解中村大尉事件，因为我亲自处理了这件事，但是这件事丝毫没有你所说的那种联系。然而，当时满洲和日本的报纸夸大了中国方面的行为，这的确是一个事实，因为他们对中国人以日本人为攻击对象的行为感到气愤。

问：你在本方询问时作证说，所谓事变爆发后不久，关东军为维持法治与秩序采取了很多行动。你还提到了东京内阁在1932年3月的行动。这个恢复法治和秩序的计划或企图是否与内阁的建议保持一致？你说过内阁建议抄送给了关东军。

答：不，有所不同。

问：有什么不同？

答：事变一爆发，关东军就立即采取了必要行动，派遣军队维持法治和秩序，这是任何军队在面临这种紧急情况时都会自然而然做的事情。内阁在1932年3月份的决定，是作为参考抄送给关东军，不会约束关东军及其行动，也就是说，这个建议对关东军没有约束力。

问：关东军是否执行了内阁抄送他们作为参考的内容？

答：是的，关东军收到了仅作为参考的内阁决定，但是关东军还是根据东京的陆军参谋总长和陆军大臣的指令采取了行动。

问：关东军难道在最开始时的行动不是遵照同样的指令吗？

答：关东军在事变爆发时采取的行动是关东军司令官的个人决定。在那之后才收到参谋总长和陆军大臣的指令，说日本政府的政策是不加剧或不扩大事件。换句话说，在那个时间之前没有参谋总长和陆军大臣的指令。

问：我明白了，我们说的是不同的内阁决定，所以我要向你读一遍我所说的这份内阁决定。我宣读的内容摘录于第 1415B 号检察方文件，证据编号 222，第 5 部分：

"关于夺取军队实权，我们应该根据剿匪的权利来完成这个目标。"

译员：塔夫纳先生，我认为我们应该引用日语原文，而不是试图进行口头翻译。

塔夫纳检察官：只有三行内容而已。

译员：即便如此，我们可能会错译。

语言监督官：它的措词有些微妙。

塔夫纳检察官：我换一个问题。

请各位注意，我要对问题措词稍微变化一下，我会稍后再宣读那段话。

问：这难道不是事实吗，证人先生，内阁努力想利用剿匪权利和保护国民的政策作为借口去夺取满洲的军权？

布鲁克斯辩护律师：我反对这个问题，庭长阁下。我认为他是要证人在其所知范围之外提供一种观点。

韦伯庭长：反对无效。可以用这种方式来验证他的可信度。

你最好还是宣读一下内阁的会议纪要。

答：如我之前所述，关东军没有根据那份内阁决定采取行动。根据当时满洲的发展形势，关东军遵照了参谋总长和陆军大臣的指令行事，采取了保护和维持法治与秩序的行动。关东军本身没有参与过任何诸如夺取军权此类事情。

韦伯庭长：当然，没有必要让他来确认内阁的会议纪要。它们来自日本的主要权力决策人。你只能用此来验证可信度，那为什么还要坚持呢？

塔夫纳检察官：证人作证说，关东军曾收到了它的副本——这次内阁会议纪要的副本。

韦伯庭长：我的观点是，你只是在不必要地验证可信度，我认为毫无必要。你不需要确认。

塔夫纳检察官：那我不再追究这个问题了。

问：你作证说东京派安藤到满洲调查一些事情。他是哪一天到达的？

答：9月22日。

问：你说他调查的第二个问题有关于关东军对已宣布不抵抗的中国人发动攻击。你是否知道是谁在9月22日前向东京进行了汇报？

答：我们的感觉是日本驻奉天总领事报告了这件事，从我与他们在那里的讨论来判断。

问：事实上，板垣将军在事变爆发的时候知道中国人已经宣布了不抵抗政策，难道不是吗？

答：从他向关东军司令官的汇报以及他告诉我的内容看，不是这样的。

韦伯庭长：我们暂时休庭，直到13：30。

（11：58休庭，直到13：30重新开庭）

（13：30继续审理）

韦伯庭长：沃伦上校。

沃伦辩护律师：如果法庭允许。我已获得所有律师——辩方律师的同意和批准，现在将向本法庭宣读一小段事先准备的关于休庭的陈述。

昨天，辩方在公开庭审中请求休庭一星期，以使我们能够继续诉讼程序，以连续的方式为被告进行合适的辩护。之前，我们已在法官议事室阐述了我们的立场，并认真听取了检方的其他意见。我们相信，本法庭现在已完全知晓了所有信息，所以，我们认为继续对检方的意见进行评论是不适宜的。

我们担忧地观察到一种偏离程序法的明显趋势，但程序法是我们在这里辩护的基础。这种情况的出现，是由于检察方在陈述其证据时所应用的程序。

法庭昨天说，准备批准在本证人作证后休庭7天，但有以下条件，即"今后辩方的证人将提供宣誓证词，且在那之后直到6月份，将不得再有此类申请"。检方不顾辩方的反对，以宣誓证词的形式提供证人的证词。这对检方控制本方询问过程显然是一种帮助，他们的这种行为完全是出于自愿。但辩方不认为强制使用这个建议的规定对被告有任何益处。相反，我们认为这种限制将为我们工作带来更多困难。不管怎样，为了执行那样的限制条件，一个事实就是它将使辩方花费比目前所需的更多时间，它对我们现在工作已超负荷的语言部增加了额外的负担，而且这个要求本身就需要有更多的时间。

关于我们不应在6月前要求更多的休庭这个意见，我们已经明确了我方立场。我们无法向本法庭做出任何担保，保证我们能持续到那个时间。偶然事件具有太多的不确定性，使我们无法做出任何确定的预测。

辩方认为，我们现在必须表明，无法对要求给予被告接受公平、公正审判的这个基本权利进行妥协，对此我们深感遗憾。

韦伯庭长：本法庭对辩方证人提供宣誓证词的坚持，不会损害对被告的公正审判。相反，它会给被告带来有利条件，我们知道这一点，即使你们不知道。本庭没有陪审团。宣誓证人将被带入证人席，接受交叉质证和再次询问。要进行的无非是证人以宣誓证词的形式提供他的证词，其中包括本方询问或证据，经过认真考虑后，对本方询问进行同时传发。唯一涉及的变化将对被告有利，而非不利。当我们在议事室讨论这个问题时，当时没有任何不同意见，但现在的态度却完全不同。我相信坎宁安先生有话要说，但他只是1/50。很明显，他有一些控制。如果你们不想按照我们的条件进行休庭，那么你们就没有休庭。

休庭申请被驳回。

坎宁安先生。

坎宁安辩护律师：如果本法庭允许，我想明确我的反对意见。在我们最近的会议上，我对本法庭强加于我们的条件发表了反对意见，这一意见与我们在议事室首次面对这个问题时的反对意见是完全一样的，也与昨天我们开会讨论法庭强加的限制条件时辩方律师一致同意的观点完全相同。既然这个反对意见还没有被法庭记录下来，也许应该在本法庭上陈述一下我们为什么要反对将我们的证词以宣誓证书形式提供的原因，以作为本案的证据。

关于为什么反对以宣誓证词形式提供我们的证词，有三个主要原因，促使我在当时与现在都反对那种做法。

韦伯庭长：代表多数意见的发言人当时并没有表示反对。但他们显然有所改变。坎宁安先生，你说服他们了。对你而言这是一个伟大的胜利，我们非常感兴趣知道你是如何做到这一点的，所以，最好听你说一说。

坎宁安辩护律师：庭长阁下，这个功劳我受之有愧。但是我希望向你陈述一下，为什么这些事情看起来如此至关重要的原因。

第一，他们认为，根据《远东国际军事法庭宪章》，律师应有权选择最有效的方式代表客户提供证据。

第二，根据我们的经验，让证人在法庭上直接作证要比以宣誓证词形式陈述有效得多；而且第三，如果采取这一规定，将是对涉及一个人生命问题的案件所通常采用陈述方式的彻底背离，因此不实际也不适宜。

韦伯庭长：争辩，只是争辩而已；你没有向我们证明被告的利益如何将会被损害，因为没有可能来证明这一点。

沃伦辩护律师：如果法庭允许，我的同事让我指出，很多问题并没有在议事室的会议上提到。根据我的记忆，庭长阁下，你当时说可能使用这个规定，于是我们试图制定或者形成一个基础，在这个基础上将对辩方产生最小的不利影响。至少，庭长阁下，昨天的决定，或者说至少是昨天法庭得出的有关证人作证方式的结论，要比我们在议事室中讨论的内容深远得多。如果说当时除了坎宁安先生之外没有别人反对，那肯定也没有对此一致同意。

当然，庭长阁下，我以个人名义指出，检方以这种方式提供证据，是因为他们很容易就能做到。但如果本法庭已下决心，那么反对的声音还有什么用呢？这样做只会与庭长阁下产生对立，所以我们不应那么做。被告将会因此而受到损害。

如果执行庭长阁下的提议，辩护律师及其助理所承担的额外身体负担将超出我们目前所能承受的极限。我们中的很多人一直在勤勉努力，并时常感到身体已不堪重负，如果再加上这些增加的负担，将会影响我们对辩方审判整体准备情况。庭长阁下，如果有充分的时间和设施来准备这些宣誓证词，也许这对被告不是什么难事。否则，将肯定是一个极大的困难。

韦伯庭长：你毫无疑问地要为每位证人的证据提供一个证明，我们要求的只是你们将这个证明放入宣誓证词，然后提前三天向我们呈递并传阅。事实上，除了要在一名宣誓证词检察官或一名治安法官面前宣誓证明所提证据是真实的，并没有任何额外的负担。在证人坐入证人席之前你们已经有了他的一份书面陈述。我们要你们做的只是对这份书面陈述进行宣誓并传阅。这并不会给你们带来额外的身心负担。我对刑事案件已经有40多年的经验了，双方都曾代理过，所以我知道这一点。

沃伦辩护律师：如果法庭允许，我将以个人名义邀请本庭任何成员参观并亲自看一看在一份文件出现在本法庭上之前必须经历的流程。那并不想庭长阁下想象的那么简单。请相信，阁下，如果有那么简单的话，我就不会在这里恳求时间了，我会出去开始工作并很快完成。但那并不是这么简单，庭长阁下。

我请法庭成员对我们所必须经历的冗长繁文缛节加以注意。也许我不应该使用"繁文缛节"这个词。我的意思是，考虑到本案的性质和涉及范围之广，这些程序显然是有必要的。但是它将加重我们的负担，庭长阁下，我非常真诚和坦率地说这些话。

韦伯庭长：塔夫纳先生，你可以继续进行交叉质证。

如果关于此事有任何问题，我将就此发起一次投票表决。我们是有条件地准许休庭7天。但这些条件被拒绝了，我现在还不知道我们怎么才能准许休庭7天。

沃伦辩护律师：庭长阁下，我们已试图解释了这些条件将使休庭毫无意义。一星期之后我们可能就无法再继续下去，因为我们有大概21名证人将在第一部分出席。我们的审讯记录不足以向本法庭呈交。我们不能，庭长阁下——我们还没有翻译完这些文件。我们必须再次传唤证人。

庭长阁下，我们正在尽全力来缩短这个过程。就在今天中午我们还在讨论这件事，同意根据庭长阁下之前建议的那样，对很多事实试图设定规则。我相信这已得到了所有辩护方律师的当场批准。

韦伯庭长：沃伦上校，你知道我在议事室中的表态。但在这里，我支持本法庭的意见。如果法庭希望改变观点，法庭有权这样做，无论结果是什么，我都将忠实地遵守。昨天的决定是整个法庭的决定。没有一个提出反对意见的人。

我们将暂时休庭来考虑这件事。

（14:07休庭，直到14:45重新开庭如下）

（14:45重新审理）

法庭执行官：远东国际军事法庭现在继续开庭。

韦伯庭长：为了使辩方能够继续他们的案件，本法庭已就休庭一事作出最后裁决。

在目前在证人席的证人完成作证后，本法庭将准许休庭7天。法庭坚持，今后辩方证人应以宣誓证词形式提供证词。本法庭将针对辩方所称缺乏进行此项工作的设施进行调查。

坎宁安辩护律师：如果本法庭允许，我想请求授权辩方律师以法庭成员的身份对采纳宣誓证词过程中的誓词充分性进行管理，以节约时间、简化程序，并在一定程度上克服我们认为此项裁决导致的障碍。

韦伯庭长：对于证人的誓词和证词，《远东国际军事法庭宪章》中有明文规定。如果宪章未作规定的内容，法庭将有权决定。如有需要我们将根据法庭规则进行规定。

塔夫纳先生。

塔夫纳检察官：庭长先生，本着节约时间的目的，我可以就宣誓证词提一个建议吗？当每次提供宣誓证词时，或者几乎每次，可以要求证人站在证人席上发誓：其书面陈述中所包含内容是真实的。

韦伯庭长：和那无关，我们在宣誓证词格式中包含证人声明还有其他原因。在处理这种文件时会更谨慎小心。

罗伯茨先生。

罗伯茨辩护律师：我想问一下，法庭的目的是否是在证人出席前也要将宣誓证词向检察方提供？

韦伯庭长：这一点在议事室已经提过。我当时就告诉你们，只提交给法官就足够了。如果法官有其他想法，他们会相应行事。

塔夫纳先生。

（片仓衷作为辩方证人出庭，重新坐进证人席后，通过日本译员作证如下）

交叉询问（由塔夫纳检察官继续询问片仓衷证人）

塔夫纳检察官：可以请法庭书记员宣读一遍最后一个问题及回答吗？

（法庭书记官将最后一个问题及回答宣读了一遍，如下）

问：事实上，板垣将军在事变爆发的时候知道中国人已经宣布了不抵抗政策，难道不是吗？

答：从他向关东军司令官的汇报以及他告诉我的内容看不是这样的。

问：片仓将军，我的最后一个问题是关于板垣将军是否知道中国人的不抵抗态度，你回答说从板垣那里你未获知他知道这件事。那么，你是否从9月19日上午从奉天发给日本东京外务省的一封电报中，得知板垣将军在当时已知这一信息？

答：我应该稍作更正，对这个问题进行明确的回答。

问：谢谢。

答：19日的白天，本庄繁将军到达奉天后，板垣将军向他简要汇报了军情以及他与林总领事的谈判。同一天，林总领事致电本庄繁司令官，谈到了关于抚顺商社事件以及这件事。但当时只是非常简短地提了一下。

然后东京就发来了指令，内容是说从南满铁路、关东行政办公室和其他机关发去了一些非常奇怪的报告，还说应该对所有的事件展开详细的调查。

问：请你回答我的问题可以吗？你是否从一封19日上午发自奉天的电报中得知，板垣当时的确知道中国人的提议，也就是不抵抗的提议？

答：没有接到过这个电报。

问：我说的不是发给奉天的电报，我说的是从奉天发出去的电报？

答：你的意思是从奉天发给东京吗？

问：我说的是电报第624号，9月19日上午由总领事林发给外务大臣币原，证据第181号的第一部分。

答：我不了解那份证据。你能告诉我一下它的内容吗？

问：我将宣读一下证据第181号的第一部分：

关于我发的电报第623号：鉴于中方已多次提议用和平方式解决这个问题，我致电给参谋长板垣说，既然日本和中国还没有正式宣战，而且中国已宣布他将完全执行不抵抗原则，我们有必要在目前阶段尽量防止不必要的事态恶化，因此，我敦促通过外交渠道处理这件事。然而上述的这名文官回答说，既然这件事关系到国家和军队的荣誉，军队的意思是对此事认真追究，因为是中国军队袭击了日本军队，尽管日本军队将尽最大努力保护这里的外国居民。因为他似乎不太愿意接受我的提议，我又重复了一遍上述内容，并要他对此事进行关注。

答：关于这封电报，当兵务课安藤将军到满洲调查时，他得知了这封电报的主要内容，也就是在那时，我也知道了这封电报。但是，有关电报中的内容，我是在板垣将军向本庄繁司令官汇报时非常简单地听到了一些。

问：那么，你是否知道林总领事向东京发去的另一封电报，大约在9月15日或16日，这封电报的内容基本上是说很快将发生一件大事？

答：是的，当我与参谋长三宅一起于9月20日拜访奉天总领事时，我听说了这样一封电报。

韦伯庭长：布鲁克斯上尉。

布鲁克斯辩护律师：我们想找一下检方所指的那份电报，请问证据编号是什么？

韦伯庭长：编号是什么？

塔夫纳检察官：这份电报还没有被纳入证据。虽然我们一直在找，但到目前为止还没有找到它。

韦伯庭长：你不应该使用目前不在你们手上的一份电报对他进行交叉质证。

塔夫纳检察官：证人在他的本方询问过程中提到了9月14日之

后，向东京发了一条讯息，正是他的这个证词为我们提供了交叉质证的问题。检方关于这件事已掌握的证据是，田中将军作证时说东京收到过这样的消息。现在，本证人已作证说他知道这条消息。

布鲁克斯辩护律师：我想重新提出反对，并要检方与证人核对一下他所指的消息。他在假定证人并不清楚的一些事，记录也不清楚。

韦伯庭长：你最好把这些弄清楚。

问：我刚才问你这个问题，你是否知道林总领事在9月15日或16日向东京发去了一封电报，内容是关于近期可能发生一起事件或活动。我相信我是用了"一件大事"。而且我的理解是，你回答说你的确知道这样一封电报。

答：根据你所说的内容，我想对我刚才的回答略作更正。我所知道的是，总领事于9月19日上午从奉天发出了三封电报。

问：根据你在本方询问时的证词，你告诉我们林在事变发生前给关东军司令官写了一封信，并向东京发去一个消息。现在请告诉我们有关向东京发出消息的情况。

答：一方面，林总领事在9月17日给关东军司令官发了一封信；另一方面，当奉天事变爆发后，他在18日晚向东京发去一系列的三封电报，内容是关于这个事件、抚顺事件以及他在17日发出的那个消息——也就是说，这三封电报也包含了他于9月17日给本庄繁将军信中提到的内容。

问：建川将军什么时间到达满洲？

答：9月18日晚上。

问：他被派往满洲吗？

答：关于建川将军此次任务的目的，直到他到达满洲后我们才知道。关东军在9月17日收到过一封电报，说建川将军将到满洲，他希望板垣将军或石原中佐前往奉天，以方便联络。

问：现在，请你回答我的问题。建川将军为什么被派去满洲？不是因为东京收到报告说可能发生一起事变,因此派他前去试图阻止关东军的计划吗?

答:因为在中村大尉事件后,各种谣言在东京盛传,建川将军因此被派往满洲以应对这种局势。关东军无法了解建川将军被派去满洲的理由,确切理由是什么。

问:如果林总领事发电报在先的话,那么据你所知,建川将军到满洲的任务与他的电报没有关系吗?

答:没有关系。

问:林总领事的生命处于危险之中,因为他觉得关东军会因为他发的电报而对他不利,这不是事实吗?

答:我见过林总领事很多次。我从未听到他说过任何类似的话。

问:当所谓的事变爆发时,即使是关东军司令官本人也被限制在住所内,这不是事实吗?

答:正如我之前作证时所说,9月18日晚上,司令官在9:00的巡查完毕后返回他的官邸,我先去参谋长那里报告,当我去向司令官报告从奉天接到的电话内容时,他正在洗澡。本庄繁司令官赶到关东军总部时已接近午夜,大约在18日午夜,他是自己来的,没有卫兵陪同,只带着他的副官住友。

问:板垣将军和石原是真正控制关东军政策的人,这不是事实吗?

答:板垣将军负责同外部的联系或公共关系,石原中佐负责运行。在日军中,最高指挥部的惯例是别的长官不会去干涉其他长官负责的工作。例如,当时最高指挥部建立的一个惯例是,除了主管的官员外,不让其他任何人知道有关运行情况。

问:现在让我们回到安藤的调查上。你作证说,第四个问题是关于有报告说关东军采取行动如此之迅速,似乎是在和平时期就做好了准备。你知道东京政府是如何收到这个报告的吗?

答:根据安藤大佐的解释,这个问题是外务大臣币原向陆军大臣南次郎提出的。

问：在本方询问中，你说那是一份报告。你现在想改变那个叙述吗？

答：我们不知道外务大臣币原从哪里得到了他的报告或信息而向陆军省突然提出这个问题，但是他肯定是从某个渠道得到了某些信息。

问：你在本方询问中作证说，你陪同本庄繁将军于1932年9月前往日本天皇的皇宫。

答：是的。

问：等一下。我还没有问你问题。

答：是的，我的确说过这些话。

问：当时日本天皇问本庄繁将军，奉天事变是否是关东军方面的一场预谋，这是事实吗？

答：天皇陛下对本庄繁将军的询问不是——不是指任何确定的预谋。他只是询问说，有一些谣言说事变发生是源于一场预谋，并询问那是否属实。

问：你能回答我的问题吗？如果对问题有任何不确定，我将重复一遍。

日本天皇是否询问本庄繁将军，奉天事变是不是关东军方面的一场预谋？

出于对你们的公平，我刚才读的是从你的证词第1929页摘录的一句话。

答：是的，是有这样的询问，但是我认为仅有文字是不够的。重音应该放在"谣言"这个词上。这个询问是关于他听到的一些谣言，说那件事是因为一些预谋而导致，因此他问这些谣言的真实与否。

问：那时已是在事变发生的一年之后，内阁也已经接受了关东军对所发生事件的解释有好几个月了，是吗？

答：是的，是在事变发生的一年后。

问：并且是在关东军对事变做出官方解释之后，是吗？

答：是的。

问：在那件事已经被关东军、军部和内阁正式定论后，当时日本天皇认为进一步询问是适当的，不是这样吗？

答：我不知道当时情况的所有细节，但是那是一个非常不正式的讨论。

问：关于关东军在满洲的军事行动，在本方询问时你被问到是否有战俘集中营，你的回答是——1897页"没有战俘这回事"。你后来又进一步回答说，原因是那些对日军持敌对态度的人将受到惩罚，但是那些已经停止抵抗的人则将受到欢迎并被接纳。这是否意味着那些持敌对态度的人将被处死，而这是没有战俘的唯一原因？

答：我的意思是：当然会有一些人由于战斗而死亡或受伤，但是，如果去描述当时满洲的情况，很多军队集体投降，还有一些人逃跑了，所以，可以把他们归为三类：死伤的、集体投降的、以及逃跑或失踪的——我指的是中国军队。当我提到集体投降的士兵时，还有一层意思，我只是想强调，他们与正规军不同，就是说，这些投降的部队不像在战场上见到的那些正规军队，换句话说，他们的作战方法有所不同。

问：这不是对我所提问题的回答。我问你的是，如果这些俘虏或被惩罚或受到欢迎，同时不存在战俘问题，是否意味着那些受到惩罚的人是被屠杀或处死？

答：不，我根本不是那个意思。

问：他们如何受惩罚？

答：你是指那些集体投降的吗？

问：我是指那些不受欢迎也未被接纳，并且反抗日军的人。

答：针对那些抵抗日军不投降的人，当然是继续进行激战。战场上的情况很奇怪。

问：好。这就是我想问你的内容。

韦伯庭长：你指的是什么人，是那些在被俘虏后持有敌对态度的人吗？

片仓衷证人：不是，我不是指那些被俘虏后显示敌对的人。

问：对那些敌对的人有什么样的惩罚呢？

答：那些显示出敌对态度的人仍然是敌人，所以不在我们的控制下。

问：换种说法就是，你们或者接纳他们，或者将他们处死，是吗？

答：只有三种选择：接纳他们；让他们投降，或与他们决战到底并击退他们；再有就是一些军队被驱散或逃跑。

问：我要问你一个问题，是关于你提到的1932年1月本庄繁将军和芳泽大使之间的会议。你说那是一个非常正式的会议，芳泽大使被请求向东京传回三个重要观点。但是，事实上，你是否知道根本没有任何正式的会议，芳泽大使也没有向东京传回任何消息？

答：我没有说过那是一个正式会议，它是一次磋商。

问：也许我应该提到你当时描述的是正式会议。你用的确切语言是它是一个重要的会议，因为——

答：它是一个重要的会议，但不是正式会议。

问：（继续）因为本庄繁将军向大使传递了一个重要信息？

答：是的，但是芳泽大使并不是完全支持这些观点。他只是理解了本庄繁将军告诉他的话，并表示他将尽最大努力，就这些。

韦伯庭长：塔夫纳先生，我的一位同事希望问证人以下问题：那些已投降但拒绝与日本人合作的士兵是否会被处死？

答：没有在投降后仍抵抗的日本人。

问：那么，你还是拒绝叙述那些投降或被抓获的战俘发生了什么？

答：如我之前作证时所说，在投降后，一些投降的士兵转成了诚实守法的农民。一些人成为各省政府机构的公务人员。还有一些人加入了各个独立军队，也就是独立运动的军队。不管是哪一种，没有人在日本人手上。

问：那些受到惩罚的人是什么情况？

答：至于那些将要受到惩罚的人，一些暂时被日本人拘押或是转交给中国机关拘押。当然，在不同的时期态度有所不同。

问：那么，这是战俘营吗？

答：不是。

问：在你的本方询问证词中，你提到了有一笔特别经费，用于情报工作、巡逻和各种接待费用。这个特别经费是否曾用于任何其他目的？

答：没有。

问：谁是这笔资金的托管人？

答：管理这笔资金的是参谋长板垣将军和参谋部的官员。

问：这笔特殊经费是否有时也被称为基金？

答：是的。

问：在提到关东军用来促进独立运动的经费时，你的回答基本上是，关东军由于没有可以用在这个方面的资金而感到无计可施，然后你又说每年对那项经费划拨五万日元。这笔款在刚开始难道不够吗？

答：因为我不是负责这项资金的官员，所以无法给出非常精确的数字，但是我是说有——5万日元，大约，这笔拨款是用于关东军在和平时期的开支。这笔特殊资金从未被用于独立运动，我只是对事变爆发前它的用途举了几个例子。

问：你说板垣将军先在向马占山解释了日本的真正意图后，诱使或者说劝说他担任所谓新国家的军政部总长。

（证人开始用日语回答）

等一下。你当时在他们会面的现场吗？

答：我不在会面现场。

问：如果你不在现场，我就不想问你关于当时所发生的事了。但是我要问你，这个名为马占山的满洲人是否真的担任了首位军政部总长？

答：是的。

问：谁是他的次长以及次长的国籍是什么？

答：次长是一名满洲人，但是我一时想不起他的姓名了。如果你能给我一点时间，也许我可以想起来。

问：多长时间。

答：直到我想起来。（停顿）

问：好吧，我们忽略这个问题。

在满洲的政府中，除了军政部总长外，还有哪些部门总长？

答：郑孝胥，外交部总长——

问：等一下。我不是问姓名。我想问的是部门名称，例如外交部——不同种类的部门。

答：外交部、民政部、财政部、实业部、交通部、司法部。

问：就这些吗？

答：是的。就政府部门而言，就这些。

问：是否每个部门都有一名次长？

答：在"国家"和政府成立的早期阶段，有一些部门设有次长，也有一些没有。

问：在每个设有次长的部门，次长都是日本人，难道不是吗？

答：在新国家成立的早期，他们是满洲人，日本人后来才担任次长。他们全都是满洲人，至少直到1932年8月当我们离开满洲时。

问：你与任何被告人有血缘或姻亲关系吗？

答：是的，姻亲。

问：和谁有？

答：南次郎将军。

塔夫纳检察官：没有其他问题了。

冈本辩护律师：有一个关于战俘的问题。

再次直接询问（由冈本辩护律师询问片仓衷证人）

问：证人先生，你刚才作证说，战俘，也就是投降的士兵，应当受到惩罚的情况，他们或是被日本人拘押，或是转交给中国当局。

在本方询问过程中，证人先生，你使用了一个词——当叙述中国军队方面的敌对行为时使用的某一个词，那个词被翻译为"惩罚"。你的意思是——当你在用这个词的时候你是不是指某种其他意思的惩罚？

塔夫纳检察官：如果庭长阁下允许，这不是交叉质证。这个问题是严重诱导。

韦伯庭长：他是在诱导，但也许不足以提出反对。它并没有建议具体的一种惩罚。

你的意思是什么，证人？

片仓衷证人：我不是指他们投降后。我是指当他们在继续敌人的敌对活动时。如果我可以用一个不同词的话，那些继续抵抗的是日军的敌人，而那些投降的在日满友谊的原则下则被欢迎加入到我们的阵营。

问：在检方的交叉质证过程中，你用了"接纳"这个词。你能用日语解释一下这个词的意思吗？

答：我的意思是——我使用"接纳"这个词的意思是，在这些士兵保证与我们合作并与我们采取一致行动后，他们将被接纳到普通社会中去。

冈本辩护律师：就这些了，庭长阁下。

我请求按照惯例让犯人离席。对不起，按照惯例让证人离席。

韦伯庭长： 他可以按惯例离开了。

（证人退席）

韦伯庭长： 本法庭负责对辩护方声称缺乏设施之事调查的成员希望本次休庭之后立即在议事室会见辩方的代表律师。

布鲁克斯辩护律师： 我已经派了一个律师去各办公室叫人，我想辩方律师团一休庭就会到那里，庭长阁下。

韦伯庭长： 只几个人就行了。我认为，法庭上的发言人去议事室就足够了，布鲁克斯大尉。

布鲁克斯辩护律师： 我想他今天在生病。你是指洛根先生吗？

韦伯庭长： 我指正在发言的人。

布鲁克斯辩护律师： 谢谢。

韦伯庭长： 我们将进行的休庭一直到4月2日，星期三。就是这样。

布鲁克斯辩护律师： 好。

韦伯庭长： 罗伯茨先生。

罗伯茨辩护律师： 庭长阁下，我相信一些律师，我还是仅代表自己吧，希望向法庭表明，我们不是仅仅因为技术问题才反对提供宣誓证词。如果这一点将会在议事室会议中谈及，我相信应该有尽可能多的律师在场。

韦伯庭长： 将不会涉及这一点，罗伯茨先生。我们真的只是想讨论一下技术困难，你们所说的正在阻碍你们进展或如果提供宣誓证词将会带来阻碍的技术困难。

罗伯茨辩护律师： 这也正是为什么我说，我相信不是所有律师都同意这是他们反对的唯一原因，反对法庭试图在审判中途改变规则，他们认为，这剥夺了被告在《远东国际军事法庭宪章》下应享有的权利。

韦伯庭长： 不是试图，而是决定；不是改变任何规则，而是在与公平审判被告原则一致的前提下采纳某种形式的程序。

韦伯庭长： 我们将休庭，直到 4 月 2 日，星期三，上午 9:30。

（15:55 进行休庭，直至 1947 年 4 月 2 日星期三，9:30）

六、九一八事变前的中日关系

1947年4月2日,星期三
日本东京都旧陆军省大楼内远东国际军事法庭

……

(9:30 开庭)

……

法庭执行官:远东国际军事法庭现在开庭。

韦伯庭长:除了大川周明、松井石根和东条英机由各自的辩护律师代理外,所有被告都到场了。我们这里有巢鸭监狱医疗分队提供的证明,证实松井石根和东条英机由于病重无法出席今天的审讯。该证明将被记录并归档。

莫罗少校。

翻译仲裁官(莫罗少校):庭长阁下,在法庭的允许下,我们提出以下的语言更正:

证据号2202A,记录第15753页,第14行与第15行之间插入以下标题,"没有加强朝鲜师团的决定。因此派军毫无疑问。陆军大臣南次郎的声明。"

证据号74,记录第17490页,第11行,以"总力战"替换"总体战"。

韦伯庭长:冈本先生。

冈本辩护律师:庭长阁下与本法庭各位成员,辩方想说明的是,为了加快审判进程,在休庭期间我们对我们的证据做了大幅缩减。检方在这方面也与我们合作，就某些中日条约的问题订立了协议。列文先生稍后将向本法庭报告有关这些安排的细节。现在，我将开始陈述证据文件，希望本法庭允许。

首先，辩方将引用第 21 号法庭证据（辩方文件 199 号）和第 2298 号法庭证据（辩方文件 59 号），这是俄国和日本于 1905 年 9 月 5 日共同签署的和平条约及补充条款，其中规定将由日本接管俄国在南满洲的权利。

此外，第 2292 号法庭证据（辩方文件 41 号）、第 2293 号法庭证据（辩方文件 55 号）和第 2294 号法庭证据（辩方文件 56 号），这是分别于 1902 年、1905 年和 1911 年签署的英日同盟条约。它们都显示出，英国承认日本在中国的特殊利益，以交换日本对英国在印度特殊利益的承认。

我们现在提交辩方文件 698 号作为证据，这是 1915 年 5 月 25 日在北京签署的关于南满洲及东部内蒙古的中日条约。这就是著名的"二十一条"，它是中日之间长久以来发生争议的原因，进而导致了奉天事变。我希望宣读一下这份文件，从中可以看出它是一份非常简单和明确的条约，从本质上并无任何侵略性。

法庭书记官： 你提交吗？

冈本辩护律师： 我作为证据提交。

韦伯庭长： 按惯例采纳。

法庭书记官： 辩方文件 698 号将作为证据被采纳，证据号 2383。

（上面提到的文件被编为辩方证据第 2383 号，并被采纳为证据）

冈本辩护律师： 我提议宣读这份文件：

> 大中华民国大总统阁下及大日本国大皇帝陛下，为发展在南满洲及东部内蒙古两国之经济关系起见，决定缔结条约。为此任命——

我将忽略这些姓名。

各全权委员互示其全权委任状,认为良好妥当,议定条项如下:

第一条,两缔约国约定,将旅顺、大连租借期限并南满洲及安奉两铁路之期限均展至九十九年为期。

第二条,日本国臣民在南满洲为盖造商、工业应用之房厂或为经营农业,得商租其需用地亩。

第三条,日本国臣民得在南满洲任便居住、往来,并经营商、工业等一切生意。

第四条,如有日本国臣民及中国人民愿在东部内蒙古合办农业及附随工业时,中国政府可允准之。

第五条,前三条所载之日本国臣民,除须将照例所领之护照向地方官注册外,应服从中国警察法令及课税。

民、刑诉讼,日本国臣民为被告时,归日本国领事官。又中国人民为被告时,归中国官吏审判;彼此均得派员到堂旁听。但关于土地之日本国臣民与中国人民之民事诉讼,按照中国法律及地方习惯,由两国派员共同审判。

将来该地方之司法制度完全改良时,所有关于日本国臣民之民、刑一切诉讼即完全由中国法庭审判。

第六条,中国政府允诺,为外国人居住、贸易起见,从速自开东部内蒙古合宜地方为商埠。

第七条,中国政府允诺,以向来中国与各外国资本家所订之铁路借款合同规定事项为标准,速行从根本上改订吉长铁路借款合同。

关于铁路借款事项,将来中国政府将较现在各铁路借款合同为有利之条件给与外国资本家时,依日本国之希望再行改订前项合同。

第八条，关于东三省中、日现行各条约，除本条约另有规定外，一概仍照旧实行。

第九条，本条约由盖印之日起即生效力。本条约应由大中华民国大总统阁下、大日本国大皇帝陛下批准。其批准书，速在东京互换。

我省略了下一段话。

中华民国四年五月二十五日，对应日本的大正四年五月二十五日，即1915年。

还将引用证据号2317（辩方文件52号），也就是1917年11月2日签署的所谓《石井—兰辛协定》，规定美国承认日本在中国的特殊利益，尤其是日本拥有连续所有权的情况。

韦伯庭长：柯明斯-卡尔先生。

柯明斯-卡尔检察官：庭长阁下，虽然这个文件被采纳为证据，但同时，辩方证据2318号则显示，该协定于1922年被废除。虽然我的朋友现在提到的不是那个证据，但我们认为应该就这一点提醒本法庭。

韦伯庭长：被采纳并不证明它目前仍存在，只是表明它的条款在当时的合理性，或者说我是这么理解的。

冈本辩护律师：有关那个问题，我们提出辩方证据383号，这是从石井菊次郎所著的《外交评论》中摘录出的话，已被外务省证实。他的话也被《李顿调查团报告书》作为日本人所表达的普遍观点而引用。

韦伯庭长：柯明斯-卡尔先生。

柯明斯-卡尔检察官：检方反对这份文件。它是一个论点和一个结论。不错，它也被《李顿调查团报告书》引用了，但是我们的意见是，这并不能使它的其余部分作为确定的事实被采纳为证据。

冈本辩护律师：我可以说几句话来回答吗？这份文件由曾担任美

国驻奉天领事兰顿先生翻译并进行编辑。

我恭敬地恳请本法庭注意一个事实,那就是兰顿先生的编辑完成于1931年4月,距奉天事变爆发只有几个月,而且这段摘录讲的是诸如日本对华外交和日本在中国的特殊利益等问题。石井菊次郎在1915—1916年期间任外务大臣,1917年在担任驻美特派大使时签署了上面提到的《蓝辛—石井协定》。我相信,他完全有资格来解释他作为日本政府代表时所持的态度,并解释"日本在满洲的特殊利益"有什么涵义。

我从这段摘录中特别引用了第12页的阐述,也就是第6章"日本在中国的特殊利益"的内容,并且恭敬地认为,这些是对事实的叙述,而非他自己的观点。

韦伯庭长:你的意思是,它是奉天事变爆发前日本人心态的证据吗?

冈本辩护律师:我的意思是,石井菊次郎在这里的陈述是对奉天事变之前日本态度的一个解释。

韦伯庭长:这个陈述是在石井菊次郎担任外务大臣期间做出的吗?

冈本辩护律师:不是,阁下。他在辞去外务大臣的职务后写了这本书。

韦伯庭长:本法庭多数意见认为反对有效,驳回文件。

冈本辩护律师:下一项引用是证据号2319和2319D,辩方文件号200和200D,特别是在2319D的附录I,表明了在华盛顿会议期间满洲的土匪情况。因为这部分证据在采纳的时候没有宣读,如果本法庭允许,我希望宣读一下。它不会超过半页纸。

我可以读吗,阁下?

韦伯庭长:可以。

冈本辩护律师:证据号2319D的附录I(宣读)

关于满洲的目前局势,即使是在和平与秩序维持良好的南满铁路区内部及周边，中国匪徒也会经常发动袭击，并躲避日本铁道守备队的监察。

上述事实在附表 A 和附表 C 中清晰地进行了标注。

在远离铁路区的满洲内地，这种无法无天和动荡不安的局势更是无法用语言形容。附表 C 中显示了日本人在满洲这些地区旅行时遭到中国土匪袭击的次数。

土匪实际的袭击次数要远远大于我们这里的数字，因为附表中仅列出了向日本政府报告的案例。

朝鲜人受到土匪袭击的次数可能会更多。但大多数的朝鲜人受袭后，因为害怕遭到报复，通常不会向日本政府报告。

北满洲的情况更加恶劣。

在配备了中国铁道守卫队的中东铁路沿线地区，我们得知，在 1921 年 4 月和 5 月期间共发生了 50 起土匪袭击事件。每起案件涉及的匪徒数量在 50—400 人之间，他们往往无恶不作。

中国匪徒去年在间岛犯下的暴行充分显示出满洲那个地区无法治、无秩序的局势。

最恶劣的一个事件发生在距日本防线不远的长春市，尽管中国军队驻扎在这里，但土匪在一天之内对这个城市发起了三次袭击，不仅烧毁了日本领事馆，还屠杀了一些日本人。

其余的我就不宣读了，庭长阁下。

我们下面要提交辩方文件 254 号作为证据，这是一份日本驻间岛总领事于 1926 年 9 月 14 日向日本外务大臣呈送的报告，是关于清朝皇帝溥仪的复辟帝制运动。

韦伯庭长：柯明斯-卡尔先生。

柯明斯-卡尔检察官：如果庭长阁下允许，检方反对这份文件，因为不相关也不重要。它说明了，一个特定的中国人于 1926 年向这位领事讲述了他以及他的某些朋友希望这个皇族重新统治中国的愿望。

冈本辩护律师： 我可以说几句话吗，庭长阁下？

柯明斯-卡尔检察官： 我希望先讲完，庭长阁下。

它还显示出该领事并不赞同他。

冈本辩护律师： 这正是原因——

柯明斯-卡尔检察官： 让我先讲完。

在我看来，他们中无论哪一方的观点都与本案的问题无关，而且在1926年时中国是否存在一个保皇党也不重要。

冈本辩护律师： 如果庭长阁下允许，我提交这份文件是为了证明，《李顿调查团报告书》中说这个时期——这些日子，在满洲没有独立运动，这个说法有一些错误。

韦伯庭长： 这并不是任何运动的证据，不是吗？它只是一个人观点的证据。它是否表明了溥仪的态度？

冈本辩护律师： 没有，它没有显示出溥仪的态度，而是追随溥仪的其他中国人的态度。另外还有第二个原因：日本政府当时没有赞同这些复辟运动或独立运动。并且——

韦伯庭长： 我在这里已多次表明我的看法，问题是日本人是否利用了一次独立运动，如果有的话，或者是他们发动了一个运动。

冈本辩护律师： 无论是哪种情况，我想都有必要参考这些独立运动，展现出导致奉天事变的历史背景。

韦伯庭长： 我的一位同事非常简洁地做了回答：一只燕子不意味着一个夏天；一个中国人的观点也不意味着一场独立运动。

反对有效。法庭驳回文件。

冈本辩护律师： 那么我们提交辩方文件596号作为证据。这是一份日本外务省在1927年6月17日发给日本驻天津总领事的一封指令，关于前朝皇帝溥仪计划前往日本的事情。它将表明日本对溥仪及其复辟运动的态度。

韦伯庭长：柯明斯-卡尔先生。

柯明斯-卡尔检察官：我们的意见是，日本政府在1927年是否欢迎溥仪的访日提议并不重要。而且，我们认为这与本法庭的问题也没有关联。我们还认为，至于日本政府为什么不希望溥仪先生在那个时候访问日本的原因也对本法庭没有帮助。

冈本辩护律师：我认为它是重要的和有关系的，它表明了日本政府关于溥仪复辟皇位及其运动的传统政策，尤其是1931年的若槻内阁也遵循了日本政府的这种传统。

韦伯庭长：好吧，尽管它看起来关系不是那么密切，但还是有一些价值，所以将会被采纳。

反对无效。

冈本辩护律师：谢谢。

法庭书记官：辩方文件596号将作为证据被采纳，证据号2384。

（上面提到的文件被编为证据第2384号）

冈本辩护律师：我提议宣读这份文件：

绝密文件第93号，东京，1927年6月17日。

收件人：驻奉天总领事加藤

发件人：外务大臣田中义一

主题：关于宣统皇帝出访日本、旅顺和大连

关于上述事件的大意已通过电报与你沟通。我们转发以下备忘录——"关于宣统皇帝出访日本、旅顺和大连的附件"，谨供参考。请保持对此事的充分了解。

抄送：驻中国大使。

关于宣统皇帝出访日本、旅顺和大连港。

I. 到目前为止有关此事的情况

（1）1924年11月，当宣统皇帝逃到日本公使馆避难时，我们通过电报与驻中国的芳泽大使进行了以下沟通：

如果宣统皇帝出访日本或前往关东省，他可能会被宗社党利用，或是引发围绕他的各种运动。这可能会导致一种对我们及皇帝本人都不利的情况。所以，必须避免这件事情。

同年12月，宣统皇帝在日本公使馆时告诉芳泽大臣，他希望出访日本。

大臣认为日本出于以下原因可以考虑同意宣统皇帝访问日本，因此他请求对宣统皇帝的提议回复指令。需考虑的因素包括：

（a）宣统皇帝非常渴望拜访日本皇室并表示敬意。而日本皇室对宣统皇帝也非常尊重。

（b）将来可能还会有很多中国的政治避难者访问日本，如果我们允许这些人来而不允许宣统皇帝来访，那将是不合理的。

（c）如果我们不允许宣统皇帝出访日本，导致他选择其他国家进行避难，那可能会影响我们的声誉。

对于这项请求，外务大臣发来的命令是应避免让宣统皇帝到日本避难，原因是考虑了我们以前一直遵循的政策，特别是以下三点原因：

（a）尽管我们的政府非常同情宣统皇帝的处境，但我们很难在这个时间安排他对日本皇室的拜访。

（b）与其他普通政治避难者访问日本不同，由于宣统皇帝的地位以及他与宗社党的关系，他对日本的出访需要进行非常周密的考虑。

（c）即使宣统皇帝以后选择了其他国家进行避难，那也无须认为这会对我们的声誉造成影响。

（2）1925年2月，宣统皇帝到达天津，后来一直留在那里。关于皇帝出访日本或转移到关东省，我们一直遵循惯有的政策。但是最近，皇帝身边的人，出于他们对皇帝安全的一贯担忧，担心目前的局势可能会危及皇帝的安全，因此正在秘密筹划将皇帝转移到日本或旅顺港地区。

下一页。

（a）在目前的中国政局下，尤其是目前段祺瑞和许多其他中国政治首领都将避难地转移到旅顺港地区，因此把宣统皇帝转移到那个地区不会引起人们过多的注意，也不会引起关于皇帝同日本关系的不利宣传。

（b）从宣统皇帝的财务角度来看，在旅顺港—大连地区的房价还没有涨起来前，对那里的房地产进行投资，对他规划今后的生活也有好处。

我现在回到第3页我删掉的这段话。

然而同时，至少目前看起来是这样，应该对上述皇帝身边的人的这种想法给予一些同情考虑；最近刚返回的有田参赞曾担任奉天领事，对此他也持同一观点。但是驻中国大使芳泽通过电报发来了他的观点，认为宣统皇帝前往日本对日本和他本人更有利，原因有两个：

（a）当南部的影响扩大到整个中国北方地区时，可能会引发中国出现收复旅顺港和大连的呼声，而宣统皇帝此时前往关东州则将推高这一呼声。

（b）即使只是把皇帝转移到关东州，也会多少引起人们的注意，这是必然的。

电报还说，芳泽大使对将皇帝转移到关东省并无特别反对意见，不管怎样，根据近期局势发展，宣统皇帝在天津租界的住所都将处于危险。

II. 有关此事将采取的行动计划

几年前，当宣统皇帝出访日本的问题刚被提起的时候，宫内厅有人强调说，让日本普通民众见到一个退位皇帝的落魄形象将向那些具有危险想法的人呈现一个活生生的例子，这会带来不好影响。有必要了解宫内厅现在对宣统皇帝出访计划的观点，对此，外务大臣田中做出表示，如果宣统皇帝作为一个政治避难者出访日本，他们不会提出反对；但是，如果如皇帝身边的人所希望的那样，日本将其视为一个邻近大国的退位皇帝而向他提供特殊待遇，就将会有困难。例如，如果宣统皇帝希望拜访日本皇室，或是乘坐日本战舰来日本避难，类似的要求都不会被接受。

总之，如果宣统皇帝能够满意仅给予他普通政治避难者相同的待遇，而不要求作为一名退位皇帝的特殊待遇，我们不反对他出访日本或前往旅顺地区。希望知会日本驻奉天总领事，在适当的时机向皇帝身边的人就上述考虑做出解释。

我们接着要提交辩方文件307号作为证据。这是1929年1月11日由关东州政府公共安全局局长向日本内阁殖民局局长及其他有关官员呈递的一份报告，关于满清王朝的复辟运动，其领导人是恭亲王，也就是溥仪的叔叔。

韦伯庭长：按惯例采纳。

法庭书记官：辩方文件307号将作为证据被采纳，证据号2385。

（上面提到的文件被编为辩方证据第2385号，并被采纳为证据）

冈本辩护律师：我提议宣读这份文件：

关东警局　编号400(2)(密件)
1929年1月11日。
收件人：内阁殖民局局长等

发件人：关东州公共安全局局长

主题：拥立恭亲王的计划

过去曾有很多次支持恭亲王的运动，但由于缺少资金和其他资源，一直没有实质性进展。最近有消息显示，华北土匪与奉天内一些不满势力建立了联系。报告还说，黑河城指挥官兼第二骑兵师统帅巴某与黑河第一师指挥官程某签订了一个秘密协议。而且，他们还与张海鹏达成了某种谅解。通过这些手段，在多个地方发展了相当数量的支持者。最近，他们开始组建东三省独立军，包括三部分，分别是：龙武军（在东三省建立）、清武军（热河地区的土匪组建），以及飞武军（在山东和直隶地区建立）。他们保持相互之间的密切联系，并计划在某个时机升起黄龙旗作为独立的信号。在那个时机到来前，这些独立军队将袭击当地富豪进行筹资。同时，还要劝说当地的省长，寻求他们的支持。黑河城指挥官巴某与第一师指挥官程某进行了所有的准备。他们秘密地分发如下的传单，鼓动人们积极投身于恭亲王的大业。我们正密切关注相关发展。

和硕恭亲王布告：

东三省是本亲王的东三省，我们的父辈和子女都是本亲王的亲密朋友。在过去的三百年间，我们的祖辈和他的先人每一天都在同甘共苦。但自从张作霖占领东三省后，善良民众饱受邪恶政府之苦，邻国列强对我们的内政横加干涉。正因为如此，他遭到了老天的惩罚被炸死了。他的儿子张学良的恶行更甚于其父，他将这片土地血流成河，老百姓困苦不堪。但本亲王热爱这个国家，本心系国土，感动了民众。本率领50万将士，揭竿而起，将人民从水深火热中解救出来，把张学良敌寇驱逐出去，光复了东三省。本将民众的福祉视为至上，对内改革政府，对外促进睦邻友好关系，将以结束战争为首要目标。本将带领东三省独立，而且将不对长城以南的任何事务进行插手。本以黄龙旗作为东三省的国旗，坚决摒弃穷兵黩武的政策。顺其者昌,逆其者亡。所有人民安居乐业。亲王保护所有当地民众。主动归顺的平民和军官将受到优待,而负隅顽抗的将被处死并没收财产。现颁布以下法令,人人当严加遵守。

十项法令。

1. 本亲王维护东三省的独立,并且不对长城以南的任何事务进行插手。他将致力于民众福祉,对内改革政府,对外促进睦邻友好关系,以结束战争为最终目标,铲除张氏父子的余孽,并以黄龙旗作为东三省的国旗。

2. 中国和日本都是古老的文明国家,而且东三省与日本有特殊关系。亲王将在与日本建立真诚友谊的基础上制定所有的政府政策,使双方均能享受平等利益。

3. 欧美与大清的经济关系令人满意,将尽可能地对东三省人民的财产进行保护,所有事宜将根据以往惯例进行处理。

4. 将和以前一样遵守关于铁路的条约。

5. 东三省民众得到当地民兵和军队的保护。当他们受到不合理待遇时,他们可以提出申诉。

6. 许多蒙古王子与满人和汉人有相同的习俗并相互友好,他们也将得到尽可能的保护。

7. 如果平民和军官归顺,他们将被允许继续担任公职,并将得到善待。如果他们继续反抗,就将毫不留情地进行惩罚。

8. 如果在东三省的军队投降,他们将受到优待并量才得到提拔。但如果他们不投降,抓获后将被处死,家人也将受到同样惩罚,财产将被没收。

9. 东三省的土匪多出身于良善家庭,他们落草为寇是因为张氏父子的暴政。如果他们能够痛改前非,将由政府统一安排就业。

10. 由于所有的公共事务过于复杂,亲王将对此进行精简,逐步建立良政,创造和平的生活。

中华民国十七年

接下来,我们提交辩方文件676号作为证据。这是1929年2月5日由日本驻中国临时代办向日本外务大臣呈递的一份报告,内容关于查扣没收日货规则的颁布。

韦伯庭长:按惯例采纳。

法庭书记官:辩方文件676号将作为证据被采纳,证据号2386。

(上面提到的文件被编为辩方证据第2386号,并被采纳为证据)

冈本辩护律师:我提议宣读这份文件:

1929年2月5日日本驻中国临时代办吉高向日本外务大臣田中义一呈递的正式文件。

主题:关于没收日货规则的颁布。

据报告,反日会于本月2日发布了一份名为《没收日货条例》的通告,其内容在报纸上发表。随函附上通告。以下是对通告的翻译,谨供参考。

《没收日货条例》。

第一条,在要求的最后登记期限过后,即1928年11月26日,商人仓库中的现存日货仍未进行登记的,将一律没收。

第二条,在1928年11月26日前订购的尚未到达的日货,如果在登记期限内未能根据书面命令向反日会进行登记,将在货物一抵达北平时即没收。

第三条,在1928年12月1日后订购的日货,如果属于绝对禁止的日货,将一律没收。

第四条,如果属于相对禁止的日货,必须根据全国反日会公布的《登记条例》向救国基金缴纳费用。

......

第七条，如果商号已对日货进行登记并收到了救国基金票，但没有将其粘在日货上，或基金票的号数与登记册上号数不符，该日货将被没收。

第八条，如果根据现行条例的规定应没收日货，但奸商对没收进行反抗，或以其他方式使没收不可能进行，上述商人将被送至反日会拘押，并移送给公断委员会，由他们实施审判和惩罚。

接下来我们提交辩方文件481号作为证据。这是1929年4月24日由日本驻吉林（满洲）领事向日本外务大臣呈递的一份报告，内容关于中国当局颁发的一个密令，严禁向日本人租赁房屋。

韦伯庭长：柯明斯-卡尔先生。

柯明斯-卡尔先生：我们有两个原因来反对这份文件。第一，因为此文件丝毫不相关；第二，它只是报告了一个谣言。据说，写报告的人只是作了一些询问，发现可能存在由该县政府颁布了一项秘密通知这件事。我们认为，基于这两个原因，这份文件不具作证价值，而且也不相关。

韦伯庭长：第一个原因与上一个被采纳证据情况相同。至于第二个原因，辩方有什么要说？

冈本辩护律师：这份文件是基于外务省从铁岭总领事和满洲多个地方收到的正式报告，就这一点而言，它是否是谣言都根本不是问题。不管怎样，这些报告都影响了日本政府在当时的态度。

韦伯庭长：法庭的多数意见赞成采纳此文件。反对无效。

法庭书记官：辩方文件481号将作为证据被采纳，证据号2387。

（上面提到的文件被编为辩方证据第2387号，并被采纳为证据）

冈本辩护律师：我提议宣读这份文件。

日本昭和四年(1929)4月24日，铁岭。

发件人：近藤信一，驻铁岭(满洲)领事

收件人：田中义一，外务大臣

主题：关于中国当局颁布严禁向日本人租赁房屋的密令

在4月20日的第150号密件中已报告，铁岭县县令(县是当地政府下设的一个行政单位)由边防守卫队总部转发的省政府命令，颁布了一项禁止向外国人私自租赁或出售土地的公告。我们一直在关注此事，认为可能是县级政府向无论大小的所有民间机构，都颁发了一份密令，以确保全面执行上述命令。公告中说，严格禁止在南满铁路区之外向日本居民租赁房屋，已经出租的，应在避免可能出现争议的情况下尽快收回，违反此规定的人将被严惩。

有相当多的日本人在铁路区之外租地，也就是城墙内的港口地区，其中有一些面临着租赁合同在年内到期的情况。在这个时间和环境下，难以预测中国房东今后可能采取的态度，但我将以坚决态度尽快对这种反日行为提出严重抗议，以阻止将来可能发生在邻近铁路区城市的无正当理由的、我们不愿看到的影响。我担心中国方面将利用租赁合同将在这个夏天到期的这个机会，试图收回土地，而非常复杂的问题可能也会接踵而来。一些日本人可能拖欠租金，还有一些可能会违约，因为经济萧条使他们难以偿还以前经济繁荣时欠下中国人的债务。

我担心，这种多年未付租金的情况将为中国方面提供收回土地的好借口，当我们对由于拖欠付款而引发问题进行谈判时，必须要考虑这些不愉快的情况。中国方面似乎采取了谨慎的态度，避免与日本人接触，同时中国官方正在引导民众向它的方针发展。

相应的,中国政府预计将采取更多干涉态度,不仅是租赁房屋或土地,还有一般的商业交易。

我们提交辩方文件482号作为证据。这是1929年8月2日由关东州的日本警务局局长向日本海外事务副大臣及其他政府职能部门呈递的一份报告,内容关于禁止向外国人出售土地的中国法规。

韦伯庭长: 按惯例采纳。

法庭书记官: 辩方文件482号将作为证据被采纳,证据号2388。

(上面提到的文件被编为辩方证据第2388号,并被采纳为证据)

冈本辩护律师: 我提议宣读这份文件。

发件人:关东州总督府警务局局长

收件人:海外事务副大臣,内阁官房长官,外务省副大臣,内务省警局局长,关东军参谋长,关东宪兵队司令官,关东租借地海军基地长官,南满铁路公司信息课课长。

主题:禁止非法出售或处置国土的法案

由于对辽宁省新民屯劝业公司的农场案件以及北宁铁路中断问题感到恼火,中国当局决定禁止出售国土行为,严重违反者处以死刑,并起草了一份法案,以避免损失国土和相关利益。

该法案于本月24日召开的省级执行委员会的第46次会议上通过。东北政务委员会已将该法案提交南京中央政府批准。

法案内容如下:

《惩治非法出售或处置国土暂行条例》。

第一条,任何人在未获有关部门准许的情况下,向外国人出售、抵押或租与自有、第三方私有、公有或国有的土地、房屋、荒山、森林或矿山,将被视为犯下盗卖国土罪(注:此外的"国土"指所有种类的地产),将根据本法律的规定进行惩罚。

第二条，若外国人，无论任何国籍，接受了上述条款所述的中国人非法出售国土，该行为将被省政府视为无效。

第三条，任何犯有非法处置国土罪者将按以下条例进行惩罚：

（1）任何非法处置国有、公有或第三方私有国土者将被处以死刑。

（2）任何非法处置自有国土者将被处以死刑或终身监禁。

任何犯有上述罪行者，除执行上述惩罚措施外，还将处以最高达到非法销售收入的罚金，并没收全部或部分财产。

第四条，任何为了购买本条例第一条指述被盗卖（注：非法处置）国土而接受外国人的资助成为名义所有人者，将根据第三条（2）的规定进行惩罚，可能从轻处罚。

第五条，非法处置国土案中的中间人和共同签署人将被视为从犯，将按照比对该案主犯低两级的惩罚措施进行处罚。

韦伯庭长：证明书显示的日期是1929年8月2日。

冈本辩护律师：是的，阁下。

我们下面要提交辩方文件480号作为证据。这是1929年8月19日由日本驻间岛领事向日本外务大臣呈递的一份报告，内容是中国方面关于执行对朝鲜农民租赁土地规则的一份公告。

韦伯庭长：按惯例采纳。

法庭书记官：辩方文件480号将作为证据被采纳，证据号2389。

（上面提到的文件被编为辩方证据第2389号，并被采纳为证据）

冈本辩护律师：我提议宣读这份文件。

密件第952号。日本昭和四年（1929）8月19日，间岛。

发件人：冈田兼一，驻间岛领事。

收件人：币原喜重郎，外务大臣。

主题：关于执行中国政府颁布的向鲜农租赁可耕荒地规定的公告和指令（满洲珲春警察分局局长报告）

关于此事，据说吉林省省长张作相已于8月2日颁布了关于向朝鲜农民租赁可耕荒地的规定，并向所有县令下达了下述指令。珲春县令向辖区内所有村长传达了如下规定。由于规定的目的是限制朝鲜人的土地所有权，它的执行预计将产生相当大的影响。

我们正密切关注局势发展。

注：鉴于从朝鲜向我省移民的鲜农有不断增长的趋势，为确保当地居民以及从山东、河北等地大量涌入的贫民之生活，并遏制鲜民的增长，省政府特此颁布关于向鲜农出租可耕荒地的条例。希望各县级政府努力实施此项条例，对辖区内的有关部门进行监督。

第一条，本条例适用于吉林省境内的朝鲜人。

第二条，所有在吉林省境内的鲜民，无论归化与否，均无权获得可耕地。

第三条，禁止鲜民向有关政府申请租用可耕地。

第四条，本条例适用于在本条例颁布前已获得垦荒局批准拥有可耕荒地的鲜民，且已采取行为进行收回。

第五条，已获得上述批准的鲜民，如果在荒地上种植的作物已成熟，应对它有拥有权。

第六条，垦荒雇佣的农民应主要是华人，由政府管理或是平民管理。但本条例不适用于稻田种植。

韦伯庭长： 这刚好告一段落。我们暂时休庭15分钟。

（10:45休庭，直到11:00重新开庭如下）

法庭执行官： 远东国际军事法庭现在开庭。

三文字辩护律师： 三文字,被告小矶国昭的律师。

如果法庭允许,我想做一段简短的陈述。在休庭期间,当对辩护方文件进行筛选时,本律师希望作为证据向法庭提出的部分文件被辩护方多数意见否决。尽管在不同律师之间存在不同观点是很正常的事——也就是说,我相信某些文件对我为自己的当事人辩护非常重要。此外,我还相信,由于这些文件的性质,如果在本案的一般阶段作为证据提出,将会比在个人辩护阶段提出更适合。如果毫无保留地在个人阶段就将这些文件作为证据提出,可能会有人提出反对,理由是这些文件是在一个阶段已结束后——或某个阶段已经完成后才提出,或是说它不相关;所以,我冒昧地请本法庭允许,可在这些文件一处理完时就立即作为证据提出。

尽管其中的一些文件已翻译完成,并制作好印刷模板准备印刷,但我们目前还无法将所有文件都印出发给诸位。在这个紧要关头,我怀疑我们是否有足够的印刷设施能将我想要的这些文件都印出来;因此,如果允许的话,我希望请求本法庭扩充这些印刷设施,以完全满足对这些文件的处理要求。

韦伯庭长： 当你在进行小矶国昭的案件时,你将被允许提出相关的和重要的文件,这一点不会有问题。这是我们现在所能讲的。如果一份文件在某一阶段没有提出,它并不会因此而不能用于以后与之相关的阶段。小矶国昭将能够提出所有对他有帮助的文件,如果是在合适的时间,没有什么障碍会阻止他这样做。但是每位律师也必须明白,他不能对案件阶段的进行设置阻碍。

三文字辩护律师： 我理解你所说的,庭长阁下,但我做出这番陈述的原因是,我觉得某些在一般阶段被视为不相关的文件可能在个人阶段也会被这样认为,因为我有种感觉——因为在一般阶段的这些文件可能被视为与个人阶段没有任何关系,尽管我应该补充说,如果一般阶段进展满意的话,那将会有助于所有涉及的被告人。

韦伯庭长: 我无法理解你的逻辑。如果一份文件在一般阶段没有被采纳,但你认为它对你的客户有帮助,你将可以再次提出这份文件,如果它是相关的、重要的而且没有重复,它就会被采纳。一直都是这个标准。

至于利益的问题,谁是代理小矶国昭的美国律师?我们不是更愿意听他的观点,但是他是谁呢?

三文字辩护律师: 布鲁克斯先生,庭长阁下。

韦伯庭长: 当然,观点分歧对你也不利。

布鲁克斯辩护律师: 庭长阁下,作为一名美国律师,我想说,15名日本律师及相关的美国律师组成了一个委员会,对这些文件进行了认真的筛选,我们尽量去剔除那些重复性的文件。我想,当时一些引用的某些书籍和报纸被剔除了,因为它们的重复性并且证据价值不大。

韦伯庭长: 沃伦上校。

沃伦先生: 庭长阁下,至少在被告方面可能会对所发生的事产生一些误解。我们有一个谨慎挑选出的委员会,对产生分歧的文件进行筛选。根据这个委员会的意见,这位律师提到的那些文件与目前涉及的问题不相关。如果律师希望以后在他自己的案件中使用这些文件,他完全有自由这样做,而且我相信也有充足的印刷设施。我们正在按照所有日本律师和美国律师都已赞成通过的计划进行,并且所有的律师都很清楚这一事实。

三文字辩护律师: 如果这些文件可以在个人阶段提出,我就满意了。谢谢。

冈本辩护律师: 庭长阁下,大原先生将继续提出文件。

韦伯庭长: 大原先生。

大原辩护律师: 我们要提交辩方文件486号作为证据。这是1929年11月8日由日本驻吉林总领事向日本外务大臣呈递的一份报告,内容是关于中国在吉林省控制稻田灌溉的规定。

韦伯庭长： 按惯例采纳。

法庭书记官： 辩方文件486号将作为证据被采纳，证据号2390。

（上面提到的文件被编为辩方证据第2390号，并被采纳为证据）

语言监督官： 庭长阁下，我们要问一下日本律师从哪一页开始宣读。语言部碰巧没有这个文件的英文文本，也就是说，少了几页内容。

大原辩护律师： 我们将宣读辩方文件486号，证据号2390。

官方编号：731（翻译）

日本昭和四年11月8日，吉林

发件人：石射猪太郎，驻吉林总领事

收件人：币原喜重郎，外务大臣

主题：吉林省政府建设委员会颁布的关于控制稻田灌溉的省政府规定

（中间部分省略）

《吉林省政府建设厅管理稻田水利暂行章程》

第一章 总则。

第一条，本章程的目的是在全省管理稻田水利，该事务由建设厅负责。

跳到

第三章 管理

第八条，只有中国人才能开垦和种植水稻。

大公司只有在需要相关技术知识时才允许雇佣外国人。雇佣外国人的公司应将相关事宜报告给有关县政府，再由县政府报与建设厅进行考虑。

我们下面要提交辩护方文件 306 号作为证据。这是 1929 年 12 月 26 日由日本驻天津总领事向日本外务大臣呈递的一份报告，内容是关于建立"满蒙帝国"的一个计划。

韦伯庭长：柯明斯-卡尔先生。

柯明斯-卡尔检察官：如果庭长阁下允许，检方反对这份文件。它与已被驳回的辩护方文件 254 号属同类文件，就是说，文件的最后一段说——领事向外务大臣报告的——"上述故事是我所听说的，谨供参考"，这是从文件中摘录的。

我的意见是，它不具有作证价值，而且不管怎样，是否在满洲和蒙古有一些人想要帝制复辟这一问题也不重要。

冈本辩护律师：我希望能够提请本法庭的法官阁下们注意一个事实，《李顿调查团报告书》中说在 1931 年 9 月 18 日以前没有独立运动。但从这个文件中，庭长阁下，至少可以知道早在 1929 年就有一个复辟的运动——无论在满洲和蒙古由一群与宣统皇帝关系密切的人发起的满洲独立运动，至少存在与此相关的一些报告；我认为这一事实对本案非常重要。我的意见是这份文件将对本法庭有所帮助。

韦伯庭长：多数意见认为反对有效。文件驳回。

大原辩护律师：我们提交辩方文件 277 号作为证据。这是 1929 年 12 月 17 日由日本代理总领事向日本外务大臣呈递的一份报告，内容是郑垂关于满洲以外省份进行的溥仪复辟帝制运动的一份阐述。

柯明斯-卡尔检察官：这份文件与上一份文件如出一辙，是据说存在着一份甚至都不是向领事本人做出的阐述，而是由某一位中国人向另一个人做出。而且，它甚至也不是关于满洲，而是西藏的达赖喇嘛想在整个中国复辟君主制。

大原辩护律师：检方只是提到了某个人，但这个某人并不是一个不确定、不具体的人，而是溥仪的四大幕僚之一郑垂，而亲耳听到郑垂阐述的人是副领事后藤。后藤先生是副领事，这一事实在另一份文件，即被本法庭驳回的辩方文件 306 号,得到了清楚的证明;如果本法庭希望确定后藤先生是副领事这一事实,我们可以再次提出这份 306 号文件。通过这个文件,我们希望表明,内蒙古的独立运动——包括内蒙古的独立运动——无论在满洲和内蒙古,日本都没有帮助过那个独立运动。

语言监督官: 这是我们希望澄清的一点。

大原辩护律师:(继续)起诉书中说日本人操纵了满洲的独立运动,因此,我想澄清这一点。

韦伯庭长: 法庭多数意见认为反对有效,驳回文件。

大原辩护律师: 我们提交辩方文件 282 号作为证据。这是 1931 年 8 月 26 日《满洲日日新闻》上的一篇文章,内容是在奉天拘押了一些共产党人,并发现了一起满清复辟密谋。这份剪报现由日本外务办公室保管。

柯明斯-卡尔检察官: 我们反对这份文件,庭长阁下,有两个理由:第一,它只是一个媒体故事,而非对一个人发表重要言论的报道,或是任何官方通告;第二个理由是这份材料提到的任何事情都不相关。它是关于一些被指控的密谋,根据报纸,策划者原被认为是共产党,后来发现是代表一个名为大刀会的组织。而且,庭长阁下,我还要补充说,所说的这个密谋据称是关于整个中国,在整个中国复辟君主制,根本不是满洲的独立运动。

大原辩护律师: 检方刚才引用——提起了报纸文章,但检方也提出过很多包含报纸文章的证据。报纸文章听上去似乎不值得信任,但在我们的日常生活中,报纸是一个可以让我们迅速了解各种事实的机关,从这个意义上来看,它是一个非常重要的机关。这篇报纸文章上没有任何观点,而仅仅是报道了发现一起密谋的这个事实。这里有人说这个运动是为了满清王朝的复辟,但至少表明了那是一场以满洲为中心、围绕宣统皇帝的运动。

韦伯庭长: 根据多数意见,反对有效,驳回文件。

大原辩护律师：我们提交辩方文件 557 号作为证据。这是 1931 年 6 月 9 日由日本海外事务省朝鲜事务部主任向外务办侨务局局长提交的一份报告，内容是关于中国对向外国人非法租赁或出售土地惩罚条例的执行。

法庭书记官：辩方文件 557 号将作为证据被采纳，证据号 2391。

（上面提到的文件被编为辩护方证据第 2391 号，并被采纳为证据）

大原辩护律师：（宣读）

朝鲜，I 第 1837 号
1931 年 6 月 9 号

韦伯庭长：等法官拿到副本后再宣读。可以了。

大原辩护律师：（宣读）

朝鲜，I 第 1837 号

1931 年 6 月 9 日

发件人：拓务省朝鲜部长

收件人：外务省亚细亚局长

主题：向外国人非法租赁或出售土地惩罚条例的执行

朝鲜总督府政务总监发来一份急件，告知据最近消息，辽宁省政府在政务委员会、交涉委员和民政厅的建议下，颁布了一项辽宁省特别条例，名为《非法出售土地惩罚条例》，并决定自今年 5 月 1 日起开始生效。条例副本随函附上，谨供参考。

第一条，任何人向外国人（19183 页）出租 1 亩（注：1 亩等于 6.144 公亩或 0.15 英亩）以上 5 亩以下中国土地，将被判罚苦役 5 年并没收土地。任何人向外国人出售 1 亩以上 5 亩以下中国土地，将被判罚苦役 10 年，并没收其财产以筹资赎回土地。

第二条，任何人向外国人出租 5 亩以上 10 亩以下中国土地，将被判罚苦役 10 年并没收土地。任何人向外国人出售 5 亩以上 10 亩以下中国土地，将被判罚苦役 20 年，并没收其财产以筹资赎回土地。

第三条，任何人向外国人出租 10 亩以上 20 亩以下中国土地，将被判罚苦役 20 年并没收土地。任何人向外国人出售 10 亩以上 20 亩以下中国土地，将被判罚苦役 40 年，并没收其财产以筹资赎回土地。

第四条，任何人向外国人出租或出售 20 亩以上 50 亩以下中国土地，将被判罚终身监禁并没收土地。但其财产将得到豁免。

第五条，任何人向外国人出租或出售 50 亩以上 100 亩以下中国土地，将被处以死刑并没收土地。但其财产将得到豁免。

第六条，任何人向外国人出租或出售 100 亩以上 200 亩以下中国土地，将被处以死刑，并对中间人判罚苦役 5 年。

第七条，任何人向外国人出租或出售 200 亩以上 500 亩以下中国土地，将被处以死刑，并对中间人判罚苦役 10 年以上 30 年以下。

第八条，任何人向外国人出租或出售 500 亩以上 1 000 亩以下中国土地，将被处以死刑，并对中间人判处终身监禁。

第九条，上述八条规定应转发全省 58 个县，自中华民国二十年五月一日起实施。

余款省略

冈本律师将继续提出后面的证据。

韦伯庭长：冈本律师。

冈本辩护律师：我们现在提交《日本编年报》的一系列文章作为证据，这些文章涉及的时间范围是 1931 年的 7 月、8 月和 9 月，目的是说明奉天事变发生以前时满洲的局势。我们选择这份报纸的原因是，它是众所周知的在日本发行的最有影响力的一份英文期刊，主编扬先生是一位颇具反日倾向的英国人。因此，可以说这份报纸发表的报道绝不可能是日本政府的宣传。如果对这份期刊的性质有疑问，我们已准备好传唤证人出庭。

这个系列的第一篇文章是辩护方文件 167 号，发表于 1931 年 7 月 3 日，标题为《中国人袭击朝鲜人——军队保护下建起的大坝遭 400 人拆毁》。

韦伯庭长：柯明斯-卡尔先生。

柯明斯-卡尔检察官：庭长阁下，我们认为应该反对这份文件，原因有以下几个，这些原因同样适用于随后将被提出的一系列文件中的大部分。

关于一般意义上的报刊文章，我们的意见如下：我们在报刊中报道官方通告时使用过这类证据；或是当它包含对任何被告人讲话的报道时；还有就是它们属于官方出版物时，如《东京公报》。还有一些情况是传唤记者本人出庭作证，例如鲍威尔先生和歌德先生，以证明他们在文章中的阐述。我们认为，这些是对报刊文章提供作证价值的限制。

现在提出的这个文件，以及随后将提出的许多其他文件，包含了《日本编年报》引用自其他报刊的文章。本篇文章就是从《朝日新闻》引用的。

反对的另一个理由是，这篇文章的主题事件，以及随后将提出文件中的许多主题事件，即中国与朝鲜农民之间的争议，在李顿调查团报告书中已充分阐述，这些报刊文章仅仅是在重复。

韦伯庭长：难道《李顿调查团报告书》中的反日情绪证据还不够吗？

冈本辩护律师：恐怕是不够；而且，我想讲几句来回答检方。根据《远东国际军事法庭宪章》，普通的证据法则不适用于本案，如果不能找到原始证据，即使是报刊和其他间接证据也可以被采纳为证据。

另外，我们提出此类证据的目的不仅仅是为了提供在某个时期发生的某些事实，而且是为了显示出当时在报刊上是如何报道这些事件的，从而对国内外的公众舆论造成影响。

韦伯庭长：我认为，我们将假定被告已经了解《李顿调查团报告书》中对他们有利的所有事情。

冈本辩护律师：《李顿调查团报告书》只对万宝山事件进行了简要的叙述，但这并不足以表达当时在中国和日本之间的危急情况。这是我的看法。

韦伯庭长：本法庭多数意见认为反对有效，驳回文件。

冈本辩护律师：这里有一系列的报刊文章，但是我希望本法庭能根据他们各自的价值进行考虑。

我们接下来要提出的是辩护方文件 279 号，发表于 1931 年 7 月 19 日的同一报刊，标题为《朝鲜事务——力求在奉天解决》。

韦伯庭长：柯明斯-卡尔先生。

柯明斯-卡尔检察官：庭长阁下，这份文件同样适用于上份文件的所有反对理由。

韦伯庭长：我听不清你说话。太多人站在这里了。

柯明斯-卡尔检察官：这份文件同样适用于上份文件的所有反对理由，包括它只是对其他报刊的引用这一事实，另外还有两个新的反对理由。

在这份文件的第一部分，它试图对日本驻奉天总领事林先生的行为进行解释，而林先生本人的报告在日本外务省可找到并且双方均已使用了这一证据，因此，假定这份报刊文章正确无误，它可以——其内容也可以由另一种好得多的方式进行证明。

韦伯庭长：目前我还看不出为什么对上一份报刊文件的裁决不应该同样用于其他的文章上。在余下的几篇文章有没有任何例外？

冈本辩护律师：是的，阁下，但我想逐个提出这些文件，因为不想打乱证据顺序，我已经按这个顺序交给了语言部。

韦伯庭长：为什么要在那些我们知道肯定会被驳回的文件上浪费时间呢？

冈本辩护律师：那我就略过标题，如果看到相关的文章就提出来，可以吗，阁下？

韦伯庭长：我已经说过，我们希望知道在其余的文章中是否有特例，可以不适用于刚才做出的裁决？

冈本辩护律师：我的同事建议，刚才提出的那份报刊文章，辩护方文件279号，可显示出中国和日本是在何种环境下试图对上述事件，也就是万宝山事件，达成解决的，这些在《李顿调查团报告书》中并无涉及。但是，我还是应该撤出那篇文章，辩护方文件279号，下一个提出——

韦伯庭长：我们将休庭到13:30。

（12:00 休庭）

下午的庭审

（13:30 开庭）

法庭执行官：远东国际军事法庭现在继续开庭。

韦伯庭长：冈本先生。

冈本辩护律师：我请本法庭注意庭审记录第7341页上庭长的如下发言：

不用多说了，高伦斯基先生。没有要求说只应该采取官方正式文件作为证据。我认为我今天上午提出的这些报刊文章全部都是相关的和重要的，我们期望以后能将这些文件与更重要的事实联系起来，而且我们希望提出这些文件，是因为它们各自所具有的作证价值。

韦伯庭长：它们看起来都很相似，所以唯一可做的事就是将第一个裁决应用到这一批中，也就是，驳回所有文件。

冈本辩护律师：这是本法庭的裁决吗？

韦伯庭长：除非其他法官希望每个文件单独提交，但是我没有收到他们想这样做的暗示，所以，这是本法庭的裁决。

冈本辩护律师：我想指出，检方曾提出报刊文章，也就是，《日本时报》关于被告南次郎讲话文章中的一部分作为证据。我希望补充提供《日本编年报》上的一篇文章，为他当时的讲话进行补充，这部分内容在《日本时报》中没有提到。

这篇文章是不是属于庭长阁下刚才裁决的类别呢？

韦伯庭长：你还没有提出那份文件。它不属于你说的那个类别。但它也可能会被证明是同等质量的，那就会被驳回。

冈本辩护律师：我理解，庭长阁下指的是当时，即1931年，日本首相发表了一篇演讲，《日本编年报》对此演讲进行了报道。

韦伯庭长：当时的首相是谁？

冈本辩护律师：是若槻男爵，庭长阁下。

韦伯庭长：如果它是相关的，我不认为它在提出后会被驳回，除非提出反对并且反对有效。

冈本辩护律师：那么——语言部，我从文件的第23号开始，英文版第7页，日文版第6页——23号。

我们提交辩方文件326号作为证据。这是发表于1931年7月22日的一篇文章，标题为《日本在大陆的权利》。它是若槻首相关于满洲问题发表的一篇演讲。

韦伯庭长：如果没有反对，它将按照惯例采纳。

柯明斯-卡尔先生。

柯明斯-卡尔检察官：庭长阁下，我们当然不会因为它是一篇演讲的报刊报道而反对。我们不会因为那个原因反对。我的唯一反对理由是它看起来并没有什么帮助。若槻曾经作证——但没有对他进行关于这篇演讲的交叉质证,而且也只能反映出他在证人席时所持的态度,我们也没有质疑过。

冈本辩护律师：证人若槻曾出席本法庭作证——

韦伯庭长：证据采纳。

法庭书记官：辩方文件 326 号将作为证据被采纳,证据号 2392。

（上面提到的文件被编为辩方证据第 2392 号,并被采纳为证据）

冈本辩护律师：（宣读）

文章摘录于《日本编年报》,1931 年 7 月 22 日（第 4 页）

日本的洲权

若槻首相星期天在秋田市发表一篇正式演讲时说,近来出现了一些关于建立一个"基本的"中国政策的必要性讨论,期望这样也许能永久性地解决满蒙问题。但首相表示,他的政府及执政党一直都有一个根本政策,因此,没有必要再宣布一个新的政策。

我们一直都很清楚,日本在满蒙具有某些权力和利益,这些也对它的存在至关重要,这些权力和利益在任何情况下都不能放弃,无论是谁要求放弃。这个声明,虽然是现在做出的,却重新激起了一个长久存在的争论,并在北部地区和中国其余地区划出了清晰的界线。根据条约规定的权利,日本已经享有了居住和占有土地的特权。但它时常会抱怨不能行使这些特权,因为中国人已下定决心要将日本人驱逐出中国的土地。然而,很明显还是有一些值得注意的例外。奉天的"日本农场"和万宝山耕地就是引人瞩目的例子,两者均有大面积的土地供应,而已故的太仓男爵在蒙古的地产（仍为商社或家族所有）的面积也是非常广博的。事实上,引发近期问题的万宝山耕地,就是一个日本虽然成功地获得了土地,却没有成功地化解当地反对意见的实例。人们会记得,当摩根公司居领导地位的中国协会成立(或复兴时),关于满蒙问题有长久的争论,最终协会的协议包含了这些地区,尽管这个协会向最有前景的商家提供资金支持,但却从未考虑过贷款支持它们的发展。摩根公司最接近参与发展满洲的一次机会是在八年之后,但当它(不是协会本身)正要向南满铁路提供贷款时,却被中国人针对美国资本主义和日本帝国主义联盟的各种言论吓退了。

若槻首相明确地拒绝任何帝国主义企图和所有的领土扩张愿望;但他肯定了日本的权利和永不放弃这些权利的决心。当然,这些权利的核心就是控制辽东租界地和满洲铁路区。同样非常重要的还有对修建南满铁路平行线的抗议权以及受邀提供开发贷款的权利。正如若槻首相所说,全世界任何地方的邻居都可能会发生一些小口角,关于上述问题也是如此。

首相谨慎地关注近期在邻国之间出现的一些最严重问题,一些曾非常亲近的国家之间也引起了摩擦。他表示,日本当局必须采取行动保护朝鲜的利益,但他拒绝评论这种保护在多大程度上引起了不满,导致在万宝山及其他一些地方发生的事件。

首相讲话的最重要点在于它给出了很多暗示,在应对列强和中国时,关于撤废治外法权和废除"单边"条约方面,无论日本可能与列强达成何种协议放弃关内地区,满蒙都不在共同行动的范围,它也无意放弃北方的任何利益。它在满洲的未来充满潜力。的确,它已错失在那片土地上解决过剩人口的时机;但10多年前就进入"满洲国"的勤劳节俭的中国人不但向日本商品提供了市场,还为在南满的日资企业积累了财富。首相表示,在满洲问题上,首要和持久的考虑是,虽然日本和中国偶尔会有一些小摩擦,但双方必须在睦邻友好的基础上和平相处。

语言部,我现在翻到第33页,英文版本第9页。

我们下面要提交辩方文件392号作为证据。这是发表于1931年8月5日的一篇文章，标题为《军队指挥官会议，军部向公众呼吁，实质性改善》。

韦伯庭长：柯明斯-卡尔先生。

柯明斯-卡尔检察官：庭长阁下，这个文件与检方证据186号是同一篇演讲。这个是在另外一份报纸上的报道，但我没有看出来两者之间本质上有什么不同，因此我认为这是重复。

冈本辩护律师：检方仅提出了《日本时报》上与被告南次郎的演讲有关的文章的一部分。由于现在没有这篇演讲的原文，我们认为，如果提出另一份报纸上的版本补充完整南次郎的演讲，将对本法庭有帮助。

韦伯庭长：柯明斯-卡尔先生说，这篇演讲与证据186号没有什么不同。你认为呢？

冈本辩护律师：我在《日本时报》文章上发现了一些遗漏地方，但这些遗漏都包含在我现在提出的《日本编年报》的文章版本上。

韦伯庭长：既然你确信存在着不同，我们按照惯例采纳。

冈本辩护律师：我提交辩方文件392号作为证据。

法庭书记官：辩方文件392号将作为证据被采纳，证据号2393。

（上面提到的文件被编为辩方证据第2393号，并被采纳为证据）

冈本辩护律师：（宣读）

昨天（本月4日），在陆军部队指挥官大会的讲话上，陆军大臣南次郎将军表示，大日本帝国军队需要在组织和设备上进行改善。改革也要在很多方面进行。但由于国家紧张的财务状况，军队不可能要求国库提供资金。因此，军队当局不得不将全面改善的时间推迟到商业重新繁荣的时候，在此之前先满足更为紧急的一些需要。为此，他们已努力通过在其他方面缩减军费开支来节约资金。

在这种情况下,撤销或缩减某些机构和部门将不可避免。根据改革计划,一些有能力的长官将被迫退伍,令人深感遗憾,但在目前的环境下,这是为了军队的整体效率而必须做出的一种牺牲。

尽管军队当局制定的军队改革计划事实上仅考虑了最低需求,而且军队在执行时将做出巨大的牺牲,不负责任的外界仍然会批评军队一心追求过度的需求。大臣呼吁他的听众与军队当局合作,共同纠正这种错误的印象。他们必须采取积极行动,使其下属军队信服这个计划的必要性和适当性。他们必须进一步努力促进军队与公众间的理解与和谐。

满洲的形势

提到满蒙问题,大臣表示满蒙问题近来局势日趋紧张。不利的发展形势显然不是短期问题,因为一部分原因是国际政治形势变化以及日本民族精神的衰落导致日本的声望下降,另一部分原因是中国人的反对外国人情绪和收回权利思想的发展,同时还有这些地区新的经济影响。所有上述形势表明,军队必须加强忠诚感和公众服务意识。

谈到日内瓦裁军谈判会议,大臣表示为了准备即将到来的大会,军队已于 4 月份任命了一个筹备委员会。自成立以来,该委员会一直在研究日本代表届时将提出的公平与适当的主张。当他们与各相关方磋商并最终决定后,他们将在适当时机向公众公布,以寻求公众支持。

关于裁军大会,大臣继续表示,有很多人正极力主张削减武器,然而对列强国家的调查显示,没有一个国家愿意迈出第一步。这些人不去面对现实,或是蓄意曲解,利用普遍存在的政治和经济动荡感,在国内煽动裁军的公众愿望,这是非常遗憾的事。大臣要求在座的听众采取行动,使公众大体上能正解理解裁军大会的性质以及列强对大会的态度,从而在国内形成一种公平、明智的公众舆论。

五十周年

大臣提醒说,今年是日本天皇陛下向军队下达诏书的五十周年,他敦促军队更加谨慎地执行诏书中的命令,因为这样才能提高天皇陛下的声望并巩固国家的基础。

我想指出一点,《日本编年报》是非常具有反日倾向的。

我们下面要提交辩护方文件443号作为证据。这是发表于1931年8月16日的一篇文章,标题为"满洲局势:关东厅长官呼吁解决朝鲜人的民族问题",表明了关东租借地的日本籍长官针对满洲问题的态度。

韦伯庭长:柯明斯-卡尔先生。

柯明斯-卡尔检察官:我们的意见是,这个文件属于本法庭已作裁定的范围内。它只是当时的关东厅长官塚本先生接受媒体采访的一篇报纸文章。以我们的观点来看,它并不会造成什么损害;但同时,我们认为宣读给本法庭听是一种时间浪费。

韦伯庭长:是的。冈本先生,你有什么要说吗?

冈本辩护律师:关东州的这位长官,也就是塚本先生,在当时的满洲或者说满洲的那个地区代表日本政府,在日本和中国之间关于满洲问题的局势非常紧张的时候,他关于这个问题的观点将会对本案审讯很有帮助。

韦伯庭长:按惯例采纳。

法庭书记官:辩方文件443号将作为证据被采纳,证据号2394。

(上面提到的文件被编为辩方证据第2394号,并被采纳为证据)

冈本辩护律师:(宣读)

文章引自《日本编年报》,1931年8月16日。

满洲局势 关东厅长官呼吁解决朝鲜人的民族问题

昨日,关东厅长官塚本先生乘"O.S.K.哈尔滨丸"轮船由大连抵达神户。他的本次东京之行是为了向政府报告满蒙地区的反日运动局势,尤其将提及对朝鲜居民的迫害情况。

在门司进行的一次媒体采访中,塚本先生说,尽管反日情绪盛行,但在最近对满蒙的一次视察中,他还是受到了中国官员的盛情款待。似乎是中国人不愿意让反日情绪破坏了官方礼节。他观察到,奉天政府的领导人相信,反日运动对中国的利益没有什么帮助,因此,他们正在尽最大努力加以控制。然而不幸的是,他们的命令并非都能被地方政权遵守,因为这些地方政权为了保护自身利益而会对煽动行为提供支持。令塚本先生备感遗憾的是,一种对可塑性极强的学生灌输反日思想的系统性做法正在被普遍运用。

塚本先生说,满蒙地区共有3 000万中国人,而在那里定居的朝鲜人不超过100万。照理说,他们之间应该不存在利益冲突,尤其朝鲜农民的专长是中国农民不懂的稻田种植。因此,目前对朝鲜人的迫害让人不可理解。

不管怎么说,他认为这种民族问题需要得到尽快的解决。

针对日本一些地区批评日本针对满蒙的态度过于软弱和负面,关东厅长官声称,这些城市倾向于将任何非好战的政策都谴责为软弱政策。如果当任何时候出现反日情绪或是对朝鲜人的迫害发生时,日本人都会变得激动和好战,冲突就将不可避免。正是由于日本政府在面对挑衅时的谨慎态度,日中关系才没有不可救药地疏远。

他表示强烈反对中国向南满铁路区课税的企图。

下面要提交辩方文件796号作为证据。这是发表于1931年9月6日的一篇文章，标题为《若槻男爵的回答——没有理由采取更强硬的中国政策——头脑发热者受到指责》。

法庭书记官： 辩方文件796号将作为证据被采纳，证据号2395。

（上面提到的文件被编为辩方证据第2395号，并被采纳为证据）

柯明斯-卡尔检察官： 庭长阁下，关于本法庭之前作出的裁决，我们并不反对这份文件的通篇。它的第一段的确是有关若槻男爵讲话的报道，但第二段就和这没关系了。我是指标题为"国民的悲哀"。我猜想"国民"是另外一份报纸或出版物。

冈本辩护律师： 我没有提议宣读那部分，庭长阁下。

（宣读）：

摘录自《日本编年报》，1931年9月6日。

没有理由采取更强硬的中国政策，头脑发热者受到指责

昨天（9月5日），北陆地方民政党员总会在富山召开，出席人超过4 000人。若槻总裁的讲话在这次会议中最引人注目。

若槻男爵表示，当前的外交政策必须建立在国际公正的基础上，且以促进所有民族的共同繁荣为目标。现任内阁与民政党的外交政策就是根据这条指导原则来制定的。在保卫国家的生存同时，寻求促进人类的幸福。讲话人最近听到了许多对现任内阁中国政策的批评观点，但是如果在制定国家对中国政策的时候背离了上述指导精神，那就是错误的。这个指导精神并不违反坚持国家的应有权利及其在满蒙的利益。根据国际公正的原则，日本没有任何原因应放弃这些权利。如果有任何人试图忽略这些，必须坚决地反对这些企图。然而，必须时刻牢记，只有一种强硬的外交政策可以毫无畏惧地追求，那就是基于国际公平和所有国家共同

繁荣原则上的外交政策。为了收获这种强硬政策的整个硕果，国家就不能表现出不耐烦。它不能让过度紧张误导了它的判断，而是应坚定、从容地按照既定路线前进。他坚信，以这种方式制定并执行的中国政策必将成为一个行之有效的政策。

下面要提交辩护方文件795号作为证据。这是发表于1931年9月9日的一篇文章，标题为《蒋的猛烈抨击——日本处于广东叛乱幕后——中村大尉事件》。

柯明斯-卡尔检察官：庭长阁下拿到这份文件了吗？我认为这份文件属于法庭之前裁决的范围内。它包括两部分，一部分是蒋介石将军的演讲，另一部分是对一次内阁讨论上发生的事进行解释。

我认为，第一部分不相关，而第二部分不是正式文件。

冈本辩护律师：作为对检方的回答，我认为第一部分对本法庭最为相关和重要，因为与到目前为止所提出的其他演讲相比，比如若槻男爵和南次郎以及其他人的演讲，蒋介石将军在奉天事变发生前的一星期或十天内作了一次极具煽动性的演讲。我没有打算宣读第二部分。

韦伯庭长：你提议忽略哪一部分？

冈本辩护律师：关于内阁的讨论。

韦伯庭长：这是作为中国人在奉天事变前所怀有敌意的证据吗？

冈本辩护律师：对，庭长阁下。

韦伯庭长：按惯例采纳。

法庭书记官：辩方文件795号将作为证据被采纳，证据号2396。

（上面提到的文件被编为辩方证据第2396号，并被采纳为证据）

冈本辩护律师：（宣读）

摘录自《日本编年报》,1931年9月9日。

蒋的猛烈抨击——日本处于广东叛乱幕后——中村大尉事件
南京,9月7日。

南京政府主席蒋介石将军在今天的追思会发表了一个极具煽动的反日演讲。他谴责日本涉嫌从事与广东叛乱相关的幕后活动。他说:"当广东政府外交部部长陈友仁先生不久前访问日本时,日本政府将一些设备交给他使用,包括大量武器和弹药。结果导致了在湖南省的广东人最近采取的一些活动。最终,国民政府被迫诉诸武力解决广东的问题。"

谈到朝鲜发生的骚乱,将军称日本在朝鲜屠杀了100多位中国人,并占领了满洲的万宝山。

他强调说,通过帮助和教唆邻国的内战,日本已经丧失了要求国际礼节的资格。

有人担心,将军的煽动性讲话将会进一步激化目前已在中国遍地开花的反日活动。

下面我们要提交辩方文件794号作为证据。这是发表于1931年9月16日的一篇文章,标题为《蒋重申指控——日本向广东提供了10万支步枪吗?严重的指控》

韦伯庭长:这个文件强调的原因和上篇一样吗?

冈本辩护律师:是的,庭长阁下。

韦伯庭长:按惯例采纳。

法庭书记官:辩方文件794号将作为证据被采纳,证据号2397。

(上面提到的文件被编为辩方证据第2397号,并被采纳为证据)

冈本辩护律师:(宣读)

摘录自《日本编年报》,1931年9月16日(第4页)。

蒋重申指控——日本向广东提供了10万支步枪吗？严重的指控

如之前所报,外务省命令驻中国大使重光葵先生对有关本月7日国民政府主席蒋介石将军在每周追思会上讲话的报道进行调查。将军在讲话中公开指控日本煽动中国的内战,指责日本政府向广东政府提供武器弹药,唆使在朝鲜屠杀了一百多名中国商人,并占领了万宝山。

重光葵先生刚发来的报告表明了蒋将军的确是说了那些话。外务省已决定向国民政府主席就这些言论要求解释。日本大使也将受命要求将军证实他的指控,尤其是有关日本向广东政府提供了武器的指责。

南京发给《朝日新闻》的电报说,在本月14日的另一场每周追思会上,蒋将军重申了他对日本的指控。

提到对湖南的入侵,他说根据他们的调查,叛乱者得到了日本的帮助,他们从日本购买了10万支步枪。

他不太确定陈友仁先生的最近日本之行是否为了从日本购买武器,并在香港与俄国朋友进行协商。在东京,他可能已经通过那里的苏联大使馆安排好了与俄共的合作。

我们下面要提交辩方文件352号作为证据,摘录于《满洲年鉴1931》,它通过各种数据显示了日本人在满洲的投资情况。

韦伯庭长： 按惯例采纳。

法庭书记官： 辩护方文件352号将作为证据被采纳,证据号2398。

（上面提到的文件被编为辩方证据第2398号,并被采纳为证据）

冈本辩护律师：（宣读）

摘录于《满洲年鉴1931》。日本的投资。

概述——1928年底，上述在满洲的日本投资总额超过15亿元，根据实业分类如下：

我略过这一页其余内容。

第2页：

南满铁路在满洲的投资占日本总投资的50％以上（1926年底时为54％），它的投资分布在以下实业。

我略过这一页其余内容。

第5页，第二段：

直接投资。——1928年日本在满洲直接投资于实业的金额总计1.34亿元，——

对这个文件的宣读结束。

我们下面要提交辩方文件260号作为证据，这是一张1928年12月时日本居民（包括朝鲜人）在满洲和蒙古的分布图。

柯明斯-卡尔检察官：这个文件试图将一些没有其他证据证实的数据体现在一张图上。与它相关的只有一份证明，阪埜先生说他在1936年从新京获得了这份证明并保留至今。但即使是那份证明也不能与这张图完全相符，而是与一本我们从未见过的书相一致。那本书据说是由关东局编纂。这是我们所知的有关这张图上的数据和标记来源的唯一信息。

冈本辩护律师：既然阪埜律师现在也在本法庭内，是不是可以听他解释一下情况呢？

韦伯庭长：书在哪里？通常是提交书进行鉴定，摘录内容作为证据。

冈本辩护律师：阪埜先生将解释有关情况。

韦伯庭长：阪埜先生。

阪埜辩护律师：这张图是来自一张由关东局编纂的书，书名是《满洲人—蒙古人——满洲和蒙古参考》。这是1936年我在满洲的关东局时得到的。

语言监督官：我是在1936年从关东军总部获得这本书的。

阪埜辩护律师：这本书中并未包含任何特殊机密，我拿着它也只是作参考用。我想，如果我们能从地图上一眼就看出日本人在满洲的分布，那将会对本法庭非常有用。

我想，这本书的名字是《满蒙问题参考资料》——

语言监督官：我想，这本名为《满蒙问题参考资料》的书现在是在马格里亚诺先生的办公室。

阪埜辩护律师：一星期前我们就想将这本书提交给本法庭。但如果它现在不在本法庭手中，那它就仍在——我想它仍在马格里亚诺先生的办公室；这是我的猜测。

韦伯庭长：你们必须将这本书送去鉴定，然后将包含图上数字的内容摘录出来；然后，正如我们允许俄国人将他们的数字放在一张图上一样，我们可能也会允许你们这样做。

阪埜辩护律师：我完全明白，在作好适当准备后，我就会将它提出。

七、金井章次作证协和会

冈本辩护律师： 那么，文件第260号将以后提出。

现在，我们希望传唤金井章次作为辩护方证人出庭。大原先生将宣读他的宣誓证词并进行本方询问。

（金井章次作为辩护方证人出庭，首先宣誓，然后通过日本翻译员作证如下）

韦伯庭长： 谁负责这个证人？没有人在讲台。

大原辩护律师： 大原。我负责。

我要提交辩方文件883号作为证据，这是一份宣誓证词。

韦伯庭长： 按惯例采纳。

法庭书记官： 辩方文件883号将作为证据被采纳，证据号2399。

（上面提到的文件被编为辩方证据第2399号，并被采纳为证据）

直接询问（由大原辩护律师询问证人金井章次）

问：你叫什么名字？

答：我叫金井章次。

韦伯庭长： 提问没有被翻译为英文。如果是因为我没有听到，但是我听到回答了。

语言监督官： 庭长先生，提问被翻译了。律师是问："你叫什么名字？"

韦伯庭长： 噢，继续提问吧。戴上耳机。

问：证人，现在我向你出示证据第 2399 号，请浏览并检查一遍。这份文件包含了你的证词吗？

答：是的。

问：你发现这个文件中有什么错误吗？

答：根据我所看到的，我认为没有任何错误。

大原辩护律师：（宣读）

我已按照所附誓词内容进行了正式宣誓，根据我国遵循的程序，现宣誓作证如下：

姓名：金井章次。

出生日期：1886 年 12 月 1 日。

住址：长野县上田市马场町。

称呼：（学位）医学博士。

个人经历：

（1）1921 至 1922 年，日内瓦国联秘书处卫生组成员。

（2）1923 年，庆应义塾大学细菌病理教授。

（3）1924 至 1931 年，南满洲铁道株式会社健康委员会主席兼卫生实验室主任。

（4）1931 年 7 月至 9 月，南京政府扬子江水灾救济委员会执行委员（宋子文为委员会主席）。

（5）1931 年 11 月，辽宁省地方治安维持会顾问。

（6）1931 年 12 月，奉天省政府最高顾问。

（7）1932 年，奉天省政府总务局局长。

（8）1933 年，民政部理事官，滨江省（哈尔滨）总务厅厅长。

（9）1935 年，间岛省省长。

在奉天事变前后，我是上海的中国扬子江洪水救灾委员会的一名执行委员，负责对水灾灾民的救济工作。（据估计，当时的洪水灾灾民共有1500万人。)

9月18日晚,当我从上海返回大连与满铁总部安排有关洪灾救援工作时,我得知了事变的爆发。

奉天的森田福松医生通过长途电话通知我了这件事。

第二天,我去了满铁总部,向总裁报告了上海的水灾救济情况。在完成了对当局关注事宜的安排后,我在21日又前往上海。

当我回到上海时,我发现奉天事变的爆发激化了上海的反日情绪。由于这使我难以继续工作,我在10月上旬从上海回到大连,继续担任满铁卫生课长。

我记得大约在10月11日或12日,居住在奉天的山口重次先生说他有一些事情要向我咨询,请我去拜访他,所以我就向公司请了两天假去了奉天。

当时在奉天,除了南满铁路外,其他的铁路运输都停止了,交通中断,工厂和政府机构关门,有大量的失业者和流浪者。

在奉天城墙内居住的28万本地人口中,据说失业者和流浪者人数高达7万,他们的实际生活条件比乞丐也好不到哪里。

我感觉,为了救济这些饱受折磨的人们,绝对有必要通过恢复各种经济活动并恢复交通以促进商品流通,为他们提供就业机会。我尽了自己最大努力往这个方向努力。而且,我还努力安排了一些免费食品,发给那些没有任何东西吃的人们。

我与南满洲铁道株式会社的关系如下:

在我到达奉天后,我得出一个结论,上面所说那里的情况不能通过几天努力就解决,而是会持续一段时间。所以我向公司发电报两次请求辞职,但是都未获批准。

自从我到满洲后,我有两次从事对中国人的救援工作:

1924年,当张作霖与一些北京地区的部队作战时,我邀请了日本庆应义塾大学的教授茂木博士,并派去了一个救援队为双方的受伤人员治疗。

1925年,张作霖军队发生了一次兵变(郭松龄兵变)。由于战役前线临近南满铁路的轨道,我做了一些准备,让南满铁路在奉天和大石桥地区的附属医院接纳在战役中受伤的士兵和平民,为他们提供治疗。

担任辽宁省治安维持会的顾问时,我从未参加过委员会的会议或涉入它的实际活动。我的主要任务是为事变爆发后应采取的各项措施而建立一个日本人与外国人的联络机制。

韦伯庭长:我们暂时休庭15分钟。
(14:45休庭,直到15:00重新开庭如下)

法庭执行官:远东国际军事法庭现在开庭。
韦伯庭长:大原先生。
大原辩护律师:我继续宣读:

委员会的主要工作是维持公共秩序,使人们得到安心并稳定货币。

委员会工作的目的是将所有东西都恢复到事变前的状态。

然后,当奉天省政府在1931年12月成立时,它盛情邀请我担任最高顾问。

最高顾问的职责基本上与我担任治安维持委员会顾问时一样。

省政府的主要工作是维护治安,重组县政府,偿还奉天省前政府的内、外债务,为采购物资付账,稳定主要食物的价格,救济本省贫困人口,等等。

有关自治指导部的问题,我与它没有直接联系。但我知道这个组织的主席是于冲汉,他对当地的自治问题非常关注;它的主要职位由满洲人担任;一些有雄心的青年人社团的日本人成员也有参与;而且它一直积极从事推进当地每个县自治政府的主要任务。

我不知道它的内部组织架构或实际活动。

关于协和会,我不知道导致它成立的事情或是它的具体活动情况,因为与自治指导部一样,我与它也没有直接联系。在它成立的早期,我有一次提出过建议,认为协会应由一些志同道和的平民组成,建立目的是促进五族和谐及为全体民众排忧解难。

满洲青年联盟是一个纯粹的民间组织,1928年由一些在满洲的日本和朝鲜青年人建立。

该社团的活动主要是在青年人中倡导一些伦理的社会运动,如"每天捐一钱"运动,反对麻将运动,更多使用自行车运动,优秀电影巡演,鼓励垦荒,振兴满洲实业,等等。

当日本和满洲之间的谈判变得关键的时候,该社团开始进行一些自己的调查并将调查结果发版发行。这是因为他们希望了解真实情况,并引导青年人对局势进行正确的判断。

该社团理事长所作的声明显示,青年人社团不是一个政治组织。

当我在国联工作的时候,我对来自德国、意大利、法国和瑞士的罗马人这四个不同民族的同事之间的团结以及国联内部的国际合作而触动。因此,每当我看到日本和满洲之间的种种难题,我就会感到绝对有必要坚持两项原则,即民族自治和不同民族的合作。所以,当我担任满洲青年联盟的顾问以及后来任理事长时,我就用这两个原则来鼓励在满洲的日本青年人,并得到了他们中大多数人的支持。

满洲青年联盟在满洲有5 000名成员,甚至在协和会和自治指导部里也有其成员。

在"满洲国"成立后,满洲青年联盟自发解散。

据我所知,在事变刚爆发时,我没有听到过任何有关建立新国家的事情。

但的确这些满洲民间社团的成员,如王永江先生、于冲汉和袁金铠,素来怀有"保境安民"的想法,这与张作霖领导的军队所持思想相对应。产生这种想法的原因是:无论何时,只要军队首领张作霖为了夺取对中央的控制而派兵去北平地区,战争开销总是由当地百姓承担。由于这种事实,东三省的民众联合起来,努力使自己不受中央政局变化的影响。

关于"满洲国"的成立,我作为一名省政府的顾问,与这个运动毫无关系。

我的任务是致力于维护本省的治安以及我上面提到的其他一些职责。

关于东北行政委员会从事的建立新国家运动,除了报纸上的报道,我一无所知。

关于鸦片问题:1920年至1922年我在欧洲期间,我曾担任宫岛幹之助博士的一名助理,他是出席一系列国联鸦片会议的日本代表团成员。因此,当我在满洲担任官职时,我严格地按照国际共识精神履行我的职责。

对偏远地区私自种植鸦片的侦查和控制使用了飞机作业。

私自吸食、贩卖和运输鸦片受到了严格的控制。

我的观点是,如果配合全面的行政控制,专卖制度是实现逐渐减少鸦片吸食人数的一种非常适合的措施。

在满洲控制鸦片的一个明显效果是,无论是高官还是青年人中吸食鸦片的人数都大大减少。

1947年3月25日,东京。

宣誓证人:金井章次(印章)

我,阪埜淳吉,在此证明上述陈述已经过证人宣誓,并在本证人面前签署了姓名和加盖印章。

同一日期,同一地点。

鉴证人:阪埜淳吉(印章)

大原辩护律师:庭长阁下,我刚刚读完宣誓证词,但是我现在想提一个问题。我可以提一个补充问题——进行一个补充询问吗?

韦伯庭长:有多长?宣誓证词的目的就是为了避免长篇询问。如果你打算补充一个很长的询问,这个目的就没达到。

大原辩护律师:只有一个问题,庭长阁下。

直接询问(由大原辩护律师继续询问金井章次证人)

问:证人先生,你是从哪一个满洲人那里第一次听说有一个建立"满洲国"的运动?

答:从于冲汉。

问:你是在什么时间和地点听说的?

答:建立国家以后。我撤回这句话,在事变爆发后。

问:那是在哪里?什么场合?

答:我想不起确切的地点了,但那是在事变爆发后我在奉天期间。

大原辩护律师:庭长阁下,在宣誓证词中有一处明显错误,所以我们请求允许我们更正一下。

问:你在日内瓦——那是从1911年还是1921年开始?

答:从1921年。

大原辩护律师:直接询问结束了。

太田辩护律师：我是被告土肥原的律师，我叫太田金次郎。

我想请求本法庭允许我进行一个非常简短的本方询问。我希望询问证人一个简短的关于关东军与鸦片之间联系的问题。

韦伯庭长：奎廉准将。

奎廉检察官：如果法庭允许，我认为这违反了本法庭关于宣誓证词的规定。这是增加了本方询问。它不是辩方律师提议进行的交叉质证。

韦伯庭长：我想法庭不会反对问一两个问题，但我们不会允许给宣誓证词加上很长的询问。

太田辩护律师：我会尽可能简短。

直接询问（由大原辩护律师继续询问金井章次证人）

问：那个特殊机关是否曾处理过鸦片问题？

语言监督官：也就是特殊服务机关。

关于这一点是什么情况？

答：在我担任顾问期间，我从未听说过与鸦片有关的事情。

问：关东军也是这种情况吗？

答：完全正确。

太田辩护律师：问完了，阁下。

非常感谢。

韦伯庭长：奎廉准将。

奎廉检察官：如果本法庭允许，检查方没有问题要问。

韦伯庭长：我并不感到惊讶。

证人可以按惯例离开了。

（证人退席）

八、柳条沟事变中的本庄繁

大原辩护律师：庭长阁下，列文先生想说一两句话。我希望能允许。

韦伯庭长：列文先生。

列文辩护律师：我尊敬的同事冈本先生之前提到过，检察方和辩护方已签订了一个协议，事先就希望向本法庭提出的一些无可争辩的事实达成一致。我们相信，这将节约大量时间并加快审判进度。检察方在这方面非常地合作。

约定事实第1号是关于给予日本在华某些权利和特权的条约及协议，它们的有关条款都是不言自明的。

为了方便本法庭成员了解双方约立的条款文本，我请法庭工作人员为每位成员准备了一份我们的协议副本。我现在将宣读这份协议，省略掉其中的正式格式部分：

检方和辩方约定并一致同意下列事实可被作为证据提出：

（a）1896年7月21日，日本与清朝签署了一份通商行船条约，允许在清朝的日本人进入、居住、经商、在指定区域租赁土地和不动产、派驻领事、雇佣清人、征收进出口关税和行使治外法权，并包括了最惠国待遇的条款。1903年又执行了一份该条约的增补条约。

（b）1905年12月22日，日本与清朝签署了一份关于满洲的条约及附约，清朝承认根据日俄《朴茨茅斯和约》第Ⅴ和Ⅵ条款将俄国在满洲的利益转让给日本,其中包括对安东至奉天铁路的改建和管理,对南满铁路所需物资进行免税,以及其他一些有关居住区的事宜。

(c) 1907 年 5 月 30 日,日本与清国签署了《设置大连海关及内河汽船航行的协定》,设立了大连海关,并在收到内河证明的情况下给予日本在内河通船的有限权利。

(d) 1909 年 9 月 4 日,日本与清国签署了《关于五个问题的协定》,其中(特别是)规定了修建某些具体铁路和经营某些具体煤矿。

(e) 1909 年 9 月 4 日,日本与清国签署了《间岛协议》,规定了朝鲜人在间岛居住以及其财产受到保护。

(f) 1937 年 11 月 22 日,日本与"满洲国"签署了撤废日本在"满洲国"治外法权及日本将南满铁路区行政权让渡给"满洲国"的协议。日本在 1937 年 12 月 1 日的天皇旨意中宣布了这项规定。

1947 年 4 月 1 日在东京旧陆军省大楼签订。

检方签署人库特·斯特纳,辩方签署人迈克尔·列文。

我现在要来讨论编号 1 - A 的约定事实,检方由于法律原因提出反对,但针对这些文件的执行与存在并无异议。按照逻辑顺序,这些约定应当现在被提出并记录在案,但反对者认为,应该在与条约规定权利相关的证据被提出时,再提出这些事实约定。

韦伯庭长:塔夫纳先生。

塔夫纳检察官:如果法庭允许,该律师的陈述超出了检方与辩方达成协议的范围,我想现在我应该对此解释。关于是否将我们希望反对的那些约定作为证据提出,我们还没有达成一致。

韦伯庭长:宣读一下有什么不妥吗?如果这些文件正式提出,我们就将在档案中有尽可能多的细节。但是文件中的描述必须比现在更详细。

塔夫纳检察官：作为原则问题，我们认为不应当在法庭裁定采纳之前就允许将其宣读为证据。

韦伯庭长：假定你们没有达成这样一份协议，没有符合标准的协议，这些文件将被提出，将会有长篇叙述，同时还会有相当冗长的争辩。那样的过程难道会省事吗？所有过程仍然会被记录下来。

塔夫纳检察官：当然，律师的评论会被记录下来，但文件本身不会。

韦伯庭长：在我们做出决定前不会提出任何文件。这是我的理解。我的意思是，不会采纳任何文件。

如果你不希望将这些文件记录下来，我们同意，除非最终这些文件还是被采纳为证据。

你对现在的裁决有任何异议吗？

塔夫纳检察官：我们希望现在就能决定，而且不会因为宣读这些以后可能被驳回的文件而加重庭审记录的负担。

韦伯庭长：好吧，我看你的建议也没什么错，塔夫纳先生，但我不知道莱文先生是不是有不同的建议。我们现在就可以决定。就我的判断而言，我认为本法庭不会反对现在做出裁定。

塔夫纳检察官：那正是我的观点。辩方律师称，他们希望宣读约定文件为证据并使本法庭做出裁决，然后，以后当其他证据也被提出时，与这些证据联系起来。

韦伯庭长：不，我们不会同意那样的程序，我们不会让我们还没有裁决的文件进入档案。

塔夫纳检察官：关于对这些文件的反对，我没有特别的争辩。这些文件的不相关与不重要是显而易见的，因此我们提出反对。

韦伯庭长：列文先生。

列文辩护律师：庭长阁下，我认为我不需要向本法庭声明，我不会故意地违反与检察方达成的任何协议。至于刚才塔夫纳先生对我的指控,我想他并非有意做出这样的推论。

在我们看来,鉴于这些约定本身,也就是编号1-A的约定事实,如果这些事实本身及其确定性被法庭采纳,现在就不会对宣读这些事实有反对意见。

如果法庭现在打算对这些文件的相关性做出裁决,我宁肯现在撤回宣读这个文件的申请和权利。如果本法庭允许,我的理由是:我们的意图是将这些文件与以后将要提出的证据联系起来;在我看来,如果这些文件等到提出相关证据时提出,而不是现在仅仅因为其中事实的正确性而提出,法庭将能够更明智地裁决它的相关性和重要性。

韦伯庭长:这由你们来决定,列文先生。你们要做的就是撤回这份文件,告诉我们暂时不要考虑它,然后在适当的时候提出证据,让我们到时候再进行裁决。

列文辩护律师:那么,我请求本法庭允许我现在撤回编号1-A的事实约定。

韦伯庭长:塔夫纳先生。

塔夫纳检察官:庭长阁下,因为这是第一次试图进行事实约定,也许应该向法庭阐述一下检察方与辩护方达成了什么样的协议,或是有可能将这些记录下来。

韦伯庭长:就某些事实达成一致在民事程序中很常见,一些国家的刑事程序也应用。这个协议中有什么特殊的地方吗?

塔夫纳检察官:我不认为有特殊之处。

韦伯庭长:你也许发起了没有意义的争论。

塔夫纳检察官:但是,我想说我的意思不是——不是对辩方律师的不当行为做出推论。

列文辩护律师:庭长阁下,我们预计今后还会订立很多这样的约定,我相信其中许多可能会以口头形式订立,而不是以书面形式,我们应该没有什么困难,我确信。

韦伯庭长：现在，马蒂斯先生将进行本案这个阶段的第二子部分。

韦伯庭长：马蒂斯先生。

马蒂斯辩护律师：如果本法庭允许，我们现在进行辩护方满洲阶段第二部分的第二子部分。第二部分的这个子部分是关于奉天事变以及建立"满洲独立国家"时期的发展。语言部引用评述的第4页，以姓氏"本庄"开始的段落。

现在将传唤证人本庄男爵，将对他询问。

（本庄作为辩护方证人出庭，首先宣誓，然后通过日本翻译员作证如下）

直接询问（由阪埜辩护律师询问本庄一雄证人）

问：请问证人的姓名？

答：本庄一雄。

问：目前的住址？

答：东京中野区上野原八番。

问：你的年龄多大？

答：42岁。

问：现在我将向你出示辩护方文件第244号。

韦伯庭长：哦，继续询问吧。

阪埜辩护律师：已向证人出示辩护方文件第244号。

我要提交辩护方文件244号作为证据。这是本庄一雄的宣誓证词。

韦伯庭长：他是否已宣誓？他是否说过这是他的宣誓证词？

阪埜辩护律师：我明白。

问：我想你现在手中已拿到这份宣誓证词，辩护方文件244号。它有没有什么错误，这是你的宣誓证词吗？

答：这是我的宣誓证词。

阪埜辩护律师：我想提交辩护方文件 244 号作为证据。

韦伯庭长：按惯例采纳。

法庭书记官：辩护方文件 244 号将作为证据被采纳，证据号 2400。

（上面提到的文件被编为辩方证据第 2400 号，并被采纳为证据）

阪埜辩护律师：我将宣读辩护方文件 244 号，证据第 2400 号。既然正式措辞并不是严格需要，我希望能省略。

韦伯庭长：允许。

阪埜辩护律师：（宣读）

（1）我是已故的本庄繁的长子。1945 年 11 月时我在琦玉县浦和市北浦和的军队粮秣分厂部上班，也住在同一座城市。1945 年 11 月 20 日是一个假期，我刚好前往我父亲位于东京中野区上野原八番地的住处。

（2）那天早晨，我父亲在位于东京都赤坂区青山一丁目的前陆军大学校的职业指导协会工作。大约上午 10 点，我接到了该协会通知，说我父亲已自杀。一接到这个通知，我就匆忙赶到事发地点，在主席办公室的现场确认了我父亲的去世。

（3）在房间内的桌子上有两份遗书，一份是写给他的秘书川村享一，另一份是给中将额田中将。在写给他秘书的遗书中，提到了他的遗嘱保存在他住处防空洞里的一个黑皮袋子中，因此一回到家，我就打开了他说的那个袋子并在里面发现了他的遗嘱。遗嘱见附件，是写在一卷信纸上的 24 行文字。我确认了信中的全部文本、印鉴和手写签名都是出于我父亲之手。

阪埜辩护律师：我想要提交辩方文件 274 号作为证据，这是一份遗嘱。我希望向证人出示辩方文件 274 号。

韦伯庭长： 按惯例采纳。

法庭书记官： 辩方文件274号将作为证据被采纳，证据号2401。

（上面提到的文件被编为辩方证据第2401号，并被采纳为证据）

阪埜辩护律师： 我现在宣读证据第2401号：

遗　嘱

我曾在军队重要职务服役多年，现在虽已退休，但每当想到由于自己的责任使大日本帝国陷入了目前这种前所未有的濒临崩溃境地，我就感到无限惶恐。只有死去一万次才能赎回自己的罪恶。

在反日运动最高潮时发生的铁路爆炸事件导致了奉天事变的爆发，关东军别无选择，只能从自卫的角度出发采取行动。我们没有从政府或军队最高指挥部接到过任何形式的指令。

我对此事负有全部责任。在将要离开这个世界之际，我要从内心最深处为天皇陛下的健康和长寿、为保护我们的宪法和大日本帝国的复兴而祈祷。

昭和二十年九月　本庄繁

问：这是本庄繁的遗嘱吗？其中有没有错误？

答：没有任何错误。

阪埜辩护律师： 如果庭长阁下允许，我想向证人提一个简短的——一个补充问题。

韦伯庭长： 一个问题。

问：本庄繁将军不再担任关东军司令官之后，他的官方职务是什么？

答：1932年8月，他被任命为军事参议官；1933年4月被任命为日本天皇陛下的侍从武官长。从军队辞职后，他于1938年4月担任军事参议府总裁,1945年4月被任命为枢密顾问官。

语言监督官:更正:1945年2月。

阪埜辩护律师:就这些了,阁下。

塔夫纳检察官:检方没有问题,庭长阁下。

韦伯庭长:证人可以按惯例离开了。

(证人退席)

阪埜辩护律师:下面我希望传唤证人川村享一。

(川村享一作为辩护方证人出庭,首先宣誓,然后通过日本译员作证如下)

直接询问(由阪埜辩护律师询问川村享一证人)

问:请问证人的姓名?

答:川村享一。

问:你目前的住址是什么?

答:东京新宿区市谷河田町十七番。

问:你的年龄?

答:55岁。

问:现在我将向你出示辩方文件第233号。你的这份宣誓证词中有没有什么错误?

答:没有。

阪埜辩护律师:我希望提交辩方文件233号作为证据。

韦伯庭长:按惯例采纳。

法庭书记官:辩护方文件233号将作为证据被采纳,证据号2402。

(上面提到的文件被编为辩方证据第2402号,并被采纳为证据)

阪埜辩护律师:我现在将宣读辩方文件233号,证据第2402号,证人川村享一的宣誓证词:

已故的前将军本庄繁在1945年秋担任职业辅导理事会长，我是他当时的秘书。

我确认，附件中标题为《满洲事变的真相》共16页纸的小册子是由我记录的，是根据1945年9月中旬至10月初期间本庄繁将军本人逐步亲口叙述的内容记录草稿，然后经过多次修改，最终由他批准同意。

昭和二十一年十一月二十六日

问：我希望向本证人出示辩方文件第227号。这份由本庄繁将军口述、由你记录草稿的名为《满洲事变的真相》的文章中是否有什么错误？

答：没有错误。

阪垫辩护律师：我提交辩方文件227号作为证据。

韦伯庭长：按惯例采纳。

法庭书记官：辩方文件227号将作为证据被采纳，证据号2403。

（上面提到的文件被编为辩方证据第2403号，并被采纳为证据）

韦伯庭长：传阅这份文件。

我们将休庭，直到明天9:30。

（16:00进行休庭，直至1947年4月3日星期四9:30）

1947年4月3日，星期四
日本东京都旧陆军省大楼内远东国际军事法庭

（根据休庭规则，本法庭于9:30开庭）

……

法庭执行官：远东国际军事法庭现在开庭。

韦伯庭长：除了大川周明、松井石根和东条英机由其辩护律师代理外，所有被告都到场了。我们这里有巢鸭监狱医疗分队提供的证明，证实松井石根和东条英机由于生病无法出席今天的审讯。该证明将被记录并归档。

阪埜辩护律师。

阪埜辩护律师：在继续进行我们昨天停下的地方之前，我要向本法庭提出一个请求。昨天出示的两份文件，即证据第 2401 号和证据第 2403 号，前一份文件是本庄繁将军留下的一封信，第二份文件，也就是后一份，《满洲事变的真相》。这两份文件原来都保存在本庄繁家族的保险柜中。

该家族——本庄繁将军的家族曾认为，这些文件是已故将军的珍贵遗物，根本不应该公布于众。我们向他们提出了特别请求，并对这两份文件采取保护，因为起诉书中包含了所提到的事件，它与重大事件有关。

语言监督官：略作更正：我们提出这些文件，是因为我们相信这些文件与起诉书中的指控有重大关系，而且这些文件对本案涉及问题非常重要。

阪埜辩护律师：（继续）作为辩护律师，我请求将这两份文件归还——这两份文件的原件归还给该家族，如果需要，副件或影印件可被允许代替原件。

韦伯庭长：这是所有你想说的吗？

阪埜辩护律师：是的，庭长阁下。

韦伯庭长：我看这件事根本不用急。原件将由本法庭保管，直至做出其他决定。我要与其他法官商议一下。

断续宣读上一份证据。

（川村享一作为辩护方证人出庭，重新坐进证人席后通过日本译员作证如下）

阪埜辩护律师：在我开始宣读这份证据文件前，我想要声明一下，我将忽略这份文件的最后一段，因为其中包含了作者的观点。

本方询问（由阪埜辩护律师询问川村享一证人）

阪埜辩护律师：（继续宣读）

《满洲事变的真相》

作者：本庄繁，1945年10月初

介绍

我所有的关于满洲事变的记录和材料都在空袭中被烧毁了，所以我只能依赖于记忆来写这些说明。而且，因为事变发生在14年之前，因此我不能断言，所有的数据、地点、顺序以及其他细节都绝对正确。然而我非常确信，关于事变的真实本质，以及当我面临这件事时的信念，这些方面都没有错误。

第一章 事变爆发前的基本情况

昭和六年（1931）我被任命为关东军司令官时，中国的反日运动已呈现出逐步紧张趋势，尽管外务大臣币原（现首相）采取了诚恳的合作政策，局势仍然日益恶化。这种倾向在满洲尤为强烈，不愉快事件每天都在发生。就在我到达满洲就任新职前，严重事件一个接一个地发生，都没有得到解决。其中包括中村大尉、井杉曹长被满洲屯垦部队虐杀事件，虽然他持有合法正当签证，还有满洲军队、官方和当地民众在万宝山联合虐待朝鲜农民的事件。面对满洲当时的严峻局势，我心中万分焦急。

当我到达并进行了对属下各部队的第一次视察之后，我的焦虑更加严重了。根据外务大臣高村在任时签署的商业租借地规定，毫无疑问，大日本帝国的臣民不仅在南满洲铁道株式会社附属地和通商口岸，而且还有内地都有居住和从事贸易的权利。但是，我亲眼所见,即便是那些从事医疗职业、文化事业和与满洲居民做生意的人也不能在上述属于南满铁路公司和通商口岸的地区居住。而且由于在这些地区到处都充斥着对帝国臣民的侮辱和迫害,即使小学生上学、放学途中都需要有军队保护,在没有派驻军队的地区,学校只好被迫关门或撤销。相应地,在满洲的很多帝国臣民,包括日本人和朝鲜人,都陆续返回家乡了。几年前的人口总数量曾经达 120 或 130 万,但至事变爆发时,总人口还不到 100 万人,而且,他们中的大多数都是第二代移民,就算返回家乡也没有工作或住所。

根据大日本帝国的尽可能与满洲方面避免摩擦的政策,我们关东军用尽了一切办法谨慎行事,以缓和反日情绪。例如,除非进行军事演习,我们的士兵不会去南满洲铁道株式会社附属地或通商口岸以外的地区,而且,甚至在军事演习时他们也不会携带弹药。尽管如此,当日军进行演习时,满洲军队要求事先把演习的地点和时间通知他们,完全不顾双方协议中所规定的不必通知的权利。当我们按照要求事先告知他们时,他们就会利用我们通知的信息,在同一时间和地点也进行军演,使我们的演习很难或者不可能进行。甚至还有一些士兵利用我们不带弹药这一点,进行示威或威胁我们,从而引发进一步麻烦。最后他们甚至还禁止我们在不属于南满洲铁道株式会社或通商口岸的地区进行演习,并拒绝了我们在禁止地区租用地方进行演习的请求。这等于实际上制约了我们军队所依赖的军事演习。同时,对帝国臣民和士兵的暴力与侮辱事件日趋严重,随处可见。在我到达满洲上任时,由于这些棘手矛盾和违法行为大量出现,每时每刻都是充满了火药味儿的危急时刻。

第二章 事变概述

(1931 年)9 月 18 日,也就是我上任后一个月,驻扎在奉天郊区北大营的满洲军队炸毁了柳条沟附近穿过北大营西边的一段南满铁路。这样,这场充满火药味的危机终于爆发了。

当时,我们有一支部队正在不远处进行铁路防卫演习,出事后他们立即前往事发地点,驱赶走了犯下暴行的敌军。同时,我们反击了敌军掩护部队对我们发起的攻击,在从后面赶上来援军的配合下,我们的军队最终成功地将他们困在了北大营。

收到关于上述事件的急件后,我立即向驻扎在各个地点的属下部队下达了必要时使用武力的命令。当时没有足够的时间请求总部下命令,但是,一些士兵在我的命令到达前就开始行动了,还有一些士兵在敌人攻击前就先行开始进攻。

就这样,关东军开始全线采取进攻。那么,为什么我会独断地命令我指挥的部队使用武力呢?为什么会有一些部队在我的命令到达前就开始行动?以及为什么一些部队会在敌人攻击前就开始进攻?

毫无疑问,关东军的首要任务是保护南满洲铁道株式会社的铁路。并且因为这支部队驻扎在海外,它还有责任保护当地居民的生命和财产,保护本国的利益,并保卫军队自身安全。这些职责的重要性丝毫不逊于其首要任务。根据规定,履行这些职责的责任和权利不仅委托给了我,还有继任的历届关东军司令官。此外,当时的情况万分紧急,令我们不由得相信,任何由满洲方面引起的新事件,比如上述事件,都意味着整个满洲参与的策划活动。

而进一步激起事端的是炸毁铁路线。由于柳条沟位于北大营附近,那里的满洲士兵偷窃铁路沿线物资并经常在铁轨下设置障碍,企图倾覆火车。但这是他们第一次使用炸药毁坏铁路。满洲的日本居民人数不断减少,当时总人口约为100万,其中包括朝鲜人,而当时大日本帝国在满洲的利益的确是一个关乎帝国命运的问题。

关东军不仅应该保护南满铁路的所有线路,而且还应该保护所有上述利益并进行自身防卫,它当时的军事力量包括一个维持治安的师团和6个独立守备大队,总数只有1.5万或1.6万人。而满洲方面的军事力量则多达20万人。因此很显然,如果我们的军队放松警惕或犹豫不决,不仅南满铁路,还有军队自身、日本居民和帝国的利益都将遭到毁灭。这就是为什么我没有请求总部发令,而是按照委托于我的责任和权利来命令我指挥的部队使用武力。这也是为什么一些部队在我的命令到达前就开始行动,以及为什么一些部队在敌人攻击前就开始进攻。同时,我相信,无论是哪个国家,当一支军队以少得多的兵力抗衡强大对手进行自卫时,这样做完全符合军队的特性。

从那之后,事态不断扩大,蔓延到了那些原本与南满铁路沿线地区相隔绝的地方,如锦州、嫩江、哈尔滨和齐齐哈尔等地。尽管这件事成了社会各界的众矢之的,但对军队而言,尤其是一支兵力处于劣势的军队,会本能地想要在敌军发起攻击前先击败他们,因为满洲军队占据了重要地势,具有强大的兵力,他们重点袭击南满铁路沿线和具有日本重要利益的地区,或是对这些地区不断侵扰,同时,那些没有进入南满铁路附属地躲避仍留在内地的大日本帝国臣民的生命及财产都处于危险之中,我们时常会接到他们的帮助请求。我至今仍记得,当李顿调查团的军事代表进行现场调查时,他们也能非常理解这一点。

这样,虽然在武力不可避免时我没有避免使用武力,但只要可以避免,我就会毫不犹豫地努力避免使用武力。例如,劝说吉林省部队的参谋长熙洽和平解决吉林问题,阻止奉天省张海鹏将军和于芷山将军、黑龙江部队的张景惠将军以及黑龙江省的马占山将军(他后来又进行了反抗)的反攻行动,这些都是我努力的结果。

尽管我做了这些努力，事态仍扩大到了整个满洲。本来已经不可避免了，而当时待在北平的满洲实权掌握者张学良将军更是加重了这种不可避免性。我曾经在张学良的父亲张作霖手下担任过三年的军事顾问。在那段时间，由于经常见到他，我和他的关系非常亲密，也很了解他的聪明睿智。如果当时张学良将军在满洲，或是一个像杨宇霆将军这样非常了解中日关系的人在满洲，即使没有在事变的萌芽状态就制止它，也将不会发展到这么严重的地步，相反，我们也许能把那次事变当作一个铺路石，用来恢复日中之间的正常关系。每当想到日中关系从那时起开始急剧恶化，就觉得这是件非常令人遗憾的事。

第三章　建立"满洲国"及之后

如前所述，关东军仅仅是为了自卫才起来反抗和采取行动。因此，一开始我们并没有考虑关于满洲未来状况的任何问题。然而，我们的行动使满洲军队和满洲的现况遭受了破坏。如果没有秩序，我们就无法希望生活稳定和公众安定。如果没有生活的稳定和公众安定，我们如何来期望日本居民的生命财产以及日本利益得到安全？因此，我不仅支持袁金铠和其他人在奉天自发建立的区自治委员会，还支持在各地成立的自治委员会，推动自治政府的发展。除此之外，我还支持于冲汉和其他人为了指导满洲各地的自治委员会而成立的自治政府指导机构，努力维护和改善公众和平与生活。

尽管如此，由于这些组织都是临时性的，必须建立某些永久性的组织。事实上，在对我们行动了解的自治政府指导部门、各区自治委员会、军队要人、民间及社会各界知名人士中迅速兴起了这种呼声。这当然是一件我们渴望的事情，所以发展得非常迅速。我应该在这里解释一下当时我们对满洲的愿望。日本与中国的共存与共同繁荣对日本、中国或大东亚圈的防卫是绝对必要的。同时，从大日本帝国的生存角度而言,这也是绝对必要的,我确信,这就是我们在日俄战争后对中国的真实想法,尽管由于各种棘手事件,人们对我们的本意也产生了曲解,并发生了完全相反的后果。历史上,自清朝以来,包括我们自己在内的日本人参与了清朝实现稳定的各种努力,虽然我们只是进行了协助。我们还记得,有一群热心公益运动的日本人从孙文和黄兴时期就热心支持改革运动,而且改革运动中的所有显要人士都是亲日派知名人士或是到日本留过学的民间和政府人员。这一点在满洲非常引人注目,而且日俄战争也是在这里进行的。因此,事变爆发后,我们对满洲的所有期望并不是一种形式,而是永久安全以及日本与中国的共存与共同繁荣,其持久的基础是以满洲的稳定和繁荣为先决条件的日满之间正常和谐的关系。

我们应该采取什么样的计划呢?应该希望张学良将军回来吗?但促使满洲事变爆发的原因正是在张学良政府时期形成的。而且,在事态发展到这个地步之后,日本人从心理上也无法热情欢迎张将军回来。而且即使他们将他迎回来,张学良将军的自尊心也很难长时间忍受这种情况下的欢迎。有许多原因造成了张氏家族与民众的疏远,包括从张作霖将军时期就开始的张氏两代人的管理不善,他们向关内进攻的军事政策引起的军费激增,诸如此类,这不可避免地使满洲居民承受了过高的税收负担。所以,张氏家族是不可能回到满洲的。将满洲交给南京政府又怎么样呢?从满洲的重要性以及日中关系的理想状态而言,这将是一种最好的选择。但是满洲事变爆发的根本原因正是由于南京政府的反日政策。此外,南京政府当时正处于不断涌现和持续的混乱局面中。因此,从当时的形势判断,如果将满洲交给南京政府,只能意味着进一步激化满洲的反日运动和混乱形势。所以,与前一种选择一样,这种情况也不值得考虑其实际操作性。

满洲方面的知名人士及利益相关者的观点和我们的上述观点相似。然后，于冲汉先生和其他一些人最终勇敢地倡议建立一个新国家。这个提议立刻得到了一致的支持，我当然也同意。

在历史上，中国实质上从来没有占领过满洲，不仅如此，而且事实上满洲曾一度完全占领中原。的确，满洲的大部分居民是汉族，但这些人中的大多数都已在满洲居住了几代甚至十几代，从他们的生活习惯和情感来看，他们更像是满洲人而非汉人。而且满洲的地形是被一群山脉及大河围起来的一个盆地，从自然条件上而言也非常适合建立一个国家。如果能成立这样一个国家，那么这个理想就可以有史以来首次得以实现。就这样，在昭和七年(1932年)3月1日，"满洲国"宣告独立。君主制是它的骨骼和基础，因为这是东方道德观的精髓，而民族合作是它的血肉，因为它倡导所有居民的平等，反对强者至高无上、弱者受到压迫和民族歧视的观念。

这样，我非常期待独立的"满洲国"将和平与健康地发展。当然我还期待，日本与自中原王朝建立之前就已作为一个国家存在的满洲之间的深厚关系将变得正常并不可动摇。我期望的不止是这些，还有在这个基础上建立的"满洲国"对外将成为保卫东方世界的一个坚不可摧的堡垒，对内则成为日中之间共存与共同繁荣的一个典范，同时，它还将发展为一个现代国家，赢得整个东方乃至全世界的赞扬。为了实现这一目标，我认为，满洲人民应勇于面对过渡时期的各种困难，而大日本帝国也应当作出牺牲，无论可能需要作出多大的牺牲。

新国家宣布建立之后，3月9日，前清王朝的宣统皇帝溥仪就职"满洲国"的政府执政。从这些事实中可看出，"满洲国"建立的基础是民族合作，很明显，溥仪的任职并不是对清王朝的复辟，而是正相反，它从法律和情感上都阻止了复辟。事实上，溥仪就任执政一职是由于他本身的性格以及满洲人对"满洲国"的怀旧情绪，因为他是满清王朝的后代。

写于昭和二十年(1945)10月初

韦伯庭长：塔夫纳先生。

塔夫纳检察官：如果本法庭允许，我理解的是虽然最后一段没有宣读，但它仍被采纳为证据。

韦伯庭长：如果它包含了观点，将被忽略。

塔夫纳检察官：那是辩方律师的话，但是根据我们的意见，那一段的确包含了对事实的陈述，我希望能提醒本法庭注意，或是将它宣读一下。

韦伯庭长：你显然希望将它读入记录，那我们就读吧，但是我们将最后定论。

我的理解是这份文件从本质上而言类似于一份临终遗言，是吗？事实上，它并不符合相关规定，因为本庄繁在写这份文件时并不是临终状态，但也许他确实在计划自杀。这无法依照我们所知的任何证据规则进行采纳。

当本庄繁成为关东军司令官时有多大年龄？

阪埜辩护律师：我想他大概在50岁左右，庭长阁下。

韦伯庭长：好吧，读一下剩余的陈述。

阪埜辩护律师：我马上读，但是在那之前我可以说几句话吗？

很清楚，已故的本庄繁将军在1945年9月时决定自杀，并写下了他的最后遗言。所以，当他决定自杀后，他写了这本名为《满洲事变的真相》的书。我的观点是，我相信本庄繁将军在战争结束后就已经决定了要自杀，只是决定具体日期的问题。中国有一句古话，说"鸟之将死，其鸣也哀；人之将死，其言也善"，这句谚语的意思是，即使是最恶劣的罪犯，当他面临死亡时，也会回归他的真实和本初的精神，并讲述真正的事实。

韦伯庭长：你不能以这些作为证据，还是读剩余的文件吧。

阪埜辩护律师：我没有打算将那个提出为证据。但是，因为我想庭长阁下对这份文件的本质有些疑问，我就解释了一两句。我将要宣读剩余的证据了——剩余的陈述。我原想——我原打算忽略我们认为包含了作者观点的这个部分——他对离开满洲后的回忆。

我现在继续宣读。

> 在任职一年后，我辞去了关东军司令官的职位。后来"满洲国"发生的所有重大事件，包括实行君主制，都是在我辞职后发生的。因此，我没有资格写那个时间之后"满洲国"的情况。从那时起到现在，"满洲国"的情况已大大偏离了我当初的希望和期待，并且与日本最初设想的对满洲和中国的政策也绝对不同，这非常令人遗憾。这是由于在"满洲国"任职的日本人数量逐步增加，从而引起"满洲国"官员间的不和谐，以及我们对"满洲国"的政策执行经常发生变化。

阪埜辩护律师（继续）：

问：这本名为《满洲事变的真相》的书是否与证人记录下的内容一样？

答：是的。

阪埜辩护律师：证人交给你们了。

塔夫纳检察官：检方没有问题。

阪埜辩护律师：证人可以退席了吗，庭长阁下？

韦伯庭长：证人可以按惯例离开了。

（证人退席）

九、柳条沟事变中的关东军

阪埜辩护律师：我请山田律师介绍另一位证人。

山田辩护律师：我是辩方律师山田。我请求传唤证人平田幸宏出庭作证。

（平田幸宏作为辩护方证人出庭，首先宣誓，然后通过日本翻译员作证如下）

山田辩护律师：我请求向证人平田出示辩方文件887号，也就是证人的宣誓证词。

韦伯庭长：先问他的姓名和住址。

直接询问（由山田辩护律师询问平田幸宏证人）

问：证人先生，请告知你的姓名和住址。

答：我的姓名是平田幸宏。住址为东京市目黑区田牧町五十一番。

问：辩方文件第233号是你的宣誓证词。它是否是对事实的陈述？它是否确是你的宣誓证词？

韦伯庭长：在你问是不是他的宣誓证词前，要先把文件给他。

平田幸宏：是的，是我的。

山田辩护律师：我提交辩方文件887号作为证据。

韦伯庭长：按惯例采纳。

法庭书记官：辩方文件887号将作为证据被采纳，证据号2404。

（上面提到的文件被编为辩方证据第2404号，并被采纳为证据）

山田辩护律师： 我将向本法庭宣读证据第 2404 号的全文。

韦伯庭长： 忽略正式措辞的部分。

山田辩护律师：（宣读）

（3）1931 年 4 月，当我担任第二师团第二十九步兵联队的指挥官时，我和第二师团总部被派往满洲。4 月 16 日时，我们联队驻扎在奉天，师团部驻扎在辽阳（当时第二师团的指挥官是中将多门）。从那时起一直到 1932 年 8 月，我一直待在满洲，之后，由于正常的人事调动，我被调回日本金泽市的第九师团总部。1933 年我从现役退伍，当时我的军衔是少将。

（4）当我在满洲服役时，柳条沟事变（奉天事变）爆发，不久之后又演变成为满洲事变。

（5）当时驻扎在奉天的有我指挥的第二十九步兵联队以及独立铁道守备队的第二步兵大队（指挥官是岛本正一中佐）。前者负责在满洲的一般职责，即捍卫日本的权力和利益以及保护奉天周围的铁路线与日本居民的财产。而后者负责守卫指定地区的南满铁路。既然职责有所不同，这两支部队在行动计划上也不太一样。然而，为了在紧急时刻能进行有效合作，我们经常进行联合军事演习，如紧急集合演习等。作为在奉天的高级军官，我负责在奉天周围警备区进行控制和指挥下令。换句话说，凡是涉及保护铁路，独立铁道守备队的第二步兵大队在独立铁道守备队指挥官的直接命令下行动，我绝对不会去干涉；但是，凡是有关奉天警备区的一般防卫，我就被授权取代岛本中佐的指挥。

（6）在我们师团到达满洲的 5 个多月后，满洲事变爆发了。但是，在事变爆发前，无论是我本人还是我的任何下属，也无论是通过单独行动还是与平民联合行动，都没有任何预谋来制造这起事变。当时满洲的状况非常恶劣，日本的合法权利和利益都受到了非法侵犯,同时,反日和侮辱言行在满洲随处可见。受到这种情况的影响,我的部下官兵精神高度紧张。鉴于我到达满洲后所看到的情景,并且鉴于我在日俄战争期间担任陆军少佐的亲身经历,我不仅提醒下属绝对不能玷辱我们先辈的荣誉,而且加强了军队纪律,禁止任何扰乱社会治安的行为。大约在满洲事变爆发前一个月,南满洲铁道株式会社奉天分局局长、日本居留民协会主席和日本协会主席找到我,抱怨说有许多住在奉天城墙内的日本学校孩子无法去上学,因为满洲人在他们上学、放学途中向他们扔石头。他们请求我在城中安排一次示威游行,从而永久性地制止这类事件。然而,出于谨慎,我拒绝了他们的请求,因为这种行动可能会引起不必要的误会。

(7) 满洲事变爆发前,张学良的中国东北军在奉天周围驻扎并不断增加兵力,开始对南满铁路区的日本兵营形成了包围。他们的兵力包括:一个混合旅,大约1万多人,驻扎在北大营;一个混合了步兵和炮兵的训练团,在东大营;城墙外西北和东北地带有三支隶属于警卫队的部队(一支与张学良一起待在北平,其他两支部队在另两处驻扎,作为核心力量随时准备将警卫队加强到团的兵力),其中一支部队配备了步兵、枪支和机枪;在城墙内,有一支守卫部队和一队士兵配备有长矛;在西边的皇姑屯,有北大营分出的一支部队。正规军总人数大约有1.5万或1.6万人。此外,还有一支据说在训练和装备上都超出正规士兵的3 000多人的警备队,驻扎在商业区东部的各个战略要点。这支部队的装备在全满洲是最精良的。他们配备了四辆轻型坦克,很多架迫击炮和重机枪,甚至还有飞机。另外,还生产了大量的武器和弹药,存放在军火库和迫击炮弹药库中。甚至还有毒气弹。而另一方面,包括我们联队在内的日军兵力有1 000多人(2个大队,每个大队有3个中队,还有1个机枪队),再就是独立守备队的一个步兵大队有400多人(包括

4个中队,但其中2个中队不在奉天)。我们的武器只有两辆装甲车,一些步兵炮、野炮和重机枪,所有这些方面都不如中国军队,而且我们根本没有飞机。在这种情况下,我们清楚地意识到了中国军队的威胁,因为我们无论从数量还是质量上都不如他们。

(8)这样,张学良军队的士兵情绪高涨。事实上,参谋长荣臻将军曾有一次向我说起过,虽然高级官员与他之间相互能够理解,但一些青年军官却表达出非常强烈的情绪,使他几乎难以控制。

(9)当时,奉天及周边地区的日本居民大约有20 000人。因为张学良军队的压力,他们中已经有一些人发现很难继续做生意,于是就回国了。经常发生针对日本人的暴力事件,例如万宝山事件。此外,我们的铁路线也时常受到干扰。再后来,中国人开始对日本军队也采取了反日和侮辱的态度。

(10)每当我们打算进行军事演习时,无论是空弹还是实弹,或是进行夜间演习,我们都会通过日本领事提前几天通知中国官方。但尽管我们提前通知了,还是在1931年6月底的一次夜间演习中,一些中国公安队士兵向日本巡逻队实弹开火。还有一次,在1931年8月下旬,当我们团的一队士兵在奉天郊外练习射击时,一些中国土匪向一名日本哨兵发起猛烈攻击,试图抢走他的手枪,不过在近距离作战后,他们被我们抓获了。东北军的飞行员是由日本教官指导并培训的。但这些日本教官的任期在8月31日到期,于是他们在9月1日上午返回了日本。从那一天开始,几乎每天东北军的飞机都会以威胁的姿态在日本兵营上方低空盘旋。由于受到了极大的威胁,我们被迫在兵营内的空场上修建了防空设施。此外,由于中村大尉事件变得越来越复杂,我手下的官兵都非常激愤。

(11)鉴于这种形势,新任命的关东军司令官本庄繁将军发布了命令,说在必要的情况下,我们应当采取积极措施,并应努力捍卫军队的荣誉。按照他的命令,我向部下做了传达,并要求他们鼓起勇气,不要损害先辈们的荣誉。

(12) 在这种情况下,我在9月初向全团士兵下令,当离开兵营进行军演时,应当在皮带后面挂的弹药袋中携带实弹(里面能装15梭子弹);外出时应当一直缠着绑腿;不允许一个人前往铁路区以外地区;无论何时去城墙内区域,必须结伴并报告行踪。

(13) 后来,我们进行了越来越密集的演习和训练。地形演习不分白天昼夜,而且经常进行夜间军演,每周都会有两三次。还经常有紧急集合演习。此外,铁路区的防卫演习也时常在白天和夜间进行。这些演习进行得非常频繁,最后大部分老百姓都对它们熟视无睹了,不再认为是什么异常的事情。

(14) 1931年9月18日夜间,我当时正在奉天葵町官邸听一名陆军中佐下属汇报,他当天下午刚从我们计划进行秋季演习的地区进行地形调查返回。大约在10:40,独立守备队第二大队指挥官陆军岛本中佐通过电话向我报告说,"由于驻扎在北大营的张学良部队士兵炸毁了铁路并袭击我们的巡逻队,巡逻队所在的班正在反击敌人。我们大队要立即紧急集合前往增援。""好吧!"我回答,"我将下达紧急集合令,然后前往兵营。让我们在那里商量一下细节吧。"挂上电话,我立即打电话给当天值班的将官,命他发紧急集合令。穿好衣服后,我立即前往兵营。到了那里,我把兵营指挥官们召集在一起,正要向他们解释情况时,岛本中佐骑着马全副武装地赶到了。他说,"我将率全大队兵力攻打北大营的敌军。""好!"我回答,"我将攻打奉天城内的敌人。""让我们尽最大努力吧。"说完这些话,我们就分开了。

(15) 根据我们之前接到的命令,关东军的作战计划是,由于与满洲的紧张局势,在危急时刻关东军应集中在奉天的主要兵力,根据需要向城墙内进攻。所以我们联队一直加紧进行日常军事演习和进行其他一些可能与紧急情况相似的训练。当时的反日情绪已经非常高昂,而张学良军队也开始向日军不断进行挑衅。因此,我们在奉天驻扎的这些部队都认为紧急情况可能在任何时间突然出现。在这样的环境下,如果我们仅仅依赖于集中主要兵力,我们可能会面对巨大数量的敌军而处于被消灭的危险中。换句话说,我们关心的主要问题就是如何用我们在奉天的现有军队力量在紧急时刻完成我们的职责。

当时的形势是,张学良的2万多人部队打算包围奉天的铁路区。假如我们这支不到1 500人的部队待在面积为4平方公里的铁路区内,在受到攻击后,即使铁路运输未受破坏可以完全正常地运转,也最少需要5或6个小时之后,距离奉天最近的辽阳驻军才有可能赶过来增援。所以,我们得出了结论,坚持防守地位将意味着我们的灭亡;因此我们应当采取主动行动设法阻碍敌人的可能进攻,为我们的主力到达赢得时间。打个比方说,敌人一直以握紧的拳头威胁我们,而且我们相信敌人将最终向我们出拳,作为一个柔弱的小孩子,我们没有别的选择,只能突破他的防线,趁他没有出拳打中我们的头时先击中他的要害部位。

(16)我们的铁路经常会受到干扰,针对此类事件的报告,我们以前已经召集过两次紧急集合准备采取行动。但这还是第一次张学良的军队以实弹袭击日军。所以,当岛本中佐向我报告事变爆发的那一刻,我就马上认为这正如我所预料的那样,张学良军队是根据一个具体计划向我们发起了进攻。我的判断是,他们终于挥起拳头来攻击我们了。所以,当岛本中佐报告说:"我们的人正在反击,请驻军部队对我们增援!"我立即同意了下令。

(17)关东军的板垣将军当时正好在奉天的特务机关,我们从他那旦得知关东军的意向与我们不谋而合。这使我们很高兴。然而,为了打击敌人的要害部位,我认为我们应该至少拿下严密防范的内城墙西侧才行。因此我请求板垣批准我的作战计划,我说,"如果我们在外城墙击败了张学良的军队,我们就应当乘胜追击,继续攻打内城墙的西侧。今晚占领西城墙对我们明天的战斗是最有利的条件。我请你批准我们占领西侧城墙的故军阵地。"他同意了。于是,我返回营地,向属下的陆军中佐、各大队指挥官和机枪部队指挥官作了如下部署。

1. 攻击部队

(a) 第一大队(不包括第一中队,但对个小队增援配备1门迫击炮和1挺重机枪)应进攻守军的第一、三营房和迫击炮弹药库。

(b) 第二大队(不包括第七中队,但派机枪队主力增援)应在击溃守军的第二营房和机枪部队营房后立即攻打内城墙西侧。

(c) 第七中队应密切观察商业区的和平维持部队(警备队),如有必要,应当解除他们的武器。

(d) 第一中队应作为后备部队,但其中的一个小队在破坏奉天城的通信线路后加入主力部队。

2. 防守部队

每个中队抽出一个班组成一支部队,由稻见中佐指挥,维持铁路区的和平与秩序,保护日本居民的生命与财产安全,尤其要严密监视驻扎在皇姑屯的故军动向。然后,我向各大队一一下达了命令。我特别地提醒他们:"我们的敌人是张学良军队而不是中国百姓。应当给老百姓这样的信心。"

然后,我命令他们一个接一个地出发。第一大队最早出发,大约在19日凌晨0:40,我和后备部队最后离开营地,在凌晨1:00稍过一会儿。

(18) 从岛本中佐的紧急电话至我离开营地时,已经过去了两个小时。

(19) 在去目的地的路上,我们的部队遇到了中国警备队小分队的零星射击，我们的部队或是置之不理，或是将他们缴械，然后继续前进。第一大队击溃了守军的抵抗，按照命令在3:00前占领了营房和迫击炮弹药库。第二大队也击退了守军第二支部队的反击和机枪火力，在19日2:30左右占领了内城墙的西北角。然后又占领了西南侧，最后在3:00左右，完全占领了西城墙。在这些冲突中，1名军官和6名士兵受伤，其中两名是在与警备队作战时受伤，另5名是在与正规军作战时受伤，而敌军大约有30名正规军士兵被击毙。

（20）我让特务办公室将我们联队的行动向第二师团总部进行报告。我们一占领西城墙，我就命令一名军官前往奉天车站，向预计将到达那里的第二师团指挥官汇报。19日早上5:00左右，当我正在西游门外的日本居留民协会办公室中时，师团的一名参谋官前来向我们传达指挥官命令。他说第十五旅团麾下的一支部队预计将通过奉天城南侧，他们将与我们联队保持联系，所以我们应立即向前推进到内城墙的东侧。于是我命令我们团向前推进，直到内城墙东侧以北的外城墙内的街道。根据这个命令，第二大队也向前推进，接受了驻扎在内城的守军投降并将他们缴械后，又在6:00左右占领了士兵已逃跑的长矛队营房。第一大队在第二大队的配合下，占领了外城北部的街道。按照第二师团指挥官的命令，我和后备部队一起到达了内城小北门。

（21）与此同时，留在后方防守铁路区的有一小部分军队，他们与警备队和紧急召集的军警及后备军人一起合作，准备抗击驻扎在皇姑屯敌军的可能进攻。他们足以充分地完成职责，包括维持铁路区的公共秩序以及保护日本居民的生命和财产安全。

（22）我已经提到了调集到奉天的重型武器。我知道有一些，但是因为它们属于独立守备队，所以我没有时间去详细了解。我们团的行动和这些重武器没有关系。

（23）当国联的中国调查委员会来到奉天时，我作为满洲事变的一名参与者，详细地向他们解释了当时的情况，我当时讲述的主要内容和我在这些陈述的是一样的。也许是因为军人出身，委员会中的军人成员，迈凯少将和克劳迪奥将军显然非常能理解实际发生的情况。

山田辩护律师：我请求庭长阁下允许我向证人问一个补充问题。

韦伯庭长：好，一个补充问题。

直接询问（由山田辩护律师询问平田幸宏证人）

问：证人先生，在你的宣誓证词中，你说当你返回营地时，你见到了岛本中佐，他向你提到了一些事。他对你说了什么？

答：岛本中佐向我作了以下报告。他说："为了救援我手下的部队，那支部队正沿铁路向南前进——沿着虎石台的铁路向南前进的中队遭遇了一支4、500人的军队，敌军，他们有迫击炮和机枪。"

语言监督官：略作更正：从虎石台出发沿铁路向南推进的中队。

答（继续）：官兵已发生伤亡，正在激战中。我应当率领全营兵力攻打北大营。"所以我要他尽最大努力。

韦伯庭长：我们休庭15分钟。

（10:45休庭，直到11:00重新开庭如下）

法庭执行官：远东国际军事法庭现在继续开庭。

韦伯庭长：山田律师。

山田辩护律师：休庭前证人已做出回答。我想翻译中有一点小错误。可以请重新翻译一遍回答吗？

山田辩护律师：（继续）

问：证人先生，你说岛本中佐对你说"请处理我离开后的事务。"这是什么意思？

答：我不知道确切意思，但我想岛本中佐的意思很可能是，因为他要去北大营，他希望我来处理他离开以后的事——为一些事务作决定。

韦伯庭长：我们不想再听这些了。这些都不重要。他的宣誓证词中有太多不必要的细节。

问：证人先生，你是什么时间决定进攻奉天城内的？

（证人用日语回答）

柯明斯-卡尔检察官：在翻译回答之前，庭长阁下——

韦伯庭长：必须翻译回答，柯明斯-卡尔先生。

柯明斯-卡尔检察官：我希望反对。

韦伯庭长：那么，英文是什么？让我们听一听。

答：当岛本中佐来到兵营通知我，向我报告，我意识到我自己以及我指挥的整个军队都面临着被消灭的危险。所以，我决定攻打奉天的内城。

柯明斯-卡尔检察官：我反对任何进一步的问题——

韦伯庭长：柯明斯-卡尔先生。

语言监督官：对前面的翻译略作更正：当岛本中佐在兵营向我汇报时，我得出一个结论，除非我们当时进攻奉天内城，否则我们最终将面临被消灭。所以，我作出了实施进攻的决定。

韦伯庭长：柯明斯-卡尔先生。

柯明斯-卡尔检察官：只有几个问题，庭长阁下。

交叉询问（由柯明斯-卡尔检察官询问平田幸宏证人）

问：平田将军，在你的宣誓证词第 6 段，你说在满洲事变爆发前，你接到奉天几个日本机构关于满洲人对他们敌视态度的抱怨。是这样吗？

答：是的，是这样。日本人协会主席、日本居留民协会主席以及南满铁路奉天分局的局长都向我报告了此类事件。他们3个人希望军队能够在城内组织一次示威游行——在奉天的城墙内，目的是展示军队实力。我对此回答是如果进行这样的示威，可能会引起一些误解，所以，我没有同意他们的请求。

问：其他的辩方证人曾告诉我们，满洲人迫切希望日本人来帮助他们建立一个独立的国家，并将他们从中国人的统治下解放出来。你知道他们为什么要向自己的拯救者扔石块吗？

答：我不知道原因。事实上，我不知道也没听说过任何独立运动。

问：在第14段，你说第一次听到所谓炸毁铁路的消息是在大约22：40分从岛本中佐那里听说，他说，"由于驻扎在北大营的张学良部队士兵炸毁了铁路并袭击我们的巡逻队——"你有没有问他是否在现场并亲眼所见？

答：我相信岛本中佐并不在现场。

问：你告诉我们，你向李顿调查团提供了证词。是这样吗？

答：是的。

问：你是否知道有一个河本大佐也向他们提供了证词？

答：我听说过，但没有人直接对我说过这件事。

问：你有没有问岛本中佐，他是从哪里得到的消息？

答：我没有问岛本中佐这一点。我判断他是在职责范围内向我汇报。

问：你不认为在下令进攻前应该先对他的报告是否属实进行调查吗？

答：当时我没有余地或时间来考虑这件事。由于我们已经不断地被敌人威胁，我觉得如果我们浪费时间去调查，那么我们将面临灾难性的命运。

问：你知道河本大佐目前在哪里吗？

答：我从来没有见过这个河本。我不知道他在哪里。

问：如你所述，当你到达兵营并同岛本说话时，你当时有没有问他从哪里得到了这个消息？

答：我没有问他从哪里得到这个消息。我猜他是从部下那里得到了报告。

问：从你那时所了解的情况，是否可能是日本人炸毁了铁路？

答：我丝毫不知道日本人——有任何证据表明是日本人炸毁了铁路。我是从岛本中佐那里听到了报告，我完全相信他的报告。

语言监督官：有罪方是驻扎在北大营的士兵。

问：假如，如果我们声称是板垣将军安排了炸毁铁路，你知道相关的情况吗？

答：我不知道任何这样的事。而且，我不认为日本人对炸毁铁路负有责任。

语言监督官：不是"我不认为"，而应该是"对我而言不可想象日本人会炸毁铁路"。

问：在下令进攻之前，你有没有确定对铁路造成了多大的破坏？

答：我没有时间去调查损坏情况。

问：你只有时间去发动一场大战？

在你的宣誓证词第16段，你说这是第一次张学良的军队以实弹袭击日军。谁告诉你这些的？

答：我是通过岛本中佐的报告知道的。

问：但是在岛本中佐的报告中，并没有提到这一点，正如你在第14段中所述。

答：岛本中佐报告说，日本巡逻队第一次在北大营受到袭击。

语言监督官：被北大营的士兵袭击。

问：他是否告诉你有多少人？

答：开始没有告诉我——我们没有敌人兵力的确切数字。但是在兵营的第二次汇报时，我得知敌军兵力大约有四五百人。

问：这不是我问的问题。我是问你，你的部队中有多少人称受到了袭击？

答：在第一次报告日本巡逻队遭到北大营士兵袭击时，没有提到具体数字，但是有一个小队去增援受袭部队。我们不知道军队的具体人数。

问：你知不知道河本说只有五六个人？

答：我没有听说。

问：而且你也没有问？

答：因为我觉得如果我们耽误了采取行动，我们将受到敌人的灾难性攻击，我没有去调查敌人的数量——我们没有余地或时间去调查敌人的力量。

问：那是否是因为你已经决定了要以此为借口来发动一次重大作战行动？

答：不是。

问：你刚才说来自北大营的中国军队。谁告诉你的？

答：我相信岛本中佐向我报告的情况属实。

问：你有没有问他是怎么知道的？

答：没有，但我相信岛本中佐是从部下那里得到的报告。

问：你是否知道河本并没有说任何有关的话？

答：我根本不知道河本说了什么。我不认识他本人。

语言监督官：更正："我不知道河本说了什么"——"我不认识这个人"。

问：但是你不知道岛本中佐据说是从这个人那里得到的消息吗？

答：我相信——我猜测岛本中佐是从属下军官或部队那里得到的消息。

问：但是你没有问过他们是谁或他们说了什么？

答：如我之前所述，我们经常处于威胁——张学良部队的威胁中，因此当听说敌人已采取主动行动,我们没有时间进行任何的细节调查。

问：你是否听到过铁路受到土匪干扰的抱怨,如本法庭其他辩方证人提到过的那样？

答：在我的证词中已提到过,我听说过很多次铁路遭到袭击。而且,我有两次听说驻扎在北大营的军队进行了袭击。

问：你现在能回答我的问题吗？

答：我希望再问一遍问题。

问：你是否听到过铁路受到土匪干扰的抱怨？

答：我听过很多次。

问：那么假设那个故事存在着某些事实,你又怎么知道这些人不是土匪呢？

答：通过岛本中佐的报告。我肯定——我相信他所报告的情况。

问：你要求向本庄繁将军报告了吗？

答：当时我去联系了特务机关。特务机关长土肥原将军不在,由花屋大佐代理。我的意图是通过金宅参谋长向第 2 师团指挥官和司令官进行报告。

问：你是否知道花屋向本庄繁将军的总部报告说,铁路被中国正规军的三四个连炸毁？

答：我想特务机关大概已经得知了这次袭击,所以我只是要他们向第二师团指挥官和司令官报告。

问：你能回答我的问题吗？

答：我从头再讲一遍。

答：请不必。只是回答问题就行了。我再重复一遍。你是否知道特务机关向本庄繁将军的总部报告说,铁路被中国正规军的三四个连炸毁？你可以回答是或否。

答：当我去特务机关时,花屋大佐不在。但参谋长板垣将军在那里。因此我请板垣转达——向第 2 师团指挥官发送消息,并且向司令官报告这次进攻。

语言监督官：柯明斯-卡尔先生,我们刚刚翻译完你的上一个问题。

答：我不知道这样的报告。

问：很简单嘛。那么,关于板垣将军。你知道板垣将军为什么那天晚上到奉天吗?

答：我不知道。

问：你知道东京来的建川美次将军也在那里吗?

答：不,我不知道。

问：是板垣将军命令你和岛本大佐发动进攻的,对吗?

答：我不认为板垣将军有权直接向我发命令。

问：你能回答我的问题吗?

韦伯庭长：不管他是否有权这样做,他对你下命令了吗?

证人：他没有下任何命令。

问：你熟悉一卷名为《满洲事变经过概述》的日本官方出版物吗?

答：我不知道。

问：你不知道。好吧。

在你的宣誓证词第 19 段,你说"第一大队击溃了守军的抵抗,按照命令在 3:00 前占领了营房和迫击炮弹药库。"这次袭击完全出乎中国军队的预料,对吗?

答：我不知道。

问：你是指挥官,不是吗?

答：我并没有直接指挥;我的部下直接指挥。

问：他们完全没有预料到这次进攻,当你们的军队开火时,营房中所有的灯都亮着,你不知道吗?

答：我肯定没有听说过这些。

问：在第 22 段,你说知道在奉天有重型武器。谁下令装备了这些重型武器?

答：如我证词中所述，没有人告诉过我细节，我不知道任何细节。

问：那你是怎么知道这件事的？

答：当那天晚上这些武器开火时，我才确切地知道。

问：它们是被秘密装备的，据说还为此挖了一口井，你知道吗？

答：我只是听说过这个传言。

问：如果你们日本人有权利来装备这些武器，为什么要秘密地进行？

答：这些事情我真的不知道。

问：它们的安装正是为了用于你计划于9月18日晚上采取的作战行动，你不是很清楚吗？

答：我根本不知道。

问：最后一个问题：在第23段，你说已经把宣誓证词中的所有信息都告诉了李顿调查团，然后你接着说迈凯少将和克劳迪奥将军作为军人显然非常理解实际发生的情况。他们非常理解，所以他们与其他同事一同签署了调查报告，你知道吗？

答：我并不知道这一点。

韦伯庭长：山田律师。

山田辩护律师：没有再次询问的问题，庭长阁下。证人可以离开证人席了吗？

韦伯庭长：证人可以按惯例离开了。

（证人退席）

韦伯庭长：召回证人。把他带回来。

（证人重新回到证人席）

韦伯庭长：你仍然在誓言约束下。

如果板垣没有权限向你下命令，你为什么要请求他批准你的进攻计划呢？

证人：我没有请求他的批准。我只是问——通知他我决心进行进攻，并要他将我的决定报告给第2师团指挥官和司令官。

韦伯庭长：证据号2404，也就是你的宣誓证词，第11页有如下陈述："因此我请求板垣批准我的作战计划"，然后你对板垣说，"'我请求你批准我们占领西侧城墙的敌军阵地。'他同意了。"

证人：参谋长板垣的意见是，也许在进攻城墙西侧前做一下准备会更好。

参谋长板垣的意见是，进攻目标应当不是城墙西侧——不占领城墙西侧，但我的观点是占领城墙西侧会更好。

语言监督官：我相信有必要占领城墙西侧。

韦伯庭长：你不能像这样逃避回答问题。你在宣誓证词中说板垣批准了你的计划。但你在这里又说他没有权限命令你。你怎么解释这两种说法？

证人：因为参谋长板垣和我的观点不同，我只是请他同意我的观点。如果他可以直接下命令，那么无论我的观点——无论我的观点与他的是否存在冲突，我将必须遵从他的命令——服从他的命令。

韦伯庭长：你怎么知道板垣的观点的？

证人：当我告诉参谋长板垣我的计划时，他说他认为最好在到达城墙西侧前先占领营房，并在那里为第二天的作战做准备。

韦伯庭长：但你说，你告诉板垣你的计划，因为你之前已经知道了他的不同观点。

证人：不是。当我见到参谋长板垣后，我们才第一次交换意见。

韦伯庭长：我们可以做自己的结论了。

对于法官们的问题，你还有其他要问的吗？

山田辩护律师：我没有要问证人的问题了，庭长阁下。

韦伯庭长：证人可以按惯例离开了。

（证人退席）

我们将休庭到1:30。

（12:00 休庭）

（根据休庭规则，本法庭于 13:30 开庭）

法庭执行官：远东国际军事法庭现在继续开庭。

韦伯庭长：马蒂斯先生。

马蒂斯辩护律师：如果法庭允许，辩护方原打算现在传唤证人岛本，但是他现在因为生病而无法出庭。他目前住在东京以外的一个地方养病。

我们这里有一份证人的主治医生志摩的证明，虽然没有经过宣誓，但是可以证明岛本正一因患胆结石而正在接受治疗。他还需要休息一个月才能康复。日期是 1947 年 3 月 14 日，署名为志摩俊一。

我们希望能现在提交辩方文件 834 号，即岛本的宣誓证词作为证据，因为我们觉得它更适合本案件阶段。

韦伯庭长：塔夫纳先生。

塔夫纳检察官：如果法庭允许，这个证人正是刚离席的上一位证人经常提及的那个人。他还提供了另一份宣誓证词，即辩方文件 703 号，在顺序表上列于辩方律师希望提出的宣誓证词第二份文件。

现在的这份宣誓证词是关于日军活动的一些细节，不可能仅通过宣誓证词的表面内容就确定出哪些部分是道听途说，哪些不是。

另外，宣誓证书的来源，根据证明所述，也存在一些疑问和问题。所以，我们希望对该证人进行交叉质证，我们认为在宣读宣誓证词时他应该在场。

在这方面，我想指出，医疗证明中提到的人并不是宣誓证人，也就是说，从上面可以看出，那个人的名字是俊一，而宣誓证人的名字是寿一。那也许是同一个人，也许是他们家族的另一个人。不管是哪种情况，这份医疗证明本身都不足以向本法庭确定地证明关于证人现在是否能出庭这一事实。

这继而引起了一个更大的问题。这是第四或第五位证人,而且顺序表中还将有另外一位,都提供了医疗证明说他们的身体状况不允许他们出庭。

我们已经对这种事情进行了考虑,我们认为应当提请庭长阁下注意,因为我们确信,在本法庭收到采纳宣誓证词的申请前,如果宣誓证人到时候不能出庭进行交叉质证,我们应该得到足够的提前通知,在必要时,本法庭可选派一名医生前去做医疗检查,以确定是否拟出庭证人真的无法出庭。

韦伯庭长:本证明是在 20 天前提供的。当时说他需要一个月的休息。那么他应该在两个星期内就可以出庭了。

塔夫纳检察官:是的,阁下。根据这份证明的情况,我们反对现在将此宣誓证词宣读为证据。

韦伯庭长:如果你们决定进行交叉质证,那今天就没必要采纳这份宣誓证词。

塔夫纳检察官:那么,既然这个问题看起来经常出现,我们希望本法庭根据我刚才的建议考虑适当的程序。

韦伯庭长:我认为法庭还是希望在证人出庭时宣读他的宣誓证词,按照惯例。

马蒂斯辩护律师:那么,我猜第二份宣誓证词,辩护方文件 703 号,也是一样的处理方式。

辩护方现在要提交辩护方文件 824 号作为证据,这是一张显示了在奉天城墙周围的中国驻军部署地图,由关东军参谋部于 1930 年 12 月编制。

韦伯庭长:柯明斯-卡尔先生。

柯明斯-卡尔检察官:庭长阁下,这份文件与昨天我们见到的那份有数字的另一张地图类似。它的唯一证明来自阪埜律师,他于 1939 年得到这份文件并一直保存至今。关于那份文件,本法庭已将其搁置,直至有适当的证据来证实这些数字为止,我请求本法庭对这份文件也作出同样处理。

关于这份文件我只有其他一点反对意见。我认为,中国军队在1930年12月是如何部署的并不重要,因为1931年9月份的部署很容易就非常不同。

马蒂斯辩护律师:对,如果法庭允许,我们正在寻找提供这些图相关数据的那本书。我还不知道是否能够找到。也许我们现在最好先不提它了。

语言部,现场解说中的下一位证人大山,也不能出庭。

我们现在将传唤证人武田。阪埜辩护律师将对他进行本方询问。

韦伯庭长:柯明斯-卡尔。

柯明斯-卡尔检察官:庭长阁下,我们可以问一下为什么证人小山不能出庭吗?他就在这座大楼底层的一个办公室工作。

马蒂斯辩护律师:如果法庭允许,原因是已经困扰了我们一段时间的一个困难。他的宣誓证词还没有处理完;我们现在手里还没拿到。

韦伯庭长:我们这里有一份宣誓证词,写的是大山文雄宣誓证词的副本。是同一名字吗?

柯明斯-卡尔检察官:也向我们提供了,庭长阁下。

韦伯庭长:签名和盖章日期为1946年12月24日。

马蒂斯辩护律师:如果法庭允许,有两份宣誓证词,庭长阁下手里的是347号。我们现在希望使用的是另一份宣誓证词,还没有处理完的那份。我们正在等。

韦伯庭长:现场解说中说了这个证人有两份宣誓证词吗?现场解说中说这个证人,或计划出庭的证人,只有一份宣誓证词。我们想听一下解释。

马蒂斯辩护律师:如果法庭允许,现场解说中写的是347号,但它其实并不是宣誓证词。宣誓证词应该是辩护方文件 897 号。现场解说中的号码有误。897 号还没有处理完。

韦伯庭长：阪埜辩护律师。

阪埜辩护律师：我希望传唤证人武田寿一。

（武田寿一作为辩护方证人出庭，首先宣誓，然后通过日本译员作证如下）

直接询问（由阪埜辩护律师询问武田寿一证人）

问：你叫什么名字？

答：我的名字是武田寿一。

问：你住在哪里？

答：我住在长野县上伊那町伊那九二一五番。

问：你现在多大年龄？

答：我现在 54 岁。

问：现在我将向你出示辩方文件 885 号，请浏览并检查一遍它是否是你的宣誓证词。这份宣誓证词中所述都是真实的吗？它是你的宣誓证词吗？

答：对，它是。里面没有错误。

阪埜辩护律师：我提交辩方文件 885 号作为证据。

韦伯庭长：按惯例采纳。

法庭书记官：辩方文件 885 号将作为证据被采纳，证据号 2405。

（上面提到的文件被编为辩方证据第 2405 号，并被采纳为证据）

阪埜辩护律师：在宣读辩方证据 2405 号之前，我想讲几句话解释一下。

在仔细检查了这份宣誓证词后，我们决定忽略这份宣誓证词中相当大一部分，因为其中包含了证人的观点、细节和其他不重要的叙述；尤其是在已传唤了证人片仓并听了他的证词后，我们删除了这份宣誓证词中可能重复的部分——那些我们认为重复的部分。

我们原打算向法庭提交修改过的宣誓证词——对证人宣誓证词进行另外更改的版本,但由于技术原因,我们无法做到这一点。所以,我们交给语言部一份已删改过的宣誓证词副本,宣读时会按照这个版本,我们请求法庭理解,忽略不读的部分就是从这份宣誓证词中已经删除的部分。

我现在将宣读这份宣誓证词,忽略删除的部分。

1. 事变爆发前的情况

昭和六年8月下旬,关东军新任司令官本庄繁中将到达了新岗位。9月初,他开始了他的第一次部队巡察,我当时是他的随行人员。那时候,在各部队指挥官向关东军新任司令官提交的报告中,充斥着针对中国当局对我们军队的轻蔑态度、南满铁路线交通最近不断受到干扰,以及日本人在各地受到的压迫和侮辱的义愤情绪。谣言在当地官兵和日本人中蔓延,在某种程度上,预示了即将发生的大事件。新任司令官总是保持着平静和冷静,一再告诫属下及当地官兵和日本人,不要采取轻率、未经考虑的行动,并真诚地劝他们要忍耐困难。9月12日,新任司令官视察了公主岭的独立守备队,守备队指挥官森中将向他递交了一份报告,内容是关于中国军队和百姓的反日运动已经非常系统化,以至于土匪活动在这些地区很猖獗,到处是非法标语,他们还不断干扰南满铁路及其附属区,完全无视日本军队的存在。铁路的独立守备队已接到严格命令,要保持最大耐心和克制,不能在铁路区以外采取主动行动。

2. 事变爆发和我军的出动

9月18日,本庄繁中将在完成了对部队的巡察后,由属下陪同,晚上10点后回到了旅顺港。

一星期的巡察使我筋疲力尽，所以我很快就睡着了。但睡了还不到一个小时，巨大声响的当当敲钟声把我惊醒了。我坐起来，不知道发生了什么事。我的邻屋住着另一位参谋官片仓，他告诉我发生了非常严重的事件，我们都要去参谋长三宅的官邸集合。当我赶到那里时，我看到参谋长和片仓，以及另一位参谋官中野正坐在一起。片仓一言不发地递给我第一份消息，其大概内容如下：

接到一份报告说，大约在18日22:00，疯狂的中国士兵破坏了位于奉天北部北大营西侧的一段南满铁路，并袭击了我们的守备队员，奉天的独立守备队第二步兵大队已被派往现场。

我沉默了好一阵，之后才意识到发生了什么事。过了一会儿，另一位文官也来了，我们挪到大约100米远的总部办公室，研究应对局势的措施。它发生得太突然了，而且是在司令官重要的年度军队巡察刚结束时发生，官兵们刚从紧张状态放松下来，可能都正在休息。事实上，我自己也是被这个消息打得措手不及的一员。在当时，我所想的只有奉天的混乱局面，以及真心希望我们军队能够成功。这期间，第二封报告来了，其主要内容如下：

北大营的一部分敌军炸毁了一段南满铁路线。敌人的兵力大约有三四个步兵连。我们中队23:00后从虎石台出发，现在正与五六百名敌军作战。敌营的一角已被我们占领。敌军现在增援了机枪和步兵炮。我们中队正在浴血奋战。野田中佐受伤严重。

正在那个时候，司令官本庄繁赶到了总部，他走进办公室，一言不发，看起来心情很沉重。负责作战计划的三宅总参谋长和石原参谋，跟着他走进了办公室。几分钟后，石原参谋出来了，嘴唇紧闭。（他告诉我们）司令官在深思熟虑后下定了决心，并庄严地宣布，"我将履行自己的职责。"这些话在屋顶盘旋，使困扰了我很久的不确定感豁然消失，我顿时坚信，自己唯一要做的事就是尽最大的努力，执行司令官庄严而果断的决定。

19日早晨1:30至2:00之间,各个部队都收到了命令。对长春驻军和平时期的作战计划也进行了修改。根据原计划,那支部队也将前往奉天。但本庄繁司令官下令不要这样做,他认为鉴于当时获得的信息还不多,向奉天进军为时过早,目前部队驻扎在长春应该就足够了,为下一步的行动做准备。

我们向中央当局发去了一份报告,并根据正常时期签署的协议,向朝鲜军指挥官拍了一份电报要求派遣援军。电报的主要内容如下:

约18日晚(22:30),奉天的中国军队向我驻军突然袭击。我部正与敌军誓死作战。我们决定以全部兵力进攻奉天。请你们尽快增援。

由于担心在锦州沟帮子的中国驻军可能会趁我军沿着南满铁路线作战时袭击我方后部,军队请求当时位于青岛附近的第二舰队司令官海军少将津田进行配合,派一支小舰队前往营口海面。但由于当时存在着事态向上海地区蔓延的危险,津田司令拒绝帮助我们,但他向我们保证将根据局势发展采取适当的措施。

奉天附近的战役

当时军队的高级参谋长板垣将军,在执行本庄繁司令官的命令对辽阳进行视察后,18日正好在奉天。由于他非常清楚司令官的意图以及作战计划,他向第二十九步兵联队兼奉天驻军指挥官平田将军和独立守备队第二大队指挥官岛本大佐作出了必要的指令,并同意了他们攻打奉天营地和北大营的决定。19日早晨2:00向部队的总部汇报了这些前线指挥官的决定,本庄繁将军也批准了。

3. 关东军总部向奉天推进,事变的本地化政策,朝鲜军的增援

司令官在下达了第一份命令后,在早晨3:30带着最少限度的随从离开旅顺港,到达奉天大约是19日中午。参谋长三宅和我多待了一会儿处理一些未完事宜。我们在7:25离开,大约16:00多

到达奉天。我们看到北大营的方向有几处硝烟升起，还能时不时地听到东大营方向远远传来枪声。到达之后，我们得知了战斗的进展情况，我们都没有想到会有这么迅速和成功的作战结果。

长春战役的进展还没有报告过来。尽管在我离开旅顺港后，在火车上听说了长春的战争爆发，但由于奉天发生的事情，我并没有太多关注长春。但当我到达奉天后，那里的参谋告诉我长春看起来发生了激烈的战斗，直到 6:00 前，关于战事的报告都不是很乐观。最后，快到晚上时，我们接到报告说，日军占领了宽城子市和南岭的敌营。报告来得这么迟是由于军事通信受阻——长春与奉天之间的军事通信当时通过南满铁路的无线电进行——由于调集军队使铁路运输量激增而引起电报数量大大增加。

在此之前，19 日 8:40，当本庄繁司令官正在过大石桥时，他接到了朝鲜军指挥官发来的电报。电报说将派来 5 个步兵大队，2 个炮兵中队，1 个骑兵中队，1 个工兵中队，以及两队战斗机前来增援。那时候，报告说长春正在进行激战，吉林和哈尔滨的骚乱局势也不断加剧，负责作战计划的石原到达奉天后，一直在与其他参谋考虑当前阶段的计划。19 日 17:00 后，南满铁路的一些地区传来消息说朝鲜的援兵已在新义州等待命令。大约 23:00，我们收到了朝鲜军的正式电报，证实了这一情况。那天约 18:00 时，我们还收到了军部的电报指示，紧跟着收到陆军参谋本部的电报。他们的电报大意如下。

军部的指示：

日军与中国军队目前的问题是由于中国军队方面企图炸毁南满铁路而造成的，因此，责任显然在中方，但我们已确定采取在当地将事态最小化的政策。所以，你们要对上述问题适当考虑后再处理这件事。

陆军参谋总长的指示：

（1）关东军司令官在9月18日以后的决定和采取行动是适当的，有效地捍卫了我军的尊严。

（2）内阁会议已作出决定，鉴于中方在事件爆发后的态度，我们为解决此事而采取的措施不应超出必要的范围。所以，你们的行动应按照这个决定来执行。

4．第二师团派往吉林和朝鲜师团增援

从一开始，吉林就是满洲反日运动的中心。有关中国和日本军队之间冲突的报告进一步激化了吉林附近地区中国人的反日情绪。19日，吉林省副省长熙洽宣布，他以后不再承担保护日本人的责任了。根据我们从吉林—长春铁路当局得到的消息，吉林军队的主力已经出动（兵力和行动方向不清楚）。20日晚，吉林军队的军事顾问陆军大通大佐向我们提供情报说，吉林军队已在20日越过了边界，我们认为这些军队将向长春方向进攻，或是沿着奉天—海伦铁路向南一直进到抚顺，目的是阻止我们的行动并对敌军主力增援。

当晚21：45，我们接到一封来自吉林的日本人协会主席的电报（23：40发出）。

内容大致如下：

吉林地区的局势非常紧张。一些日本人的住处已经受到枪击。因此，这里的部分妇女和儿童已被转移。但剩余的人发现不仅转移已经不可能，而且危险每时每刻都在迫近。我们协会决定请求你们采取快速和充分的措施来保护这个地区。

当时哈尔滨的形势同样非常恶化。那里的日本人都正在准备转移。奉天附近地区的情况也是一片混乱，敌人败军的许多残余兵力在那一带活动。在这种情况下，如果派军队前往吉林保护那里的日本人，考虑到吉林附近驻扎的敌军兵力，有必要将驻扎在长春的第2师团全部派去。但这样一来就削弱了对铁路的保卫，同时，还要担心敌军的残余兵力会聚集起来试图破坏铁路，从而将我们的军队分割为两段,一段在北边,另一段在南边。但是,现在政府已确定要采取将事态本地化的政策,司令官在做决定时必须特别地谨慎。但是他肩负着保护日本人的重任,从内心而言无法置那些濒临危险的日本人于不顾。而且,如果因为担心军队会被分割开而采取被动措施,可能反而会鼓励敌军的行动,并造成一种无望的混乱状态。最后我们得出了结论,我们没有别的出路,只能对吉林的敌军进行毁灭性打击,使他们受到严重威胁,同时,采取坚定措施保护南满铁路线。司令官本庄繁和参谋长三宅深思熟虑了一个小时左右,然后又与所有参谋进行了充分的讨论。21日早晨3:00左右,司令官做出了派遣军队的决定。

21日上午,第二师团的主要兵力离开长春,向吉林开拔。

根据我们从谍报机构收到的情况,吉林军队驻扎在吉林市周边地区。我们一直在等第一份传回的报告,已经有了一场硬仗的心理准备。但由于通信不畅,我们无法与派出的军队联系上,直到21:00后才收到报告说和平占领了那座城市。这个消息真的让我们很吃惊——高兴的吃惊,我们心里的一块大石头落了地。当本庄繁司令官决定向吉林发兵时,他通过电报将派兵细节报告给了朝鲜军的指挥官和东京的军部,然后就焦急地等待回信,但没有那么快回复。当时总部的气氛感觉非常消沉。13:00过后,我们接到了南满铁路当局的消息,说第三十九混合旅团已经开始过鸭绿江。紧接着又收到该旅指挥官的电报,其内容大致如下:

第三十九混合旅团于21日13:00越过边境线,正按照阁下的命令向奉天前进。

本庄繁司令和军队所有其他人都很感谢朝鲜师团在这种困难时期给予我们的帮助。

在这之后,东京的陆军参谋总长也发来电报,认可了我们对吉林的派军是出于必要。

接着，本庄繁司令官命令第39旅团防守奉天地区，第2师团所有兵力集中于长春附近。

5. 军队回到铁路区：锦州的轰炸

我们对吉林的占领暂时缓解了南满铁路区遭受袭击的担心，接着，本庄繁司令官决定借着第39混合旅团援兵的到达，立即将主要兵力召回到铁路沿线岗位，并密切关注局势发展。9月23日，他向手下官兵发表了一次讲话，称赞了他们的英勇，并指示他们继续在严格纪律下，对该地区进行彻底的保卫。24日，也就是第二天，从吉林调回的第2师团受命保卫长春周边地区，第39混合旅团保卫奉天周边地区，独立守备队的部分兵力驻扎在吉林（驻扎在敦化的口队于10月10日离开），靠近新民东部辽河的过河地点。当时在北平的张学良在锦州建立了东北边防军的总部和奉天省政府，他任命了一批军人和平民担任高级官员，包括吉林省的前省长张作相。同时，他还试图通过煽动土匪和兵匪进行游击战，以干扰我们的后部。很多日本人，尤其是朝鲜人，都成为了他们掠夺暴行的牺牲品。虽然我们的军队做了很多努力，这种不安局势似乎还是愈演愈烈。

关东军的注意力自然应当投向在锦州的这些阴谋活动。

首先，飞行部队根据命令对锦州地区进行侦察。据报告，10月8日，我们的飞机出现在锦州上空，敌军向我们的飞机射击，然后我们的飞机开始轰炸一些军事设施，包括敌营和敌军总部所在地交通大学。但当时，军队拥有的飞机没有轰炸设施，只是安装了一些临时装置，炸弹也非常粗糙，因此，我们听说那天的轰炸并没有对敌军造成实质性的破坏。

在大兴附近的战役，战役前的情况

从1931年5月起，由于北方不确定的政治局势，黑龙江省政府主席及东北边防军副司令万福麟，一直奉张学良之命率黑龙江的精锐部队留在北平，即三个步兵旅和一个炮兵团。他不在的时候，由大儿子万国宾代替他的位置，参谋长谢珂负责军队事务，行使副指挥官的职责。当时黑龙江省的形势严峻，在事变爆发后，很多事情都有发生巨变的迹象，而万国宾太年轻，没有足够的威信使众人信服，谢珂也只是一个军官而已，没有足够的能力决定重要事情，因此，所有的重要事情都是根据身在北平的万福麟的指令而进行。万福麟不止一次对这种不便感到担忧，他向张学良请求回黑龙江，但每次都被拒绝了。（上述情报，是从截获的中国密电中破译出来的。）洮南镇守使张海鹏似乎想趁这个时机将势力范围向北方扩大，他在10月10日宣布独立，并开始向黑龙江省进攻。于是，万国宾一方面询问父亲的指令，另一方面向张海鹏发了一封信，以求稳住张海鹏。万福麟每次获知张海鹏向前推进的行动，他都非常吃惊，根据每次的情况或喜或忧。10月4日，当得知我们的军队无意向张海鹏提供帮助后，万福麟发出了以下内容的电报指令：

日本军队决不会向北满洲进军。张海鹏企图以威吓夺取黑龙江省，所以，你们应当坚决抗击，而不是陷于无用的惶恐。你们需留意，既然日本无意入侵北满洲，百姓应当安心，注意不要让他们被错误消息所迷惑（上述内容，是从截获的一封10月4日发出的电报中破译得知的。关于敌军动向的下面信息，也都是我们从截获的电报中获知的。我们在进入奉天时得到了中国军队的密码本）。当时黑龙江省的军队集中在齐齐哈尔，黑河第三步兵旅指挥官马占山被召到齐齐哈尔，他被任命为黑龙江省军队总司令兼副省长。

而另一方面，尽管张海鹏对黑龙江省有所图谋，但他还在犹豫不决，并继续与黑龙江省政府谈判（根据南满洲铁道株式会社洮南局局长河野的报告），似乎是努力想通过外交手段夺取这个地区。黑龙江政府当局的领导人表现得非常焦虑。在过去的几天中，他们一方面在等马占山到达黑河；另一方面开始加强大兴周边地区。最后，张海鹏做出了决定，他于10月15日离开了洮南（根据南满洲铁道株式会社洮南局局长河野的报告），开始向北方进攻。于是，黑龙江军队为抗击入侵敌军，烧毁了嫩江上的铁路桥，使洮昂铁路中断。这条铁路线不仅是国际运输主干道的一部分，而且是使用我们的贷款修建的，当时它是贷款唯一的抵押，因为中方没有支付本金和利息。由于很快就要到向北满洲运输250万吨特殊物资的季节，铁路桥的破坏将使南满洲铁道株式会社遭受严重损失，而且北满洲百姓的经济生活也会受到很大影响。因此，10月20日，洮昂铁路局的一名工程师竹村胜清带领一支15人小组前往现场实地勘查。当他们到达那里时，黑龙江军队在明知他们不是武装人员的情况下，仍然近距离地向他们非法射击。

在南满铁路村上理事和奉天总领事向关东军和东京发出请求后，军队通过驻齐齐哈尔的领事清水与马占山，以及通过哈尔滨的总领事与中东铁路董事会副主席库兹涅夫就此事谈判。我们据理力争，但毫无用处。在冰冻期到来之前修好铁路是绝对有必要的。因此，在10月27日的最后一次谈判中，我们发出最后通牒，修理工作应在一周后，也就是11月3日完毕，并补充说，如果他们不同意，我们只能通过武力来保障修理工作的进行。黑龙江政府承诺于10月30日开始修理工作，但他们的保证根本无诚意，从一开始就不想进行修理。

派出嫩江小分队

由于黑龙江政府没有表现出任何诚意，洮昂铁路局和南满洲铁道株式会社决定开始修桥，并请求军队派兵前往被毁大桥，对修建工程采取保护措施。当时估计在嫩江北岸驻扎的黑龙江军队主力大约有2 000人。

由于大桥位于南满铁路区的500多公里以外，远离我们军队主力驻扎的地区,在发生紧急事件时,很难及时向他们派出援兵。更糟的是,嫩江将我们的工程队和掩护军队分隔开。在这种情况下,显然当出现紧急状况时,最少要安排一支步兵大队在那里,这是绝对必要的。

但本庄繁司令官希望真正地执行本地化政策,他决定派遣最少的必要兵力,以免激怒黑龙江省政府的人。他派出一支嫩江特遣队(包括一个步兵大队,一个炮兵大队和一个工兵中队),由第十六步兵联队的指挥官滨本将军率领。本庄繁司令官特别命令滨本将军,在派遣军队时一定要谨慎,例如,应首先与黑龙江军队进行谈判,在确定黑龙江军队完全撤退后再派兵保护工兵队。他尽了最大努力避免冲突,还委派了负责军队作战计划的参谋石原将军前往现场。嫩江特遣队从长春出发,11月1日到达郑家屯附近,第二天到达泰来附近,然后开始了各项准备工作。

那一天,本庄繁司令官向马占山和张海鹏发出通牒,内容如下:

由于洮昂铁路局和南满洲铁道株式会社现打算在我军掩护下修复嫩江附近的铁路桥:

(1)不允许将桥用于军事目的。

(2)双方军队应撤退到距离桥10公里以外地区。在大桥修复完成之前,不允许军队进入到距离桥10公里以内的区域。

从当晚到第二天下午,我们接连收到几份有关战役进展的报告。战役开始的情况报告如下:

11月3日晚我们的工兵中队对大桥进行了一些修复,使步兵可以通过。大约在4日凌晨3:00,中队指挥官率领部分手下士兵占领了5号桥,站好岗位以保护工程队。8:30左右,黑龙江军队的参谋长由齐齐哈尔的领事清水陪同前来现场,称黑龙江军队无意进行反抗,并承诺在当天中午前将他的军队撤到第一道防线以外。

然后他就离开了。

那天早晨的雾很大，使我们无法确定敌人的位置。

由于相信了黑龙江军队参谋长的话，第十八步兵联队第七中队在中午时分离开了5号桥。他们行进时举着一面很大的太阳旗，每个人手中还举一面小旗。当他们快到大兴站南侧时，突然遭受了来自几个方向的射击。当时立刻有13人伤亡，该中队不得不退回5号桥，等待主力部队的救援。

听到枪声，驻扎在江桥站附近的主力部队立即往枪声方向赶来，黎明时分双方在5号桥展开激战。敌人已占据了有利地形，而且在人数上也超过我们，他们开始向特遣队展开包围式进攻，特遣队很快陷入了困境。

我们连续收到有关战事进展的不利消息。

6日拂晓，我们的增援部队相继到达了前线。他们用了25到30个小时才赶到那里。敌军起初对我们的军队不屑一顾，因为人数远远少于敌军兵力，他们向我们发起猛烈进攻。但是随着援军的陆续到达，敌军被迫撤退，伤亡惨重。

6．昂昂溪附近的战役

11月1日前聚集在大兴附近的日本军队有5个步兵大队，5个炮兵大队，1个工兵中队和2个飞行中队。如果调动这些兵力攻打省会齐齐哈尔，那将会非常容易。处于第一道防线的士兵想采取进攻，但他们被命令留在齐齐哈尔待命。这样做的唯一原因就是将事态本地化与和平解决问题的政策。

然而，我们的和平态度，却使敌军开始轻视我们。很快，一些原来驻扎在中东铁路南侧的敌军开始在小兴屯——三间房地区扎营，并且将他们的主力部队集中于昂昂溪。他们还派发宣传单说日军已被打败，而且他们的态度也越来越傲慢和挑衅。

另一方面，锦州的敌军也逐渐开始与黑龙江军队联合采取行动。1万名受到军队煽动的土匪渡过辽河南下,对南满铁路区造成威胁。

马占山宣布,他将同日军决一死战。11月10日前,他调集了约2万人的军队,包括黑龙江军队(注:不确定),集中在齐齐哈尔和昂昂溪之间的地区。他的骑兵部队占据了有利地形,对我军右翼形成了包围之势。敌军活动开始变得非常活跃。形势已变得非常紧张,敌军的任何挑衅行为都可能随时引燃战火。

关东军向东京中央当局报告了这一紧张局势,并做好了战争与和平的两手准备,它逐步将军队的主要兵力(主要包括第二师团)集中在大兴附近。

即使在这个时候,本庄繁司令官也没有放弃和平解决的想法,他要求马占山进行最后的考虑,在14日向他提出了以下条件:

(a) 将他的军队撤回到中东铁路线以北,并不再进入以南地区。

(b) 不再阻碍洮昂铁路的运输。

(c) 在确保满足上述两个条件后,日军将撤退到郑家屯南部。

然而,马占山不仅对这些条件置之不理,而且还破坏了洮昂铁路,从后方对日军形成干扰,他们变得越来越挑衅。

在这个危急时刻,从日本派来了第四混合旅团和其他一些援助力量,他们预计在22日左右到达前线战场。我们原计划等他们到达之后联合兵力向敌人发起重击,但是,在16日和17日,敌人在右后侧以数量占绝对优势的骑兵对我们造成威胁,同时,前方的敌军活动也愈发活跃,第二师团被迫以劣势兵力迎敌并一举占领了齐齐哈尔。当然,我们的计划是,在达成目的之后尽快撤军;根据这个计划,我们没有向齐齐哈尔进驻军队,主要兵力都驻扎在南大营,还有一部分在北大营,而且主要通过委托中方进行维持治安。18日开始下雪,天气非常冷;而且因为兵营里的供热设施完全被摧毁，而厚衣服也还没有运到，日军官兵的处境非常困难。在这次战役中，在1 400名伤亡士兵中，有1 000多名被冻伤，由此可见当时的条件有多么艰苦。

7. 向锦州派遣日军

锦州附近的中国军队与黑龙江省的马占山军队合作，在11月初进行了频繁的活动。他们派出一个兵团向邻近的打虎山和沟帮子进军，并派一支新成立的志愿队向辽河东部推进。这样一来，南满铁路沿线的民众和平就更系统化和更大规模地受到侵扰。我们被这些无休止的活动搞得精疲力竭，仿佛是在连续追赶夏日的苍蝇。最终我们得出结论，只要还没有占领敌军位于锦州附近的大本营，就很难维护我们所辖地区的和平。

12月中旬，中国军队对锦州附近的阵地加强了力量，在那里聚集的中国兵力达到了3.5万，另外还有一些被军队煽动起来的自发土匪和分散兵力，达五六万人；在辽河东部谋划的干扰活动，直接对南满铁路造成了威胁，同时，安东—奉天沿线的土匪似乎也在配合行动。铁路破坏和交通中断事件时有发生。尽管我们采取了将事态本地化的政策，但情况变得如此严重，使我们无法继续忍受中方的侮辱；而且，从日本自我防卫和保护满蒙地区日本居民利益的角度出发，也迫切需要占领敌人的大本营。关东军将上述情况向军队的中央当局进行了报告。日本政府想方设法使国联对此情况有了充分理解，并保留了打击土匪的权利。当时，由于辽西的土匪明显得到了中国正规军队的支持，对他们的打压不可避免地会与中国军队产生对抗。因此，日本政府发表了必要声明，并着手与南京、北平和其他地点的中方当局进行谈判，要求张学良部队从关内撤军。但是敌人的活动还是非常猖獗，因此在中央当局的许可下，12月28日，第2师团从辽河线出发，沿着营口支线向前推进，目的是将敌人从邻近的田庄台和盘山赶走，这两处是志愿部队在辽西兵力最强的据点。正如我们所料,在田庄台附近,中国的正规军对志愿部队提供了装甲车增援;在盘山,土匪与正规军夹杂在一起对我们发起夜间袭击;在其他地方我们也遇到了这样的混合兵力。于是,本庄繁司令官下了决心,从30日起,他开始沿着奉天—山海关铁路进攻敌军,但出乎意料的是,敌军没有作战就撤退了,造成了锦州与附近地区曾一度陷于无政府状态,和平受到了严重侵扰,因此,第二师团进驻到那里,其他主力部队则撤回到南满铁路区。

8. 向哈尔滨派军

1931年9月下旬,吉林省代省长熙洽与张学良,以及张作相断绝了关系,他领导其他省份建立了新政权;与此同时,为反对他们的这个行动,张作相派系的军队向哈尔滨及其东南部地区推进,并在宾县(大约位于哈尔滨东北部60公里处)建立了政权。(在下文中,熙洽的政权被称为"吉林政权",后者则被称为"反吉林"政权。)

吉林政权看到,除了通过武力外,没有其他方式能够解决这件事,于是开始建立新的军队,到了12月,他们的兵力大约有9 000人。昭和七年1月5日,熙洽离开吉林地区,开始了对反吉林政权的镇压。他将反吉林政权一直紧逼到哈尔滨的郊区,1月27日起,双方在那里展开激战。差不多在同时,有一些反吉林的军队进入了哈尔滨并开始抢劫,使整个城市陷入混乱,城内居民人心惶惶。那里大约有5 500名日本居民(4 000名日本人和1 500名朝鲜人)。他们紧急请求派军。尽管关东军也预料到局势将恶化,但它继续公平和仔细地对局势进行观察,因为不希望卷入中国派系之间的冲突。然而,1月27日夜间,关东军接到报告,称有4名日本人被杀,还有很多朝鲜人被拘押。此外,有一个名叫清水的日本飞行员,在执行对哈尔滨的侦察任务时迫降到哈尔滨郊区,然后惨遭反吉林军队的杀害。于是,军队在同中央军队当局进行沟通后,决定派遣两个步兵营前去保护当地居民,同时,日军还向两派中国军队都发出了通知,表示"除了保护日本居民外,无其他意图"。

韦伯庭长: 我们将暂时休庭15分钟。

(14:45休庭,直到15:00重新开庭如下)

法庭执行官: 远东国际军事法庭现在继续开庭。

韦伯庭长: 阪埜先生。

阪埜辩护律师: 我将继续宣读。

此外,由于听说反吉林的军队对关东军比较敌视,我们担心,如果派小股部队独自向前推进,可能会发生不可预料的事件。的确,在1月31日凌晨前,有大约2 000名反吉林军队向双城方向出发。听到这个报告,关东军非常警觉,因为我们所有的四个机车目前都在双城,没有办法进行增援。特别是本庄繁司令官一定承受了巨大的思想压力,因为虽然我们知道情况危急,却不能首先使用武力。根据上述原因,仅依赖小股部队向前推进肯定是有危险的,因此,又向两个大队补充了第二师团的主力部队。

2月4日快到哈尔滨时,第二师团遭到了早已占据附近有利地形的反吉林军队的对抗,第二师团被迫反击,并于2月5日进入了哈尔滨。

当然,本庄繁司令官希望执行将事态本地化的政策,于是他将第二师团迅速撤退到南满区,以免与苏联军队发生不必要的冲突,因为苏联在哈尔滨也有很多权力和利益。然而,一旦与反吉林军队发生了激烈战斗,就不太容易马上消除已出现的混乱局面,因此第二师团也无法立即从那里撤出。

我只有一个问题要问——问证人一个关于这份宣誓证词的补充问题。

问：在你的宣誓证词中，你作证说，9月18日，板垣将军向驻军指挥官——奉天驻军的指挥官平田将军和第二独立守备中队的副指挥官作出了必要的指令。那么，你在这份宣誓证词中使用的"指令"这个词是什么意思？

语言监督官：独立守备队第二中队指挥官岛本。

韦伯庭长：指令就是指令，没有其他意思。

问：那么你能解释一下参谋和部队指挥官的职责吗？

柯明斯-卡尔检察官：我反对这个问题，庭长阁下。这是试图让证人在他的宣誓证词之外进行解释，考虑到今天上午发生的事情，这样做是不恰当的。

韦伯庭长：我们不希望证人在那个问题上提供帮助。

阪埜辩护律师：本方询问结束了。检方也许想对证人进行交叉质证。

柯明斯-卡尔检察官：我有几个问题，庭长阁下。

韦伯庭长：柯明斯-卡尔先生。

交叉询问（由柯明斯-卡尔检察官询问武田寿证人）

问：武田将军，我的理解是，根据你的证词，关东军每次向满洲推进，都是违背了关东军自己的意愿。我的理解正确吗？

答：根据我的理解，你的问题是，它与关东军的意愿相反。是吗？

问：如果你愿意，也可以这么说。

答：根据我的理解，你的问题是，关东军每次向满洲推进，都与其意愿相反或者说违背了关东军自己的意愿。没有这种情况。我想问一下检察官，我在宣誓证词中的哪一点提到了关东军的行动违背了其意愿或与其意愿相反？是什么使你相信关东军的行动违背了它自己的意愿呢？

问：在你的长篇证词中，难道你没有说过，并非是关东军想要向前进攻，而是因为中国人在当地的所作所为迫使关东军不得不这样做？

答：是的，是这样。

问：现在让我来向你描绘一个非常不同的画面，看你会怎么说。你认识土肥原将军吗？

答：是的，我认识。

问：你认识日本驻天津的总领事桑岛吗？

答：我听说过他的名字，但我没有见过他本人。

问：现在听一下他在1931年11月17日的报告中，他是如何描述你提到过的进军锦州这件事的。这是检方证据文件，证据号300。我只宣读其中的一段：

> 对于此事，他拒绝了所有的干涉和规劝；有时候，虽然明知是违反了国家政策，他仍然会在有影响力政客的秘密支持下，使用各种图谋去进行他已下定决心要做的事，他采取与关东军立场不同的行动是一件不可避免的事。

阪埜辩护律师：我提出反对。我反对的理由是，检方现在问证人的问题超出了本方询问的范围，而且不相关。

韦伯庭长：问题在范围内。反对无效。

问：（继续）

他接着说，凭着不计任何手段，他终于在8日导致了一场骚乱的发生，但是，当他看到由于计划不周全最终导致行动失败时，他借着骚乱蔓延全城的机会，坚决地实施为天皇陛下夺取满洲的计划。

在同一报告的后文中，总领事桑岛提到了一个名叫李志春（音）的中国人：

他（也就是土肥原）向他们提供了 5 万银元作为活动经费，并从军队中派了两三个人，悄悄地为李志春输送关东军提供的武器。

你说关东军干涉的每一种情况，都是因为敌对军队之间相互作战，但这些作战军队中的一方或另一方其实由关东军通过土肥原暗地资助或提供武器，难道这不是事实吗？

答：这些事情发生在天津，超出了我的所知范围。所以，我不知道这些事。

问：那么我来给你一个例子，在你的宣誓证词第 17 页提到的一件事。你说——英文翻译的第 17 页中部："张海鹏似乎想趁这个时机将势力范围向北方扩大，他在 10 月 10 日宣布独立，并开始向黑龙江省进攻。"那么，你认识驻奉天的总领事林逸郎先生吗？

答：是的，我认识。

问：你认识。10 月 13 日，也就是你所说日期的 3 天后，他向东京的外务大臣币原报告说："日本人向张海鹏提供了 5 000 支步枪和 20 万元钱，支持他的独立运动。"你知道这件事吗？

阪埜辩护律师：我想问一下检方提到的这份由总领事桑岛发出电报的文件编号是什么？

柯明斯-卡尔检察官：这份文件还没有被采纳为证据，因为我们不知道本证人打算提供关于张海鹏的证词，但是，它的检方文件编号为 1767。

答：据我所知，我相信没有这样的事情发生。我猜总领事桑岛的电报非常情绪化，有夸大其辞的倾向。

问：你认为只有 4 000 支步枪吗？

答：不是，我并不是指数字。我相信关东军不会采取这样的行动。

问：那么，你的意思不是夸大其辞。你的意思是说那是一个谎言，是吗？

答：我不想肯定地说那是谎言，但据我所知，我不认为有这样的事发生。

问：总领事桑岛继续说："张海鹏接受了日本人的资助后，将他的军队人数由 3 000 人扩充到 5 000 人，然后向满洲北部的齐齐哈尔进军。他打算去支持溥仪的复辟运动。"对这些你有什么可说的吗？

答：如我之前所说，张海鹏宣布独立，我相信这是他从自己的角度出发由自己决定的一件事。

问：他是指谁？土肥原吗？

答：据我所知，关东军中没有人与这个独立运动有关系。

韦伯庭长：马蒂斯先生。

马蒂斯辩护律师：我能打断一下吗？我反对检方这种相当于提出证据的做法。他宣读了一份文件，根据我的理解，这份文件并未被采纳为证据。根本就不应该在提问的基础上宣读这份文件。在我看来，这是非常不合适的，所以我要提出反对。

韦伯庭长：柯明斯-卡尔先生。

柯明斯-卡尔检察官：庭长阁下，我知道这份文件还没有被采纳为证据。但是，我们将在适当的时候提出这份文件，鉴于这种情况，我想给本证人一个机会来面对这份文件。

韦伯庭长：那就提出了一个更大的问题，即除了已采纳的证据外，你是否能够在交叉质证中向证人出示其他的证据。我们对这个问题还没有结论，卡尔先生；但是，你现在要不要关于这个问题进行争辩呢？

柯明斯-卡尔检察官：如果庭长阁下允许，我非常愿意这样做。

庭长阁下，我们认为，检方在适当时机提出反驳证据，这是一项基本权利，无须在《远东国际军事法庭宪章》中进行特别规定。《宪章》的目的不是对完整的程序进行规定，而只是针对那些与多数国家法庭上的正常程序不太一致的程序进行规定。

例如，《远东国际军事法庭宪章》没有提及被告有权在检方案件结束时提出动议反驳，但是也没有相反的规定。因此，本法庭按照正常程序允许这种权利。同样，我也没有在《远东国际军事法庭宪章》看到有任何规定不允许提出反驳证据；所以，我认为应遵循一般程序，《远东国际军事法庭宪章》没有提到这个问题的原因，是它的制定者不希望在这一问题上使用任何特殊或非正常程序，我认为没有其他原因。

我认为，在《远东国际军事法庭宪章》中，唯一与这个问题有联系的内容是在众人皆知的第 13a 条，即"本法庭将尽最大可能采取并适用便捷而不拘泥于技术性的程序"。我认为，如果本法庭驳回检方没有在开始时提出的证据，那就是拘泥于技术性，因为在开始时可能还没发现这个证据，或是检方直到辩护方提到时才开始重视这条证据。而后一种情况，我想正是我们没有在一开始就提出本文件作为证据的原因。

庭长阁下，关于反驳证据我就想说这么多。

韦伯庭长： 沃伦上校。

沃伦辩护律师： 如果本法庭允许，目前反对的是关于未被采纳入证据的文件向证人提问。

韦伯庭长： 可以就建议提出的证据文件进行交叉质证，只要你的确能提出这份文件。唯一的问题是，届时检方是否被允许提出这份他们已打算提出的证据。如果被否决了，那肯定是根据《远东国际军事法庭宪章》的第 15 条，其中没有提到这一点。第 15 条中规定，"检察及被告辩护双方均可各自提出证据"，但是它也没有说检方必须在辩方提出证据前就提出他们所有的证据。

沃伦辩护律师： 庭长阁下，在我看来，不仅是这些问题。交叉质证当然应该有一个范围，我们一直是局限于证人宣誓证词的范围内。我从来没见过任何一条有关证据的规定说，允许使用一个相关性和适宜性都尚未被确定的文件对证人进行交叉质证。

韦伯庭长： 不要讲得太绝对了，沃伦上校，因为这将意味着，辩护方也不能在检方案件阶段使用辩方提议的文件进行交叉质证。辩方可能有时候需要使用这种做法。这种做法在英国法庭上经常使用，我相信在美国也一样。

沃伦辩护律师：似乎英美在裁决上的确有所不同，庭长阁下。但是，我不熟悉英国的有关规则。通常情况下，如果对一个证人进行关于一份文件的询问，首先会把这份文件交给证人识别。然后他会说是否见过文件，是否知道它是什么文件，以及里面的内容是什么。

韦伯庭长：交叉质证的主要目的，是向反方证人出示你的证据，看他是接受还是否认。

沃伦辩护律师：那看起来的确有些不同，庭长阁下。至于是否是真正的、重大的不同，我现在还无法说。通常，我们会向证人出示文件，如果他熟悉这份文件，然后，我们才会关于文件向他进行交叉质证。

韦伯庭长：我没有在这一点上反驳你。但你说只能对法庭已采纳的文件进行交叉质证，那是不正确的。

沃伦辩护律师：也许法庭误解了我的意思。我所指的是关于不在证据中的事实进行交叉质证，关于他们打算以后提出的假定事实。

韦伯庭长：你可以向恰当的证人提出你们打算举出的证据，去看他会接受还是否认。你不仅可以这样做，而且法庭也期望你这样做。否则，你可能会被指控为不公正。

沃伦辩护律师：我同意，庭长阁下。但是一名证人不应受到附属证供的非难。交叉质证的目的并不是为了向证人发起非难。除非证人首先说他熟悉法庭提到的文件，否则，就不应对他质证——如果他一点都不知道那个文件的话。

韦伯庭长：你在从事实转换到其他证据——从文件转换到其他证据——从其他证据转换到文件。

让我们区分看待这两种情况。先说文件。除非证人知道文件的存在，否则就不能用该文件向证人提出质疑。在他承认知道这份文件后，才能就此向他交叉质证。

如果是其他证据。那就可以向证人出示，看他是接受还是否认。

如果证人关于同一件事作证时,如本证人的情况,但你却不向证人出示你的证据,你可能就会被指控为不公正。

沃伦辩护律师:我现在明白了,庭长阁下。对不起,我误解了法庭的意图。我想我们一直都是保持一致的。

韦伯庭长:但现在我们讨论的是《远东国际军事法庭宪章》第15条的涵义,它的涵义及实施。

显然辩护方对检方有提出反驳证据的权利,这一点并无质疑。

柯明斯-卡尔检察官:我不知道本法庭是否现在要对此进行裁决。

韦伯庭长:我要先同本法庭其他成员商议后才会进行裁决。我知道我自己的观点是什么,但我不知道本法庭其他成员的观点。

我们现在决定了,检方可以举出反驳证据。

柯明斯-卡尔检察官:庭长阁下,那么我将要求证人回答我刚才的问题。我最好再重复一遍问题。

交叉询问(由柯明斯-卡尔检察官询问武田寿证人)

问:张海鹏接受了日本人的资助后,将他的军队人数由3 000人扩充到5 000人,然后向满洲北部的齐齐哈尔进军。这是事实吗?

答:关于张海鹏接受了日本人的资助,我不相信这是真的。但是军队力量得到了扩充是事实,而且他们向北方推进也是事实。

问:那么,由于他接受了日本人的资助,他宣布已准备好支持溥仪的复辟运动,这是事实吗?

答:这也不属于我的所知范围内。但我听说他是自愿发起对溥仪复辟运动的支持。

问:你知道另一位姓林的军官,林少佐,当时在满洲吗?

答:是的,我知道。

问:他是否在1931年11月6日向黑龙江省政府提出要求,说马占山将军应辞职,由张海鹏接替他的省长职务?

答：我不知道林少佐的行动。

问：本庄繁将军是否于 11 月 11 日通过电报要求马占山将军辞职？

答：这也在我所知范围之外。由于我是一名作战军官，这类事宜属于联络军官的职责，所以我不知道这件事。

问：我并不感到奇怪。但如果是这种情况，为什么你会在宣誓证词中，通篇宣称你不仅可以告诉我们收到和发出的电报——本庄繁将军收到和发出的电报，而且还知道他在各种时候的想法是什么？你是怎么知道这些的呢？

答：当然，不用说大家都知道，本庄繁将军非常希望通过和平手段解决事变问题，他根本不想向北满洲派兵，我知道这是他的政策。

问：如果这方面不用说，同时你又不知道任何关于它的事情，那你为什么还要说？

答：负责作战的军官并不完全了解这一类事情。

韦伯庭长：我们将休庭，直到明天 9:30。

（16:00 进行休庭，直至 1947 年 4 月 4 日星期五 9:30）

1947 年 4 月 4 日，星期五
日本东京都旧陆军省大楼内远东国际军事法庭

（根据休庭规则，本法庭于 9:30 开庭）

......

法庭执行官：远东国际军事法庭现在开庭。

韦伯庭长：除了大川周明、松井石根和东条英机由其辩护律师代理外，所有被告都到场了。我们这里有巢鸭监狱医疗分队提供的证明，证实松井石根和东条英机由于病重无法出席今天的审讯。该证明将被记录并归档。

马蒂斯先生。

（武田寿作为辩护方证人被召回本法庭，坐进证人席后，通过日本翻译员作证如下）

马蒂斯辩护律师：如果法庭允许，在辩方看来，应该对检方宣读和提及的那份文件进行鉴定，并提供给辩方检查。我们请求这样做。

韦伯庭长：我们将会在某个阶段要求那样做。法庭要求立即提出文件，只是为了避免在文件中惊现出人意料内容的情况。据我所知，在交叉质证时，对文件进行生效的先例是查尔斯·罗素爵士在皮克特·柯嘉利一案，当时他直到结束交叉质证后才将文件提出为证据。但我们将要求柯明斯-卡尔先生完成他的交叉质证时就提交这份文件进行鉴证。

关于美国的做法，如昨天沃伦上校所言，尽管美国律师协会没有明确地批准，但威格摩尔教授接受了这种做法；但我应当明确一点，就是沃伦上校说美国与英国的做法不同，这种说法是正确的。

柯明斯-卡尔检察官：庭长阁下，我们丝毫不反对提出这份文件。目前的情况是，我们可以提供日文版本，但是英文翻译还没有全部完成，如果对日文版本——原版——进行鉴证的同时，允许我们继续使用它，以完成对文件的处理，我们将非常感谢。我已经派人去拿日文版，庭长阁下。我不是很确定是否能在我完成交叉质证时把它拿过来——但我只有一两个问题。

交叉询问（由柯明斯-卡尔检察官询问武田寿证人）

问：武田将军，我根据你的宣誓证词理解，你的证词所涉及的时期一直到1932年2月，对吗？

答：是的。

问：在那段时间中，根据你的证词，本庄繁将军一直努力将事态本地化、避免进一步向前进攻？

答：那正是我说过的。

问：在那样做的时候，他是在执行日本政府的命令吗？

答：他处理事情时不是根据日本政府的指令，而是按照陆军参谋总长的命令。本庄繁将军经常要在他的授权范围内处理一些事情，力图将事态本地化，但是就根本政策而言，他是遵照陆军参谋总长向他传达的命令。

问：但你在宣誓证词第12页不是说"但是现在政府已确定要采取将事态本地化的政策，司令官在做决定时必须特别地谨慎"吗？你没有这样说吗？

语言监督官：请稍等。我们还在翻译。我们找不到日文版中对应的段落。我们希望明确一些，不想草率行事。

柯明斯-卡尔检察官：好吧。

答：当吉林的局势变得极端严峻时，对南满铁路进行绝对必要保护的权限授权给了关东军司令官。

问：你能回答我问的问题吗？你是否在宣誓证词中说，将军努力执行日本政府的命令和决定？

答：是的，我在宣誓证词中是这样说的。

问：那么，你是否知道根据被告荒木贞夫的陈述，证据号188C，日本政府早在12月17日就已经决定关东军应当占领所有四省，即东北三省和热河省？

答：我不知道这些。

问：他还告诉我们，他本人亲自签发了一个有关的命令？

答：我不知道。

问：你是希望本法庭相信，本庄繁将军如此渴望避免扩大战争，因此他违背了军部的命令吗？

答：没有发生过任何违背中央军队当局命令的事情。

柯明斯-卡尔检察官：我问完了。

阪埜辩护律师： 没有再次询问，庭长阁下。证人可以按惯例离开吗？

韦伯庭长： 布鲁克斯大尉。

布鲁克斯辩护律师： 如果本法庭允许，我认为我们应当保留对在本法庭出示的那份文件进行再次询问的权利。我们也许会希望对这份文件进行询问。

韦伯庭长： 他们坚持适用美国的联邦规定，根据我的理解，这也是加拿大的规定。

柯明斯-卡尔检察官： 不管怎样，庭长阁下，我不应将那份文件以文件的形式提供给证人，因为那并不是他的文件。我认为，在我使用这份文件前，我也没有义务向辩护方提供或出示。我认为，他们也没有再次询问这个文件的权利。他们可以对我向证人举出的事实进行再次询问。

我现在拿到了这份文件——或者说这些文件，因为我举出的是源自两份文件，我们不反对将这些文件送去鉴定，只要我们可以拿回来继续翻译，为了方便起见。但我认为，这并不能给予辩护方权利推迟他们的再次询问。

韦伯庭长： 但证人将按惯例退席，为了公平审判，在必要时可再次传唤他。

（证人退席）

韦伯庭长： 他已按惯例退席，为了公平审判的需要，可再次传唤他。

布鲁克斯辩护律师： 我的理解是，检察方将在处理完这份文件后马上将它提出。庭长阁下，我希望为以后建议一个更有条理的程序，如果首先能对文件进行法庭识别，将为我们提供很多保护。那样我们就可以知道文件已由法庭处理过，而且有机会在交叉质证中进行检查，结束时做好准备再次询问。

柯明斯-卡尔检察官： 庭长阁下，我可以指出吗？辩方试图获得两头的好处。昨天，他们理直气壮地反对我以文件形式使用文件，因为证人不能识别出文件，没有参与这份文件。他们指出，我只有权向证人举出文件中包含的事实，但不能使用文件本身，因为这不是他的文件。

韦伯庭长：我不认为他们让步有那么多，卡尔先生。

柯明斯-卡尔检察官：也许没有让步，但——

韦伯庭长：布鲁克斯大尉。

布鲁克斯辩护律师：庭长阁下，那两份文件没有包含在所提问题的记录中，所以我才建议，如果文件已被提出，他就可以提问，并告知相关的证据号，我们就可以从记录中找到。但是我们找不到它。我的意思并不是让证人来识别这份文件。我的意思是应该由本法庭识别，这样我们就能知道向证人举出的是什么文件。

韦伯庭长：如果他返回证人席，我们可以问一下，以供参考。

布鲁克斯辩护律师：另外一点我想回应检方的是，当法庭上已确定要对证人就一份文件提问时，我们应当拿到这份检方打算用来交叉质证的文件，对文件的真伪及来源进行检查，这样如果有必要，我们就可以对同一份文件进行再次询问。

韦伯庭长：到目前为止，这个话题已经谈得够多了。我认为我们应当终止这个讨论。

法庭书记官：检方文件1767A号将标记为证据号2406，仅作为识别。检方文件1767B号将标记为证据号2407，仅作为识别。

（文件1767A号标记为证据号2406进行识别，文件1767B号标记为证据号2407进行识别）

韦伯庭长：马蒂斯先生。

马蒂斯辩护律师：现在，如果法庭允许，辩方提交辩方文件886号作为证据，这是石原莞尔的宣誓证词。但是，这份证词的宣誓证人未能出庭。

我们已提交了辩方文件889号，即莲见喜一郎医生的证明。莲见博士是东京杉并医院的院长。我不会宣读整篇证词,但是它可证明当事人患有医学专用术语中的膀胱乳头状瘤和退化乳头状瘤角化癌。

韦伯庭长:为我们宣读一下最后一段。

马蒂斯辩护律师:第 2 页底部的最后一段:

手术后——

韦伯庭长:最后一段是治疗,在第 3 页,马蒂斯先生。我的意思是那一段。

马蒂斯辩护律师(宣读):

当移动病人时,有脑贫血和血尿症的症状。我认为走路或站立对他而言会很难,更不用说乘火车了。我认为他必须保持卧床至少到明年 8 月份。他的出庭显然不太可能。

这份宣誓证词的日期是 1947 年 3 月 20 日。如果本法庭允许,我们希望现在提出本证人的宣誓证词作为证据,因为从上述证词中可看到,证人至少有相当长的一段时间不太可能出庭,所以,我们现在要提交辩护方文件 886 号作为证据,这是石原莞尔的宣誓证词。

韦伯庭长:奎廉准将。

奎廉检察官:如果法庭允许,这份宣誓证词的情况在某些方面与昨天本法庭遇到的证人岛本的宣誓证词不一样。必须承认,这份医疗证明更为完整,如果证明属实,证人将有相当长一段时间不能出庭。但我认为,塔夫纳先生昨天在岛本的情况中提到的原则也同样适用于这份宣誓证词。

毫无疑问,这个人在满洲事件中扮演着重要的角色。在 1931 年 9 月,他是关东军负责作战计划的参谋。他与满洲的各种重要机构有联系,而这些机构与本诉讼案有重要关系。本案中代表检方、辩方的证人,在已提供的证词中很多都直接涉及石原。另外,检方去年也曾提出石原的另一份宣誓证词。

因此，鉴于所有上述原因，如果有可能的话，让这个人接受交叉质证，这非常重要。我不想再重复塔夫纳先生昨天提到的理由，但我想发表下列意见：我恭敬地认为，在这种情况下，本法庭应安排对这名证人进行一次独立的医疗检查。我认为这是非常必要的一步，因为可以使本法庭以合适的方式了解这一非常重要的情况。

另外，我还认为，如果将宣读这份宣誓证词的时间推迟到拿到相关的医疗检查报告后，应该不是什么难事。因此，我认为这份宣誓证词不应该在目前阶段宣读。

韦伯庭长：当涉及要移动一个病情非常严重的人时，也许任何法庭都会难以作决定；但是《远东国际军事法庭宪章》（以下简称《宪章》）给予我们权限，可以通过委员会在庭外取证。我们可以任命一名官员进行取证。《宪章》考虑到了对官员的任命，但它也没有排除任命一名法庭成员，如果我们决定使用委员会取证，我更倾向于使用后者。在委员会中还可以进行交叉质证。

好吧，法官们同意在本案中派一名受命法官进行委员会取证。我们认识到，他的证据是非常重要的。

奎廉检察官：如果法庭允许，我的朋友马蒂斯先生以及我本人，都恭敬地建议应当在法官议事室决定委员会的细节。

韦伯庭长：这是一种惯常做法。有长期委员会和短期委员会，不管是哪一种，都有很多工作要做。我想我们这种情况有一个短期委员会就足够了。

奎廉检察官：我想也是，如果庭长阁下愿意。

马蒂斯辩护律师：如果法庭允许，我猜这个询问将会是从头开始，宣誓证词也不会现在宣读。

韦伯庭长：这一点不得不进行决定。如果他在这里的话，我们将采纳他的宣誓证词。在某个阶段，将在本法庭宣读并翻译委员会采纳的证据全文。

我认为,法官们将更倾向于在委员会取证时宣读这份宣誓证词,然后,委员会的整个流程将在本法庭再次宣读并翻译,以符合《宪章》规定。委员会应当立即宣布和实施,马蒂斯先生。

马蒂斯辩护律师：很好,阁下。如果这样的话,我们可能还是可以在这个案件阶段内及时地准备好文件并提交。

布鲁克斯辩护律师：如果法庭允许,我想表达一下自己的观点。我反对这个程序。庭长阁下,我反对的理由是,我们的辩护方人手非常少。

语言监督官：布鲁克斯先生,请您离麦克风近一点。我们今天上午的音响效果非常不好。

布鲁克斯辩护律师：如果任命委员会,并且宣誓证词当着委员会进行宣读,那么必须在本法庭再次宣读一遍。

韦伯庭长：我已经这样说过两遍了。

布鲁克斯辩护律师：如果那样的话,意味着委员会的工作将花费更长的时间。

韦伯庭长：我们将在星期一处理这件事,那天是一个假期。

布鲁克斯辩护律师：庭长阁下,我在想,有几个其他证人也属于这种情况；如果我们定下了这个程序,我们辩护律师中的大多数人都将忙于委员会的工作,但同时在本法庭也有其他工作要进行。这是我为什么要说出我的意见的原因。

韦伯庭长：你不可能在一家医院或是医院内的一个房间里设置一个像本法庭这么大的法庭。

布鲁克斯辩护律师：我可以继续讲我的观点吗,庭长阁下？如果我们可以在本法庭先宣读这些宣誓证词,检方就可以把交叉质证的问题数量限制到有只问必要的问题,法庭也有机会发表意见,这就可以节约大量的时间。对于已在法庭上宣读过的宣誓证词,检察方可能只有一两个问题要问,这就会帮助限制委员会的工作量。

韦伯庭长：辩护方有宣誓证词。这是他们的宣誓证词，所以，他们知道里面是什么内容，也知道他们将问什么问题。如果现在不在法庭上宣读宣誓证词，于辩护方有什么不利呢？我猜想你们已经读过不止一次了。

布鲁克斯辩护律师：我有满满一抽屉这样的宣誓证词，庭长阁下，我都还没有时间去读，我不能做到既要出席本法庭保护当事人的利益，同时又要出现在委员会面前。其他很多律师也处于同一情况，所以，如果我们可以在本法庭先宣读这份宣誓证词会很有帮助，因为我们不知道，我们是否应当参加委员会，是否准备好了问其他问题。这就是我提出我的观点的原因。

韦伯庭长：换句话说，为了节约辩护方的时间，我们将浪费法庭的时间。我们不会采取这样的态度。

布鲁克斯辩护律师：我不明白那怎么会浪费法庭的时间，庭长阁下，既然以后也必须宣读，我们每次都得都读这些程序。

韦伯庭长：今天或明天将确定委员会，星期一将进行医疗取证。

马蒂斯辩护律师：辩护方现在将传唤证人河边虎四郎。如果法庭允许，我刚得知一件以前我不知道的事情。证人石原现在不在东京，而是在距离东京 300 英里的一个地方。同时我还得知在交通与获得交通许可上有一些困难。如果是这种情况，我确信我们无法参加星期一的询问。

韦伯庭长：是否可能乘火车或飞机去那个地方？

马蒂斯辩护律师：我还不知道，但我会问一问。

（河边虎四郎作为辩护方证人出庭，首先宣誓，然后通过日本译员作证如下）

直接询问（由马蒂斯辩护律师询问河边虎四郎证人）

问：请向本法庭陈述你的姓名及住址。

答：我的名字是河边虎四郎，住址是东京都北多摩郡神代村字大町四六〇番。

问：你的营生或职业是什么？

答：我没有职业。我目前没有从事任何事情。

马蒂斯辩护律师：如果法庭允许，辩护方现在提交辩护方文件266号作为证据，这是现在坐在证人席上证人的宣誓证词。

韦伯庭长：按惯例采纳。

法庭书记员：辩护方文件266号将作为证据被采纳，证据号2408。

（上面提到的文件被编为辩护方证据第2408号，并被采纳为证据）

马蒂斯辩护律师：（宣读）

我，河边虎四郎，从大正十一年（1922年）12月至大正十四年（1925年）在陆军参谋本部第二（作战行动）课任职。昭和四年（1929年）4月至昭和七年（1932年）1月，我再次回到该单位任职。在此期间，也就是昭和六年（1931年）9月爆发了奉天事变。根据我的记忆，在事变爆发前直到我离职期间，我被调任中央司令部负责军事部署的有关事务。

1. 满洲事变前中央司令部对国际形势的展望

中央统帅部，由于担任着制定国防军事部署的任务，必须时刻关注对时局的展望。此外，当我在参谋本部任职期间，全世界都在讨论军队和海军的裁军问题，因此，中央统帅部正在密切地研究调查国际形势，目的是为日本的裁军确定一个基础。

韦伯庭长：马蒂斯先生，当你介绍这个证人时，我正在与同事讲话，不知道你是否已向证人出示了宣誓证词，他是否已确认这是他的证词。

马蒂斯辩护律师：我相信还没有。

韦伯庭长：一位细心的同事说没有。

问：证人先生，请你检查一下交给你的这份文件，辩护方文件号为2666，并告诉本法庭这是否是你的宣誓证词？

答：是我的宣誓证词。

问：你签名了吗？

答：是的。

问：这份证词中的事情都是真实的吗？

答：是的。

韦伯庭长：我们暂时休庭15分钟。

（10：45休庭，直到11：00重新开庭如下）

法庭执行官：远东国际军事法庭现在开庭。

语言监督官：在休庭前本证人说"我的陈述是真实的。但是，我可以补充几句话吗？"

韦伯庭长：好，补充几句话，是什么？

证人：是的，我在宣誓证词中陈述了事实，但是我对英文翻译能否充分表达我的真实想法存有一些顾虑。我之所以会这么说是因为，曾有一天辩护律师向我解释了英文翻译——对我的宣誓证词的一部分英文翻译，我发现了某些错误并加以更正。但是，因为并没有向我解释英文翻译的全文，所以，我担心可能有其他段落也需要更正。我要说的就这么多。

马蒂斯辩护律师：如果法庭允许，日本律师向我保证，本证人所提到的更正都是不重要的方面，我已经在证人更改的这些位置作出标记，当我读到时我会请大家注意。

韦伯庭长：柯明斯-卡尔先生。

柯明斯-卡尔检察官：关于证人提出的问题，如果证人有理由对其英文翻译的正确性担忧，那么仍然宣读英文翻译当然是不合适的。

韦伯庭长：根据马蒂斯先生，他已指出那是一些小错误或不重要的错误，而且他可以指出这些错误的位置。既然证人已经同意了，为什么我们还要把这个程序推迟到有正确的英文翻译之后呢？为什么呢？

柯明斯-卡尔检察官：如果庭长阁下允许，我对这份宣誓证词还有另外一个反对意见。证词中到处都是对其他文件的引用，而那些文件既没有被提出过，也没有对为什么没有那些文件进行过解释。我们认为，一个证人不应该仅凭回忆对那些辩方应该拥有或可以向我们解释其下落的文件内容作证。我们觉得最好是在这份宣誓证词刚开始时就将这个问题提出，而不是在中途每到提及这类文件时一次次地打断。

韦伯庭长：我们适用的规则是，如果存在一份文件，那么证明这份文件内容的唯一方法就是提供这份文件。这是唯一的保障。

柯明斯-卡尔检察官：是的，庭长阁下。但是，如果那个规则适用于这份宣誓证词，那么这份证词几乎需要完全重写。

韦伯庭长：不幸的是，我们不得不先经过宣读才能知道。

马蒂斯先生。

马蒂斯辩护律师：我想我不必再宣读我之前已读过的那两段。如果不重读，它们会出现在法庭记录中吗？

韦伯庭长：我相信，你今天在本法庭上所说的每一个字都已记录下来。

马蒂斯辩护律师：（宣读）

中央统帅部在昭和五年（1930年）左右对世界形势的展望如下：

（1）西方人，尤其是欧洲列强，对统治世界的竞争随着第一次世界大战的结束而告终。这造成的一个后果是，他们无论是通过陆路还是沿海岸线向东亚推进的实力都被大幅削弱，至少暂时是这样。

(2) 在西方人中，这一集团

——如果法庭允许，在这个地方，证人说他说的是"另一个集团"而不是"这一集团"；因此，如果根据他的提议进行更正后，就应该是——

跨过大西洋并在北美建立坚实基础的另一个集团，已突飞猛进的加强了旨在控制世界的活动。第一次世界大战产生的一个后果是，它开始跨过太平洋向亚洲大陆扩张，而且，不断继续加强这种趋势。

(3) 中国从19世纪中叶开始，就被迫将国家权利中的很大一部分交给外国列强，而且几乎没有或者很少反抗。但针对第(1)段中提到的实际形势，中国现在决定反抗外国入侵，并兴起了一股收复国家权利的热潮。尽管它目前尽量避免那些毫无限制的反对外国势力运动，如1926年在中国的中部和南部地区发生的运动，这种趋势绝没有消逝，而是不断地扩大，尤其是在满洲，由当地的军阀提供支持。

(4) 日本在第一次世界大战中以相对较小的代价在国际舞台上取得了一个有利地位，但它目前承受了活跃的反对压力。

——证人说这里应该是"受到来自不同势力的各种反对压力"。

2. 中央统帅部在当时的国防展望

中央统帅部对国际形势的大致观点如前所述，它根据以下几点对日本的国防展望和立场进行了考虑：

如第1部分第1条中所述，就俄国对东亚的政策而言，它与日本之间在短期内没有发生直接冲突的危险，而传统上

——证人说这里应该是"而这在传统上是日本国防的一大威胁"。

——考虑在北朝鲜采取防御政策。

3. 所谓"满洲事变"的爆发和中央司令部的应对措施

我第二次到参谋本部任职后不久，满洲的局势已发展到很严

重的地步，逐渐引起了中央统帅部的关注。在满洲，特别是位于核心的奉天政权，反日政策越来越公开，这种局势使我们担心：我们在满洲已获得的权利可能会丧失，我们在这块大陆上的最低防御方式可能也会被破坏。尤其使中央统帅部恼怒的是，从昭和四年（1929年）夏季开始存在的苏联与奉天政权之间的复杂情况。相应的，这种事实使中央司令部产生不安，认为奉天政权可能会利用其他方（翻译注：日本）的耐心态度，采取一些直接行为，并可能会毫不犹豫地诉诸武力。因此，中央统帅部的确加强了。

（1）上叙预测（3）与（4）之间的相互关系可能会使日本陷于一种难以承受的被动状态。但是，如果日中关系变得复杂，而且如果日本的立场将对美国的对华政策或对太平洋地区政策造成过多不利影响，那么，这可能发展为一场同时与中国和美国对抗的战争。

（2）如果发生上述战争，从日本的国力角度看，打赢这场战争的可能性很小。

（3）目前的苏联还只是一个年轻的国家，其外交政策采取被动态度，但有必要考虑到，如果上述战争真的爆发，日本陷于困境，苏联就可能会加入日本的敌对一方参战，目的是以最少的努力和最小的成本来获得国际声誉。这一点不仅在俄国的发展历史中可明显看到，而且从俄国的国家情感角度也很明显，可以想象出俄国有可能还没有摆脱1904—1905年日俄战争留下的报复情绪。如果是这样，那么在这场战争中我们将以三个国家为对手，日本获胜的机会将会更加微弱。

（4）根据上述结论，如果在日本和中国之间发生大规模的军事冲突，我们必须预见到这场战争将不可避免地扩大到几个国家，导致一种我们无法控制的局势。

既然中央统帅部已得出上述结论，我们制订了旨在维护我们的现有权利和在亚洲部署最少防御力量的国防计划。而且，以我有限的知识，我不记得中央统帅部位居负责岗位上的任何人，曾积极主张采取主动的军国主义行动，以对抗其他国家或向中国声称新的权利。相反，即使是面对中国方面收回权利的狂热趋势，每个人都采取了克制的态度。

4. 中央统帅部在当时的军事部署计划

如前所述，由于中央统帅部已进行了国防展望，他们的军事部署计划基本上是非常被动的。他们没有任何计划与几个国家同时作战，只有与单个国家，如中国、美国或苏联，单独作战的军事部署计划，如果战争最终由于某种原因发生，他们希望能够通过政治或外交手段，将对手限制在一个国家。

柯明斯-卡尔检察官：庭长阁下，这是第一个我刚才所指的文件。我认为，非常明显，这些计划肯定会有一个书面文本，但他们并没有试图提供或解释为什么没有这些文件。

韦伯庭长：我不知道他的意思是文件或只是一些准备。我不知道。

柯明斯-卡尔检察官：庭长阁下，我们刚好有这些文件中的一份。那是一份文件，但我们没有其他的文件。

马蒂斯辩护律师：检察方假定它们是书面文件。我们也可以合理地假设只是对计划进行了口头讨论，本证人——

柯明斯-卡尔检察官：庭长阁下，有一个简单的补救措施。

马蒂斯检察官：我还没有说完。

本证人在宣誓证词中的叙述也许只是基于他参加的一些谈话。

韦伯庭长：很难想象这些事情没有用书面形式记录下来。军事部署计划。

马蒂斯辩护律师：我想我目前应该说，我们已经考虑了这些事，并努力寻找这些最高机密文件。我们已向华盛顿要求了这些文件，但我们还没有拿到，而且，也不知道这些文件是否存在。我们已尽力去找这些文件,但还没有结果。我还想补充的是,在应该存有这些文件的地方,也就是日本政府的办公室,我们没有发现这些文件。

马蒂斯辩护律师:(宣读)

所谓的侵华战争计划只是为了应对日中关系中出现的特殊局势而派遣远征军的计划,根本不是基于发动全面战争想法的计划。

至于美国的战争——

证人建议这里的英文翻译应该是:"至于与美国的战争。"

——尽管我们的确为了战略防御的目的,制定了一个由我们的部分军队实施的针对菲律宾和关岛的战术进攻的初步计划,我们认为有必要在其他多个地区采取战略防御措施。因此,我制订了参谋本部的计划,目的是研究出一个现实的防御方式,以阻止美国军队入侵台湾和北海道,这个计划在昭和五年(1930年)5月和昭和六年(1931年)6月实施,由当时的第一部部长陆军少将畑俊六担任司令官。至于对抗苏联的作战计划,在当时还只是个非常抽象的概念。我们只有一个基本的计划,预计在南满洲和北满洲可能会遭遇敌人,我们对满洲的态度比之前更为关注和警觉,但我们不仅没有在军事部署计划中包含对抗中国的修订内容,而且同满洲的关系也没有和之前有什么不同,但是——

证人在这里希望用"也就是说"代替"但是"。

——保护对南满铁路及附属地的权利,并保护在那里和其他重要地区的日本居民,例如有许多日本居民的间岛地区或哈尔滨市。为了完成这个计划,中央司令部为关东军和朝鲜师团制订了一个基本计划,并命令这两支部队根据它制订详细计划。其中包括考虑由后者对前者进行增援。

5. 关东军的职责、军队力量等

当时中央统帅部给予关东军的职责是"保护我们的关东州租

借地以及属于我国的南满铁路"。中央统帅部从和平时期就已命令关东军司令官制订出一个应急的计划,并要求我们的军队沿南满铁路线占据并保卫重要地区,以备万一日本需要在满洲诉诸于武力。

而且,根据规定,为了保护南满铁路,允许在每一公里铁路线部署15个人。这是以前俄国享有的权利,根据《中日条约》,这些权利转让给了日本,因此,为了保护大约长度为1000公里的铁路线,日本有权部署1.5万人。然而,在1931年,我们在满洲的军队是陆军少将森率领的独立守备队,专门用来护卫铁路,下设6个大队,总兵力有4000多人;另外还有中将多门率领的第2师团,总人数约为5500人,驻扎在辽阳南部的关东州。这两支部队加起来兵力大约有1万人,由当时关东军司令官中将本庄繁指挥。

6. 奉天事变爆发时中央统帅部的情况

从昭和六年(1931年)的春季到秋季,日、中之间的不愉快事件在满洲接连发生,如万宝山事件和中村大尉事件,中央统帅部已预见到局势将持续恶化,但他们并没有预感到近期就会发生一件需要中央统帅部采取重大行动的严重事件。然而,9月18日晚,奉天事变突然爆发。

我将基于记忆并主要根据我本人参与的活动,对中央统帅部(在事变爆发后的三四天内)的情况进行叙述如下:

(1) 9月19日早晨,我当时在家里从晨报中得知了事变的爆发。我家里没有电话,而且住在东京郊区,没办法在一大早就叫到出租车,所以我和往常一样乘坐电车去办公室,只比平时略早一些。我到达参谋本部的时间是七点多一点儿。办公室里非常安静,因为已到的没有几个人,但我知道我的课长今村将军已经来了,只是我找不到他。过了一会儿,我听说课长正在陆军参谋总长的会议室与一些人开会,我就去那里敲门,但他走出来只说了一句

"等一会",然后没有等我开口说话就又走进去并关上了门。我回到我的办公室,处理了一些紧急事务。当时,由于我手下的一些初级军官因为个人原因请假,我们非常缺人手。大约9:00,课长今村过来找我,他看起来很高兴,给我看了一张纸条,上面有铅笔写的几行字。他说:"经过今天早晨深思熟虑的研究,陆军参谋次长(二宫治重中将)、陆军省军务局局长(中将小矶国昭)和其他几个人达成了这个决议。"纸条上写着:由于此次事变驱动,军队期望解决满洲问题。"解决满洲问题"意味着希望张学良不折不扣地履行目前的条约规定。

当时今村将军向我解释,在刚才的会议上,他们一致同意可以允许关东军为行使自卫权利而采取行动,但是一定要极其谨慎,避免将事态扩大到使用军力的极端情况。他还告诉我,由于陆军次官杉山生病了,由中将小矶国昭暂时接替他。

(2) 在课长今村走出会议室时,我想大约是9:00,我向他读了由朝鲜军司令官畑俊六发给陆军参谋总长的电报,从中得知为了向奉天附近的关东军增援,他们已向满洲派出一支由一名旅团长率领的部队,兵力主要包括5个步兵大队。我知道奉天附近的关东军是一支力量很小的部队,所以感觉朝鲜军的行动应该被批准。我向我的上司表达了我对这件事的观点,但是参谋本部的领导们认为,向满洲增派援兵会被视为扩大事态的直接活动,因此,他们决定命令朝鲜军停止这个行动。关于这件事,他们立即拍发了一个电报。同时,考虑到朝鲜军的指挥官遵照中央统帅部的意图向军队传达新命令的过程需要一定的时间,参谋次长通过电报,命令位于鸭绿江南岸新义州的军警队,内容如下:"如果朝鲜军不知道禁止远征的命令,且试图通过鸭绿江,你们就应当传达中央统帅部的意思,阻止向新义州北部进军的任何行动。"

通过中央统帅部的这些行动,从朝鲜向满洲派遣远征军的计划被阻止了。

（3）如前所述，中央统帅部决定遏制事态扩大。另外，在 10 点钟，政府召开了一次紧急内阁会议，决定了不允许将事件扩大到现有范围之外的政策。同天晚上，也就是 19 日晚，中央司令部发布了一项命令，制止事件向关东军和朝鲜军扩大。

（4）9 月 20 日，中央统帅部一直观察局势发展，没有采取任何特殊行动。然而，21 日晚，关东军报告说，居住在吉林的日本居民突然受到中央当局压迫而处于迫在眉睫的危险之中，为了救援当地日本居民，关东军已派遣了一部分军队前往吉林。同时朝鲜军的司令官也发来一封电报，说关东军向吉林派军后，他知道奉天附近的军队部署接近于空白，所以他自行决定派了一支原来被命令待命的特遣队转而发往奉天前线。

中央统帅部认识到这两支部队根据受影响地区的实际情况而采取的行动是不可避免的，因此，请求军部在第二天（22 号）的内阁会议上批准朝鲜军远征的费用。22 日，若槻内阁在晨会上批准了军费，然后陆军参谋总长向日本天皇陛下递呈，请求事后批准。我听说在若槻首相向天皇陛下报告内阁决定后，陆军参谋总长即刻向天皇陛下提出了这个请求，我记得大约是在 22 日上午 10:30。

（5）就这样，从朝鲜调兵的问题暂时解决了。中央统帅部认为关东军向吉林派军的行动已经使满洲的军事行动告终。他们还发出命令，等局势一平息，派往吉林的军队就应当撤退到南满铁路的沿线地区。为了制约关东军的进一步行动，9 月 22 日晚，他们又向关东军司令官发出如下电报："目前我们认为满洲的军事行动已经完成它的大部分目标，现已告一段落。任何下一步行为都应密切遵循我们的国内及外交政策，因此，在考虑事情时要谨慎小心，不要擅自发起新的行动，要等收到中央统帅部的命令后再执行。"

（6）中央统帅部和满洲断断续续军队行动的关系。从上述时

间到昭和七年(1932年)1月底

我于昭和七年(1932年)1月底从陆军参谋本部辞职。因此，我对中央统帅部和满洲军事行动之间关系只叙述到那个时间。

(1) 奉天事变爆发后,有很多日本居民的间岛和哈尔滨地区的局势非常危险。间岛的日本居留民协会主席和哈尔滨特务机关长都向陆军参谋本部发电报,多次请求派遣军队对他们进行保护,但后者都没有答应派军,坚持不动用军队将事态扩大到满铁附属区以外地区的原则。同时,关东军和朝鲜军的司令官也收到了有关这一主旨的通知。至于哈尔滨和当地副领事的急切要求,关东军司令官原已准备派军,但由于中央司令部的严格限制,就停止了这一行动计划。

(2) 大约在10月初,满洲的马占山将军和张海鹏将军以及中国政府开始就黑龙江省的权利发生争议。他们的军队在我们有重要利益的洮昂铁路沿线相互对抗。马将军的军队破坏了嫩江大桥,以阻止张海鹏的军队北上。为此,南满洲铁道株式会社在一小队关东军的保护下,开始对大桥的修复工程。当时,我们的军队受到马占山军队的突然袭击,被迫与他们展开激战。之后,两支军队形成了对峙局面。中央统帅部对关东军下达了一些具体的规定,并开始和平谈判,要马占山部队在10天期限内撤离,但马占山将军不同意。11月17日,中央统帅部命令关东军司令官摧毁马占山的军队,完成这项任务后迅速向南部撤退。11月18日,在齐齐哈尔附近展开了几场战役,马占山的军队被消灭了。

(3) 在结束了上述战役后,关东军就开始了善后行动。从11月20日起,在华北的天津附近发生了中日双方军队的几次冲突。26日晚,两军又一次发生冲突。由于日本在那里的驻军数量非常少,缺乏自卫的能力,因此它请求关东军增援。关东军接到这个请求后,感到应该借这个机会将齐齐哈尔附近的问题解决,因此,他决定向陷入困境的部队派出援军。他派驻扎在南满洲的军队向辽河西进兵，另外还派当时在齐齐哈尔附近的军队也前往辽河西。但是，中央统帅部却认为天津的情况没有这么重要，同时，根据不让事件扩大化的政策，它在11月27日下午向关东军司令官发出严格的命令："不管近期局势如何发展，将向辽河西推进的部队完全调回至辽河东的位置。"遵照这些命令，关东军司令官命令已派出的军队全部返回，于28日晚在奉天汇集。

（4）在此之前，奉天事变爆发后，身处华北的张学良将军在锦州建立了他的军事大本营，10月时，奉天省政府相继将他的军队调集于锦州。听到这个消息后，10月8日，关东军派隶属下的空中侦察队前往这个地区侦查。但在他们的侦察过程中，他们遭到了地面部队的袭击。空中侦察队携带有10公斤的炸弹（口径与山炮弹差不多），为了自卫，他们向中国的军营、省政府的建筑等地点投下了几十发炸弹。

接到关于此事的报告后，中央统帅部向关东军司令官发来了严厉警告："尽管在当时可能是不可避免的自我防卫行为，但对飞机活动应特别谨慎，至少是在非武装人员的居民区域。"

在齐齐哈尔附近的行动和将部队从辽河西岸撤军后，关东军将兵力集中于在南满洲维持和平与秩序。锦州的军政府将上面提到的锦州轰炸事件夸大地向全世界进行宣传后，从中获得了很多支持，他们开始积极行动，并陆续将更多的军队集中于锦州。他们显然还在不断地利用土匪力量，企图在南满铁路沿线破坏和平与秩序。

12月下旬，当我到了满洲后，我在关东军总部听到司令官及其手下将官对留在锦州大本营的土匪沿南满铁路线的持续暴力活动非常担忧。

我听说日本政府正在与南京政府谈判，并在北平通过外交渠道同张学良政权谈判,希望锦州的军政府撤回关内,但是没有听说有结果。

另外,从12月中旬起,从锦州附近派出的正规军(注:张系军队)进入了南满铁路附近的一个地方,与土匪合作开始采取一系列行动。之前在12月10日,国联在一次董事会上认可了剿匪行动的必要性,为了有效地实施剿匪行动,中央统帅部为关东军加强了两个大队的兵力,援兵由第二十师团指挥官率领,在12月中、下旬陆续从朝鲜调遣过来。中央统帅部允许关东军对所有南满铁路区一直到辽河西的土匪进行彻底剿杀。

于是,关东军派遣军队剿灭辽河西的土匪。剿匪部队于12月28日开始行动,31日时,他们进驻到锦州东大岭河左岸的一个地方,锦州的军政府已从这个地方撤出,所以在昭和七年(1932年)1月3日,我们的军队真正兵不血刃地占领了锦州。此后,关东军开始从锦州地区向整个南满铁路区部署军队,集中力量保障和维护和平与秩序。

这样,现在南满洲的情况已基本趋于稳定。但是在北方,大约从昭和七年(1932年)初起,在吉林和哈尔滨附近地区,在吉林军队的不同派系之间发生了冲突,其中的反日派对哈尔滨进行了劫掠;他们犯下了一些暴行,包括杀死了一个日本人和三个朝鲜人,还抓走了好几个朝鲜人,等等。这使5 500名日本和朝鲜居民置于极端危险的处境。1月17日,发生了另一个重大事件。我们有一架军用飞机在对该地区空中侦查时,遭到反日派军队的袭击而被迫紧急降落,机上的日本军官被杀,飞机也被烧毁。关东军为了保护哈尔滨的日本居民,认为有必要向该地区派遣军队,于是请求中央司令部允许派兵。中央统帅部同意了。因此,日本军队于昭和七年(1932年)2月初进入哈尔滨,开始在当地履行维护和平与秩序的职责。

以上所述，是从奉天事变爆发直至昭和七年（1932年）1月我离开参谋本部期间，日军在满洲的行动，以及中央统帅部之间关系的基本情况。在奉天事变爆发后的这段时期，我们的军事行动并不是坚持一个计划，而是不可避免地要适应不断发生的意外事件，尽管中央统帅部制定了不允许将事态扩大的政策。但对关东军下达新的军事行动命令是无法避免的。

7. 中央统帅部重要职位上的人员变动

大约从昭和六年（1931年）起，预计对满洲不会再有什么新的军事行动了，同时，在中央统帅部的一些重要职位上连续出现人员变动。从当时我的职位级别，我不知道这些重要职位人员变动的原因，我知道的只是在我于昭和七年（1932年）1月末离开陆军参谋本部时，有以下一些人员变动：

（1）金谷范三将军离开参谋总长的职务，由闲院宫载仁亲王接任该职。

（2）二宫治重中将离开陆军参谋次长的职务，由真崎甚三郎中将接任该职。

（3）建川美次少将离开陆军参谋本部第一部部长的职务，由古庄干郎少将接任该职。

（4）今村均将军离开陆军参谋本部第二部部长的职务，由小幡利城将军接任该职。

因此，12月11日，若槻内阁辞职，当时的陆军大臣南次郎也同时离职。同月13日，犬养内阁组建，荒木贞夫中将就任陆军大臣一职。

布鲁克斯辩护律师：如果法庭允许，最后一段中"因此，12月11日"，我认为这里有错误，应该是"顺便说一句"，请语言部检查一下。我不想对这一点进行交叉质证。我觉得检查一下就可以弄清了。

十、河边虎四郎作证"满蒙开发"

交叉询问（由柯明斯-卡尔检察官询问河边虎四郎证人）

问：河边将军，1931年时你在陆军参谋本部哪个部门服役？

答：陆军参谋本部第一部。

问：第一？你是说第一吗？

答：是的。

问：你知道你在宣誓证词中说的是第二吗？

答：我说的是第一部的第二课。

问：你的宣誓证词说的是陆军参谋本部第二作战课。

答：第二课设在第一部下面，负责作战行动。

问：谁是它的负责人？

答：可以重复一遍问题吗？我不太理解问题。

问：谁是你们课的课长？

答：今村将军从1931年8月起担任课长。

问：那么谁是第一部的负责人？

答：建川少将是第一部的部长。

问：在你们部里有多少人的职位比你高？

答：在我们部，我想有3、4位。

问：你是指在你们课还是你们部？

答：我们部。

问：被告畑俊六将军当时在陆军参谋本部吗？

答：畑俊六少将从1931年3月后就不在陆军参谋本部任职了。

问：他在1931年3月时的职务是什么？

答：我记得畑俊六少将在1931年3月时是第一部部长。

问：8月份建川接替了他的职务吗？

答：我记得是这样。

韦伯庭长：这正好告一段落。我们将休庭到1:30。

（12:00 休庭）

（13:30 重新开庭）

法庭执行官：远东国际军事法庭现在继续开庭。

韦伯庭长：柯明斯-卡尔先生。

（河边虎四郎作为辩方证人被召回法庭，坐进证人席后，通过日本译员作证如下）

交叉询问（由柯明斯-卡尔检察官询问河边虎四郎证人）

问：建川将军仍在世吗？

答：我听说他已去世了。

问：今村将军仍在世吗？

答：我听说今村将军在南部的什么地方。

问：关于你所作证的事情，他会比你知道得多很多，是吗？

答：是的，我想是这样。

问：你是否记得，建川将军在9月18日前刚被派往奉天？

答：是的。

问：你是否听说过为什么派他去？

答：建川将军离开东京不久后，我问过我的课长今村将军，建川将军去了哪里、为什么要去。今村将军对我的问题解释如下：由于对日本和中国在满洲的关系急剧恶化而产生的担忧——由于中日关系近期在满洲极端紧张和恶化，各种的谣言传到了军队高层耳中。根据今村将军对我的解释,建川将军被派到满洲去向关东军了解真实情况,倾听关东军自己的观点和意见,同时向关东军传达中央统帅部的想法。

问:让我们试着将这一点更明确。你是否知道,你所说的"各种的谣言"是指日本驻奉天领事的一份报告,说关东军正在密谋一起在满洲发动战争的事件?

答:我一点也不知道那份电报。

问:建川将军受命传达的信息是日本天皇关于他们不应做任何此类事情的命令,你知道吗?

答:我没有听说过有关的事情。

问:你知道建川将军未能传达这个信息吗?

答:我后来听说了。

问:那么,关于他未能传达的这个信息,你听说了什么?

答:这个问题我不太明白。

问:你听说的他未能传达的信息是什么?

答:是的,大概内容。

问:恐怕我没有明白你的回答。你说的信息是刚才我提问的如下内容吗:日本天皇命令关东军不应在满洲发起事变?

答:不是。

问:那你的意思是什么?

答:我应该更详细地解释一下。如我所述,我听说建川将军被派去满洲,目的是通过关东军了解一下当时的真实情况,同时向关东军传达中央统帅部的政策和目标,这些政策和目标是根据当时国际形势在审慎原则上制定的。

问:这还是没有回答我的问题。你刚才告诉我的建川将军未能传达的信息是什么?

答:那正是我刚才所说的中央统帅部的意图。

问:那个意图是什么?

答：正如我刚才所述，向关东军传达中央统帅部的政策和目标，谨慎地考虑和行动，以免引起不必要的国际麻烦和争议。

问：谁告诉你这些的？

答：今村将军。

问：什么时间？

答：如我刚才所说，在建川将军离开东京后，所以我想是在9月16或17日。我不知道哪个正确。

问：但你刚才告诉我，他说建川将军未能传达这个信息。他不可能在9月18日之前就知道这一点，对吗？

答：是的，所以我刚才说我是后来听说的。

问：后来是什么时间？

答：过了一阵子后。当建川将军返回东京后。

问：他有没有告诉你为什么建川将军未能传达信息？

答：当建川将军到达满洲时，事变已经爆发。这只是从历史角度，或者说是事后，我听说他没有机会传达那个指令，因为形势已经发展到了一个全新阶段——就是说，满洲事变已经爆发了。

问：你不知道他是在事变爆发前到达那里的吗？

答：根据我所听说的，他是在当天晚上到达。

问：如果他愿意，还是可以及时传达那个信息的，是吗？

答：我不了解这些细节，而且我也不记得这些内容。

问：你知道是谁任命或选择建川将军去执行这个任务的吗？

答：我想应该是陆军总参谋长。

问：你不知道是小矶国昭将军吗？

答：不，我不知道。但是，我目前觉得小矶国昭将军没有权限指挥参谋本部第一部部长执行这个任务，因为小矶国昭将军当时是陆军省军务局局长。

柯明斯－卡尔检察官：我想莫罗少校关于本证人宣誓证词的翻译有

一个更正。也许为方便起见,最好让他先更正,然后我再继续。

韦伯庭长:莫罗少校。

语言仲裁官(莫罗少校):庭长先生,承蒙本法庭允许,我们作出以下语言更正,文件证据号 2408,第 18 页,第 2 行:

用"顺便提及"代替"因此"。

韦伯庭长:好了。柯明斯-卡尔先生。

柯明斯-卡尔检察官:(继续)

问:小矶和建川是很好的朋友吗?

答:是的,他们看起来是朋友。

问:如果说小矶向南次郎将军推荐说建川应该去,这正确吗?

答:因为我当时的职务,而且我也不了解细节,我很难回答"是"或"不是"。

问:对你在宣誓证词中叙述的很多事情,不是都可以适用这句话吗?

答:我很难理解这个询问。检察官先生,你的意思是说,我在宣誓证词中叙述的很多事情都模棱两可吗?

问:不是,我的意思是问,是否你并不真正知道你在宣誓证词中所叙述的很多事情?

答:在我的宣誓证词中,关于我听说的事情,我就会这么说;关于我做过的事,我会说我曾做过;关于我知道的,我就说我知道;关于我不知道的事情,我就说不知道。

问:如果说建川将军未能传达那个信息,是因为他和小矶之间已安排好不去传达,是真的吗?

答:这个问题不在我所知范围内,因此我无法回答。

问:后来今村告诉过你此类事情吗?

答:没有。

问:现在,我引用你在宣誓证词中第 8 页说过的话,关于在 9 月 19 日上午发生的事情。你在这一页中间说:"大约 9:00,课长今村过来找我，他看起来很高兴，给我看了一张纸条，上面有铅笔写的几行字。他说'经过今天早晨深思熟虑的研究，参谋次长（中将二宫治重）、陆军省军务局局长（小矶国昭中将）和其他几个人达成了这个决议。'"然后你接着说："纸条上写着：'由于此次事变驱动，军队期望解决满洲问题。'"

这些是纸条上写的字吗？

答：最后几个字不是纸条上的。

问：纸条上写的到底是什么？

答：我的意思是，纸条上写着"由于此次事变驱动，军队期望解决满洲问题"，这句话的意思是，我们将进行努力，希望张学良能够履行条约，也就是日本和中国在当时的条约。

问：你发誓那张纸条写的是"意味着"之前的内容吗？

答：是的。

问：现在这张纸条在哪里？

答：现在？你是问现在这张纸条在哪里吗？

问：是的。

答：当我把纸条上写的话抄在我的机密作战行动日志上之后，我就把它毁掉了。

问：你的机密作战行动日志目前在哪里？

答：我不知道它目前在哪里。我不知道它是否还存在。那不是我的私人日志。

问：你是什么时间最后见到它？

答：1932年1月，当我从陆军参谋本部离职时，我就和那本日志分开了。那是我最后一次见到它。

问：你是否曾试图去找到它来帮助回忆？

答：没有。

问：我的观点是，对"解决满洲问题"的解释不可能只写在一张纸条上。

答：它的确是写在一张纸条上。

问：为什么会有人将一句声明写在一张纸条上，然后再记录下来它的含义？

答：这些字的确是写在纸条上。这是事实。至于这种表达方式是否明智、是否是好方法或你可能有什么看法——或是否合理，我有自己的观点；我的观点是，这种表达方式使"解决满洲问题"这一非常抽象的概念更具体化。

问：那个解释是你为了提供宣誓证词才在最近想出来的吗？

答：那仅仅是你的猜测，我从自己的良心角度说，那是事实。

问：以占领满洲来解决满洲问题，这难道不是建川将军和其他军官长久以来的一个想法吗？

答：不是。

问：你们所有的军官难道不是早已熟知"解决满洲问题"是什么意思了吗？

答：并非如此。

问：那难道不是今村将军看起来很高兴的原因吗？

答：我应该对我说的"看起来很高兴"做一下解释吗？

问：如果你愿意的话。

答：9月19日上午，当所有的事都乱作一团——非常忙碌时，我去敲今村将军的办公室。当时有很多——有一堆事情等着去处理，他看起来高兴，是因为他对军队高层终于做出了一个决定这个事实感到高兴。

问：他们用了多长时间？

答：我之所以没有说，是因为我不知道那个会议是什么时间开始的。我的宣誓证词中已提到，我在早晨七点钟到达陆军参谋本部，大约九点时我才见到了我的课长。

问：你接着说，今村将军告诉你，军队高层一致同意允许关东军为行使自卫的权利而采取行动。他有没有告诉你是什么信息促使他们得出这个结论？

答：我没有要今村将军做解释。

问：在第14页上，你提到和锦州轰炸事件有关的自卫。你说，飞机——

语言监督官：卡尔先生，你能告诉我们章节号吗？我想它还有子编号——4、5，等等。

柯明斯-卡尔检察官：在第7章第4节。

语言监督官：在第14页吗？

柯明斯-卡尔检察官：英文版第14页。它从英文的第13页末开始，但我读的内容在第14页上。

语言监督官：是的，找到了，先生。

柯明斯-卡尔检察官：（继续）

问：你说飞机——日本的飞机在10月8日正在侦查。然后你说：

但在他们的侦察过程中，他们遭到了地面部队的袭击。空中侦察队携带有10公斤的炸弹（口径与山炮弹差不多），为了自卫……

我就读到这里。

你能解释一下为什么飞机要携带炸弹进行自卫吗？

答：我们从关东军的一份报告中得知，当关东军的飞机在执行侦查任务时，他们遭到了地面袭击，为了报复和自卫，那份报告说，他们使用了携带的炸弹。这被最终接到报告的人诠释为，那是一种自卫行为。

问：这一次你说了"报复和自卫"。你为什么以前要忽略掉"报复"这个词呢？

答：至于为什么，我讲不出理由，但我必须承认我是忘记说了。

问：它只能是为了进攻或为了报复，不是吗？

语言监督官：卡尔先生，你说"它只能是"，你的意思是指在飞机上携带炸弹，是吗？

柯明斯-卡尔检察官： 是的。

答：我想这符合一般理论，但报复行为也可以被看作是自卫，为了自卫目的而携带武器可以使他们进行报复行为。我想这纯粹是一种理论。

问：携带炸弹还可以使他们实施进攻行动，不是吗？

答：是的。

问：那么，在第 15 页，英文的第二段，这是同一章下的第 5 节，你说"留在锦州大本营的土匪沿南满铁路线的持续暴力活动"。

在这之前，你告诉我们说，锦州是张学良的军事大本营。你的意思是张学良的军队是土匪吗？

答：不是，我把张学良的军队视为正规军。

问：那么，是什么让你相信，你说的那些留在大本营的人是土匪呢？

答：我听到了报告。我的叙述是基于报告内容，说那个地区土匪活动猖獗，他们受张学良操纵，总部在锦州。

问：日军难道不是在他们认为合适的时候将所有中国军队都称为土匪，以此来蒙蔽国联吗？

答：不是，我不认为是这样。

问：你不是在把他们描述为土匪，希望以此来蒙蔽本法庭吗？

韦伯庭长： 我认为他有权对这些观点提出抗议，卡尔先生。

问：再往下你说："从 12 月中旬起，从锦州附近派出的正规军"等，然后你又叙述了一系列的其他作战行动，你认为所有这些都由于特殊原因而成为必要的行动。

你难道不知道吗，在荒木将军就任陆军大臣伊始，也就是 12 月 17 日，据他所说，政府就已决定占领整个东北三省和热河。

答：我不知道。

问：你声称自己是参谋本部的代言人，难道参谋没有收到一份由荒木将军发布的关于此事的书面命令吗？

麦克马纳斯辩护律师：如果法庭允许，我想代表被告人荒木贞夫提出反对，我请求向法庭简要叙述我的理由。

如果庭长阁下允许，在本审判过程中我曾数次提请本庭注意，荒木将军多次申诉检方所获得的他的证词是不正确的。当我向法庭提出这个事实时，本法庭也曾多次回复说，荒木将军将有机会在他的个人案件阶段做出一个他认为是正确的陈述。

现在，我的反对意见是，检方试图在一般阶段通过引用荒木的证词对本证人和其他证人的可信度进行验证，但荒木称这些证词由于在采纳时的不正确翻译而充满错误。如果庭长阁下允许使用这些陈述对证人的可信度进行验证，那么，荒木将军就不得不对这些证人在一般阶段中的陈述——证实。虽然本法庭允许荒木将军做出一些自愿的陈述，但这些陈述并未在审讯过程中被检方提出为证据。而唯一被检方提出为证据的询问内容则被申诉为充满了错误。我认为，在这个阶段，不应允许检方使用这些被称为不正确和充满错误的陈述对任何证人的可信度进行验证。

柯明斯-卡尔检察官：庭长阁下，我没有核实过这件事。我不知道荒木询问证词的正确性曾被质疑，无论是通过书面或在本法庭上或是以其他任何形式。

我的意见是，我没有被通知过这件事，所以也就没有机会去核实证词。但不管怎样，我认为，除非荒木在证人席上对现有证词进行纠正，而且法庭有机会对这两种陈述作出裁决，否则，现有的证词就应该成立。而且，我认为，我有权询问本证人是否某些事情没有发生过，无论荒木的说法是什么。

韦伯庭长：卡尔先生，我认为你所采取的程序没什么错。但我无法理解麦克马纳斯先生的观点。尽管如此，联邦法规适用于本法庭，在今天读了威格摩尔的一些资料后，我还是无法假装已了解所有内容。我想他是在遵循联邦法规。我想不出其他可能。那项规定在美国已引发一系列的申诉，美国律师协会正在努力废除它。但是，我们必须坚持你有权问这个问题。

柯明斯-卡尔检察官：（继续）

问：那么，将军，参谋本部是否在1931年12月下半月接到通知，政府已经决定关东军应占领包括热河在内的整个满洲？

答：关于这一点，我想做出以下陈述：第一，日本在大约那个时间发生了内阁变化，在那之后不久我就随前军部大臣南次郎将军前往了满洲，1月份中旬才返回，因此，我不熟悉——我对我不在日本期间的情况事实不清楚。这是第一点。第二点，我在从满洲返回后没有听说过这件事。而且在我回来后不久就被调到其他职位，在那之后我也从来没有听说过这件事。就是这些。

问：现在，我要回到你的宣誓证词的前面部分，第2和第3页，你提到有一个针对苏联的行动计划。你说——

语言监督官： 卡尔先生，请告诉我们是哪一章。我们希望引用确切的文字。

柯明斯-卡尔检察官： 我不打算引用确切的文字。没关系。

问：（继续）你说没有预料到这个战争，然后，在第4页——现在我要引用一段文字——第3章，第1段，你说：

中央统帅部在当时的军事部署计划

如前所述，由于中央统帅部已进行了国防展望，他们的军事部署计划基本上是非常被动的。他们没有任何计划与几个国家同时作战，只有与单个国家，如中国、美国或苏联，单独作战的军事部署计划。

在1931年春天，参谋本部没有为了准备与苏联作战而对满洲秘密进行了一次调查吗？

沃伦辩护律师： 如果法庭允许，我们反对检察方律师只读了一个句子的一部分，如果他希望提醒证人说过的话，我们觉得他应该宣读整个句子，帮助证人能够充分地进行回忆。

韦伯庭长： 如果相关内容是以几个句子陈述的，是的，应宣读所有句子，是这种情况吗？

柯明斯-卡尔检察官： 在这里，庭长阁下——我之所以停下来，是因为句子的其他部分与我打算问的内容不相关。但是，如果我的朋友希望这样，我不反对把余下的内容也读一遍。

韦伯庭长： 读吧。

柯明斯-卡尔检察官： 我继续读下面的内容：

——或苏联，单独作战的军事部署计划，如果战争最终由于某种原因发生，他们希望能够通过政治或外交手段，将对手限制于一个国家。

我最好重复一下我的问题。

问：（继续）在1931年春天，参谋本部没有为了准备与苏联作战而对满洲和朝鲜秘密进行了一次调查吗？

语言监督官： 你说的"调查"，是指土地测量还是对所有事情的调查？

柯明斯-卡尔检察官： 调查。

答： 参谋本部根据它所收到的各种信息持续不断地进行调查。

韦伯庭长： 我们暂时休庭15分钟。

（14：45 休庭）

（15：00 重新开庭）

法庭执行官： 远东国际军事法庭现在继续开庭。

韦伯庭长： 由于最高统帅已宣布星期一为军队日，本法庭多数意见决定我们将星期一作为节日来庆祝。

柯明斯-卡尔先生。

柯明斯-卡尔检察官： 我现在提议向证人出示编号为691-A的检方证据。我想这份证据的副本已向本法庭成员提供。

交叉询问（由柯明斯-卡尔检察官询问河边虎四郎证人）

问： 你记得铃木重康将军吗？

答：是的，我记得。

问：你是否记得他于 1931 年 3 月 16 日作了一次报告，关于可能与苏联作战而在满洲进行的一项调查？

韦伯庭长：我想本法庭不希望你用那份报告中的事实向本证人询问，除非有很大的机会能获得对你有利的回答，但我们觉得不太可能。我们认为这只是浪费时间，它唯一的目的只是提醒我们有这样一份证据。

柯明斯-卡尔检察官：如果庭长阁下允许——

语言监督官：在庭长发言时，证人回答说"我不知道"。

问：在你刚离开参谋本部不久，你就成了驻苏联大使馆的一名武官，是吗？

答：是的。

问：你于 1932 年 7 月 14 日向东京发了一份关于同苏联作战的报告，是吗？

答：是的。

柯明斯-卡尔检察官：证人可以看一下第 701 号证据吗？

（然后，向证人出示了一份报告）

问：那是你的报告吗？或者说，是你的报告的一份影印件吗？

答：是的。

问：我将向证人宣读第一段和第三段。准备好了吗？

沃伦辩护律师：如果庭长阁下允许，我认为这超出了对本证人直接询问的范围。

韦伯庭长：是什么证据，卡尔先生？

柯明斯-卡尔检察官：是关于作战的计划。有关对俄国和中国以及在某些情况下与美国的作战计划。

韦伯庭长：那看起来与证人的宣誓证词属于同一范畴，而且，根据熟悉加拿大法规的麦克道格尔法官，这属于一种验证。

反对无效。

问： 第一段。

对满蒙的开发是为了保证国家的经济生活、日本的国防安全、生存基础的建立，以及大日本帝国的繁荣发展，这是当前最紧迫的需要和有史以来最重要的成就。因此，整个国家必须全力以赴。

第三段

至于完成这一伟大任务的各种障碍，包括中国的军事行动、国联的限制、美国和俄国的行动等，我们应当运用适当的外交手段，努力消除各种障碍，并避免使形势恶化，但我们有必要做好准备，在不可避免的情况下以武力来对抗俄国和中国，在特定情况下还包括美国。所以，重点必须放在充实对抗俄国的军事装备上。

还有第1页最后一段的第一句。

未来的一场俄日战争是不可避免的。

问： 河边将军，在你的宣誓证词里，我刚才宣读的第4页上的段落，你说，"但是在1931年的所有计划，都是基于日本在一个时间只与一个国家交战的假设"。但之后不到一年的时间，你却在考虑最少与三个国家同时交战的计划。在这期间制订了新的计划吗？

答： 我来回答一下这个问题。在我的宣誓证词中，我提到的是在1931年9月份前参谋本部，也就是军队最高指挥部制订的整体基本政策或计划。但现在提到的，我在一年之后担任驻苏联使馆武官时所起草的这份文件，只代表了我根据在苏联观察到的情况和形势而形成的个人观点。

检察官问计划是否在一年之后发生了变化。我不知道，但我的假设是没有发生任何变化。

问：然后你就建议进行改变，是吗？

沃伦辩护律师：庭长阁下，我认为时间差异的问题不在本方询问的范围内，检方试图间接对证人进行指责。

韦伯庭长：即使这个问题与本方询问没有直接联系，它也肯定对验证证人的可信度有重要关系，因为这属于同一范畴。我不想在我以前从来没有适用过，并且也不太理解的规则上过于教条化。

沃伦辩护律师：庭长阁下，我反对的一部分理由是基于美国规则，还有一部分是关于对辩护方的限制规定。在我们看来，如果我没记错的话，我确定自己没记错，我们对证人可信度的验证被限制在本方询问的范围内。我们认为，检方在交叉质询中也应当受到同我们一样的限制。

韦伯庭长：我所收到的其他法官对这一问题的观点都对你们不利，沃伦上校。看来我的同事们都认为这与本方询问直接相关。

沃伦辩护律师：在这种情况下，我撤回反对。

韦伯庭长：柯明斯-卡尔先生。

柯明斯-卡尔检察官：（继续）

问：我的问题是，河边将军，你是在建议修改计划吗？

答：是的，我是在建议修改计划。

问：你将这里所提出的想法描述为防御计划吗？

语言监督官：卡尔先生，你说的"你描述"，是指"你将它称为防御计划吗"还是指"你将它描述为"？

柯明斯-卡尔检察官：哦，不是。我是指"你将它称为防御计划吗"。

答：你的意思是不是在问，我向中央军队当局报告的意见和观点是否是防御性的？

问：是的。

答：那是基本的国防政策。

问：现在我们知道了你所说的"防御"是什么意思，这个问题先问到这里。

现在，我请求向证人出示检方文件编号2979。我们已为本法庭及辩护方律师提供了翻译版本。

韦伯庭长：这不是一份证据文件吗？

柯明斯-卡尔检察官：不是，庭长阁下。我想让证人看一下日文原件或其影印副本。

（向证人出示了这份文件）

问：（继续）你是否认出这些文件是你在1932年收到的、来自东京的参谋总长和参谋次长指令的影印副本？

答：是的。

问：第一页上写着：

关于策略的指令

你们将接受日本驻法国使馆武官授权传达的命令，并负责执行这些策略。你们应当认真阅读向日本驻法国使馆武官下达的策略指令，这些指令将由陆军中佐土桥交给你们。为了使川俣少佐前往华沙检查这份文件，你们应当与陆军中佐土桥进行沟通，然后通知川俣少佐前往华沙的日期。

沃伦辩护律师：庭长阁下，我们可以将这份文件进行验证吗，以备以后我们也对它进行援引，可以吗？另外，我们在法庭上没有拿到这份文件的副本。

韦伯庭长：我想卡尔先生说过他给了辩方一份副本。

柯明斯-卡尔检察官：是的，我想我们已经这样做了，庭长阁下。我的朋友是说文件又被拿走了，庭长阁下。

沃伦辩护律师：这份文件使我们措手不及，这里有很多辩护律师，他们都应该了解这件事,以保护他们各自的客户。

柯明斯-卡尔检察官:庭长阁下,我们手里的副本数量非常有限,仅够本法庭成员阅读。但如果有某位法官能够和其他人合阅一份文件,并仁慈地将他的副本转给辩护方阅读——我非常抱歉提出了这个建议,但这将为我们带来很多方便。

(向辩护方律师递过去一份文件)

柯明斯-卡尔检察官:然而,我希望指出,就我的经验而言,我们并没有义务提供交叉质询时使用的文件副本。我们这样做只是为了方便和礼貌。

我非常同意现在将文件提交验证的建议,如果庭长阁下允许。

列文辩护律师:庭长阁下,在我们看来,当一份文件提交验证和被引用时,所有的辩护方律师都应得到一份副本。我们可能会在以后对这份文件进行引用。如果没有副本,我们就无法充分地行使职责。

韦伯庭长:这个过程非常清楚,柯明斯-卡尔先生,这里并没有实质性的反对意见。

柯明斯-卡尔检察官:副本可以稍后提供。但法庭应当知道,我们只有非常短的时间能提前知道这些证人将提供什么证词,因此我们的交叉质询不得不在非常匆忙的情况下进行准备。

那么,第二——文件的第三页,我宣读如下:

关于向大日本帝国驻法使馆武官下达的策略指令。

(1)关于本策略,授权大日本帝国驻法使馆武官作为驻欧洲和土耳其机构的指挥官。

(2)大日本帝国驻法使馆武官应根据本策略附录的基本原则,决定必要的计划,并于1934年4月10日前进行报告。

(3)在你们计划中相对重要的事项必须与先前事项同时报告。

我被告知在刚才宣读的第三段中有一处更正：应该是"相对重要的费用支出"。

韦伯庭长： 我们的副本上已经有这一点。

柯明斯-卡尔检察官： 是的。我的还没有改过来，庭长阁下。

第四页

策略的基本原则。

I. 同苏联的战争

1. 在和平时期，远东地区的沟通实际状况在苏联和第三——

韦伯庭长： 共产化。

柯明斯-卡尔检察官：

远东地区的共产化在苏联和第三

——这里插入"国际"，翻译为"共产国际"。

——应进行宣传，帝国的（注释：日本的）反对苏联共产化形势的态度应得到认可，从而建立起对苏战争正当性和必要性的基础。

2. 在战争开始后，为了尽快削弱苏联的作战资源，应采取以下措施：

（1）支持乌克兰、格鲁吉亚和阿塞拜疆的独立运动，使这些地区受到干扰。

（2）支持逃离苏联进行避难的反苏俄国组织与他们在苏联境内的盟友进行联络，在多个地区酝酿动乱，激起反战情绪，并密谋策划破坏苏联政府的行动。

3. 如果与法国、波兰、小协约国和波罗的海沿岸及土耳其保持友好关系，这些国家将加强上述措施，并有利于实施我们的策略。

II. 同中国的战争

通过揭露与国际主义、人道主义，以及和平时期中国人的理念相背驰的暴行阴暗面，同时对共产党军队的军事行动以及共产党的阴谋与行动加大宣传，使人们认可使用武力来保护自身利益的不可避免性。

5. 为了限制苏联参战，条款中的措施

——法庭成员的副本上有数字吗？我这份没有。

韦伯庭长：没有。

柯明斯-卡尔检察官：这里可能应该有个数字。

——条款在必要时将被实施。

III. 同美国的战争

关于同美国的战争，适用第五条。

IV. 补充条款

7. 一旦预见到战争即将开始，在欧洲和土耳其的战略和情报机构将根据补充图表进行扩充。

8. 关于实施本计划，除了第1条和第4条的内容，在没有下达特别指令时仅做好准备。

第1条是关于苏联的宣传，第4条是关于在中国使用军队保护自身利益的必然性。

接着在第6页的图表中显示了几乎派驻于每个国家的机关——在欧洲、亚洲和南美的许多国家都由驻巴黎和印度的武官进行控制。

柯明斯-卡尔检察官：（继续）

问：河边将军，你是否注意到，在这份从你们的参谋本部发出的文件中，所考虑的这些交战国家与你在 7 月 14 日信中建议的国家是一样的？

答：是的。

问：1931 年 9 月份后发生了什么事情导致计划延伸？

语言监督官：卡尔先生，你说的"计划延伸"是指扩展，还是仅指持续或继续？

柯明斯-卡尔检察官：延伸。

译员：卡尔先生，我们的问题是，你是指扩展计划还是继续计划？

柯明斯-卡尔检察官：延展，增加。

答：你的意思是什么？你指的是 1931 年 9 月后的什么计划？

问：我指的是你在 1932 年 10 月份从参谋本部收到的策略，我将它同你在宣誓证词中所提到的 1931 年 9 月时你们只有每次针对单个国家的计划相比较。

答：我将在我对问题的理解基础上回答，如果我没有误解你的问题的话。我对问题的理解是，在 1931 年 9 月份前，作战计划只是针对单个国家而不是多个国家。你的问题是，在那个日期后是否发生了什么事情，从而要求对计划进行扩展？这个理解对吗？

问：对。

答：如我之前所述，我不知道日本陆军参谋本部和最高统帅这些机构是否在事实上扩展了他们的作战计划。然而，当我被派驻到苏联，对那里的形势观察了一年之后，我感到了一些担忧，认为日本如果不扩展他的计划将会出现不幸，因此，我向东京的上司书面报告了我的意见和观点，这仅仅是我作为一名日本驻苏联使馆武官的个人观点。

问：你的上司采纳了你的意见，是吗？

答：我不知道他们是否采纳了。

问：你执行了我刚才宣读的由参谋总长下达的命令吗？

答：你指的是计划吗？

问：是。

答：是的，各种准备工作都被推进。

问：你知道它们现在何处吗？

译员："推进"的意思是向前推进，并不是实际做了准备。

问：它们是否按照参谋总长的要求采用了书面计划的形式？

答：根据陆军参谋总长的命令，我向在巴黎的武官笠井表达了我的观点和意思。

问：你知道这些文件后来怎么样了吗？

答：我不知道。

柯明斯-卡尔检察官：我要问的就这么多，庭长阁下。但我认为，由于证人已对这份文件进行了鉴别，确认是他所收到的那份文件，我请求将此文件采纳为证据。

沃伦辩护律师：如果有日文版的话，我们没有反对意见，庭长阁下。

韦伯庭长：你们有日文版吗？

柯明斯-卡尔检察官：是的，庭长阁下，我们有。

韦伯庭长：按惯例采纳。

法庭书记官：检方文件2979号将被编为证据号2409，仅用于识别。

柯明斯-卡尔检察官：不是——现在是采纳为证据。

法庭书记官：将作为证据被采纳，证据号2409。

（上面提到的文件被编为检方证据第2409号，并被采纳为证据）

马蒂斯辩护律师：如果法庭允许，我们没有再次本方询问的问题，但我们希望告知本法庭，我们需要在本阶段后面的辩护方陈述的中国阶段再次传唤本证人。证人现在可以退席了。

韦伯庭长：证人可以按惯例离开了。

（证人退席）

韦伯庭长：现在再传唤另一位证人或进行另一份文件太晚了。

马蒂斯辩护律师：本证人将在代理大岛浩时出庭，另外还在代理土肥原时出庭。

我们已准备好了传唤下一位证人，但现在快到休庭时间了，因此，我在想是否还值得这么做。

如果庭长阁下允许，我们想提出一些建议，奎廉先生和我认为应在议事室商量一下关于委员会庭外取证的细节，但目前还未做出安排。庭长阁下是否希望我们在休庭时去议事室讨论，或是有其他什么建议？

韦伯庭长：也许一个短期的委员会就可以了，因为不需要进行宣誓，委员会成员将由一位法庭成员担任，然后我会表示是否赞同。我希望你能发起做这件事。事实上，马蒂斯先生，我们已告诉过你，除非采用委员会庭外取证，否则我们不会采纳证据。现在，如果你希望证据被采纳，你就应该为委员会做准备，然后我会表态是否同意。你可以使用本法庭的文件起草设施。一旦完成起草，我就会立即进行修改。你可以选一个对你和出任委员会的法庭成员都适合的日期。

马蒂斯辩护律师：那太好了，如果法庭允许的话。我正打算指出，下星期一看来是不可能的了。如果对这一点达成一致，我们将——

韦伯庭长：因为医院的所在地点，我同意你的观点，马蒂斯先生。

我们将休庭，直到星期二9:30。

（16:00休庭，直至1947年4月8日星期二9:30）

十一、侵略热河

1947年4月8日，星期二
日本东京都旧陆军省大楼内远东国际军事法庭

（根据休庭规则，本法庭于9:30开庭）
……

法庭执行官：远东国际军事法庭现在开庭。

韦伯庭长：除了大川周明、松井石根和东条英机由其辩护律师代理外，所有被告都到场了。我们这里有巢鸭监狱医疗分队提供的证明，证实松井石根和东条英机由于病重无法出席今天的审讯。该证明将被记录并归档。

马蒂斯先生。

马蒂斯辩护律师：如果法庭允许，上星期不能出庭的两位证人中的其中一位，岛本，现在可以出庭了，我们希望先传唤他出庭。阪埜先生将对他询问。

（一个人走上证人席，又走下来）

韦伯庭长：为什么证人离席了？

塔夫纳检察官：不是这名证人，庭长阁下。

法庭执行官：庭长阁下，证人岛本现在来到法庭上，将进行宣誓。

（岛本正一作为辩护方证人出庭，首先宣誓，然后通过日本译员作证如下）

直接询问（阪埜辩护律师询问岛本正一证人）

问：你叫什么名字？

答：（没有回答）

问：你住在哪里？叫什么名字？证人先生，你目前的住址是什么？

答：兵库县洲本市物部中岛八百七十二番。

韦伯庭长：他的名字是什么？我没有听到他说他的名字。

问：我首先问的是你的名字。请你再说一遍可以吗？

答：岛本正一。

问：你今年多大？

答：61岁——60——61岁。

阪埜辩护律师：在我开始本方询问前，我想先阐述三点。第一点，正如之前向本法庭解释的，本证人由于患有胆囊炎而卧病在床。由于法庭要求出庭，他今天带着药和注射剂来到法庭。所以，我们请求在可能的情况下尽快结束对他的询问，以便让他早一点回家养病。

第二点是鉴于本证人的身体状况可能不允许他再次出庭，我们希望，包括交叉质证在内的所有必要程序都能够在今天结束。

韦伯庭长：不要说第三点了。开始问证人问题吧，我们将充分保护他的利益以及所有相关方的利益。

阪埜辩护律师：我请求法庭向证人出示辩方文件1021号。这是他的宣誓证词。

韦伯庭长：我们没有见到提交的宣誓证词。

柯明斯-卡尔检察官：检方也没有，庭长阁下。

韦伯庭长：我们见过在奉天事变后作出的一份陈述。

阪埜辩护律师：我可以解释一下吗？这份宣誓证词在4月5日证人一到东京就开始处理，原本应该在昨天完成处理流程并进行派发。我们——辩护方律师无法提前三天向法庭提交宣誓证词。但是，这份宣誓证词是——证明只是对陈述的证明——对文件的证明。

韦伯庭长：好吧，我认为如果你让证人看一下辩方文件834号，将会缩短过程。

阪埜辩护律师：那么，尽管还不完整，但我还是想关于已经提交的文件进行本方询问。

柯明斯-卡尔先生：庭长阁下，我们还是没有拿到宣誓证词的任何副本，我相信辩方已向法庭派发了宣誓证词。

韦伯庭长：我们没有宣誓证词，但是我们有两份据称出自岛本，也就是证人之手的证明。

柯明斯-卡尔检察官：是的，谢谢。

韦伯庭长：时间浪费在这些不必要的插曲上真是令人烦恼。

柯明斯-卡尔先生：庭长阁下，我们要对文件834号提出反对。证明中只说是由关东军参谋部某位不具名人员所写，这丝毫不能表明本证人对其内容有任何了解。

韦伯庭长：除非你能说明那份声明的作者是谁，否则它不具备证据价值。

阪埜辩护律师：关于这一点，庭长阁下，辩护方律师试图提交与本证人有关的具备证据价值的文件，我们在整个星期六和星期天都在不分昼夜地进行准备。24小时前，这些文件准备好了进行派发，但由于昨天是假期，我非常遗憾我们未能向本法庭派发这些文件。

语言监督官："宣誓证词"代替"文件"。

韦伯庭长：我说的是我们不知道辩方文件834号的作者是谁。这与任何文件的派发没有关系。

阪埜辩护律师：可以向证人出示辩方文件834号吗？

韦伯庭长：这份文件被质疑为无证据价值，很明显它没有证据价值，因为你无法说出谁对这份声明负责。

反对有效。辩方文件834号由于没有证据价值而被驳回。

现在来看辩方文件703号。关于这份文件有反对意见吗？

柯明斯-卡尔检察官：没有，庭长阁下。这份文件看起来是证人自己的声明。

韦伯庭长：按惯例采纳。

法庭书记官：辩方文件 703 号将作为证据被采纳，证据号 2410。

（上面提到的文件被编为辩方证据第 2410 号，并被采纳为证据）

韦伯庭长：这还要取决于证人说这是他的文件。

由于律师看来不能够以正确的程序提出文件，本法庭不得不在这件事上承担更多的责任。

向证人出示文件第 2411 号，要他正式地声明那是他的文件——证据第 2410 号。

阪埜辩护律师：可以向证人出示辩方文件 2410 号——本法庭证据第 2410 号吗？也就是辩方文件 703 号。

韦伯庭长：证人，证据第 2410 号，即辩方文件 703 号，是你的一份声明吗？

证人：是的。

韦伯庭长：继续，宣读这份文件。

阪埜辩护律师：我将宣读法庭证据第 2410 号。

独立守备队第二步兵联队指挥官岛本正一，关于为美国汉森外国调查法庭小组担任向导前往爆炸现场的叙述。

由于我已得知，司令官已经向上述小组进行了简要的解释，并提供了对事件概述的英文翻译，所以，在前往京奉铁路和柳条沟爆炸地点的火车上，我与他们之间进行了如下叙述。

问：为什么日军要移走京奉铁路交叉口的铁轨？

答：为了我们的防御需要。

问：这次爆炸使用了什么？

语言监督官：庭长阁下，我们问辩护方律师，是否他会读出标记删去的部分，他回答说"是"，所以我们将继续，从第 5 行开始：

我告诉他们，中国正在如何利用相关书籍和宣传海报，努力煽动反外情绪；我特别指出，中国政府告诉他的民众，英国、美国、法国、德国和俄国都是帝国主义侵略势力，由于基督教宣扬不抵抗，他们首先教中国人不要抵抗，然后占领了中国，而且外国人提供的所有教育，也都是为了这个目的。在这之后，他们的一些问题及我的回答如下：

问：为什么日军要移走京奉铁路交叉口的铁轨？

答：为了我们的防御需要。

问：这次爆炸使用了什么？

答：由于这是敌人进行的行动，我们不知道。没有残留物。从产生的后果看，可能威力不是很强。

问：你说爆炸发生在 10:30。那是在开往大连的快速列车通过之前还是之后？

答：在这样一个突发事件中，有谁会去看表呢？但肯定是发生在 10:00 和 10:30 之间，快速列车在爆炸发生后才通过。

问：尽管发生了爆炸，火车还是通过了出事地点？

答：因为爆炸破坏程度不大，列车通过时没有发生脱轨。根据目击的士兵叙述，火车通过时向一侧有些偏斜。

问：在爆炸发生后，日军对火车的行进没有采取任何步骤吗？

答：他们试图用一个爆炸信号阻止火车，但火车没有停下来就开过去了。

问：我听说，当第三中队遭受敌军从高粱地的袭击时，他们进行了反击。日军当时受到了任何伤亡吗？

答：没有。

问：如果当大部分敌军都跑回他们的营地时，日军没有进行追击,也许就不会发生战斗了。

答:一旦日军受到挑衅并采取了行动,它就一定要胜利。如果我们在敌人逃跑时什么都不做,中国军队肯定还会再次袭击我们。而且,在战斗中也不可能确定是否有伤亡发生;另外,当时一片漆黑(这个问题非常愚蠢,但由于他们不是军人,所以可能很难理解这一点。他们固执地不断询问这个问题。但所幸的是,这些外国人能听懂日语,所以我详细地解释了这一点,直到他们最后理解)。

问:日本炮兵是什么时候开火的?

答:我不知道时间。在战斗进行时,人们是不会去看表计算时间的。但开火肯定是在第三中队遭遇硬战之后。在我们营主要兵力到达前已经可以看到炮弹在空中乱飞了。

问:炮弹是否击中了目标?

答:由于当时在夜间,也没有做好准备,似乎是未击中目标。

问:炮袭对进攻日军没有造成危险吗?

答:由于有危险,我们大队要求暂停炮袭。

问:炮兵袭击是你们大队要求的吗?

答:不是。它是自行决定开火的。在日军内部,任何消息都会立即报告给整个军队,如有必要,每支部队必须根据自己的决定尽全力赢得战役。炮兵部队的攻击就是基于这个原则。

问:当时两支军队的兵力如何?

答:中国军队大约有1万人,我们大队有600多人。

问:中国军队和日军在那场战役中的伤亡各是多少?

答:中方可能共有400名士兵阵亡,因为日军掩埋了320具尸体,还有在高粱地也发现一些尸体。日军方面有2名士兵阵亡,22名受伤。

问:双方伤亡人数的对比难道不是说明中方采取了不抵抗政策吗?

答：你们在现场的观察已经显示了那场战役是由中国方面策划，以及交叉火力情况。伤亡人数的巨大差别说明了日军的高效率；而且，中国军队非常愚蠢地在夜间战斗时还开着电灯，而日军则从黑暗中逼近敌军开火，并冲入他们的房间，与他们展开肉搏战；近距离作战是日军最擅长的；另外，中国军队发射的大部分炮弹都射空了。

如果这场战役持续到白天，我们的伤亡肯定会大大增加。但这是我尽力避免的情况。如果以后再发生另一场战斗，我们将消灭中国军队全部的 1 万名军力，并且不会在我方出现伤亡情况。现在还有其他问题关于这次事变吗？如果有的话，我将很愿意进行解释。由于他们说没有其他问题了，我们就在 17:30 开始启程返回。

韦伯庭长：……那种类型的证据。

阪埜辩护律师：对英文版本第 2 页有一处小更正。在第一行中说爆炸发生在 10:30，但应更正为下午。

语言监督官：法庭书记员可以重复一下庭长的话吗？

法庭书记官：庭长说的话没有传到 IBM 系统中。

阪埜辩护律师：可以向证人出示辩方文件第 734 号吗？

韦伯庭长：703 号。

阪埜辩护律师：不是，庭长阁下，是 734 号。

韦伯庭长：我们没有见到过 734 号。

塔夫纳检察官：庭长阁下，我们不认为这份文件提到的地图已向检方提供。

阪埜辩护律师：那么我们应当先保留那份文件，直到向本法庭——向检方派发了这份文件。辩方律师还准备了第 1022 号文件，它对我刚才宣读的前份文件所描述的事实进行了更具体的描述。现在可以派发这份文件吗？文件第 1022 号对中国军队与日军在北大营附近发生的冲突进行了描述，证人向《内外报》的记者解释了这场事变——向日本和外国的媒体。我们认为这份文件具有很高的证据价值。

塔夫纳检察官：如果庭长阁下允许，我希望更正一下我前面的话。我们中的一些人已经收到了地图的副本。

韦伯庭长：本法庭的官员还没有收到，法官们也没有。

阪埜辩护律师：由于我们在派发这份文件上的疏忽，给法庭造成了这么多麻烦，我对此表示抱歉。请允许律师以本方询问的形式宣读一遍这份报告，名为——这份辩护方文件名为《关于日军和中国军队在北大营附近冲突的真相》。

韦伯庭长：柯明斯-卡尔先生。

柯明斯-卡尔检察官：这份文件还没向我们提供，庭长阁下。

韦伯庭长：任何文件在提供给我们之前，我们是不会对它做出决定的。

罗伯茨辩护律师：庭长阁下。

韦伯庭长：罗伯茨先生。

罗伯茨辩护律师：我想告知法庭，在日期为1947年4月3日的已派发证据清单中，包括辩方文件第734号和第408号。

韦伯庭长：我只能说本法庭还没有收到副本。

罗伯茨辩护律师：我们也不能理解为什么会这样。

韦伯庭长：现在我们有一份辩方文件第734号的副本。它是一份证明，附有一张地图。向证人出示一下。

（递给证人一张纸）

阪埜辩护律师：（继续）

问：它是不是证人在独立守备队服役时，从总部收到的一张地图的副本？

柯明斯-卡尔检察官：庭长阁下，现在我看到了这张图，它看上去与本法庭之前处理的两张地图类似，也适用于同样的反对意见。

韦伯庭长：我们不知道地图的作者是谁。

柯明斯-卡尔检察官：它声称比一张地图包含更多的信息，但这份证明不足以核实其中的信息。

韦伯庭长：那是你的证明吗，证人？

证人：是的。

韦伯庭长：它是你在证明中提到的地图吗？

证人：是的。

韦伯庭长：你反对这张地图，理由是不知道作者是谁，是吗，卡尔先生？

柯明斯-卡尔检察官：是的，庭长阁下。证人只是说他收到了这张图，但关于地图的真实性并无任何其他信息。

韦伯庭长：来源似乎是独立守备队总部。

阪埜辩护律师：我想证人知道这个事实，所以，如果允许，我想问一下证人。

韦伯庭长：好吧。

阪埜辩护律师：（继续）

问：谁是这张地图的作者，证人先生。

答：所有这些文件都是在关东军总部以适宜的方式起草的，这些附加信息由独立守备队制作，然后向各大队派发文件。

问：目的是什么——这张地图的目的？

答：这张地图的目的是关东军所处的位置。我想补充一句。当军队编制这些文件时，首先是由在相关部门的人员进行起草。

韦伯庭长：噢，我认为我们听到了足够的证据，可以出于它所具有的价值而采纳这份文件。

法庭书记官：辩护方文件734号将作为证据被采纳，证据号2411。

（上面提到的文件被编为辩护方证据第2411号，并被采纳为证据）

阪埜辩护律师：我们还准备了其他一些有关本证人的文件，但由于技术上的困难，现在无法对这些文件进行陈述，因此，我暂时结束我们的本方询问。但我想保留我们在准备好派发其他文件时，对本证人进行再次询问的权利。同时,我们希望让证人尽快回家休息。

韦伯庭长:你们结束了本方询问吗?

阪埜辩护律师:由于准备工作还没有完成,所以我们暂时结束本方询问。

韦伯庭长:证人目前的健康状况足以使他告诉我们他的想法。有没有交叉质询?

柯明斯-卡尔检察官:没有交叉质询,庭长阁下。但我们想说明一点,就是提醒法庭,法庭并没有裁定说本证人应今天出庭。法庭只说过在证人出庭前,这些文件不能被采纳。

韦伯庭长:证人可以按惯例退席。

(证人退席)

马蒂斯辩护律师:现在可以传唤证人远藤吗?

(远藤三郎作为辩护方证人出庭,首先宣誓,然后通过日本翻译员作证如下)

直接询问(由马蒂斯辩护律师询问远藤三郎证人)

问:请告诉本法庭你的名字。

答:远藤三郎。

问:你的家在哪里,远藤先生?

答:目前我被关押在巢鸭监狱。

问:你是否被指控了任何罪名?

答:没有。

马蒂斯辩护律师:可以向证人出示辩护方文件752号吗?

证人:没有,我没有被指控任何罪名。

问:你能查看一下编号为752的辩方文件,并告诉本法庭它是否是你的宣誓证词吗?

答:这是我的宣誓证词。

问：你在宣誓证词中的陈述是真实的吗？

答：是的。

马蒂斯辩护律师：如果庭长阁下允许，辩方现在提交辩方文件 752 号作为证据。

韦伯庭长：按惯例采纳。

法庭书记官：辩方文件 752 号将作为证据被采纳，证据号 2412。

（上面提到的文件被编为辩方证据第 2412 号，并被采纳为证据）

马蒂斯辩护律师：（宣读）

我的名字叫远藤三郎，目前住在埼玉县入间郡入间川町。

昭和七年(1932)8 月至昭和九年(1934)8 月，我在关东军担任负责作战行动的参谋。开始时军衔为陆军少佐，昭和九年(1934)3 月份被提升为陆军中佐。

以下叙述是在我负责行动期间关东军采取的主要军事行动。

在呼伦贝尔恢复和平与秩序

根据昭和七年(1932)9 月 15 日签订的《日满协定》，日本与满洲达成了联合防御的协议，共同承担联合保卫"满洲国"的重要职责。鉴于"满洲国"新成立不久，从国家福祉的角度看，没有什么事比重建和维持国家和平与秩序、防止对国家的破坏和干扰更为紧要。因此，关东军计划首先在奉天省东部恢复和平与秩序，并为此召集了各部队长官。但在同一年(1932)的 9 月 28 日，当我们正在向他们解释行动计划时，关东军总部突然收到了一份电报，这份由满洲特务机构的大原大尉通过哈尔滨特务机构发来，内容说"苏炳文背叛了我们，请求支援"，然后联系就中断了。在之前一天，也就是 9 月 27 日，我们没有收到乘飞机由哈尔滨前往海拉尔的陆军少佐井上、渡边的任何消息（后来的消息证实，当他们的飞机在天子山附近迫降时，他们不幸遭到苏炳文部队的杀害）。在 9 月下旬我们已经有了一些不祥的预感,因为通过截获的电报得知苏炳文和张殿九一直在密谋勾结,看来他们已开始实施这些密谋。因此,必须采取特别手段救援在海拉尔和满洲的几百名日本居民,还有呼伦贝尔的一些日本居民(总人数加起来有1 000人)。

在这种情况下,关东军决定改变部分上述在奉天省东部重建和平的计划,并对在呼伦贝尔遭拘禁的日本居民采取救援措施,但这样做必然会遇到各种困难。因此,首先是对当地气温和我们的军队实力有很多担心,尤其是这可能会刺激苏联采取行动。但是,这个行动还是被批准了,不仅是由于人道主义,而且也由于关东军的职责所在,我们不能对面临紧迫危险的同胞置之不顾。因此,尽管军事行动的困难以及我们居于弱势的兵力,关东军还是决定出于人道主义考虑实施救援。首先,为了与苏联达成谅解,在得到苏联有关当局的同意后,将哈尔滨特务机关负责人小松原将军领导的前线委员会派往马苏科夫(满洲的相邻车站),并要求苏联对我们救援和保护日本人逃到苏联领土的行动采取支持态度。幸运的是,苏联同意了这个要求,于是关东军立即进行了各种准备,并在11月下旬开始行动。根据当时的报告,苏炳文的部队已经行进到了嫩江西部的察伦屯和弗拉里奇,关东军选择这个有利时机进军,并决定一旦在大兴安岭东部歼灭了敌军,就立刻救援呼伦贝尔的日本居民。但是,由于苏炳文和张殿九在11月26日逃离了前线,我们的先头部队追击敌军余部,越过兴安岭山脉通道,直抵呼伦贝尔,成功地解救出那里的日本居民。之前已逃到苏联领土的日本人得到苏联人的礼遇,由黑龙江铁路转送到了符拉迪沃斯托克港,并从那里坐船回到日本。

在热河恢复和平与秩序

上述呼伦贝尔地区的和平重建任务在第二年,也就是昭和八年(1933)1月份完成,从此该地区恢复和平。在吉林省北部地区,虽然仍有李杜和丁超部队的活动,但在昭和八年(1933)1月份,由于丁超的投降而结束,同时,在奉天省东部地区的和平重建也取得了很大进展。于是,满洲的和平与秩序基本上得以维护。随着和平重建进程的推进,"满洲国"的大部分土匪逃往了热河省,并加入了张学良的军队,他们被编入热河省汤玉麟部下,总人数大约有20万人。他们经常以小股力量活动,或是煽动当地的余留土匪,在辽河一带破坏和平与秩序。自从建立"满洲国"以来,汤玉麟试图脚踏两只船,他的态度经常犹豫不决,但后来他突然采取了反对日本人和"满洲国"的态度。在这种情况下,刚刚在"满洲国"重建的和平与秩序又受到了干扰。即使是根据《日满联合防御协议》,也不能听任这种情况自行发展,因此,我们必须采取行动,打击土匪。显然,在寒冷季节敌人不可能采取大规模行动,但是当冬季过去、天气转暖时,他们就会开始行动,因此,有必要在敌人行动之前就先消灭他们。另外,热河省的道路非常泥泞,很多是在河床中间,所以,如果我们的军队等解冻时再开始行动,就将面临更多的困难。所以剿匪行动必须在那个时间之前就开始。鉴于这些因素,昭和八年(1933)2月下旬,尽管当时我们的兵力远远不及敌军,我们仍然开始了行动。由于我们的军事行动只是为了在"满洲国"恢复和平与秩序,有必要严格遵守相关原则,不要将战火扩大到"满洲国"以外的区域,因此,我们向军队下达了严格的指令,将作战行动限制在长城以外,绝不能跨过这条界线。中央统帅部对这一点的要求也非常严格,作为负责行动的参谋,我还被传唤到东京接受相关的指令。

鉴于这件事的重要性和复杂性,在行动开始前,关东军司令官武藤章将军向军队下达了以下指令:

1. 由于热河的形势非常紧急,如果任其自行发展,整个"满洲国"的和平与秩序将受到破坏。

2. 为避免国际上的误解,我们的行动应限制在热河省境内。

3. 恢复秩序的行动应尽快结束。

在 2 月的下半月,日军与"满洲国"军队联合行动,展开了一场山区"闪电战"。随着在古北口、长城沿线,以及前线地区逐步恢复安全,我们的行动于 3 月 10 日结束,我们的军队一直留在热河省境内,未曾越过这些界线一步。

6. 向河北省进军和《塘沽协定》。

最初修建长城的目的是抵御北方敌人的入侵,所以,从东向西非常容易进入它的南边,且有利于进行自由作战,但是北边(热河省一侧)正相反,设施非常恶劣,而且也不能自由行动。长城上有几百处出口,因此,从这里向热河省进攻是非常容易的。如果进入热河,利用省内从东向西的信息交流不畅,将会使我们非常困惑,不知道采取什么行动。由于看到日军和"满洲国"军队一直留在热河省境内,没有越过长城的界限,于是,在 4 月下半月,逃到关内的土匪在得到张学良部队的增援后,在平津建立了他们的总部,并开始对我们的军队进行侵扰,甚至从关内不断向我们的军队挑衅。在这种情况下,考虑到地形和实力上的差距,我们的军队为了自卫不得不采取行动,以击退敌军的顽固挑衅。为追赶敌军,我们的军队暂时跨过了长城界限。在击退敌人后,我们就立即退回关外,但敌人却以此声称他们获胜,并开始再次发动攻击。于是,在昭和八年(1933)5 月 3 日,我们不得不再次回击他们的挑衅,然后追击敌军。追赶过程中,我们最后到达了苏河边,那里距离北平和天津非常近。鉴于我们如果对北平和天津进攻可能会引起形势进一步恶化,司令官严格命令军队驻扎在河岸以东。为了尽快地结束敌人的侵扰,并遵循中央司令部的原则,我们于 5 月 15 日向敌人发出了一份声明,内容是:如果他们立即放弃挑衅态度,我们的军队愿意马上退回到关外。我还记得关东军所采取的开明态度和严格的军队纪律,虽然军队已快到达北平,但却受命原地等待,努力使北平这座古都不受战争侵扰,并尽可能地减少破坏,这些措施受到了当时外国媒体的尊敬。

5月25日,大约在16:00,国民政府军事委员会北平分会代理委员长何应钦派遣徐燕谋作为特使,前往当时驻扎在密云的日军第八师团总部,提出了正式的停战协议建议。关东军接受了这个提议,双方互签了备忘录,然后关东军根据提议起草了一份停战协议草案。日本公使馆副武官补佐官、陆军中佐永津佐比重,在北平与何应钦派去的代表进行了谈判。双方对停火协议草案进行了审议,双方代表在塘沽展开充分的讨论之后,签署了协议。日方代表除了作为关东军司令官武藤全权代表的关东军副参谋长冈村宁次将军以外,还有关东军参谋喜多大佐、日本公使馆副武官补佐官及关东军参谋永津将军、第八师团参谋河野少佐、关东军参谋远藤将军(即我本人),以及第六师团的参谋冈部大尉。中方代表除了何应钦委任的全权代表北平军事分会总参议熊斌以外,还有同分会的参议钱宗泽、李择一、殷汝耕、雷寿荣、徐燕谋,以及第一军团参谋处长张熙光。双方代表交换了全权委托书后,于5月30日和31日进行了坦诚的对话,并互相做出了一些妥协,双方代表于5月31日23:11正式签订了停战协议。当日16:00,双方同时向外界公布了协议全文。

韦伯庭长: 我们将暂时休庭15分钟。

(10:45休庭,直到11:00重新开庭如下)

法庭执行官: 远东国际军事法庭现在继续开庭。

韦伯庭长: 马蒂斯先生。

马蒂斯辩护律师: (继续)

这就是所谓的塘沽协定,它的原文是由我负责起草的。它的内容已众所周知,完全是从战略角度出发制订的军事停战协议,丝毫不含任何政治目的。

而且,这个协议当然是在关东军与中央最高指挥部之间进行了周密安排后才签订的。

由于停战协议已正式向公众发布了,这里省略协议内容。

7. 随后在"满洲国"的和平与秩序重建。

随着塘沽协定的签署,所谓的满洲事变实际上已结束了。但仍需要清除"满洲国"的残余土匪。为此,日军和满洲军进行了仔细的考虑,制订了一个具体计划并付诸行动。首先,采取行动,收缴在各个渠道使用的武器,以彻底消除产生动乱的根源;另一方面,采用"保甲制度"(城镇和乡村的自治制度)来确保和平与秩序。同时还决定,维持和平与秩序首先是"满洲国"军警义不容辞的责任,而关东军向他们提供合作与支持;考虑到苏联军队在远东地区形成的威胁,日本不会部署大量兵力。但当时苏军只是一个次要问题,而最重要的任务是清除所有的土匪。为此,日军向每个师指派一定的区域(通常是一个或几个省)进行控制,而师下属的各部队也有各自要负责的区域。这样,确保每个连或每个队(负责人是一名长官)都被部署到最重要的地区。

昭和九年(1934)8月9日,我从关东军参谋的职务上退役。

1947年1月24日

如果允许,我想问本证人一个问题。

马蒂斯辩护律师:将军,你能否告诉本法庭,在所谓的奉天事变爆发时,也就是1931年,关东军调动的总兵力有多少个师团?

如果庭长阁下允许,我想重新问这个问题。

将军,你能否告诉本法庭,日本军队调动的总兵力——

韦伯庭长：哪里？

问：（继续）在1931年9月，日本军队调动的总兵力？

答：28个师团。在那个时期前不久有32个师团，但从1931年起减少为28个。

韦伯庭长：马蒂斯辩护律师，你们可以交叉询问了。

交叉询问（由柯明斯-卡尔检察官询问远藤三郎证人）

柯明斯-卡尔检察官：将军，你在宣誓证词中经常使用的一个词被翻译为"土匪"，这个词确切意思是什么？

答：我所说的土匪是指，在服装方面，他们穿着平民服装，在组织方面，没有一个负责的首领。

问：他们参加了中国方面的作战吗？

答：是的。

问：那么，他们实际上根本不是土匪，而是我们所称的游击队，是吗？

答：不是，有一些不同。

问：哪里不同？

答：游击队可能也是穿平民服装，但从组织方面而言，游击队具有领导制度，有负责的首领。

韦伯庭长：他们也进行抢掠吗？

证人：这取决于不同时间。

问：你如何知道你所说的这些人没有负责的首领？

答：尽管的确很难区分游击队和土匪，但根据我们从各个渠道收集到的信息来判断，我们发现游击队都有无线通信设备，并且与负责的首领保持联络，由首领向他们发出行动命令，这样我们基本上就能判断出是否是游击队。

韦伯庭长：但土匪只是强盗，你没有提到这一点。

证人：他们的确是强盗，但他们受那些反"满洲国"和反日的思想影响。

问：是不是任何在"满洲国"或热河反对你们的人，你都称之为土匪？

答：我们并不是将所有这些人都称为土匪。

问：你们是把他们中的大多数人称为土匪吗？

答：他们中的大多数人被称为土匪。

韦伯庭长：他对土匪的定义是穿着平民服装且没有军队组织的人。

问：如果中国正规军的部分军队被击败，但残余部队继续与你们作战，你们也把他们称为土匪，是吗？

答：他们战败后会四处逃散，然后换上平民服装，而且通常会进行土匪行为。所以，有的时候我们也把他们称为土匪。

问：将所有这些人称为土匪的原因是什么？

答：我们将他们称为土匪，是因为他们不断地进行类似土匪的活动。

问：真正的原因是不是这样：你们非常清楚日本政府向国联作出了保证，说你们不会将满洲事件扩大化，但有一个例外是必须要打击土匪，是不是因为这个原因你们就把攻击的任何中国人都称为土匪？

答：不，不是这样。

问：那么，关于热河省，日本人首次入侵热河省是在什么时间？

答：是在2月份的下半月。

问：你们不是在1932年7月就已经以两路兵力侵略过热河省吗——1932年的7月和8月，以两路兵力入侵热河省？

答：1932年7月时，我还在东京的参谋本部，所以，我不知道这件事。

问：这没有报告给东京的参谋本部吗？

答：我没有见过关于这件事的报告。

柯明斯-卡尔检察官：庭长阁下，我的问题是根据检察方证据第192A号。

问：是否在1932和1933年的冬天向"满洲国"派去了援军？

答：我没有听清最后一个问题。

问：是否在1932和1933年的冬天向"满洲国"派去了日本援军？

答：我不知道关于援军的事情。

问：我看到你从1932年8月以后一直在关东军。这个时间是我所提到的侵略热河的两路军队中的第二路军队入侵的时间，是这样吗？

答：我不记得有任何军队——日本军队在热河作战行动正式开始前入侵过热河。

问：也许你忘记这件事的原因是那次侵略行动失败了，是吗？

答：不是。当时我们没有时间和——当时我们甚至不可能有这样的想法，我们那时太忙了。

问：这是你们要求援军的原因吗？

答：我们要求派遣援军的原因不是因为有关热河的任何事件，而是因为土匪活动十分猖獗，甚至在奉天地区也很活跃，他们甚至还逼近了奉天。按照我们当时的兵力，根本无法维护满洲的和平。

韦伯庭长：本庭的一名法官要求提问以下问题：你所指的土匪是否和中国关内存在的那些土匪相同？

柯明斯-卡尔检察官：请回答这个问题。

证人：我无法比较这二者的异同，因为我不太了解"满洲国"以外的土匪情况。

问：现在，回到援军的问题，你是否意识到，刚才你说没有任何援兵，但现在你又说你们请求援军支持，因为你们希望他们进入"满洲国"？

答：这在时间点上不同。针对你的第一个问题，我说没有援军，因为那个问题是关于1932年、1933年的冬季。

问：那么援兵是什么时间到达的？

答：1932年9月，第十四混合旅团到达。我们要求增派这支军队是为了肃清东边道。

问：那是什么？

答：东边道是鸭绿江北边的一个区，位于满洲和朝鲜之间，在奉天的东南方向。这个区叫做东边道。

问：你们使用了这支部队入侵热河吗？

答：是的。

问：那么，在1932年9月所谓的"满洲国"政府成立后，你们是否发表了一份声明，称热河是"满洲国"的一部分？

答：我见过这份声明。

问：那不是真实的，是吗？

答：我相信是真实的。

问：热河在历史上从未被承认是满洲的一部分，不是吗？

答：我不知道它是否被除了日本外其他任何国家承认过，但日本和"满洲国"都认为那块领土属于"满洲国"。

问：1933年2月22日，你们是否促使"满洲国"政府向中国军队发出最后通牒，要求他们在24小时以内从热河省撤出？

答：我不知道这件事。

问：但你当时在那里，不是吗？

答：我在满洲，但我的工作是制订作战计划，我不知道外交政策的任何事情。

问：但可以肯定，如果你正在制订关于热河的作战计划，你就有必要知道，在你们入侵那里之前是否已要求中国军队撤离，不是吗？

答：当然，我有必要知道这些。从日本与满洲共同防御的角度而言，我们有必要清除所有对满洲防御构成的威胁，无论是土匪还是外国军队。在开始军事行动前,希望首先使用所有可能的和平手段,我知道和汤玉麟进行了谈判,目的是劝说他放弃反对满洲人的态度。我还知道,张学良的军队已经进入——已经侵入了热河省。所以,我知道政府正在尽全力让张学良的军队离开热河,但我不知道他们是否向他发出了最后通牒。另外,1933年1月时我被召回东京,与参谋本部协商一些事情,所以有可能是在我离开期间发出了最后通牒。

问:那么,你所说的张学良的军队入侵热河是什么意思?

答:张学良的军队大本营在河北省,但我们听说,他为了重新占领满洲,和汤玉麟的军队联手,两支部队正在试图占领满洲——

问:那就是你所说的入侵热河吗?

答:——为此,有一支强势部队进入了热河省。

是的。

问:张学良的部队原先的大本营在满洲,锦州,不是吗?

答:他们的确在锦州有一个势力强大的大本营。

问:它被视为中国正规军的一部分,不是吗?

答:张学良的军队与中国中央政府之间的关系非常复杂,我不认为你可以简单地说它是中国正规军的一部分。

问:当你们的军队将它赶出满洲后,它就进军到了热河,是吗?

答:是的,其中的一部分。

问:你在宣誓证词中说,当它在热河时,"满洲国"的大多数土匪都加入了它?语言部,"它"是指张学良的军队?

语言监督官:谢谢你,卡尔先生。

柯明斯-卡尔检察官:证人回答了这个问题吗?

证人:我没有听清那个问题。

韦伯庭长:再重复一遍。

问:你在宣誓证词中说,当张学良的军队在热河时,"满洲国"的大多数土匪都加入了它?

答：是的，是这样。

问：你在那句话中所提到的土匪是否是指在满洲战役中从他的军队脱离的军人？

答：我相信很多人是。

问：你说他们在辽河地区扰乱和平与秩序，但事实是，他们正在尽最大努力收复失地，不是吗？

答：我认为，他们是试图在满洲制造混乱局面，然后趁机重新占领那里。

问：现在只剩下一件事了。在你的宣誓证词第7页第6段，你说你们的军队为了自卫，有必要将敌人赶出长城以外。关于这支正在试图侵略他人领土的军队，你所说的自卫是什么意思？

译员：关于检察官的第一句话，证人回答：是的，是这样。

针对该问题，证人回答说：如果你看一下长城附近的地图就会很清楚，整个热河地区有很多山，关东军的各部队在热河的那个地区分布很散，要保持从东向西所有部队间的通讯往来非常困难。前线部队分散在几百公里的范围内。我们的兵力不足，通讯困难，而且供给也很困难。相比之下，张学良的军队所处的河北省是平原，通讯很容易。退回河北的大本营后，他们可以从大本营经常地向热河发起进攻。因此，如果任由事态照此发展，热河的关东军就将不断地受到中国军队的挑衅，并面临着自我毁灭的威胁。所以，从自卫的角度出发，我们被迫采取了行动。

柯明斯-卡尔检察官：庭长阁下，如果证人真的认为这是对我提问的回答，我就不再问下去了。

韦伯庭长：本法庭不强迫要求。

马蒂斯先生。

马蒂斯辩护律师：没有再次直接询问，如果法庭允许。

韦伯庭长：马蒂斯先生，我们收到了一份远藤三郎的宣誓证词副本。是辩护方文件 241 号。

马蒂斯辩护律师：那是较早的一份宣誓证词，本阶段中没有使用。根据我的理解，辩护方文件 752 号已包含了那份文件的所有内容并提供了更多信息。

柯明斯-卡尔检察官：庭长阁下，事实上，第 241 号文件是关于完全不同的时期和事件。如果不打算使用它，根本就不应该向本法庭提交。

韦伯庭长：我们把手上副本退还给法庭书记员。

马蒂斯先生。

马蒂斯辩护律师：对本证人的提问结束了，如果法庭允许。

韦伯庭长：他可以按惯例退席了。

（证人退席）

马蒂斯辩护律师：现在辩方提交辩方文件 333 号作为证据，这是 1932 年 1 月 22 日日本国务大臣芳泽在日本参议院的一篇演讲稿，摘录自参议院当天的会议记录，内容有关满洲局势。

塔夫纳检察官：如果庭长阁下允许，这似乎是一篇在参议院发表的政治演讲，它的内容没有证据价值，因此我们反对采纳为证据。

韦伯庭长：马蒂斯先生，你有什么要说的吗？

马蒂斯辩护律师：请本法庭裁决。

韦伯庭长：它是一份关于事实的陈述，还是一份支持日本行动的争辩？

马蒂斯辩护律师：庭长阁下，它是演讲人就日本关系——日本外交关系而表达个人观点的一篇陈述。如果法庭允许，辩护方认为，外务大臣在日本立法机构上院发表的讲话也许有一定的价值，因为它表明了日本政府的政策是什么样的。

韦伯庭长：除了讲话人的观点外，它不包含任何相关事实。

根据本法庭多数意见，反对无效，文件将按惯例采纳。

法庭书记官： 辩方文件 333 号将作为证据被采纳，证据号 2413。

（上面提到的文件被编为辩方证据第 2413 号，并被采纳为证据）

马蒂斯先生：（宣读）

日本国务大臣芳泽的讲话（页码 6—7）。第 60 次帝国议会参议院会议纪要，第 2 卷，政府公报，1932 年 1 月 22 日。

诸位阁下——

韦伯庭长： 马蒂斯先生，我认为在午餐前没有必要开始宣读这篇讲话了。我们暂时休庭到 13：30。

（12：00 休庭）

……

（根据休庭规则，本法庭于 13：30 开庭。）

……

法庭执行官： 远东国际军事法庭现在继续开庭。

韦伯庭长： 马蒂斯先生。

马蒂斯辩护律师： 我们可以开始了吗？（宣读）：

诸位阁下，我很荣幸能有机会就我国外交关系的重要问题讲述我的观点。无须多说，满洲事件是最严重的外交问题之一，它使全世界都感到了震惊。中国作为我们的近邻，从很久以前就与我国在社会、政治和经济领域有着非常重要的关系。尤其是关于满洲，鉴于它的历史以及与日本的邻近关系，必须给予认真的政治考虑。毫无疑问，是否能在满洲维护公共和平与秩序同我们的国家息息相关。而且，在满洲和内蒙古居住有 1 万多名日本公民，此外，根据条约与合同，我们在租界地、铁路和煤矿等处还享有大量的权利和利益。

然而，近年来，中国的有关政府当局日益忽视了这样一个事实:由于日本的努力,才使满洲取得今天的发展。由于已经非常了解日本的宽容态度,他们开始迫害我们的公民,践踏我们在条约与合同下的权利和利益。这样的事件接连发生。关于这一点,我们已多次提出抗议和警告,但几乎毫无收效。结果,不仅我们与这些地区的政府关系变得不安全,而且,我们的权利和利益也受到了公然的威胁。因此,当9月18日突然爆发了炸毁铁路的事件,以及随后日军与中国军队发生冲突时,我们的政府和人民的感情都受到了伤害。该事件之后的发展导致满洲的政局完全发生改变,关于这一点你们都已非常清楚。

满洲也许可以说是维护远东地区和平与秩序的关键所在。甚至在日俄战争爆发前就是这样,现在更是如此。特别是由于我国在该地区具有相当多的权利和利益,我们一直不懈地努力使满洲避免受到中国本土内战的影响。这完全是因为,在满洲维护和平与秩序对我国而言是非常必要的。幸运的是,由于我们的努力,之前满洲一直没有受到中国本土内战的影响,就好像它处于一个不同的世界一样。如果不是由于中国方面的非法行为,如果我们的条约与合同权利都得到应有的尊重,我相信,满洲事件决不会发展到今天这个地步,更不会爆发9月18日的事变。

正如我之前所说过的那样,满洲的和平与秩序到目前为止大部分是由于我们的努力才得以维护。今后,日本在这方面的责任将会更加重大,而不是减少。至于日本对满洲的立场,我必须补充说明,日本对满洲绝无任何领土企图。日本当然会贯彻开放和公平机会的原则。日本对满洲的期望是,确保公共秩序,促进该地区的经济发展,使之成为一个本国人和外国人都可以安居乐业的地方。

现在,让我们来看一下中国本土目前的状况。在过去很多年,反日运动一直在持续。有时会有所缓和,但很快就会重新积聚力量变得很激烈。它不仅仅是一个通过抵制日货和其他手段来中断经济关系的运动，还有思想意识方面的影响，如在学校中采用煽动反日情绪的教材。很多证据表明，这个运动违背了普通中国商人的意愿，完全是受抗日团体等一些私人组织的压力和胁迫，同时还得到了中国政府当局的鼓励和引导。有一些人甚至将煽动反日情绪作为他们的职业，从中谋取利益。

自从去年冬季爆发了满洲事件后，反日运动再一次转向恶化，令人遗憾的是，发生了很多针对日本人的暴行，这与在日本的中国人受到完全保护形成了鲜明的对比，在中国的日本人正在遭受无法用语言描述的残酷待遇。

在中国，近年来内战和军阀混战连续不断，而这些内部动乱通常会对一国的外交关系造成严重影响。不用说，也许反日运动的根源也是由于这些内部的政治事件，我认为，在满洲事件爆发前满洲当地政府的反日态度可能就归因于此。总之，一个不可否认的事实是，中国发生的内战和军阀混战对他的外交关系造成了深远的影响，日本作为他的一个近邻，一直是这些内乱的最大受害者。

不幸的是，中日关系因此受到了中国国内事件和外交关系错综复杂情况的严重影响。也许需要相当长的时间才能改善和重建两国之间的正常友谊。满洲事件的原因，在日本方面是出于自卫，在中国方面是由于反日运动和错误思想。因此，中国必须对自己的行为反思，彻底改变他们对日本人的态度。当然，中国的民众和知识分子并不完全敌视日本。我相信他们从内心而言还是对我们非常友好。所以，我们也没有必要对中日关系恢复正常的前景过于悲观。两个国家应当彼此尊重和亲善，应在原则上建立亲密关系，将这些不愉快的事件视为例外。

满洲事件的爆发使当时正在日内瓦召开的国联大会和理事会大为震惊，1931 年 9 月 21 日，中国代表正式根据盟约第 11 条规定恳请理事会对此事进行审议。于是,这件事被正式提交给国联理事会。关于此事召开了三次审议会议会后,理事会通过了两项决议,其内容已众所周知。另一方面,尽管美国不是国联成员国,但作为《反战协定》和《九国条约》的签约国之一,美国非常关注远东局势发展,因此美国在这个过程中一直与国联进行合作。对国联和美国,我国政府一直就满洲事件清楚地表明我们的立场。在整个事态发展过程中,有时我们与美国和国联的关系会非常微妙。然而,通过坦诚和谨慎的谈判,我们已经澄清了自己的立场,使他们认可了我们的权和利益,因此他们逐渐理解了我们的态度。此外,令人欣慰的是,苏联在整个满洲事件过程中采取了严格中立的态度。

关于将在 2 月 2 日召开的裁军大会,我国政府已做出决策,并已给予参会代表相应的指令。由于这次会议是首次讨论海、陆、空三军装备的大型会议,毫无疑问全世界都对此充满期待。我们一方面会努力贯彻实现我们的目标;另一方面,我们也真诚希望,这次大会将带来公平、合理的结果,为世界的持久和平作出贡献。日本人从明治维新时期就一直坚信,应加强我国与外国的交往,促进国家进步。正如明治天皇陛下在《五条誓文》中所言的"学习全世界的先进知识",这一直是我们的奋斗目标。因此,我们的外交政策目标是,在保护我们的权利和利益的同时,我们还应与世界其他国家合作,共享人类文明成果,我决心为这一目标而努力,进一步推进我们的国家繁荣和人民福祉。

现在辩方提交辩方文件 143 号作为证据,这是国联派出的李顿调查团于 1932 年 4 月 29 日从奉天发回的初步报告。

韦伯庭长:将按惯例采纳。

法庭书记官： 辩方文件143号将作为证据被采纳，证据号2414。

（上面提到的文件被编为辩方证据第2414号，并被采纳为证据）

国联李顿调查团的初步报告

（1932年4月29日从奉天发送给国联理事会）

根据理事会12月10日决议第5段任命的调查团，于4月21日到达奉天，现正在现场进行调查。自从到达远东后，调查团已经调查了与其工作相关的日本及中国的一般情况。它前往了东京、大阪、上海、南京、杭州、天津和北平，同两国政府的官员交换了意见，并访问了两个国家的许多相关团队和阶层。在北京，它会见了在9月18日前负责管理东北三省的官员代表。自从到达奉天后，调查团会见了代理日本总领事及驻满洲日军司令官本庄繁将军，还有很多其他人。

理事会主席在宣布12月10日的决议时，要求调查团在到达现场后尽快就现有情况向理事会提交调查结果的初步报告，因为这将影响到中国和日本政府履行他们作出的某些承诺，这些承诺包含在9月30日的决议中，并在10月10日决议中重申。这些承诺是：

（a）日本政府将继续尽快将军队撤回铁路区，撤军进度根据日本公民的人身和财产安全受到有效保护的程度。

（b）随着日军的持续撤退和中国地方政府与警察队伍的重建，中国政府将确保日本公民在铁路区以外的人身和财产安全。

（c）双方政府将采取所有必要步骤，避免事件范围的扩大和局势恶化。

目前，调查团还无法就此三点提交全面的信息。在以后的报告中，它将关于双方履行"避免将事件范围扩大和局势恶化"承诺的情况进行报告。但由于理事会一直在期待获得关于到目前为止局势的早期报告，因为这关系到日本和中国在(a)和(b)中的承诺，因此，我们现在报告以下信息。

关于东北三省军队情况的信息已由日本军方提供。其中包括有五个大标题，前三点是关于日军及与他们有合作的其他军队。最后两点是关于同他们对抗的军队。

请注意，在分类时出现了一个理事会在去年9月不曾考虑过的新特点。在目前调查的事件发展过程中，地方行政机构发生了变化。"治安维持委员会"最初是1931年12月在日本人的帮助下成立的。它们后来被1932年3月9日成立的"满洲国"政府的新机构取代。这个说明对解释日本军方所提到的"满洲国"军队是很有必要的。

1. 日本的正规军

9月18日，日本军队在南满铁路区的数量据说有1.059万人。

12月上旬的军队人数是：南满铁路区以内4 000人，以外8 900人，总数为1.29万人。

4月下旬时，军队人数在南满铁路区以内有6 600人，以外有15 800人，分布在齐齐哈尔、洮南—辽原铁路、奉天—山海关铁路、哈尔滨以东的中国东边道铁路以及吉林—敦化铁路的北段，总数达22 400人。

2. "满洲国"军队

日本军方所指"满洲国"军队构成，一部分是9月18日前已驻扎在满洲的中国正规军队，随后进行了整编，还有一部分是新招募的士兵。这支军队在日本军方的帮助下建立。许多日本军官，包括已退役的和日军现役军官，都曾担任过军队顾问，而且人数仍在不断增加。和这些军官签订的合同为一年期。一名日军的参谋还被任命为长春的"满洲国政府国防部"顾问。

这些军队主要驻扎和活动在奉天、长春、洮南、齐齐哈尔、敦化等地区以及中国东边道铁路,尤其是东段,他们在这些地区与不承认"满洲国"政府的军队作战。"满洲国"军队的总人数在3月底时据说有8.5万人。

实际数字并不可靠,因为目前关于这些军队的信息具有不确定性。

3. 当地警察力量

警察队伍的人数据说有11.9万人,其中6万人是地方警卫兵。这支警察力量据说主要是对9月19日前已存在的队伍的延续。它在日本军官的帮助下进行了整编。

4. 对抗日本军队的部队和"满洲国"军队

在北平,张学良将军告诉调查团,在9月18日,他驻扎在关外的军队(含非作战部门),包括奉天省的6万人、吉林省的8万人和黑龙江省的5万人,总数达到19万人,其中奉天省的5万人随后撤进关内。关外还有14万人。

日本军方提供的数字是,留在关外的军队人数为11万人,其中有6万人加入了"满洲国"军队,3万人继续在吉林省东北部与日军和"满洲国"军队作战,还有2万人可能已加入所谓的义勇军。他们描述的情况如下:

(a) 前中国军队中不承认"满洲国"政府政权的部分

(1) 哈尔滨东北部的一支部队,估计有3万人(中国官方说,这支部队中包括在李杜将军率领的吉林自卫军,以及丁超将军率领的中东铁路护路军);

(2) 李海青将军率领的一支活动在奉天省西北地区的部队,估计有1万人;

(3) 第九骑兵旅的残余部队(活动于热河省东北边界),估计有5 000人;

(b) 义勇军

（1）所谓的东北抗日义勇军，在奉天省西部活动，主要在锦州南部，估计有1.5万到2.5万人；

（2）在吴家兴领导下的所谓的全国义勇军东北军，主要在奉天附近活动。这支部队曾与日军进行过数次交战，目前兵力情况不详；

（3）热河的义勇军。这支由汤玉麟率领的部队，相比而言军纪较严明，有3 000人，包括了张学良第一军和第二军骑兵的残余力量，据说在热河与奉天的边界一带活动；

（4）还有几支实力较弱的义勇军，他们中的一部分在山海关地区活动，还有一部分在敦化和天宝山之间活动，同时还与敌视"满洲国"政府的正规军队有联系。

以上（1）到（4）中提到的非正规军兵力总数，据说大约有4万人左右。

5．土匪

土匪组织主要并不是出于政治目的。由于动荡的局势，他们的数量似乎与日俱增。根据日方的报告，他们遍布于满洲各地，尤其是在中东铁路的南边。日本人估计土匪的总数达4万人。此外，还有一队大约有1.2万土匪的特种部队活跃在吉林的北部和东部，据说他们与第4条a（1）中提到的哈尔滨东北部的中国军队有合作关系。

在上述不同部队之间，武装冲突时有发生，包括土匪袭击、日军和"满洲国"军队试图对土匪的清剿活动，以及支持"新政权"与反对方军队之间的混战等。造成的后果是屠杀生命、破坏财产和普遍的不安全感。

在目前阶段，调查团有意避免根据上述的事实和数据做出评论。日本当局坚持说，他们现在还不能撤军，因为这会使铁路区以外的"日本同胞的生命与财产安全"受到威胁。他们似乎认为，撤军必须取决于"满洲国军队"整编的进展情况。中国政府未在满洲的任何地方行使职权，由于近期的事态发展，还没有出现履行职责的现实问题。调查团将在最终报告中考虑一些可行的、公平的措施，以期重建和平与安全，并在满洲各地创建一个合理的友好氛围。

马蒂斯辩护律师：辩护方现在提交辩护方文件671号作为证据，这是从一本名为《国际外交记录》的书中摘录的内容，作者是杉村阳太郎。

柯明斯-卡尔检察官：检察方反对这份文件，庭长阁下。它只是一本书的摘录，而这本书是关于某位先生从他的角度对一些事情的讲述。这位先生并未对他的观点提供宣誓证词。而附带的唯一证明只能显示这本书是1935年由某个人在东京买下的。

韦伯庭长：没有新的事实，只是不是一位大臣所表达的观点。

柯明斯-卡尔检察官：它所提供的唯一事实是关于日本代表在日内瓦召开的一些会议，他们在会上讨论了应该对国联说些什么，但既然我们已经知道他们实际上说了什么，我认为这些讨论毫不重要。

韦伯庭长：马蒂斯先生，你有什么要说的吗？

马蒂斯辩护律师：没有，庭长阁下。我想我们不打算对那份文件执意要求采纳。

韦伯庭长：反对有效，文件被驳回。

马蒂斯辩护律师：如果法庭允许，辩护方希望提交另外一份文件。由于我们处理过程的匆忙，所以它没有按照证据的顺序，也没有显示在注释中。但是它已经处理完毕并进行了提供，我想检察官应该都已经很了解了。这份文件是辩护方文件408号，它包含了关东军总部的一些规章制度，有两页纸。我们希望提交作为证据。

韦伯庭长：柯明斯-卡尔先生。

柯明斯-卡尔检察官：我的朋友塔夫纳先生和我似乎都没有拿到这份文件，庭长阁下。

马蒂斯辩护律师：如果它还没有呈送法庭，我们现在暂时不提交这份文件了。

韦伯庭长：规定必须遵守。当然，检方可以对此表示同意。

柯明斯-卡尔检察官：你现在给我们一份副本吧。我们将尽力而为。

马蒂斯辩护律师：这份文件来自档案记录，是日本政府军事机构保存的记录。

柯明斯-卡尔检察官：庭长阁下，在粗略地阅读了这份文件后，我想到的唯一问题是，它的日期是1919年4月，没有任何证据表明它在重大日期时是否有效，没有相关的任何证明。

马蒂斯辩护律师：我认为，一项规章就像任何法律一样，除非有证据显示它已被废止，否则就应假设它仍具有效力。

韦伯庭长：在本案中我们很难做这样的假设。规定必须遵守。而且检方也不会放弃要求遵守规定的权利。

马蒂斯辩护律师：我是否可以理解为这份文件将不会被采纳？

韦伯庭长：是的，除非能够符合规定，否则文件将不被采纳为证据。

马蒂斯辩护律师：现在，辩方希望宣读几段从《李顿调查团报告书》中摘录的内容，证据编号为37，内容与满洲事件有关，在《李顿调查团报告书》的第72页上。

语言监督官：马蒂斯先生，因为我们现在手上没有这份报告的副本，你可以稍等一下吗？我们去拿一份。马蒂斯先生，你打算引用的是很长的内容吗？

马蒂斯辩护律师：有好几处摘录，大多数都非常短；有好几段。

语言监督官：你有一份多余的副本吗，阁下，你们的日本律师手上吗？

马蒂斯辩护律师：是的。在证据编号 37 的《李顿调查团报告书》的第 72 页，最后一段。

韦伯庭长：这个耽搁的原因是什么？应该提前把准备宣读的内容通知语言部。

译员：庭长先生，我们正在将英文版和日文版对照，在日文版中寻找大致页码。

韦伯庭长：你最好先进行其他内容。我们不能容忍这种耽搁。按照这种速度审判将永远无法结束。耽搁没有正当的理由。语言部应当提前得到通知。

马蒂斯辩护律师：更正一下证据编号，应该是 57 号而不是 37。

柯明斯-卡尔检察官：庭长阁下，这一段检方以前已经宣读过了。

马蒂斯辩护律师：（宣读）

修建洮昂铁路得到了南满洲铁道株式会社的资金支持——

语言监督官：请稍等一下好吗？我们将拿到一份副本，我想那样我们就可以同时宣读日文版。马蒂斯先生，如果你打算读的内容不是太长，在你宣读结束后，你可以将你手上的文件借给我们，这样我们就可以进行翻译了。这样可以吗？

马蒂斯辩护律师：可以。

语言监督官：谢谢你。

马蒂斯辩护律师：（宣读）

修建洮昂铁路得到了南满洲铁道株式会社的资金支持，并且将铁路线作为偿还贷款的抵押。因此，南满铁路当局认为，在尤其需要使用铁路运输满洲北部的粮食的季节时，中断这条铁路线的交通是不能被允许的。日本驻齐齐哈尔的总领事在日本政府的指令下,向10月20日到达齐齐哈尔的马占山提出尽快修复大桥的要求,但是,这个要求并没有设定时间限制。日本当局认为马占山将军会尽可能拖延修桥,因为交通中断可以帮助他将张海鹏将军的部队挡在外面。10月20日,一小队洮昂铁路和南满铁路的员工在没有军队护送的情况下,试图对大桥毁坏程度进行检查,但尽管已提前向黑龙江省军队的长官进行了解释,他们仍遭到了中国军队的袭击。这使局势出现恶化,10月28日,本庄繁将军派往齐齐哈尔的代表林少佐,要求中方在11月3日中午前完成大桥的修复,如果他们不能在那个日期前完成,南满铁路公司的工程师就将在日本军队的保护下接管这项工作。中方要求延长期限,但这个请求没有得到回复。被派遣的日本军队从四平街出发,对执行修复工作的队伍提供保护。

到了11月2日,谈判一直没有进展,也没有达成任何决定。当天,林少佐向马占山将军、张海鹏将军发出一份最后通牒,指出双方都不应该将铁路用于战争目的,并要求双方将各自的部队撤到离河岸10公里远的位置。最后通牒中还表示,如果这些将军的部队阻碍了南满洲铁道株式会社工程师对大桥的修复,日军将把他们视为敌人。最后通牒将于11月3日中午开始生效。

同一段内容再向下,从"这个要求没有得到满足"开始。
韦伯庭长:你可以宣读一下省略的部分,以节约时间。
马蒂斯辩护律师:我从第73页接近页末的段落开始宣读:

这个要求没有得到满足,于是,第十六步兵联队指挥官滨本将军命令一个步兵大队、两个野战炮兵中队和一个工兵中队向大桥挺进,根据日军最后通牒的内容开始维修桥梁。11月4日,工兵中队在花井大尉的指挥下开始修桥工程,同时,还有一个步兵中队打起两面日本军旗,当天中午之前开始向大兴站进发。

下面我想宣读第 74 页最下端的一段,第一句话是"11 月 14 日和 15 日,日军合并了兵力"。

11 月 14 日和 15 日,日军合并了兵力,在 4 架战机的掩护下再次发起进攻。11 月 16 日,本庄繁将军要求马占山将军撤军到齐齐哈尔以北,中国军队撤到中东铁路以北,并承诺不以任何方式干涉洮昂铁路的交通运营,这些要求应在 11 月 15 日后 10 天内遵照实施,并向哈尔滨的日本特务机构回复。当马占山将军拒绝接受这些要求时,多门将军于 11 月 18 日开始了新的一轮进攻。马占山将军的部队先撤退到齐齐哈尔,当齐齐哈尔于 11 月 19 日被日军攻下后,马占山又撤退到海伦,赶走了那里的政府行政办公室。

根据在现场指挥的日军将军的作证,在 11 月 12 日前没有开始新的作战。当时马占山将军已在三轩房聚集了 2 万人的兵力,甚至还召集了黑龙江的屯垦军和丁超将军的部队。面对这些数量众多且越来越表现出威胁态度的军队,当时,日军能进行对抗的只有多门将军的一个师团,其中包括了天野和长谷将军指挥下的两个旅。为了缓和这种紧张局势,11 月 12 日,本庄繁将军要求所有的黑龙江军队应退到齐齐哈尔以北地区,并要求他的军队可以向北前进,以保护洮昂铁路。军队在 11 月 17 日没有向前进军,但中国军队派了一队骑兵从日军右侧发动了袭击。多门将军告诉调查团,尽管他的步兵旅团只有 3 000 人,他还是冒险向中国军队发起进攻,并于 11 月 18 日取得完胜,次日上午占领了齐齐哈尔。一个星期后,第二师团返回了原来的阵地,只留下天野将军率一个步兵联队和一个炮兵中队在齐齐哈尔坚守对抗马占山将军的部队。随后,这一小股日军得到了新成立的"满洲国"军队的增援,但这些新组建的部队在我们1932年5月前往齐齐哈尔时,仍被认为还没有能力对抗马占山将军的部队。

然后,在紧接这一段的后一段中间,前面的一句话是"这些部队的实力的军事价值不详,而且经常发生变化,因此,不太可能有关他们对整体军事形势造成的影响作出准备估计"。

我下面将宣读这句话之后的内容。(宣读)

这张图显示了东北边防军已经成功地在辽宁省西南部组织了相当实力的军队。他们可以在非常接近日军最重要前哨的位置,修建牢固的战壕。这种局势可能引起了日军当局的一些焦虑,因为他们估计敌人正规军总数达3.5万人,这大约是他们当时自己承认在满洲军队力量的两倍。

第76页最下端,从我刚才宣读的部分往后数第5段。这一段开始的句子是:"26日天津的危急局势——"(宣读)

26日天津的危急局势,促使关东军的参谋们向司令官提出建议,立即经锦州和山海关派军,对天津遭受危险的小股部队进行增援。如果仅从交通上考虑,从海上经大连派军会更容易和快捷。但从战略的角度考虑,建议的路线有其自身优势,就是可以使进攻部队对锦州附近聚集的中国军队沿途发动攻击。他们认为这条路线不会造成很长的延误,因为预计中国军队几乎不会有什么抵抗。建议得到了批准,于是11月27日,一辆装甲列车、一辆军队列车以及一些战机渡过了辽河,对中国的第一道防线发起攻击,使他们从前方的战壕撤退。装甲车部队也转移了阵地。只遇到少量抵抗,日军缴获了许多装甲列车、步兵列车和炮弹。

第79页的最后一段,我刚才宣读的段落往下数第10段。在这段的中间,开始的句子是,"铁路当局提出抗议,拒绝为这些列车运营,但尽管他们反对"等。(宣读)

铁路当局提出抗议,拒绝为这些列车运营,但尽管他们反对,日本军队还是于1月28日时,成功地运输了三列军队列车,向北一直抵达已遭中国军队破坏的第二松花江大桥。29日对桥进行了修复,30日下午到达双城。第二天一大早天还未亮时,这一小股日军就遭到了丁超军队的偷袭,双方展开激战,中方被击退,但那一天就不太可能再向前行军了。当时,由于理解日本进军的唯一目的,是为了保护哈尔滨的日本侨民,苏联和中国的铁路当局都同意,用中国东边道铁路运输日本军队。以现金支付军队行进的费用。2月1日,日军开始抵达,2月3日上午,第二师团主要兵力已集中于双城附近。

还有一两小段。我刚才读的段落下面第二段。开始的句子是,"第二师团的成功进攻"。(宣读)

第二师团的成功进攻使哈尔滨城处于日军的控制下,但是,由于并没有对中国撤退军队进行立即追击,北满洲的整体局势没有发生太大变化。哈尔滨北部和东部的铁路,以及松花江的重要水路,仍然受到反吉林军队和马占山军队的控制。

还有一段:我刚才宣读的段落向后数第5段,开始的句子是,"关于近期事件陈述的日文版,已向调查团提交——"(宣读)

关于近期事件陈述的日文版,已由日本陪审员向调查团提交,内容如下:

7月17日,关东军总部一位名叫石本的长官,在热河省境内北票与锦州之间的火车上遭到中国"义勇军"绑架。一小队携带轻型火炮的日军步兵立即前去营救他,但没有成功,此事带来的后果是日军占领了热河前线的一个村庄。

现在,如果法庭允许,关于我们刚才提出的一份文件,辩护方文件408号,我得知,在文件派发的签收人处,检察方有一位梅耶先生在4月2日进行了签名,尽管这份文件没有进行分发。

塔夫纳检察官:是的,庭长阁下,根据我刚收到的最新信息,这份文件已向检方提供,但没有向律师分发,我想这是因为清单过于混乱的原因。

韦伯庭长:我们不会偏袒检方或辩方中的任何一方。我们也许会采取一些保护自己的强烈措施;如果有必要的话,我们就会采取这样的措施,现在还是继续审判。

马蒂斯辩护律师:如果法庭允许,我们希望重新提交辩方文件408号作为证据。

韦伯庭长:按惯例采纳。

法庭书记官:辩方文件408号将作为证据被采纳,证据号2415。

(上面提到的文件被编为辩方证据第2415号,并被采纳为证据)

马蒂斯辩护律师(宣读):

关东军司令部条例

第1条,关东军司令官应由日本天皇从皇军的将军和中将之中任命,受天皇直接控制,对关东州的所有军队进行指挥,并负责保护关东州和南满境内铁路的安全。

第2条,在军事管理和人事方面,关东军司令官应由日本陆军大臣领导;在军事行为和调遣计划方面,由陆军参谋总长领导;在军队教育方面,由军事教育监察总长领导。

第3条，司令官在他认为有必要时，可以诉诸武力防御关东州和保护铁路的安全。

司令官可以按照关东州长官的要求，为维护管辖区内秩序与和平以及南满铁路区治安的需要派遣军队。

但在紧急情况下，司令官可以自行决定采取武力行动，而不必等待关东州长官提出要求。

在发生上段所述的情况时，必须随后立即向陆军大臣和参谋总长提交有关的报告。

第4条，司令官应经常视察其麾下部队，并应在每年军事教育期结束时向天皇陛下、陆军大臣、参谋总长和军事教育监察总长报告军队事务的基本情况和他本人的观点。

第5条，关东军司令部设以下部门：

1. 参谋部。
2. 副官部。
3. 兵器部。
4. 监管部。
5. 军医部。
6. 兽医部。
7. 法官部。

参谋部和副官部构成了所有的"幕僚"成员。

监管部、军医部、兽医部和法官部的组织架构与职责在其他文件中另有规定。

第6条，参谋长应协助司令官参与机密事宜，监督命令的贯彻和执行——

我认为这里的意思是"监督准备"。

韦伯庭长：我们拿的副本中写着"贯彻"。

马蒂斯辩护律师： 监督命令的贯彻和执行，并负责计划调整。

第 7 条，参谋部的官员和长官，应在参谋长的领导下，对分派给他们的职责进行负责。

第 8 条，无委任的下级士官应在他们的上级长官领导下，管理各自职责。

第 9 条，各部门负责人向司令官递交的观点意见，应首先提交给参谋长批准。

补充规定

此规定自 1919 年 4 月 12 日起实行。

原有的关东州军事部门规定于 1919 年 4 月 12 日废止。

现在，罗伯茨先生将陈述本案件阶段的下一个分阶段，即所谓的上海事变。

韦伯庭长： 现在差不多还有一刻钟到 15:00。我们暂时休庭 15 分钟。

（14:45 分休庭，直到 15:00 重新开庭如下）

法庭执行官： 远东国际军事法庭现在继续开庭。

韦伯庭长： 罗伯茨先生。

罗伯茨辩护律师： 辩护方现在提交辩方文件 126 号作为证据。这是日本政府于 1932 年 1 月 29 日发表的一份关于第一次上海事变的声明。

韦伯庭长： 按惯例采纳。

法庭书记官： 辩方文件 126 号将作为证据被采纳，证据号 2416。

（上面提到的文件被编为辩护方证据第 2416 号，并被采纳为证据）

罗伯茨辩护律师： 我现在将宣读证据文件第 2416 号。

日本政府关于上海事变的声明。1932年1月29日。

1月29日,日本政府关于上海事变向公众发表了以下声明:

(1)在去年10月29日签署的备忘录中,日本政府向中国中央政府指出,中国各地发生的反日暴力运动,被视为是没有武装的"敌对行为",在一些国民党官员的直接或间接授意下,这种敌意被利用为实施国家政策的工具。而这些国民党组织在实际中很难与中国的中央政府区分开来。我们要求立即终止国民党官员的这些阴谋,以及在他们授意下兴起的各种反日组织,采取必要、有效的步骤防范其他的反日运动,并保护日本居民的生命、财产安全和利益。从那时起,我们已向中国中央及各地有关当局多次提出类似的要求,以引起他们对事态发展的注意。

(2)然而,中国中央政府并未表现出任何诚意,去实施日本政府提出的上述要求。在一些极端的案例中,中国政府还将中国官员和民众针对日本和日本公民的非法行为视为爱国,甚至鼓励这种行为。这个后果是导致了反日活动的加剧。不仅在广东、青岛和福州发生了杀害日本公民与侮辱日本军官的事件,而且中国的报纸还发表了对日本皇室大为不敬的文章。

尤其是上海,抗日救国会总部和其他各种反日组织非常活跃。在《民国日报》发表了一篇大逆不道的文章,以及日莲宗(注:日本佛教的一个派别)僧人被打伤和杀害后,局势更加紧张。因此,日本驻上海总领事向当地中国政府提出对反日行动进行制止的要求。

尽管这是一个公平合理的要求,但中国当局一方面推迟了他们的答复,一方面将军队调集上海附近,对我们形成威慑。于是,日本居民都非常担忧。

(3)然而,中国当局于28日15:00接受了我们的要求。但鉴于中方过去的一些行为,我们进行密切观察,留意他们是否真正遵守了我们的要求,同时对任何可能的无赖行为做了防范。同时,考虑到公共租界周围中国军队的挑衅行为,市政厅于当天16:00发布了戒严令。于是,根据共同防御计划,所有国家的警卫队都根据各地的区域进行了部署。29日0:00,当日本海军开始沿着划为他们区域的北四川路行进时,中国的正规军突然向他们开火。于是,我们的部队被迫进行反击。直到目前,我们仍然继续与中国当局进行谈判,要求中国军队从日本租界地附近撤军。

现在,日本海军在上海及其周边的行动,与"主要列强"之前在同一地点采取的行为相似,唯一目的是为了保护日本居民的生命和财产安全,并捍卫我们的权利。迄今为止,同英、美、法国在上海的警卫队相比,我们在那里的海军兵力是非常少的,这也是我们要派军的原因。毫无疑问,我们继续保持与其他国家合作的政策。目前,我们在当地的机构正在与各国领事馆、公共租界市政厅,以及其他国家的警卫队进行密切沟通。

我们对上海地区没有任何政治野心,而且,我们当然无意侵犯在这个地区的其他国家的权利和利益。

辩护方现在提交辩方文件63号作为证据。这是日本政府关于上海事变发表的另一份声明,日期是1932年2月7日。

韦伯庭长:按惯例采纳。

法庭书记官:辩方文件63号将作为证据被采纳,证据号2417。

(上面提到的文件被编为辩方证据第2417号,并被采纳为证据)

罗伯茨辩护律师:我现在将宣读证据文件第2417号。

日本政府关于上海事变和派遣军队的声明。1932年2月7日。

(1)尽自己所能,以各种方式确保远东地区的安宁、为世界和平作出贡献,这是日本政府的一项不变政策。但不幸的是,近年来,由于中国内战不断和政局不稳,以及反外情绪嚣张,已经对所有其他国家造成了严重后果——尤其是对日本,由于我们的地理位置邻近,以及涉及广泛利益,使我们遭受损失的程度超过了任何其他国家。虽然日本政府渴望睦邻友好与国际理解,努力采取和解态度,但中国却利用了我们的克制,不断地侵犯我们的权利和利益,对日本居民施下各种暴行,不断加剧各种反日活动,这些恶劣行为史无前例,而且,这些行为是在国民党、也就相当于中国中央政府的直接或间接领导下进行的。

(2)在这种背景下,爆发了上海事变。它与之前在间岛、抚顺、广东和厦门等地发生的各种暴行与侮辱行为类似,特点都是中国人对日本和日本人进行侮辱,甚至施加暴力行为。上海事变仅仅是其中一个最无法容忍的事件。1月9日,一家本地报纸,《民国日报》,发表了一篇诋毁日本皇室的文章。不久之后的18日,5名日本僧人和同伴遭到了中国暴徒莫名其妙的攻击。结果造成3人严重受伤,1人遇难。这些令人震惊的事件,足以使上海的日本居民压抑已久的义愤爆发出来,他们对在中国所饱受的日益猖獗的暴行和挑衅,已进行了最大的克制。

(3)日本总领事注意到了局势的极端严峻性,在政府的指令下,为了在当地找到解决问题的方式,尽最大可能防止事态进一步恶化,于1月21日向上海市市长提出了四点要求,其中包括解散一切反日组织。1月28日15:00,收到上海市市长的回复,同意了上述要求。日本当局希望紧张局势能够得到缓解,决定对中方的承诺采取观望态度。然而,当时调集于上海附近的第十九路军的士兵,由于内部政治斗争的原因,开始对南京当局表现出不服从的态度,并且似乎将市长对我们要求的同意置之不理,开始准备敌对行动,这样,新的危险又出现了。同时,中国士兵身着平民服装，偷偷进入公共租界，还偷运入各种非法物品，对市政厅附近的区域造成了危险。许多令人惊恐的谣言兴起，居民又陷入了恐惧气氛之中，闸北区的警察也逃走了。于是，28日16:00，租界当局宣布进入戒严状态，根据之前签订的协议，各国开始以武力执行职责。当日本海军在闸北划归给他们的区域行进时，遭到中国军队的攻击，引发了中国和日本军队的冲突，结果导致了目前的局势。

（4）上述内容清楚地表明，中国人对日本僧侣的攻击事件和日中武装冲突事件是完全独立的两件事情。由于武装冲突完全违背了我们的意愿，所以当英国和美国总领事提供斡旋时，日本当局努力寻求达成停战，而且事实上，在29日达成了一个停火协议。但第二天，中方断然违反其承诺，再次向日军开火。在31日召开的一次会议上，双方同意在进行建立中立区的谈判期间，应停止一切敌对行为。然而，中方仍然不断进攻，继续将军队调集到上海周边。到目前为止，日本海军考虑到上海的国际性，还是希望不要使局势恶化，因此一直克制采取过激行为，而中方却四处散布日本被击败的消息，同时采取了更激烈的行动。

（5）中国目前的事态不受控制，也无法控制，鉴于此类事件的历史先例，我们无法确定，如果有不择手段的政客，对上海地区聚集的大量军队进行煽动，他们可能采取什么样的行动。我们的海军面对着数量是他们十倍以上的兵力，精疲力竭，同时日本居民也正面临着紧迫的危险，他们所处的困境难以用语言表达。为了满足立即派军增援的绝对必要性（因为对可以登陆的海军部队没有限制），从而结束中国军队造成的威胁，使上海恢复正常状态，将所有国籍的居民从恐惧和焦虑中解救出来，决定命令必要的军队前往上海。

（6）应说明的是，这次的军队派遣与之前几次的海军派遣相比，并没有其他更多意图，日本政府的所有动机，只是为了履行他们的国际职责和保护大量被卷入其中的日本公民和价值数亿的财产。

远征军的兵力也因此被限制在为实现上述目的而完全必要的数量，它的行动将遵循保护所有国家共同利益的政策。除非中国人继续进行敌对行为，或阻止我们的军队达到上述目的，从而迫使远征军采取必要行动，它当然不会有意地去卷入一场侵略战争。日本政府已经宣布，他们对上海地区没有任何政治野心，也不想去侵犯任何其他国家的权利和利益。他们希望的是，通过与其他国家合作和相互帮助，促进该地区的安全与繁荣，从而为远东地区的和平与福祉作出贡献。

辩方现在提交辩方文件253号作为证据。这是日本帝国参议院1932年3月24日会议速记纪录的节选，记录了犬养毅在参议院发表的一篇关于中国事变的讲话。

韦伯庭长： 按惯例采纳。

法庭书记官： 辩方文件253号将作为证据被采纳，证据号2418。

（上面提到的文件被编为辩护方证据第2418号，并被采纳为证据）

罗伯茨辩护律师： 我现在将宣读证据文件第2418号。

摘录自第60次、61次、62次和63次帝国国会速记纪录。

我将省略开头的正式格式，从最后一段开始，第一句是——从第17行开始。

关于中国事变，我们的天皇陛下只是希望确保东方世界的持久和平，捍卫我们的权利和利益，并保护国民的生命和财产安全，除此之外没有任何其他意图。正如我们已声明的那样，我们不仅没有领土野心，而且还将严格遵守开放和平等机会的原则。

韦伯庭长:"我们不仅有领土野心——"?

罗伯茨辩护律师:语言部已于 1947 年 4 月 4 日进行了更正。

韦伯庭长:我们不知道这处更正。

罗伯茨辩护律师:也许我应该——

韦伯庭长:它显然是错误。

罗伯茨辩护律师:是的。

韦伯庭长:他们不会承认那一点的。

罗伯茨辩护律师:同一份勘误表中还包括了最后一行中的另一处错误,将"the"改为"be"。

日本与中国当前的确是被卷入了一场复杂的局势。但如果中国采取一种真诚的自我批评态度,找到一个解决方案并不难。日本政府真诚希望,我们与中国的关系能够尽快恢复正常,我们同中国的睦邻友好得到进一步促进。

辩方现在提交辩护方文件 34 号作为证据。这是在 1932 年 5 月 5 日签订的上海停战协定。

韦伯庭长:按惯例采纳。

法庭书记官:辩方文件 34 号将作为证据被采纳,证据号 2419。

(上面提到的文件被编为辩方证据第 2419 号,并被采纳为证据)

韦伯庭长:你认为有必要宣读这份文件吗?

罗伯茨辩护律师:如果庭长阁下允许,我们希望将它纳入法庭记录中,我想可能有必要读一下前五条的内容。

上海停战协定

第 1 条，中国及日本当局既经下令停战，兹双方协定，自 1932 年 5 月 5 日起，确定停战。双方军队尽其力之所及，在上海周围停止一切及各种敌对行为。关于停战情形，遇有疑问发生时，由与会友邦代表查明之。

第 2 条，中国军队在本协定所涉及区域内之常态恢复，未经决定办法以前，留驻其现驻地。此项地位，在本协定附件第 1 号内列明之。

第 3 条，日本军队撤退至公共租界暨虹口方面之越界筑路，一如 1932 年 1 月 28 日事变之前。但鉴于须待容纳之日本军队人数，有若干部队可暂驻扎于上述区域之毗连地方。此项地方，在本协定附件第 2 号内列明之。

第 4 条，为证明双方撤退起见，设立共同委员会，列入与会友邦代表为委员。该委员会协助布置撤退之日本军队与接管之中国警察间移交事宜，以便日本军队撤退时，中国警察立即接管。该委员会之组织，及其办事程序，在本协定附件第 3 号内列明之。

第 5 条，本协定自签字之日起，发生效力。本协定用中、日、英三国文字缮成——

韦伯庭长：我们不想听那些。

罗伯茨辩护律师：（宣读）

如意义上发生疑义时，或中、日、英三文间发生有不同意义时，应以英文本为准。1932 年 5 月 5 日订于上海。

签署人——

韦伯庭长：不要再读那些人名了。

罗伯茨辩护律师：我只是想请大家注意一个事实，就是不同国家通过他们的代表签署了协定。重光葵作为特命全权公使代表日本，嶋田繁太郎代表海军，在下一页的签名中，蓝普森代表英国，还有驻华美国公使詹森，驻华法国公使韦礼德和驻华意国代办公使伯爵齐亚诺。

韦伯庭长： 如果你打算像这样浪费我们的时间，我们可能不得不给辩护方设一个限定时间。

我再一次告诉你，我们不会偏袒你们。

福尼斯辩护律师： 如果法庭允许，英国公使和美国公使的签名，将和我们以后要引用的证据一致。

在我看来，这份停战协定是最重要的，因为它对于为被告重光葵辩护非常重要，请本法庭注意，该被告签署了这份停战协定。

韦伯庭长： 如果它与任何问题有关，你可以等时机适当时再提出来。

罗伯茨辩护律师： 辩护方相信，我们已经将文件进行了削减，我们试图与法庭进行合作，以使文件中只包括那些我们打算以后引用的内容。

韦伯庭长： 如果有必要的话，本法庭将自己做这件事。我们不会偏袒任何一方。

十二、日本海军与一·二八事变

罗伯茨辩护律师： 辩护方现在传唤证人鲛岛具重，他将由宗宫先生进行本方询问。

（鲛岛具重作为辩护方证人出庭，首先宣誓，然后通过日本译员作证如下）

直接询问（由宗宫辩护律师询问鲛岛具重证人）

问：你叫什么名字？

答：鲛岛具重。

问：你今年多大年龄？

答：58岁。

问：你的住址在哪里？

答：东京都品川区上大崎二丁目三〇〇番。

宗宫辩护律师： 请向证人出示辩方文件968号。

韦伯庭长： 奎廉准将。

奎廉检察官： 如果法庭允许，我们想借些机会请本法庭对有关程序进行澄清。这个问题也许与本证人并无关系，但也许会有关系。这个问题发生在当检方对证人交叉质证的律师由于某种合理原因缺席时，假如这时有必要对证据采纳或一些附带事项提出反对，或者是当原打算进行交叉质证的律师，对证据中出现的事宜已经提出了反对后，需要改变交叉质证的计划时。我们恭敬地认为，正确的程序是一名律师可以进行反对，而另一名律师应被允许进行交叉质证；换言之，没有要求只能由提出反对的律师进行交叉质证。这并不是说应该允许一名以上的律师进行反对或交叉质证。我们只是恭敬地认为，从原则上讲，没有反对这种程序的规定，而且，它符合我们大多数、甚至所有的国内法庭所遵循的程序。

韦伯庭长：辩方有什么要说吗？

罗伯茨辩护律师：我的理解是，在以团队运作时，一个律师可以进行询问，而另一个律师，不管是美国律师或是日本律师，可以进行交叉质证或应对交叉质证时的反对，这与所说的似乎是一致的，因此，我没有什么反对意见。

韦伯庭长：不浪费时间了，事实上，可能还节约了一些。奎廉准将的建议将被采纳。

宗宫辩护律师：（继续）

问：你现在手上的那份文件是你写的吗？

答：是的。

问：附在文件最后的签名是你的吗？

答：是的。

宗宫辩护律师：我现在提交辩方文件968号作为证据。

韦伯庭长：按惯例采纳。

法庭书记官：辩方文件968号将作为证据被采纳，证据号2420。

韦伯庭长：你打算什么时候分发这份文件？我们都没有副本，至少，我没拿到副本。

宗宫辩护律师：我将宣读编号2420的证据文件。

（1）我之前是一名海军中将。1931年12月1日，我被任命为上海特别陆战队指挥官，当时我还是一名海军大佐。1932年12月6日，植松少将被任命为新的上海特别陆战队指挥官，我被任命为同一支部队的参谋长，并担任这个职位一直到1933年1月。当我担任上海特别陆战队指挥官时,我们的兵力大约有900人。

上海特别陆战队由第一遣外舰队司令官海军少将盐泽幸一担任总指挥。遣外舰队的目的是被派往海外,在长江沿岸保护日本居民。

(2)自从奉天事变爆发后,上海的中国人反日活动和对日本的侮辱行为变得非常激烈,甚至有发展为暴乱的危险。例如,上海的日本小学生在去学校的路上,会经常被扔石头,或是遭到中国人的其他暴力行为。

因此,特别陆战队被派去保护他们,但即便如此,当地的日本小学最终还是被迫关闭了。

而且,在1932年1月8日,在东京发生了一件不良事件,有一名朝鲜人向日本天皇的行进队伍投掷了一枚炸弹。第二天(9日),上海的中国《每日新闻》发表了一篇有关文章,说"不幸的是"天皇没有受伤,这种态度是日本人无法容忍的。另外,1月18日,当一队日本僧侣路过公租界附近的三友实业社总厂时,遭到了该厂中国工人的殴打。3名僧侣受伤严重,其中1人于1月24日死亡。

抗日组织结成团伙,对持有日元的人进行抢劫。

几千名抗日学生和各种抗日组织鼓吹强烈的反日政策,经常组织示威游行。有谣言说将消灭所有日本人,局势变得非常危急。

中国的警察力量过于软弱,无法控制局势。而且,由于第十九路军在公共租界附近的聚集,那个地区尤其是闸北区的警察已经逃跑了,大量难民开始涌入,公共租界处于混乱状态。日本人和许多其他国家居民的生命和财产处于危险之中。于是,上海市政府于1932年1月28日16:00宣布进入戒严。根据协议,所有的外国警卫队在当天17:00,将进入各自划分的防区。

司令官盐泽于当天20:00发表声明,宣布日军将进入其防区采取防御,并向中国有关部门递交了声明。遵照海军陆战队司令官盐泽的命令,我属下的部队应于29日0:00占据阵地。在开始行

动前,根据司令官的命令,我向所有下属做了以下指令:

"这次行动的目的是保护居民的生命和财产。所以,除非敌人首先向我们开火,否则,我方应克制主动攻击。"

我严厉警告,不允许恣意使用军力,并下令"不许越过事先决定的防御线"。

然而,当我们的海军陆战队离开总部大门前往阵地途中,却遭遇身着中国平民服装的狙击手,从北四川路东侧的一座两层楼和其他各处射击。当我们顺着这条路向闸北区的中方一侧逼近时,我们突然受到了中国军队机枪、手榴弹等猛烈攻击,并立即造成了许多伤亡。我们的部队进行了反击,在 29 日 18:00 左右到达了按上述协议划分给我们的阵地。

但中国军队继续挑衅。于是,为了自卫,我们最终对他们的攻击进行反击,战争爆发了。开战后,中国军队在火车上安装机枪向我们射击,还沿着铁轨设置了多处炮击点。他们还在闸北的商务印书馆大楼,以及其他建筑物上建立基地对我们发起进攻。由于我们的海军陆战队在数量上居于劣势、陷入紧迫的危险之中,因此,从"野登吕"号战舰派出战机进行支援,轰炸了上述商务印书馆的敌人基地。由于司令官已严格命令禁止轰炸除军事设施以外的任何建筑,战机飞行员还特地到我们陆战队总部,在地图上核查他们的目标。根据我本人所观察到的情况,飞机反复在目标上空盘旋,以避免发生错误。我还目睹了为确保轰炸准确性、避免击中非军事目标的其他一些措施。

(3)上述事件爆发时,日本海军陆战队的总兵力——不超过 1 700 或 1 800 人——对保护分散在广泛区域的 3 万日本居民而言严重不足。与我们对抗的是中国的第十九路军,据说大约有 3.5 万人。根据我的回忆,当时在上海的各国警卫队,包括了大约 7 000 人的英国军队,美国、法国各 1 000 人,还有一小部分的意大利军队。

此外，包括日本在内的多个国家，在上海都建有永久性的志愿者部队，由一名后备役英军上校任总指挥。这些部队将根据《联合防御协议》执行防卫职责。

（4）后来，援兵相继从日本到达，双方的战斗持续进行，直到3月3日战争才差不多暂停下来。5月5日签署了一份停战协定。日方原本无意进行一场战争，这场事变完全是由于中方挑衅引起的一件不可预料的事件。所以，我们对战争的准备在很多方面都不足。陆战队被匆匆派出增援，但由于海军几乎没有什么陆战武器，不得不向陆军暂借，然后运给我们。另外，我们也不熟悉如何使用这些武器。钢盔也是向陆军借的，但由于数量不够给所有的人，一些士兵就没有得到。因此，我们面临的情况是极其困难的。

与日本海军陆战队、我们部队，以及与日本人对抗的部队属于第十九路军，据我所知，它是一支本地军队，并不属于中国中央军的一部分。

问：我刚才宣读的宣誓证词文件正确吗？

答：是的。

韦伯庭长：奎廉准将。

奎廉检察官：如果法庭允许，检察方不进行交叉质询。

韦伯庭长：证人按惯例可以离开了。

宗宫辩护律师：没有再次本方询问，庭长阁下。

（证人退席）

宗宫辩护律师：罗伯茨先生将传唤下一位证人。

韦伯庭长：罗伯茨先生。

罗伯茨辩护律师：庭长阁下，我们准备好了另一位证人。但由于时间有点晚了，阁下希望我们继续吗？

韦伯庭长：我们浪费不起10分钟。

罗伯茨辩护律师： 我们将传唤下一位证人，北浦丰男先生。

（北浦丰男作为辩护方证人出庭，首先宣誓，然后通过日本翻译员作证如下）

直接询问（由罗伯茨辩护律师询问北浦丰男证人）

问：你叫什么名字？

答：北浦丰男。

问：你的住址在哪里？你住在哪里？

答：东京都涩谷区原宿三丁目二三〇番。

问：请向证人出示一下辩方文件363号可以吗？那是你的宣誓文件吗？

答：是的。

罗伯茨辩护律师： 我们现在提交辩方文件363号作为证据。

韦伯庭长： 按惯例采纳。

法庭书记官： 辩方文件363号将作为证据被采纳，证据号2421。

（上面提到的文件被编为辩方证据第2421号，并被采纳为证据）

罗伯茨辩护律师： 我现在宣读证据文件第2421号：

（1）我曾是一名海军大佐。我以第一遣外舰队第二参谋的身份参加了第一次上海事变。舰队的司令官是海军少将盐泽幸一。

（2）奉天事变爆发后，扬子江以南地区尤其上海周边的排斥、反抗和侮辱日本人，以及抵制日货的运动愈演愈烈。我记得，大约在1931年10月，我从一些抗日极端分子那里取回一些麦麸（麦子外壳，一般用来喂马或猪）。他们以禁止和日本人做生意为由收缴了这些麦麸。日本人从中国人那里买了这些麦麸，并已经装上了黄浦江上的货船。这并不是一个独立的事件，当时中国人针对日本人的粗暴行为每天都在增加。最终，由于所有普通日本人的生命和财产都受到了严重威胁，日本人通过总领事向上海市市长提出强烈抗议。

1932年1月27日，上海市市长向中国公安局发出命令，要求解散所有的抗日协会，退还收缴的日本货物，并停止所有反日活动。

然而，没有迹象表明市长的命令得到了执行。相反，第二天（28日）举行了一次"紧急"抗日大游行，大约5 000名中国暴徒聚集在市政府大楼附近，造成了极大的混乱。

闸北区和虹口区的中国警察弃离了他们的岗位，大量中国难民不断涌入租界。最后，"中国军队将袭击租界"的谣言迫使工部局宣布进入戒严。

（3）1月27日早晨，各国警卫队的指挥官开会，一致同意在紧急情况下，各国警卫队应根据上海租界的联合防御计划，占据各自的划分区，共同保卫租界地。

因此，在工部局宣布进入戒严状态后，就应调动联合防御计划中所提到的英国、美国、法国、日本和意大利等国的部队。

（4）军队将从1月29日0:00起部署在各防卫区域。但我们的部队突然遭到了中国军队的袭击，我方遭受严重伤亡。由于我们的陆战队在数量上处劣势，被迫与敌人决一死战。于是在当天的15:20，隶属于第一远征队的"能登吕"号舰队接到命令，配合海军轰炸敌军基地商务书馆和湖州会馆。

"能登吕"舰队派出两种——14架配有轻型炸弹的海上侦察机。飞机大约在16:20到达闸北区，在黎明时分对上述军事目标进行了轰炸。

根据轰炸后提交的报告，目标非常清晰，停电措施没有收到效果。飞机先投了照明弹以确定目标，然后以低空轰炸方式直接击中目标。

随着战斗的持续，敌军的装甲车和铁轨也遭到了轰炸，但考虑到上海是一个国际大都市，舰队司令官盐泽将军下达了严格命令，必须采取最大谨慎，避免轰炸到非军事目标。

我们收到了各部队的报告，他们都尽了最大努力来确保准确的轰炸。

我本人也亲眼所见，这些飞机采取了低空飞行，并多次进入轰炸路线查看以确保精确轰炸。

在这次冲突中，没有使用过燃烧弹。

2月3日，3艘日本驱逐舰，即第二十六驱逐舰队的"柿"号、"栗"号和"榆"号，在去往佐世保途中沿黄浦江巡航。11:25，当它们经过吴淞时，突然遭到吴淞炮台的袭击。驱逐舰立即回击。

同一天，吴淞炮台还向包括三艘巡航舰在内的第三战队开火。

在这些事件发生后，我即刻接到了第26驱逐舰队司令官西村祥治和第三舰队司令官堀悌吉的报告。

韦伯庭长：有交叉质证吗？

奎廉检察官：如果法庭允许，检察方没有交叉质证。

韦伯庭长：证人按惯例可以离开了。

（证人退席）

韦伯庭长：我们将休庭，直到明天9:30。

（16:00进行休庭，直至1947年4月9日星期三9:30）

1947年4月9日，星期三

日本东京都旧陆军省大楼内远东国际军事法庭

（根据休庭规则，本法庭于9:30开庭）

……

法庭执行官：远东国际军事法庭现在开庭。

韦伯庭长：除了大川周明、东乡茂德和冈敬纯外，所有被告都到场了。我们这里有巢鸭监狱医疗分队提供的证明，证实东乡茂德和冈本敏男由于病重无法出席今天的审讯。该证明将被记录并归档。

拉扎勒斯先生。

拉扎勒斯辩护律师：庭长阁下，我担任满洲阶段之后的中国阶段，以及再以后俄国阶段的主席。

为了在我们提出证据时节约时间，庭长阁下，我恭敬地建议对现有的法庭程序作一点小变化。我们认为，如果可能的话，我们将让一名美国律师宣读宣誓证词，然后如果有必要进行再次本方询问时，让一名日本律师来进行，这将是最好的一种方式。目前，再次本方询问必须由进行了本方询问的律师进行。换句话说，就是宣读宣誓证词的同一位美国律师必须继续进行再次询问。如果本法庭需要，我们可以事先指定好这两名律师，谁将进行本方询问，谁将进行再次询问。

韦伯庭长：为什么有这个必要呢，拉扎勒斯先生？

拉扎勒斯辩护律师：我们认为这个建议将节省时间，阁下。如果由一名美国律师宣读宣誓证词，他能够读得更快一些，这样翻译官就可以通过对讲机用日语也读得更快。

韦伯庭长：我明白了。

拉扎勒斯辩护律师：同时，美国律师也能够更快速地询问证人的资格，而且，我们恭敬地建议，如果宣誓证词以英文宣读，可以使本法庭更容易理解，阁下。

韦伯庭长：法官们不认为目前的方式有什么不好，但大多数法官准备采纳你的建议。一旦采取了某项规则，通常我们不愿意放弃它，除非有必要或非常值得这样做，但是我们将尝试一下你的建议。

拉扎勒斯辩护律师：谢谢您。我们不会一直都使用，但我们的确认为会在大部分时间使用,庭长阁下。我们的确认为这将节省一些时间。

罗伯茨辩护律师：庭长阁下。

韦伯庭长：罗伯茨先生。

罗伯茨辩护律师：我们现在要传唤证人丹下薰二,他将由宗宫先生进行本方询问。

韦伯庭长：宗宫律师。

宗宫辩护律师：我请求传唤证人——丹下薰二作为证人出庭。

(丹下薰二作为辩方证人出庭,首先宣誓,然后通过日本翻译员作证如下)

直接询问(由宗宫辩护律师询问丹下薰二证人)

问：你叫什么名字？

答：丹下薰二。

问：你的年龄？

答：我今年63岁。

问：你的住址？

答：我的住址是东京都目黑区绿丘一三七二番。

宗宫辩护律师：请向证人出示辩方文件926号。

(向证人出示了上述文件)

问：证人先生,你写了那份宣誓证词吗？

答：是的。

问：签名和印鉴是否是你本人的签名和印鉴？

答：是的。

宗宫辩护律师：我要提交辩方文件926号作为证据。

韦伯庭长：诺兰先生。

诺兰检察官：如果法庭允许,检方反对辩方文件926的全部内容。这份文件是关于1932年2月1日的南京事件。那个事件已由李顿调查团进行了全面的调查,在《李顿调查团报告书》的第 87、88 页中,根据来源于日本和中国双方各自向调查团举出的证据,陈述了有关这个事件的细节事实。

此外,对立双方关于事件起源的不同观点也在报告中详细叙述。我们认为,这份宣誓证词并未对报告中已包含的内容补充新的内容,因此,它是重复内容,应当整个驳回。

罗伯茨辩护律师:首先,检方也认为应当提供炮击南京的证人。我们想说的第二点是,这些被告并不完全受《李顿调查团报告书》的约束。我们认为,我们有权利——

韦伯庭长:我们并不让自己受制于《李顿调查团报告书》的结论。但它提供了关于某些事实的证据。

罗伯茨辩护律师:但是——

韦伯庭长:如果《李顿调查团报告书》的内容已包括了这个宣誓证词中的陈述,这份宣誓证词也许是重复的。但是如果我们拘泥于《李顿调查团报告书》关于证人将叙述事实的结论,我们在这里就会缺少了一个优势。我们能看到证人。

罗伯茨辩护律师:对。

韦伯庭长:我想我最好一次用三个词。

罗伯茨辩护律师:另外——

韦伯庭长:我们将听一下对他的交叉质证,他的态度也许很重要。

这个决定将适用于类似的案例,但我们希望你们不要利用这一点传唤不必要的证人出庭。

反对无效,宣誓证词按惯例采纳。我注意到,证词是在一位名叫宗宫先生的面前进行宣誓。律师,那是你吗?

宗宫辩护律师:是的,庭长阁下。

韦伯庭长:这样的宣誓证词在英国法庭将不予采纳,但在本法庭没有反对。

法庭书记官： 辩方文件926号将作为证据被采纳，证据号2422。（上面提到的文件被编为辩方证据第2422号，并被采纳为证据）
宗宫辩护律师： 下面我将宣读证据文件第2422号：

宣誓证词

1936年11月，我从海军退役，当时我的军衔是海军少将。从那时起直到战争结束，我一直在经商。

1930年12月，我被任命为平户号巡洋舰（大约5 000吨）的海军大佐。当时平户号巡洋舰隶属于第一遣外舰队，负责保卫扬子江水域。自1931年9月奉天事变爆发后，扬子江沿岸地区（包括上海、南京和杭州等地）的抗日运动发展猛烈。

1932年1月27日，平户号巡洋舰停靠上海，28日起锚，然后到达南京。当我们离开时，舰队司令官海军少将盐泽对我下达了以下指令：

日本政府和海军的政策都是要将满洲事变在当地解决。在保护南京居民时要注意使用最小心谨慎的方式，避免引起任何麻烦。

1932年1月29日，当得知爆发了上海事变后，日本领事馆、常驻军队、海军军官以及其他日本居民均前往日本轮船云阳号紧急避难。居民的行李被运送到日清汽船会社的码头，天龙号巡洋舰向那里派遣了一支海军陆战队进行保护。当时停泊在南京附近扬子江上有6艘日本海军战舰，包括平户号、天龙号和对岛号巡洋舰和三艘驱逐舰，以及一艘美国驱逐舰和大约10只中国军舰。

1月29日一大早，盐泽司令官通过我向中国海军部长、海军上将陈绍宽转达了一封信，他在信中说："尽管在上海发生了不幸事件，但日本并没有将中国视为敌人，而是仅针对对日本持挑衅态度的第十九路军。我希望中日之间的亲密关系将一如既往。"针对这封信，海军上将陈绍宽也作出回复，表示他赞同盐泽司令官的意见，并说他将要求中国船只在经过日本军舰时，避免采取可能会引起误会的行动。2月1日上午，中国海容号军舰舰长高宪甲上校对我们进行了拜访，对第十九路军在上海与日军开战表示遗憾，并表示中国海军希望继续与日本保持友好关系。当天下午，我对他进行了回访。其他情况一切正常。

大约在2月1日23:00时，从南京附近的狮子山炮台传来开火的声音。我们听到日清汽船会社的码头方向有枪击的声音。然后我意识到我们的天龙号和对岛号进行了反击，接着就收到了守卫码头的部队发来的救援请求。码头的枪声和狮子山炮台的炮击声几乎是同时传来，此外还有码头附近中国驻军营地的步枪和手榴弹声。在战斗中我们有一名三级海员遇难，另一名海员受伤。

为应对这种局势，由于担心日本居民可能面临的危险，担任指挥官的我命令云阳号军舰（当时停泊在日清汽船会社的码头）起锚。同时，我还命令守卫码头的部队回到天龙号。当炮台停止发射炮弹时，我下令我们的军舰"暂停射击"，继而又下令"停火"。我们向停靠在同一地点的英国和美国军舰通报了情况。

我们非常谨慎地观察着局势发展。然而，这场战争似乎结束了，因为敌人阵营没有再发射炮弹。我们也仅仅发射了几颗炮弹作为回击。狮子山炮台和日本军舰之间距离有2 000米。我们通过领事，向中国有关当局提出抗议，要求他们对遇难海员及在码头损失的行李进行赔偿。

丹下薰二

1947年3月28日

问：我刚才宣读的宣誓证词有任何错误吗？

答：没有错误。

韦伯庭长：有交叉质证吗？鄂先生。

鄂检察官：如果法庭允许，我想问证人几个问题。

交叉询问（由鄂检察官询问丹下薰二证人）

问：丹下先生，在你的宣誓证词第1页，你说当你们于1932年1月27日离开上海去南京时，你们的司令官盐泽命令你们，在保护南京居民时要注意"使用最谨慎小心的方式，避免引起任何麻烦"，是吗？

答：是的，我接到了这样的命令。

问：在第2页的中部，你还说中方与日方官员之间进行了礼节性互访，一切都正常，是吗？

答：是的。

问：那么，尽管你接到了上述命令，而且当时关系正常，你还是命令一队海军登陆，是吗？

答：海军陆战队并未登陆，而是——

译员：我们卡在某个技术术语上了。

答：（继续）海军陆战队并未登陆，而是在"某物"上，目的是保护日清汽船会社。

语言监督官：请你稍等一会儿。我们现在还卡在这里，阁下。

韦伯庭长：好吧，我们知道没有登陆。

译员：更正：海军陆战队并未登陆，而是登上了码头，目的是保护日清汽船会社。

问：你的意思是，登上码头不是登陆吗？

答：根据我的理解，码头不是陆地的一部分。尽管日清汽船会社本身是在陆地上，但根据我的理解，码头是一种供船只停泊的突堤。也就是说，码头是陆地延伸到水中的部分，船只可以停泊在那里。我们所指的那个码头，看起来就像一只系在岸边的船，起着步桥的作用。

问：根据你刚才所述，日清汽船会社在陆地上。你们的登陆部队包括日清汽船会社吗？

答：可以重复一遍问题吗？

（日本的法庭书记官宣读了一遍上一个问题）

答：我指的是日清汽船会社拥有的一个码头。

韦伯庭长：鄂博士，用简短的句子，在每句话结束后停顿一下以进行翻译。否则我们会浪费大量的时间。

鄂检察官：谢谢您。

问：丹下先生，你们的海军陆战队登陆，或如你所说登上码头或是其他什么说法，是发生在听到据称从狮子山传来的枪声之前吗？

答：是的。上海事变爆发后，日本居民在日清汽船会社避难，因此，海军陆战队登上码头，为这些居民提供保护。

问：丹下先生，你是否知道你们的海军登陆引起了中方的抗议，你知道这件事吗？

答：我不知道。

问：你是否知道日本驻南京领事说他对此事无能为力？你知道这些吗？

韦伯庭长：罗伯茨先生。

罗伯茨辩护律师：如果庭长阁下允许，我认为试图获得有关日本领事证词的问题不适宜，因此，我反对这个问题。

韦伯庭长：我认为他有权举出他的证据，并让证人对此确定或否认。这是很常见的。

罗伯茨辩护律师：他在假定一些不包含在证据中的事实。

韦伯庭长：我的理解是，这些事实摘自《李顿调查团报告书》，顺便提一句，《李顿调查团报告书》中也提到了登上码头。

反对无效。

罗伯茨辩护律师：我不知道他提到的有关领事的叙述是摘自《李顿

调查团报告书》。这是我提出反对的原因。

问：丹下先生，你是否知道南京只是一个通商口岸，这与设有公共租界地的上海或杭州不一样，因此，你们的海军不应当登陆，你知道这一点吗？

罗伯茨辩护律师：我反对这个问题，如果庭长阁下允许，因为它要求证人提供观点，而且也超出了本方询问的范围。

韦伯庭长：法庭书记官可以再宣读一遍问题吗？

（法庭书记官宣读了上一个问题）

罗伯茨辩护律师：而且是争论性问题，我认为。

韦伯庭长：不，我认为可以允许这个问题。反对无效。

问：现在，丹下先生——

韦伯庭长：他还没有回答，是吗？

证人：我必须回答那个问题吗？

韦伯庭长：是的。

答：我认为，当海军陆战队在保护居民过程中有登陆必要时，这样做就是非常恰当的。

问：丹下先生，你在宣誓证词第 2 页最后一段说，枪声从日清汽船会社的码头方向传来。那是什么时间？

答：大约 11:00。

问：是晚上吗？

答：是大约 23:00。

韦伯庭长：不要让他重复已在宣誓证词中说过的内容。他说过是在 2 月 1 日大约 23:00。除非你对此有质疑，否则就不用提了。

问：现在，关于你在宣誓证词中提到的位置，你们与轮船公司码头之间的距离是 2 000 米，根据当时的能见度，你们的陆战队可能进行炮击吗？

答：对不起，我的这个机器里听不到问题。

韦伯庭长：确定证人的耳机没有问题。我们不能让他对问题产生误解，从而给出错误的回答。

语言监督官：请美国的法庭书记员再重复一遍问题。我们想重新翻译一遍，因为证人有可能误解了问题。

（法庭书记官宣读了一遍上一个问题）

罗伯茨辩护律师：我反对这个问题，首先因为军舰与轮船公司距离2 000米的说法是不正确的，宣誓证词的最后一段中说的是狮子山炮台与军舰距离2 000米，而不是与轮船公司之间。

问：那么，我希望改变一下问题。你们的军舰和码头之间距离有多远，也就是日清汽船会社的码头？

答：大约有700米。

问：现在我回到我的上一个问题。考虑到这个位置、能见度和时间，日本海军有可能进行炮击吗？

罗伯茨辩护律师：我反对问证人什么是可能的。

韦伯庭长：反对无效。

他当然可以提问或是指出其中有错误。

答：日本方面没有进行炮击。

问：南京的中国人那天晚上非常激动，他们燃放鞭炮，庆祝上海战役取得胜利。这是有可能的吗？

韦伯庭长：从检方的角度来看，这个问题毫无意义。它只是试图为发生过的事找借口。如果辩护方提出这样的问题，我能够理解是为了进行合理怀疑，但我不能理解为什么检察方要这样做。

问：请回答我的问题可以吗？

韦伯庭长：不，不必回答。

鄂检察官：我的交叉质证结束了。

韦伯庭长：宗宫律师。

宗宫辩护律师：我要问证人一个问题。

再次直接询问（由宗宫辩护律师询问丹下薰二证人）

问：陆战队的位置是在码头上还是突堤上？

答：在码头上。

译员：更正："陆战队的位置是在突堤上还是废船上？"证人回答说："废船。"

问：废船和突堤有什么不同？你能回答一下吗？

答：废船是一种看起来类似拖船的水上设施，被拴在岸边，在这些废船之间有一个突堤，废船和突堤连接在一起形成一条通道。

问：那么废船是在水上，是吗？

答：是的。

问：那么，陆战队并没有登上陆地，而是在水上的废船，是吗？

答：是的，是在水上。

宗宫先生：没有其他问题了。

韦伯庭长：证人可以按惯例离开了。我认为，经过三刻钟的庭审，我们的进度还停留在《李顿调查团报告书》第88页这同一页上。

（证人退席）

宗宫辩护律师：我想向本法庭提出，在宣誓证词的翻译中，"码头"应翻译为"废船"。

韦伯庭长：我们将把它提交给语言部处理。

宗宫辩护律师：罗伯茨先生将继续陈述证据。

韦伯庭长：罗伯茨先生。

罗伯茨辩护律师：我们将传唤证人有马成甫。

（有马成甫作为辩护方证人出庭，首先宣誓，然后通过日本译员作证如下）

直接询问（由罗伯茨辩护律师询问有马成甫证人）

问：你叫什么名字？

答：有马成甫。

问：你住在哪里？

答：东京都世田谷区野泽町一丁目二二五番。

罗伯茨辩护律师：请向证人出示辩方文件 919 号。

（向证人递过去一份文件）

问：请你看一下辩方文件 919 号，然后告诉我们这是否是你的宣誓证词？

答：这是我的宣誓证词。

罗伯茨辩护律师：我提出这份文件作为证据。

韦伯庭长：我们没有文件副本。

诺兰准将。

诺兰检察官：如果法庭允许，在这份文件 919 号中，宣誓证人叙述了他在 1932 年 2 月时去往上海的一次旅行。然后他表述了他对中国的战争根本原因的观点。为了支持他的观点，他引用了在中国兴起的抗日运动和中国法庭对某些案件的处理方式。另外，他还逐字地援引了上海的一名政府官员的讲话，表达了该官员对中国爆发战争真正原因的个人观点。最后，他还从一名中国人写的一本从未出版过的书中引用了一些内容。

检方认为，这份文件违背了本法庭关于宣誓证词的一些基本规定原则。我们认为它混合了引用内容和论点，因此应全部驳回。

韦伯庭长：罗伯茨先生。

罗伯茨辩护律师：本证人举出的事实是他通过在事变发生时前往上海进行实地考察后获得的。他被派遣到那里的原因，就是为了亲眼见到相关各方，并获取第一手资料。

如果对证据的权威性有疑问，本证人已准备好向法庭出示相关的文件证据，并提交这些证据进行鉴证。

本证人举出的事实，以及来自日本人之外的第三方信息，将证实辩护方的论点。另外，根据《远东国际军事法庭宪章》，可以采纳调查性报告作为证据。

韦伯庭长：根据本法庭多数意见，反对有效，文件由于没有证据价值被驳回。

我们将暂时休庭15分钟。

（10:45休庭，直到11:00重新开庭如下）

……

法庭执行官：远东国际军事法庭现在继续开庭。

韦伯庭长：罗伯茨先生。

罗伯茨辩护律师：辩方——

翻译仲裁官（莫罗少校）：庭长阁下，在本法庭的同意下，我们提交以下翻译更正：证据文件第2422号，在以下位置用"废船"替代"码头"：第2页的第1行，以及从最末端往前数的第7行、第5行、第4行和第2行。

罗伯茨辩护律师：根据本法庭在休庭前的裁决，本证人可以离席了。

韦伯庭长：他可以按惯例离开了。

（证人退席）

十三、九一八事变与日本国内政治

罗伯茨辩护律师：辩护方现在希望传唤证人大山，他的宣誓证词在几天前没有处理好。阪埜先生将对他进行本方询问。

（大山文雄作为辩护方证人出庭，首先宣誓，然后通过日本译员作证如下）

直接询问（由阪埜辩护律师询问大山文雄证人）

问：你的名字？

答：我叫大山文雄。

问：你的住址？

答：东京都千代田区永田町一丁目八番。

问：出生日期？

答：1883年1月2日。

阪埜辩护律师：请向证人出示辩方文件897号。

问：那是你的宣誓证词吗？

答：是的。

阪埜辩护律师：我提交辩方文件897号作为证据。

韦伯庭长：按惯例采纳。

法庭书记官：辩方文件897号将作为证据被采纳，证据号2423。

（上面提到的文件被编为辩方证据第2423号，并被采纳为证据）

阪埜辩护律师：我将宣读证据文件第2423号。我从第4段开始读。

(4)自昭和四年(1929年)6月21日至昭和八年(1933年)12月20日,我任职关东军的法务部长,是军队的法律官员(当时属高等官三等级别)。

(5)在我任职期间,昭和六年(1931年)9月18日爆发了奉天事变。

(6)事变爆发后,我受命与关东军总部的一些军官前往奉天。同年9月23日,我们来到事发现场,在与有关部门的配合下,检查了南满铁路在柳条沟被炸毁的情况。参与调查的人员有:关东军陆军步兵少佐白田宽三少佐、陆军法务官大山文雄少佐、陆军法务官冈田痴一、陆军法务官古川清一、关东军宪兵队陆军宪兵少佐都间观三、独立守备步兵第二大队陆军步兵中佐岛本正一、陆军步兵大尉板仓至、陆军一等军医田村一夫。记录者为陆军录事前川数马。

(7)在上述调查的基础上,调查小组起草了南满铁路爆炸案的调查报告,并提交给了有关部门。

(8)这份文件包括封面在内共有5页纸,起草于1931年9月23日,名称为《南满铁路爆炸案的调查报告》,是当时起草的原文报告的副本。我证明副本的内容与原文相同。

(9)关东军参谋部起草的《过去四年中有关满蒙的事件列表》,这是关东军在进行调查后向有关部门印发原文的副本。它共有15页,包括封面和附件。作为关东军法务部长,我阅读了当时的原件,并在此证明根据我的记忆,这份副本的内容与原件相同。

韦伯庭长: 柯明斯-卡尔先生。

柯明斯-卡尔检察官: 我想反对刚才宣读的这份宣誓证词的第9段,理由是提到的那份文件既没有作为宣誓证词的附件证据,也没有以任何方式进行过鉴证,而且据我所知,也从未向法庭呈递。

韦伯庭长:必须解释一下为什么缺少原文。

柯明斯-卡尔检察官:庭长阁下,甚至连副本也没有向法庭呈递或是作为宣誓证词附件。

阪埜辩护律师:我想解释一下,庭长阁下。

关于宣誓证词第9段中提到的文件,我想说的是,由于没有时间,对文件的处理准备还没有完成;我们希望将它撤回来,因此我选择了在宣读完这份宣誓证词后关于此事进行解释。

韦伯庭长:如果证人的回忆足够清晰,也许除了文件外,他可以对事实本身进行作证。可以让他试试。我的理解是,附件中的副本不是第9段中提到的文件。

柯明斯-卡尔检察官:那是第8段中提到的文件,阁下。

韦伯庭长:是的。最简单的方式就是裁决反对有效。但只针对第9段。反对有效。我们将忽略第9段的内容。

阪埜辩护律师:谢谢您,阁下。

下面我将宣读附件中的《南满铁路爆炸案的调查报告》。

1931年9月18日晚,中国士兵炸毁了南满铁路,并袭击了日本铁道守备队。9月23日,负责保护铁路的独立守备队第二步兵大队指挥官岛本前往关东军总部,对爆炸地点以及周边情况作了口头汇报。

于是,遵照关东军司令官的命令,下列人员前往了事件爆发现场,对实际情况进行调查:关东军陆军步兵少佐臼田宽三少佐、陆军法务官大山文雄少佐、陆军法务官冈田痴一、陆军法务官古川清一、关东军宪兵队陆军宪兵少佐都间观三、独立守备步兵第二大队陆军步兵中佐岛本正一、陆军步兵大尉板仓至、陆军一等军医田村一夫。他们的报告如下:

1. 爆炸地点

铁路线由南满洲铁路株式会社管理,铁轨东侧距离奉天站北边的柳条沟小分队营房有1 500米。

2. 调查日期

1931年9月23日从17：14到18：10,傍晚时分,天气良好。

3. 爆炸地点的实际情况

爆炸地点已经被修复,但铁轨和枕木的碎片仍散落在四处。至于维修情况,已经新更换了东侧的两根铁轨和两根枕木,这两根铁轨周围受影响地基从北向南有25米长,在东侧杂草丛生的土地上有明显的近期动工痕迹(约4、5天前)。

两根铁轨和两根枕木都是在一端被炸毁,情况相似。通过检查,从粘附于铁轨、枕木的一端和散落碎片上的爆炸残余物以及碎片形状判断,我们完全可以断定是使用了炸药来炸毁铁路。

上述实际情况已由随行的摄影师拍摄照片。

4. 从爆炸地点向北大营方向的实际情况

(1) 从爆炸地点向北,在铁轨东侧石基旁边的一条30英寸宽的道路上,我们注意到路面和石基上都有凝结的血迹,间隔大约2米。在大约距离起点150米的地点,我们发现了更多的血迹。顺着血迹再向前大约200米,我们发现与铁轨东侧平行的道路上有一具尸体,距铁轨大约有2米。再向北就没有看到血迹了。上述血迹的颜色为深棕色,显然是几天前留下的。上述的血迹证据已由随行的摄影师拍照。

(2) 尸体躺在道路的东侧,在大车轧过淤泥形成的车辙印里。现场仍然有一些泥坑。在车辙处是一名中国士兵的尸体,头朝北,脚朝南,脸右侧、右手和右脚都陷在泥中,左手压于腹下,脸向下,身着军装(没戴帽子),但佩戴着一个刀鞘(刺刀不在里面)。距离他的头部 30 厘米处有一顶军帽,从他的脚向南 2 米处,有一支上了刺刀的步枪。在尸体的后背中部,可以看到军装上有一处血迹凝固的子弹孔。从他的嘴巴和鼻子处有大量流血,渗遍了脸部周围的土地。他的脸、手、脚和军装都沾满了泥浆,但经过几个晴天后都已经干涸了。后背与脸部的血迹为深棕红色,尸体裸露处为深棕色,已有腐烂现象。头和脸的一部分浸在一个小水坑中,那部分已轻微生苔。我们担心,如果试图移动尸体,腐烂部分和军装就会脱落。尸体的实际情况已由随行摄影师拍照。

(3) 从铁轨平行路段发现尸体的地方再向北约 100 米处,我们在道路东边的一个沼泽水塘发现了另一具中国士兵的尸体。他穿着军装,没戴军帽,但佩戴着刺刀。尸体的头朝北,脚朝南,脸向下,右臂在身体下面,左臂稍稍向前。在尸体的后背中部,有一处血迹凝固的子弹孔。尸体的嘴部和鼻孔有少量流血,颜色为深棕和深红色。尸体裸露部分为深棕色,已开始腐烂。

头部、手和服装已轻微生苔。尸体的实际情况已由随行摄影师拍照。

(4) 再往北边,大约距离道路上尸体 100 米处,在道路东边的沼泽地(10 米宽)外,在上述沼泽东边的一个小山洞里,我们发现了第三具中国士兵的尸体。他穿着军装,没戴军帽,但佩戴着刺刀。在尸体北边发现了军帽。尸体的右半边脸向下,头朝北,脚朝南,右臂在身体旁边。尸体裸露部分没有伤口,但他吐出大量的血,颜色为深棕红色。他的脸部和右臂陷入泥中,血迹染红了脸周围的土地。脸、胳膊和军装都沾满了泥浆,但经过几个晴天后都已经干涸了。尸体的实际情况已由随行摄影师拍照。

当我们从发现尸体的地点向北看过去,能够看到高粱地外约 150 米处是北大营护墙的西南角。

从上述三具尸体的样子和服装来看,我们判断他们毫无疑问是中国士兵,而且上述的情况也使我们确信,他们已经死去几十个小时了。没有证据显示尸体曾经被移动过。

上述调查确证,中国士兵用炸药炸毁了南满铁路,然后,当他们向北大营撤退时,被日本铁道守备队发现并追击,途中遭到致命枪伤。尸体一直留在他们毙命的地点。

1931 年 9 月 23 日

阪埜辩护律师：宣读完毕。

韦伯庭长：柯明斯-卡尔先生。

交叉询问（由柯明斯-卡尔检察官询问大山文雄证人）

问：大山先生,你和去年 12 月 24 日辩方的宣誓证人大山文雄是同一个人吗？地址和年龄完全一样,但那份宣誓证词呈递之后一直没有使用。

答：是同一个人,因为我的名字也可以读那个音。写出来都是"文雄",但这两个汉字有两种读音。

问：那么,你是从 1933 年 12 月到 1945 年 3 月期间担任军队法务部长,是吗？

答：是的。

问：由于那份宣誓证词一直没有使用,我现在不问你有关它的问题。现在,关于这份调查报告——我的理解是在 1931 年 9 月 23 日进行的调查,对吗？

答：事实如此。

问：同一天,有一队美国及其他国家的记者也被领到你们进行调查的同一地点,是吗？

答：我不知道有关记者被领到事发地点的事情。

问：你没有在那里见到他们吗？

答：我没有见到他们。

问：有没人告诉你，他们是在你们到达之前或刚离开之后才去？

答：没有，我从来没有听说过此事。

问：我明白了。另外，根据《李顿调查团报告书》，日本军官——在事变爆发时唯一接近爆炸现场的日本军官是川本中尉。你知道他发生什么事了吗？

答：我不知道。

问：当时你见到他或是带着他一起去调查了吗？

答：川本中尉没有跟我们一起去。

韦伯庭长：你与枪击三名中国士兵的日本守备队谈话了吗？

证人：我们没有同日本士兵谈话。

问：也就是说，当你们进行调查时，没有与任何事发时在现场附近的人面谈，是吗？

答：没有，我们没有找他们问话。

问：你曾是关东军法务部的负责人，是吗？

答：是的。

问：你具有或曾有过法律资格和军衔吗？

答：我有法律——我曾有法律资格。当时我还不是军官，而是在隶属于军队的平民机构。

问：既然你有法律资格，难道你不认为，与能找到的最接近现场的目击证人进行核实是一个好办法吗？

答：当时我们认为没有这个必要。

问：我注意到，你在报告一开始就说"1931年9月18日晚，中国士兵炸毁了南满铁路，并袭击了日本铁道守备队"，作为一名律师，你的调查总是以结论开始吗？

答：不是，它并不是给了一个结论。它的意思是，由于独立守备队第2步兵大队长岛本报告了这件事，因此才进行了这次调查。

问：你所说的并不是这样，你知道。如果这是你的意思，你为什么没有这样说呢？

答：如果你仔细阅读报告，我肯定你就会从中理解我刚才说的意思。

问：你们在开始调查前就已经打定主意结论会是什么，你们只是在寻找一些证据来支持这个结论，难道不是吗？

答：从来没有这回事。

问：现在，关于你对据说是爆炸发生地点的描述，你说："爆炸地点已经被修复，但铁轨和枕木的碎片仍散落在四处。"然后你描述，两根铁轨和两根枕木已被炸毁，炸药残余物粘在一端。难道这些铁轨碎片不是之前就被搬到本庄繁司令官在奉天的办公室，并在当天上午在奉天向一些美国记者展示了吗？

答：那实际上是一部分残余物——铁轨和枕木的碎片在爆炸地点散落的到处都是。

问：你是否曾在本庄繁将军在奉天的办公室外面——办公室外面的大厅里见到过它们吗？

答：是的，但是在一段时间过后。

问：过后多久？

答：我一时想不起确切的时间，但我想是在一两天，也许是几天之后。

问：是谁让把它们移走的？

答：这个我不知道。

韦伯庭长：炸药残余物的外观是什么样的？

答：我现在想不起所有的细节了，但我非常确定——我非常清晰地记得散落在那里的枕木和铁轨的末端。

问：是什么让你认为那里有炸药残余物？

答：我能认出炸药，是因为那里有好几根铁轨和枕木的一部分都被爆炸物毁坏了。

韦伯庭长：你说铁轨和枕木的末端沾有炸药残余物。你能更描述更多细节吗？你那样说是什么意思？残余物是什么？

证人：我指的是黑色的——我应该说在这些东西上找到了烟尘或粉末，这是爆炸造成的结果。

韦伯庭长：你指的不会是铁屑、钢屑或类似的东西吗？会不会是使用了手榴弹或类似的东西？

证人：我不知道究竟使用了哪一种炸药，但应该是在这之后对此进行了一次调查，并提交了相关报告。我只记得那里有铁轨和枕木的碎片，上面沾有粉末状痕迹；但尽管我记得这些，我却想不起来是否有炸药的残余物或碎片。但我想是有炸药本身的残余物——或碎片。

语言监督官：我想不起炸药碎片的细节了，但我想那里应该有类似的东西。

韦伯庭长：你必须告诉我们你实际看到了什么，而不是根据你的想象。

很难理解这样的炸药怎么会粘在其他东西上。

问：你宣誓作证所提供的报告是当时起草原件的一个副本，是这样吗？对吗？

语言监督官：等一下。可以重复一遍问题吗？

问：你宣誓作证所提供的报告是当时起草原件的一个副本，是这样吗？

答：是的。

韦伯庭长：爆炸地点与距离最近的血迹之间有多远？

柯明斯-卡尔检察官：我正要问到这一点。

韦伯庭长：我们的一位同事希望听到这个回答。

证人：爆炸地点已经被修复，那里铺上了一层新土。在修复的地点没有看到有血迹,而是在稍向北一点的地方。

韦伯庭长:距离多少英尺?

证人:在爆炸地点维修的铁轨延伸了 25 米。发现血迹的地点与 25 米处非常接近。我想不起来距离多少英尺,但非常非常近。

韦伯庭长:如果可以的话,再试着想一想距离是多少。"非常非常近"在法律程序中没有意义。

证人:我想不起精确的数字了,但我不认为它——我想距离不到 1 米。

问:那么,大山先生,这个报告是你提到参加调查的所有人共同得出的结论,是吗?

答:是这样的。

问:有没有让——比如岛本中佐——读这份报告呢?

答:岛本中佐应该看过这份报告。

问:是在报告提交前吗?

韦伯庭长:我们将暂时休庭到 13:30。

(12:00 休庭)

(根据休庭规则,本法庭于 13:30 开庭)

法庭执行官:远东国际军事法庭现在继续开庭。

韦伯庭长:布鲁克斯上尉。

布鲁克斯辩护律师:如果法庭允许,这里有一份关于被告大川周明的医疗检查证明。辩护方的医生已出具了报告,我想检察方医生也提供了他们的报告,我想知道目前关于大川的状态是否有任何变化。

韦伯庭长:在午餐期间,你在法官议事室找我要一份美国医生报告的副本。我当时告诉你,在和其他法庭成员商议后,也许我会宣布有关大川的一项通知。在与我的同事商量后,我要作出以下宣布:

本法庭商议了由法庭指定的医疗专家出具的日期为 1947 年 2 月 23 日和 3 月 13 日的报告,他们对被告大川周明的精神状况做了检查后,不认为上述被告的智力和判断力恢复到了足以接受审判并进行辩护的程度,上述被告尚未承认指控罪名,也无法在审判过程中有效地对其律师发出指令,因此,本庭裁决,上述被告大川周明不必再针对起诉书在本法庭接受审判,对他的拘押状态取决于盟军最高司令的命令。然而,本裁决不应排除或阻碍上述被告,今后在适用法庭中接受对上述起诉书包含罪名的审判。

这是本法庭做出的一个多数意见裁决。

布鲁克斯辩护律师:阁下,我可以关于他的拘押询问一个问题吗?那是否意味着他将从目前被拘押的日本精神病院搬出去呢?

韦伯庭长:他的拘押地点将一直由盟军最高司令控制。

布鲁克斯辩护律师:谢谢您,庭长阁下。

韦伯庭长:柯明斯-卡尔先生。

(大山文雄作为辩方证人出庭,坐进证人席后,通过日本译员作证如下)

柯明斯-卡尔检察官:(继续)

问:大山先生,你在休庭前告诉我,岛本中佐是你提供的这份报告的负责人之一,因此,他也应对有关铁轨末端沾有炸药残余物的叙述负责,这个叙述在报告中出现过数次。你知道吗,就在昨天,岛本中佐向本法庭提供了据他说是在1931年10月18日起草的一份报告,法庭证据文件编号2410,其中有当他领着李顿调查团前往爆炸现场时与调查团成员的讨论。他说,当他们问他这次爆炸使用了什么时,他回答:"由于这是敌人进行的行动,我们不知道。没有残留物。"这两种叙述,哪一种才是真实的?

答:关于岛本中佐向本法庭提供的报告,我不了解这份文件中的内容。

问:你刚听了我读的内容,我再问一遍,这两种叙述中哪一种是真实的？

答：事实上，有好几根铁轨和枕木被损坏，当它们——在调查时发现了它们，以及这些铁轨和枕木一端的炸药证据，正如报告中指出的那样。如果有任何东西——任何文件或任何东西与我刚才所述有冲突，那么我会说我提到的那份报告是准确的。

问：你说对铁轨的维修延伸了25米。你是否想让我们理解，有那么长的铁路在所谓的爆炸中被破坏？

答：由于爆炸破坏的部分已经被修复，所以我不知道爆炸的程度。但是，有两根铁轨被更换，在更换这两根铁轨时，我想总长度应该有这么多，也就是说，有25米长。

问：你难道不知道日本人自己破坏了部分铁轨吗？

答：不是这样的。

问：你知道吗，在我刚才已提到的岛本中佐的那份陈述中，他在报告中提到了这个问题及答案："为什么日军要移走北平—奉天铁路交叉口的铁轨？"他的回答是"为了我们的防御需要"。

韦伯庭长：罗伯茨先生。

罗伯茨辩护律师：如果庭长阁下允许，看起来检方现在提到的是另一处地点，我相信与爆炸地点不是同一个地点。

柯明斯-卡尔检察官：庭长阁下，我认为，提出反对时不应当向证人建议对问题的具体问答。

韦伯庭长：这是对交叉质证律师产生误解的一个实际更正。但究竟是不是这样，我不得而知。

罗伯茨辩护律师：这的确是我的意图。我本可以用问题超出本方询问范围的理由提出反对。

韦伯庭长：你不能用那个理由提出反对，罗伯茨先生。

罗伯茨辩护律师：我仍然有对误解进行更正的意图。

柯明斯-卡尔检察官：这不是一个误解。如果庭长阁下翻到《李顿调查团报告书》第 67 页，就会看到，根据川本中尉所称，在他听到爆炸声的地点有一个交叉口，在这一页倒数向上第 5 行。

韦伯庭长：好吧，你没有任何误解，柯明斯-卡尔先生，那么继续进行交叉质证吧。

问：岛本中佐说，他告诉李顿调查团日本人自己在交叉口破坏了一些铁轨，目的是防御需要。他这样说对吗？

答：我和这个问题没有任何关系，我不知道。

问：你看到的是两处铁轨被修复，还是仅有一处？

答：只有一处。

问：你知道吗？根据川本中尉对《李顿调查团报告书》中的叙述，所谓爆炸造成的裂缝只有 31 英寸？

答：我不知道长度。

问：你知道吗，根据所有日本人的报告，在事件刚刚发生后，有列火车就安全地通过了铁轨？

答：是的，我听说了。

问：如果是这样，而且如果有必要对铁轨进行 25 米的维修，那么一定有其他什么原因导致这种必要性，不是吗？

答：因为在爆炸发生时我不在爆炸现场，所以我不能确定，但是我所能说的是，在散落在那里的铁轨和枕木上发现了炸药的证据。然而，听说有一列火车在爆炸发生不久就通过了那段铁路，我猜爆炸破坏程度非常轻微。另外，我还应该补充，维修了 25 米长的铁轨，是为了让那一处铁轨更换更加有效，所以延长到 25 米的长度是有必要的。这就是为什么我说是"25 米"。但是——铁路是双轨，虽然东侧的铁轨遭到破坏，但西侧铁轨并没有受损；而东侧铁轨是——受损的东侧铁轨是去奉天的铁轨，我记得当时讨论过火车在爆炸发生不久通过铁轨这件事，那是因为另一条铁轨——其中的一条铁轨并没有遭受严重破坏。

问：你说当时拍摄了一些照片。那些照片现在何处？

答：在当时提交报告时，那些照片都附在报告后了。

问：你知不知道现在是否还有照片的任何副本存在？

答：我想有一份副本。

问：在哪里？

答：我想，照片副本被附录在《李顿调查团报告书》或其他报告中了。

问：你是否知道，在那些美国记者被领到事发地点前，也让他们看了照片？

答：我不知道，因为当时我根本没有见到任何记者，无论是日本记者还是外国记者。

问：现在，有关那几具士兵的尸体，你说你看到的第一块血迹距离爆炸现场不超过 26 米远，与铁轨非常近，对吗？

韦伯庭长：不是 26 米，卡尔先生，距离修理的位置 1 米。

柯明斯-卡尔检察官：是的，25 米——在中间——如果地点是在据称进行铁轨修理处的中间，是的。

问：从你认为是爆炸地点的位置到你发现第一块血迹的位置有多远？

答：除了刚才庭长所提到的我的回答，我没有其他补充。

问：在你对那个问题的回答中，你的意思是在铁轨修理部分，也就是 25 米的铁轨修理之外 1 米的位置吗？

答：对，我就是这个意思。

问：它距离铁轨有多远？

答：至于位置，它就在铁轨旁边的位置——在铁轨旁边有一条大约 30 米宽的道路，铁道的附近铺有道砟，它就在这个区域的附近。

问：它是在道路上靠近铁轨一侧吗？

答：你也知道，铁路轨道是在固定宽度的路面上铺设枕木和铁轨，还有一个 30 米长小通道——在它旁边有 30 米宽的通道，沿着铁路两边有堆起的石基,就是在这个区域附近接近路砟的路上,我看到了血迹。

问:那么,这是否适用于你看到的所有血迹呢? 它们都是在像这样的铁路上吗?

答:是的。

问:关于尸体,它们都是在铁轨附近吗?

答:不,不是在铁轨上,而是在铁轨东边稍低一点儿的地方,那里有一条路,尸体在这条路的一边。

罗伯茨辩护律师:我可以打断一下吗?

韦伯庭长:罗伯茨先生。

罗伯茨辩护律师:检方刚才问证人,在他的宣誓证词中提到的一些照片的问题。我这里有一些还没有完全处理完的照片,但也许证人可以对我们现有的这些照片进行识别,我们可以稍后提供照片原件,而且,也许柯明斯-卡尔先生可以就这些照片对证人进行更明确的交叉质证。

韦伯庭长:我们现在必须由柯明斯-卡尔先生来决定。

柯明斯-卡尔检察官:庭长阁下,以这种零碎的方式提供原本应当和宣誓证词一起提供的证据并不是很方便,但是,我会尽可能地来使用它们。

柯明斯-卡尔检察官:(继续)

问:恐怕刚才我错过了你的回答。你提到的第一具尸体距离铁路有多远?

答:铁路被建在某种护堤上面,在这个护堤边上,非常近的距离内,有一条道路。道路中间有一些被大车压出的车辙印记,尸体的头、手和脚在这条路东边的车辙印上,被埋在泥浆下。

问:我看到你说"距铁轨大约有2米";对吗?

答:对,我想大概是这个距离。

问:那么,在泥上有车辙印,这是最近出现的吗?

答：当然是有旧的车辙印，也有新的；由于还有机动车辆从上面经过，我不知道它们是新的还是旧的，因为有好几条。

问：修理铁轨使用的材料是通过马车运去的吗？

答：这个我不知道，因为当时我不在那里。

问：那么，第二具尸体也是在铁路边上的同一条道路上吗？

答：它是在这条道路上远离铁轨那一侧的泥坑中。

问：第三具尸体在铁轨的哪边？

答：当然，这条路与铁路线一直是平行的，尸体是在这条路东边的一个水坑发现的，我想大约和铁轨距离10多米。

问：那是第三具尸体？

答：是的。

问：那么，你注意到附近有一些高粱地吗？

韦伯庭长：你还会回到这个血迹的问题吗，卡尔先生？

柯明斯-卡尔检察官：是的。这与那个问题有关，庭长阁下。

答：是的，我知道那里有一片高粱地。

问：而且高粱非常高，是吗？

答：是的。

问：高粱地距离铁轨有多远？

答：离铁轨比较近。

问：它们是在你刚才说的这条道路的较远一侧吗？

答：是的，在铁路线的东侧和西侧都有高粱地，有好几片，我现在指的是在铁路线东边的高粱地。

问：是的。那么，所有高粱地都——在那边的高粱地都是在道路以外，是吗？

答：是的。

问：现在，听一听川本中尉是如何叙述这场战斗的。

语言监督官：柯明斯-卡尔先生，您打算引用很长的段落吗？

柯明斯-卡尔检察官：不，我会概括一下。

问：(继续)他说，当他们听到爆炸，就沿着铁路线往回跑了大约200码，然后，刚到爆炸地点，就遭到了来自铁路线东侧高粱地里的射击，于是他们进行了还击，因此，如果你说你们发现的这3个人——这3具尸体——是被川本中尉的巡逻队打死的，那么他们就是死错了地方，不是吗？

罗伯茨辩护律师：如果庭长阁下允许，我认为这是一个争辩，而不是一个问题；当然更不是在询问有关事实的陈述。

韦伯庭长：这是以常见方式验证可信度。反对无效。

问：在战斗中，附近发生了任何日军伤亡吗？

答：由于在高粱地西边的路上发现了这些尸体，我们猜测这些士兵，或者说至少其中的一名，当时是在铁轨上，另两名或是在铁轨处或是在附近；这些在铁轨上或在附近的士兵被枪打中。川本中尉提到的可能是指在高粱地伏击的士兵。

问：他们是他唯一提到开枪射击的士兵。是不是他们的尸体被移到你说看到他们的地方了呢？

答：不是，我们完全没有发现任何表明尸体被移动的证据，关于这一点，我们特别仔细地进行了调查。

问：你是否知道，美国记者也调查了这一点——

答：我不知道关于美国记者进行调查的任何事情。

问：他们说他们没有发现任何血迹？

答：如我之前所述，我从未有机会见到美国记者，或是与他们谈话和讨论。事实上，关东军法务部只处理司法事务，我们不进行同外界的外交或其他关系往来。因此，我没有任何机会见到美国记者。

柯明斯-卡尔检察官：庭长阁下，在没有更多机会对这些照片进行检查的情况下，我认为无法使用它们。所以，我没有其他问题了。

韦伯庭长：卡尔先生，在你下去之前，有血迹的地点说明那些中国士兵,如果他们是爆炸元凶的话,在爆炸发生时就在爆炸地点,但他们的受伤或流血都是由于被步枪打中。在使用达纳炸药或其他烈性炸药时,自己待在炸药旁边,这是非常不寻常的一件事。

柯明斯-卡尔检察官:(继续)

问:证人,你听到庭长所说的话,你对此有什么解释吗?

答:可以假定,在炸药——爆炸物被放置在爆炸发生的地点后,放置爆炸物的人会撤离到危险区以外的地点。但同样也可假定,在爆炸发生后,上述放爆炸物的人可能会返回现场查看爆炸效果。我们在调查后判断这些中国士兵是被步枪击中,就是假定他们在爆炸发生后返回了爆炸现场,而正是那时,日本铁道守备队冲到现场,并向中国士兵开枪,于是他们向北逃跑,有三名士兵被击毙——在那个地点附近。

问:那么,你是否是在假定,这些中国士兵在进行了爆炸后,回到爆炸现场,然后被肯定会火速赶过去查看情况的日本守备队在那里击毙吗?

答:我不知道那些在附近的中国士兵自己是否知道日本守备队有没有在附近。但是,我们认为,他们是首先确定了附近没有日本守备队员后,才在那个特定路段进行爆炸。

问:但我们知道附近有日本守备队。你难道不知道吗?

答:在我参与调查的时候,根本没有想过这种疑问。

问:我不是问你关于疑问的事情。我问的是,你是否不知道有日本守备队在附近的这件事?

答:是的。当然,我后来听说了附近有日本守备队士兵。但是,我的确记起来,当日本铁道守备队听到爆炸声后,就立即赶到爆炸地点,他们说看到——他们叙述了看到的情景,当时中国士兵正在往相反方向逃跑,他们在铁轨上或铁轨附近。

问:你告诉过我,在起草报告前,你没有和川本中尉或他手下的人进行过谈话。现在,你又说你和他们谈话了,是吗?

答：我刚才说的是在完成报告后我所听到的信息，或者说调查结束并完成报告后。我今天上午的回答是因为你问我的是，是否在起草报告前对他们进行过面谈。

问：我明白了。那么，作为一名律师，你的做法是先写报告，然后再收集证据？

韦伯庭长：除非你对目击者进行了调查，否则你在那里有什么用呢？

译员："我没有说调查"。这是证人在庭长进行评论前说的话。

韦伯庭长：除非你调查了目击者，否则你在那里起到什么有用的作用了吗？

证人：是的，对现场进行研究。

问：你说后来听说了中国士兵沿着铁路线逃跑，这是从谁那里听到的？

答：我想不起从谁那里听到了。

问：你是否知道，这与他们告诉李顿调查团的故事完全不一样？

答：我不知道。

问：你是否想过，这些人要逃离拿着步枪的敌人，但他们从高粱地的隐蔽中走到开阔地点，可能正好使他们成了最好的目标？

答：我不知道，尽管我不认为可能会这样。

韦伯庭长：本法庭成员想要问几个问题。

使用了哪种爆炸物，达纳炸药还是葛里炸药？

答：我不是研究爆炸物的专家，所以我不知道。

韦伯庭长：那么，你是怎么知道是用炸药破坏的？

证人：有使用炸药破坏铁轨和枕木的相关证据，因为在被毁铁轨和枕木的末端发现了这些证据。当时参加调查的有8个人——包括军队职员在内是9个人——其中有一位是了解炸药的军人，他认为破坏铁路是使用了炸药。所有的8个人都同意最终起草的报告，并无任何异议地签署了报告。

韦伯庭长：你们看过中国士兵尸体的身份卡吗？

证人：没有。

韦伯庭长：难道你们不认为应当先调查一下他们是谁，然后，你们再告诉全世界说他们是中国士兵吗？

证人：当然，必须进行这样的调查。当时我们得出他们是中国士兵的结论，是因为他们穿的服装以及携带的武器。

韦伯庭长：但是除了服装外，你们没有找一下任何形式的身份证明吗？你们有没有找到解释为什么他们的尸体留在路上5天的原因呢？

证人：我们从这些尸体携带的武器上判断他们是中国士兵；比如，他们的刺刀、装备和军装等。这些尸体被留在那里好几天没有挪动，是因为日本军队通常遵循的政策是在任何棘手或不寻常事情发生时，在调查结束之前不去改变任何东西的原状。军队所有负责长官都非常清楚这一点，而且，当时，在进行调查的时候——由于事件刚发生不久——对那个地区进行了非常严格的控制，而且对运送人员非常谨慎。

韦伯庭长：我的一位同事希望问证人以下问题：

是否告诉了李顿调查团发现了三名中国士兵尸体的事情？当李顿调查团在进行调查时，是否有传言说日本人策划了爆炸案？

证人：我当时从未听说过这些事。在进行调查时，也就是9月23日，我从来没有听到过铁路爆炸——日本人策划了铁路爆炸案。

柯明斯-卡尔检察官：庭长阁下，我的交叉质证问完了。

供本法庭参考，我刚才提到的关于记者团的问题是根据法庭记录第3210页开始的内容。

韦伯庭长：我们暂时休庭15分钟。

（14:45休庭，直到15:00重新开庭如下）

……

法庭执行官：远东国际军事法庭现在继续开庭。

韦伯庭长：阪埜律师。

阪埜辩护律师：我要对一两点再次进行本方询问。

再次直接询问（由阪埜辩护律师询问大山文雄证人）

问：证人先生，中国士兵通常身上会带身份卡吗？

答：就中国军队而言，并没有一个身份卡的制度。日本军队有身份卡，但据我所知，也只用于战争时期，和平时期不用。

问：根据检方的交叉质证，似乎对提到的三具尸体是否被移到他们所处的位置存有疑问。你能给出一些你们所基于的事实证据，证明他们不是被移动到那些位置吗？

答：由于相信这是一个非常重要的细节，我们在调查这一点时就特别地谨慎。根据我们当时的观察，事件发生前似乎刚下过雨，路面非常泥泞。当我们观察遇到的第一具尸体的位置和情况时，我们发现尸体的手、头部和脚都在泥中，而且尸体是躺在泥路上的车轮印里。我想说的第一点是，尸体的头、手和足均埋在泥里，粘在尸体那些位置的泥浆已经干了。尸体的胸部压在泥泞中，略微下沉，在那个位置，从尸体嘴部和鼻部流出的血蔓延到整个胸部和渗入同一位置的泥土里。我要说的第二点是，从士兵身上流出来的血渗入了尸体所在同一位置的土地，他的尸体躺在地上，渗到地里的血呈黑红色。由此，我们判断已经过了四五天。从血的颜色，我们确认已经过去了四五天。第三点是，由于下雨，那里还有几处小水坑或是泥坑，躺在那个位置的尸体头部浸在水里，因此，尸体的脸部发生了一些腐烂。从这一点我们判断尸体没有被移动过。而且，事件发生地点的周边地区被严格控制，禁止行人进入那个地区，所以，一直到我们的调查小组到达，那些尸体都没有被动过。从以上所述事实，我们判断尸体从未被移动过。

阪埜辩护律师：再次本方询问进行完了。可以允许证人离开法庭吗？但我们希望保留在太平洋战争阶段和本案的个人辩护阶段再次传唤本证人的权利。

韦伯庭长：如果本着公平审判的原则有必要，我们将再次传唤他。他可以按惯例离开了。

马蒂斯先生。

马蒂斯辩护律师：如果法庭允许，我想请本法庭注意一下本案这个阶段的证据顺序和程序。在第 1 页、第 2 页、第 3 页和第 7 页列出的文件——他们是 204 系列和 300 系列——由于还没有完成处理，因此暂时无法提供。另外，我们在录取证人石原的宣誓证词上也出现了一些困难。除了上述问题外，我们下面还要传唤一名证人和知。如果我们可以保留在以后方便的时间，提供这些文件或其中一部分文件，并获取证人石原的证词，这一阶段可以认为是结束了。

韦伯庭长：你们打算什么时间将关于采集石原证词的委员会的草案提交法庭？

马蒂斯辩护律师：我们一有时间进行准备就会尽快提供。

林先生将对证人和知进行本方询问。

林辩护律师：我现在要传唤证人和知。

（和知鹰二作为辩护方证人出庭，首先宣誓，然后通过日本译员作证如下）

直接询问（由林辩护律师询问和知鹰二证人）

问：你的名字？

答：和知鹰二。

问：你的年龄？

答：54 岁。

问：你住在哪里？

答：巢鸭。

林辩护律师：可以向证人出示一下辩方文件 869 号吗？

问：那是你签名的宣誓证词吗？

答：是的。

林辩护律师：我要提交辩方文件 869 号作为证据。

韦伯庭长：塔夫纳先生。

塔夫纳检察官：如果庭长阁下允许，我认为这份文件是我所见过所有宣誓证词中的最不同寻常的一份。它包含了很多否定陈述，因此，即使文件被采纳，也证明不了什么。

韦伯庭长：我看到了一句肯定陈述："十月事件的目的是清除腐败的政客。"

塔夫纳检察官：当然，在宣誓证词中有一些陈述不适用我刚才说的话，但只有很少这种情况而且相互间距甚远。我特别请本法庭注意第 5、8、13、15 和 16 段。当然，如果本法庭认为这些事实有证据价值，我将会对这些事进行交叉质证。

韦伯庭长：他还与樱会的政策有关。其中有很多关于事件的肯定陈述，但这应由本法庭来决定。法庭认为它是相关的。反对无效，文件采纳。

法庭书记官：辩方文件 869 号将作为证据被采纳，证据号 2424。

（上面提到的文件被编为法庭证据第 2424 号，并被采纳为证据）

林辩护律师（宣读）：

宣誓证词

（1）我在战争结束时的军衔是中将。

（2）昭和四年（1929 年）8 月，我在松江市担任第六十三步兵大队的联队长。1931 年 4 月成为一名参谋。

（3）桥本欣五郎将军是我的上司，同时也是我的一位亲密朋友。

（4）当我成为陆军参谋部的一名成员后，我偶尔会去参加樱会组织的集会。

（5）樱会是一个关于国内事务改革的讨论小组。因此，并不涉及处理满洲和其他国家的问题。

（6）樱会是军衔在陆军中将以下的一群年轻军官集会的组织，没有规章制度或会员费等类似规则。而且，它也不是一个秘密组织。

（7）樱会与满洲事变没有任何联系。与关东军也没有任何联系。会员中也没有与关东军有关的人。

（8）桥本欣五郎将军在满洲事变爆发前后，从未见过关东军的板垣征四郎、土肥原贤二和石原莞尔等人。此外，也没有同这些人通过电话、电报或其他任何方式建立任何联系。

（9）在那段时期，我与桥本欣五郎在公事和私事方面都非常亲密，所以我非常了解这些事情。

（10）由于十月事件，我、桥本欣五郎和其他一些人受到了谴责。桥本受到了严厉的纪律处罚，被拘押了25天，然后又被降职到姬路联队。

（11）十月事件的目的是清除政党内的腐败政客，并推举陆军中将荒木贞夫，一个具有完美个性的人，领导一个新政府。然而，桥本向荒木将军透露了这个计划，然后荒木将军又告诉了陆军大臣南次郎，当晚，陆军大臣南次郎命令军警逮捕了我们，导致事件没有继续向前发展。因此，也没有考虑过有关计划执行的具体实际方法。

（12）大川周明与十月事件没有关系。由于担心消息会通过平民向外泄露，决定不在这个计划中包含任何平民。桥本欣五郎说三月事件的失败原因就是由于将平民包括在了计划之中，所以，这一次应当不再涉及任何平民。

（13）桥本欣五郎说三月事件是一场试图建立在宇垣一成将军领导下的新内阁，并清除政党中的腐败政客，但它在计划阶段就被遏制了。但是，我并不了解它的细节。

（14）十月事件的动机是基于一个事实，即政友会与民政党都考虑了政党利益与自身利益，但却从未考虑过人民遇到的困难。因此，它是为了将若槻总理赶下台的一场运动，因为他是腐败政客的典型实例，但它与满洲事变没有任何的联系。

（15）大尉长勇是我另外一个密友。昭和六年（1931年）8月初，长勇大尉被派往北平加入一个调查团，在满洲事变爆发后，他于同一年10月回到了东京。他与满洲事变爆发也没有任何的联系。

（16）田中隆吉少将与樱会没有联系。他是桥本欣五郎的下级，但他们并不亲近。

林辩护律师：检方可以进行交叉质证了。

韦伯庭长：塔夫纳先生。

问：和知将军，在你1931年被任命为参谋本部职位之前，你担任什么职务？

答：我是驻松江的第六十三联队的一名大队长。

语言监督官：步兵联队。

问：松江在哪里？

答：在岛根县。

问：当你任营长期间，你的职责要求你去东京吗？

答：没有。我不知道。

问：当你于1931年4月被派往参谋本部时，你的军衔是什么？

答：陆军少佐。

问：当时你是在参谋本部的哪一个部门？

答：二部的中国课。

问：桥本将军与那个部门有联系吗？

答：桥本在同一部门的欧美事务课。

问：你是什么时候第一次知道桥本将军的？

答：当我隶属于参谋本部时，1923 和 1924 年——从 1923 年底到 1925 年 7 月，当时我隶属于参谋本部。

问：从 1925 年 7 月至 1931 年 4 月期间，你与桥本将军的关系很密切吗？

答：那期间我从未见过他。

问：你说你参加了樱会的会议。当时你是樱会成员吗？

答：是的，我是一名成员。

问：你什么时候加入的？

答：1931 年 4 月。

问：你说樱会和三月事件无关。当那件事发生时，你还不是一名樱会成员，是吗？

答：我不是成员。

问：所以关于樱会和三月事件的关系，你并没有亲身经历的了解？

答：没有直接的了解，但我从桥本那里听说了。

问：因此，你在宣誓证词中所陈述的有关樱会的事，是桥本告诉你的，是吗？

答：任何发生在三月事件前的事情，我都是从桥本那里听说的。

问：你是说也包括三月事件在内吗？

答：是的。

问：樱会的创建人是谁？

答：创建人是桥本。

问：桥本是否告诉过你他参加了策划三月事件？

答：我从未听说这件事。

问：樱会还有哪些其他成员？

韦伯庭长：以另一种形式来提问这个问题，塔夫纳先生。

问：我撤回上个问题，我要问你是否参加——根本将军是否也是樱会的一名成员？

语言监督官：请告诉我们名字如何拼写，塔夫纳先生。

塔夫纳检察官：N-E-M-O-T-O。

语言监督官：谢谢您。

答：是的。

问：你是否从桥本那里听说，根本是三月事件的策划者之一？

答：我从来没有听说这件事。

问：陆军中佐田中清是樱会成员吗？

答：是的，他是。

问：你知道田中在三月事件中起什么角色吗？

答：不知道。

问：日本内务省警保局保安课在1938年8月份有一份关于日本革新运动的保密记录。这份文件已被采纳为证据，是检方文件第12号，证据文件编号183号。这份密件是关于樱会，它说樱会是一个对三月事件和十月事件都很有影响力的组织……

考虑到这个结论，你现在想改变一下你刚才说的樱会与三月事件及十月事件之间的关系吗？

答：我不知道三月事件，但它和十月事件有关系。

问：你是说，它的确与十月事件有关系？

答：是的。

问：在你的宣誓证词中，我记得你说它与三月事件无关。你仍然坚持那个说法吗？

答：是的。

问：你在宣誓证词中还说，大川博士与十月事件无关。

答：是的，我是这样说。

问：你是否了解1934年对大川博士关于参加1932年5月15日事变的审讯记录，他在其中叙述了他参加十月事件的细节，并说是接受了桥本的命令。

答：我不知道。

问：你如何能宣誓作证说大川与十月事件无关呢？

答：我不太明白这个问题。

问：你说大川与十月事件无关是根据什么信息？

答：当时，我在东京，我加入了协会——樱会及其活动，并且和桥本关系密切，所以，我可以非常肯定地说——也就是，大川与十月事件无关。

问：我相信你和桥本都因为参与十月事件而被拘押，是吗？

答：是的。

问：你在你的宣誓证词中说，在十月事件中没有使用平民，因为在三月事件中发生过由平民泄露消息的事情。但事实上，你们是不是已经决定了除了大川的平民团体，在十月事件中不使用其他的平民团体？

答：不是这样的。

问：你知道吗，田中在1932年起草了一份备忘录，其中说大川及其平民团体是在十月事件中唯一使用的平民团体？

答：我不知道。

问：你熟悉大川在1934年接受审判时关于他参与十月事件的证词吗？

答：我不知道。

问：在十月事件发生前的几年间，大川博士花了大量时间在日本各地进行演讲宣传，用他的话说，试图激起人们对满洲问题的愤慨，你知道这些事情吗？

答：在我被派往参谋本部前，我是在松江的一名大队长，再以前我在中国待了一段时间，但我在当时，或是担任大队长时，从未听说过大川进行了大肆宣传。

问：你知道东京有一个地方叫做金龙亭？

答：是的，我听说过这个地名。

问：你是否陪同桥本到那个地方会见到大川博士？

答：我想不起来。

问：你是否想起在那里见到了大川博士？

答：想不起来。

问：在你的宣誓证词第8段，你说桥本欣五郎将军在满洲事变爆发前后，从未见过关东军的板垣征四郎、土肥原贤二和石原莞尔等人。当你用"等"这个词时，你是指其他哪些人？

答：我使用"等"是因为有三个人。

问：我不是在问你那三个人，这一点很清楚。我问的是关于在语言中使用了"等"这个词。你指的是什么人？

林辩护律师：我希望就刚才提问的问题做一下解释。

塔夫纳检察官：如果法庭允许，我更希望由证人进行解释。

林辩护律师：在日语中，当列出超过两个人的名字时，习惯上在后面加等字。但它并不意味着还有其他人。

韦伯庭长：塔夫纳先生，这个解释能改变你所持的态度吗？

塔夫纳检察官：我还是更希望从证人那里听到回答。

韦伯庭长：当律师走到台前时，我们必须听一下他们要说什么。

答：正如辩护方律师刚才解释的那样。

问：谢谢。

根据你自己的亲身经历，你并不知道桥本是否在1931年4月之前见过板垣征四郎、土肥原贤二和石原莞尔，是吗？

答：我是桥本的亲密好友，如果我见了他，他就会告诉我一切。

语言监督官：如果他见了他们，他就会告诉我。

问：那么，你的证词是建立在桥本并没有告诉你他是否见过这三个人这一事实吗？

答：是的。

问：桥本告诉过你关于他给大川的命令吗？

答：从没给过这样的指令。

问：你是怎么知道的？

答：桥本已向我保证过，他不会使用任何平民。

问：因此，你的证词还是基于桥本先生告诉过你的内容。

你还在宣誓证词中说，没有同这些人，也就是板垣征四郎、土肥原贤二和石原莞尔，通过电话、电报或其他任何方式建立任何联系。请告诉我们你这样说的根据是什么。

答：十月事件时，我被逮捕并被拘押在宇都宫市的一个日本小旅店。当时在同一地点还有另外两名军官，即天野中尉和野田中尉，也在那家旅店，我在那里一共被拘押了 15 天。桥本中尉——天野在参谋本部与桥本在同一课共事，他相当于时桥本的秘书。我们在同一家旅店一同相处了 15 天，没有任何事情做——没有工作或其他事做，于是我们在一起谈论了很多关于十月事件以及之前发生的很多事情，天野把所有的事都告诉了我。天野说他要处理桥本进行的所有电话和发出的电报与信件，因此他非常肯定地说，没有与这些人的任何联系。

韦伯庭长：我们将休庭，直到明天 9:30。

（16:00 休庭，直至 1947 年 4 月 10 日星期四 9:30）

1947 年 4 月 10 日，星期四
日本东京都旧陆军省大楼内远东国际军事法庭

（根据休庭规则，本法庭于 9:30 开庭）

……

根据本法庭于1947年4月9日的多数意见,本法庭不再对大川周明进行审判;对他的拘押将遵照同盟国最高司令官的命令;如果对他的审判未得到豁免,进一步审判将在今后择期进行。

……

法庭执行官: 远东国际军事法庭现在开庭。

韦伯庭长: 除了东乡茂德其辩护律师代理外,所有被告都到场了。我们这里有巢鸭监狱医疗分队提供的证明,证实东乡茂德由于病重无法出席今天的审讯。该证明将被记录并归档。

塔夫纳先生。

和知鹰二作为辩护方证人出庭,重新坐进证人席后通过日本翻译员作证如下。

交叉询问(由塔夫纳检察官询问和知鹰二证人)

问: 和知将军,在昨天的法庭上,你告诉我们,桥本没有同关东军的板垣征四郎、土肥原贤二和石原莞尔有过电话联系,是因为由于十月事件而和你拘押在一处地方的桥本的秘书告诉你没有这种联系。现在,你能否告诉我们,为什么你会和桥本的秘书进行这样一个涉及关东军的板垣征四郎、土肥原贤二和石原莞尔而不是其他人的对话呢?

答: 在我们被拘押时——我们在宇都宫待了15天;由于我们有大量的时间,我们谈论了从所谓的满洲事变爆发、直到当时在宇都宫期间发生的各种事情。当我们谈到板垣征四郎、土肥原贤二和石原莞尔这些非常知名的人时,我问秘书这些人是否与桥本有过书信、电话或其他方式的往来。秘书说他不知道任何联系——与这三个人的联系,即板垣征四郎、土肥原贤二和石原莞尔。他说桥本与提到的这三个人之间没有联系。

问: 所以,是你提出的桥本也许与关东军的这三个人之间有一些联系。

答：我问了这个问题。

问：而且你的问题也只与关东军的这三位将军有关。

答：是的。

塔夫纳检察官：我没有其他问题了，庭长阁下。

韦伯庭长：林律师。

再次直接询问（由林辩护律师询问和知鹰二证人）

问：证人先生，在昨天回答塔夫纳先生的提问时，你说樱会和十月事件之间有关系。樱会与十月事件有什么样的关系？

答：樱会整体上与十月事件没有任何关系。然而，由于十月事件而被逮捕的几个人是樱会成员。所以，从这个角度而言，二者之间有关系。

问：昨天塔夫纳先生提问时提到了田中清，在十月事件发生时他是什么军衔？

答：我想他当时是大尉。

问：他与十月事件有任何形式的关联吗？

语言监督官：他与十月事件有任何关系吗？

答：他与十月事件没有联系——关系。

问：你是否听说过田中清与三月事件有任何关系？

答：没有，我从没听说过。

问：田中是樱会的一个领导成员吗？

答：他不是重要成员。

林辩护律师：我的再次本方询问结束了。

我希望在中国阶段审判时再次传唤本证人。证人可以离开法庭了吗，庭长阁下？

韦伯庭长：他可以按惯例离开了。

（证人退席）

林辩护律师：接下来，布鲁克斯先生将负责满洲事变阶段。

韦伯庭长：布鲁克斯上尉。

布鲁克斯辩护律师：庭长阁下，冈本先生将负责这个阶段的下两个分阶段的开场陈词有关的文件，即第三和第四分场。

韦伯庭长：冈本先生。

冈本辩护律师：庭长阁下及诸位法庭成员，我们现在围绕有关"满洲国"独立状态及随后问题的分阶段进行陈述。

索 引

A

阿穆尔河北岸　20
阿塞拜疆　370
爱国主义　27
安东　11,161,191,269
安东—奉天沿线　320
安奉铁路　49,50
安徽省　33
安藤利吉（安藤）　7,134－138,200,207,209
鞍山　88,151
昂昂溪　318,319

B

巴黎　371,373
巴黎和会　50
巴某　229
白川义则　143
白俄罗斯　42
百日维新　20
拜泉县　92
阪垤淳吉（阪垤）　258,259,266,272－278,285－287,305－307,322－325,333,375－378,381－384,444,446,449,464
板仓至　445,446
板垣征四郎（板垣）　86,98,109,117,122,124,130,134－137,139,142,143,162－164,188,190,193,195,196,200,206－209,213,292,293,298,300－303,310,323,467,472－474
保加利亚　12
"保甲制度"　390
"保境安民"运动　10
鲍威尔　244
北朝鲜　342
北大营　280,289,291,295－300,309－311,319,381,447－449
北伐　3,22
北伐军队　31
北海道　345
北京　3,21,24,219,262,402
北京政府　24
北陆地方民政党员总会　254
北满洲　47,113,114,160,223,315,316,330,345,412
北美　342
北平　159,231,265,282,289,314,

315,320,350,388,389,402,404,468

北平—奉天铁路　455

北浦丰男　429

北四川路　417,427

北洋军阀　32

北洋军阀派　21

本溪湖　43

本庄繁　6,7,101,115,118,122,124,127,128,130-132,134,135,137,142,143,148-150,153,155-157,162-165,167,168,170,171,173,174,183,189,195,206-210,212,268,273,274,276-278,285,290,300,308-311,313,314,317,319,321,322,330-332,346,402,409,410,451

本庄一雄（本庄）　135,272

币原喜重郎（币原）　4,189,206,209,210,235,239,278,325

变法运动　20

滨江省哈尔滨总务局局长　261

宾县　321

滨本　317,409

兵库县洲本市物部中岛八百七十二番　376

波兰　12,370

波罗的海　370

伯爵齐亚诺　423

补佐官　389

布雷克尼　144,145

布鲁克斯　97,99,103,104,121,122,154,181,191,192,199,207,208,216,238,333,334,337,338,352,453,454,476

C

查尔斯·罗素　331

察伦屯　386

产业发展五年计划　13

长春（长春市）　7,118,223,125,310-314,317,403

长春战役　311

长谷　410

长江流域　8

长野县上田市马场町　261

长野县上伊那町伊那九二一五番　307

长勇　468

巢鸭监狱　6,71,105,144,182,218,277,330,375,384,432,474

《朝日新闻》　244,257

朝鲜　2,20,36,41,45,47,48,53-60,69,82,191,235,236,242,244,245,249,253,256,257,264,311,347,348,351,364,394

朝鲜官方　60

朝鲜居民　4,9,58,82,253,351

朝鲜军　7,310,311,313,347-349

朝鲜人　6,9,35,41,53-60,82,94,160,223,236,244,252,253,258,269,279,280,314,321,351,426

"朝鲜人社团"（朝鲜社团）　56,60

朝鲜师团　218,312,313,345

朝鲜银行　125

朝鲜总督府　57,60,242

陈绍宽　435,436

陈友仁　256,257

程某　229

赤色协会　30,31

出售中东铁路的协议　12

川岸　142

川本　6,450,456,459－461

川村享一　273,275,277,278

川岛　6

川上精一（川上）　135,137

川俣　368

慈禧太后　20

村上　316

D

达赖喇嘛　240

打虎山　320

打通铁路　43

大阪　402

大不列颠　2

大川周明（大川）　6,71,77,105,144, 182,218,277,330,375,432,453, 454,467,470－473

大刀会　241

大岛浩　373

大东亚圈　282

大东亚战争　187

大和饭店　116

大连　12,44,78,79,84,107,109, 135,139,149,176,220,225,227, 253,262,379,411

大连港　45,225

大连海关　269

大连会议　176

《大满洲帝国》　96

大日本帝国　274,278－282,284, 366,369

大日本帝国军队　250

大日本国大皇帝　219,221

大山文雄（大山）　138,306,444－ 446,449,453,454,464

大石桥　263,311

"大同"　167

大西洋　342

大兴　314,316,318,319

大兴安岭　91,386

大兴站　318,410

大原　77,79－86,89,95,106,109, 110,238－242,260,261,263,266－ 268,385

大原信一（大原）　77,79－86,89,95, 106,109,110,111,238－242,260, 261,263,266－268,385

大中华民国大总统　219,221

丹麦　12

丹下薫二（丹下）　433,436,437, 437－439,441

党派主义　23

岛本正一（岛本）　6,135,138,288, 291－293,295－301,304,310,323, 335,375－378,445,446,450,453－ 456

岛根县　468

岛田繁太郎　423
稻见　293
德国　2,3,12,38,47,69-73,264,379
德国大使　68,70,72
德国政府　69
德国驻东京大使　67
德意志　69
德意志皇帝　69
帝国政府　69,70
帝国主义　25,41,46,249,379
第二十九步兵联队　288,310
第十六步兵联队　317
第十八步兵联队第七中队　318
第十六步兵联队指挥官　409
第二松花江大桥　412
第三十九混合旅团　313
第十四混合旅团　394
第十九路军　418,426-428,435,436
第十五旅团　294
第九骑兵旅　404
第一遣外舰队　426,429,435
第二十六驱逐舰队　431
第三国际　3,46
第三舰队　431
第二十师团　159,351
第八师团　389
第十八师团　174
第六师团　389
第四混合旅团　319
第一届国会　21
丁超　8,10,11,149,160,161,165,387,404,410,412
丁鉴修　86,155
东北　33,36,42,43,53,57,88,94,133,143,148,150,289,321,404,405
东北边防军　314,411
东北边防军副司令　314
东北边防军司令长官　40
东北军　290
东北军政府　88
东北抗日义勇军　405
东北三省　332,361,402,403
东北省　42
东北行政管理委员会　265
东北行政委员会　10,165-167,265
东北政权　82
东北政务委员会　10,42,133,234
东边道　10,394,403,404,412
东大营　289,311
东京　1,5,7,8,69,71,104,105,113,119,121-123,125,126,131,132,134,135,138,139,142-144,149,157,158,160,162-164,172,174,181,193,196,198,200,206-209,212,218,221,225,253,257,266,269,276,287,301,304,313,316,319,325,330,335,338,339,346,354,356,365,368,372,375,376,387,392,395,402,406,424,426,429,431,433,468,471-472
东京都北多摩郡神代村字大町四六〇番　339
东京都赤坂区青山一丁目　273

东京都目黑区绿丘一三七二番　433

东京都目黑区上目黑五之二六五八番　112

东京都品川区上大崎二丁目三〇〇番　424

东京都千代田区永田町一丁目八番　444

东京都涩谷区原宿三丁目二三〇番　429

东京都世田谷区野泽町一丁目二二五番　442

《东京公报》　244

东京内阁　104,198

东京市目黑区田牧町五十一番　287

东京新宿区市谷河田町十七番　275

东京政府　7,10,209

东京中野区上野原八番　272,273

东三省　221,229,230,265

东三省独立军　229

"东省特别区治安维持会"　10

东条英机　218,277,330,375

东拓官舍　119

东乡茂德　432,474

东亚　47,171,341,342

东亚联盟　84

都间观三　445,446

独立守备队　289,294,308,309,314,323,346,378,382,383,446,450

独立守备队第二大队　291,310

独立运动　10,56,79,84,87-89,92-95,100,105,108,110,138,140,141,143,155,162,164,165,168-170,193,196,212,213,224,240,241,297,325,326,370

独立政权　3,155

独立自治政权　160

渡边　385

段祺瑞　227

对岛号巡洋舰　435

敦化　314,403,405

多门　168,288,346,410

多米尼加共和国　12

E

俄共　48,257

俄国　2,3,12,18,22,37,44-48,50,69-74,76,219,257,259,268,342,343,346,365,366,379,432

俄国革命　3,22

俄国军队　44,45

俄国军舰　74

俄国沙皇　70

俄国外交大臣　73

俄国政府　45,70,72

俄日战争　366

俄亚道胜银行　44

额田　273

鄂　437,438,440

二宫治重（二宫）　157,347,352,358

"二十一条"　48-50,219

F

法国　2,8,9,47,69-73,264,370,379,417,423,427,430

法兰西　70

法兰西共和国总统　70
反吉林军队　321,322,412
"反吉林"政权　321
反日暴力运动　416
反日起义　57
反日情绪　41,58,59,244,253,262,279,292,312,400
反日运动　253,274,278,283,308,312,399,400,416
反日政策　81,82,283,343,426
反苏俄国组织　370
《反战协定》　401
芳泽谦吉（芳泽）　7,164,165,212,226,227,397,398
防御联盟　44
《非法出售土地惩罚条例》　242
菲律宾　345
芬兰　12
凤凰城　191
奉天　6-8,10,37,42,47,56,60,78,84,85,92-94,98,106,107,109,110,116-119,121-123,132-136,139-143,148,149,154-159,166,174,189,194,198,206-209,222,225,227,229,241,245,248,262,263,266,269,281,282,288-297,301,305,309-316,321,323,325,347,348,350,354,355,385-387,393,394,401-405,445,447,451,456
奉天半岛　70,72
奉天车站　294

奉天城中央大道　119
奉天郊区北大营　280
奉天葵町官邸　291
奉天三经路　94
奉天-山海关铁路　321,403
奉天省地方维持会　10
奉天省政府　87,154,261,263,314,350
奉天市政府　85
奉天事变　2,3,6-8,10,14,16,33,65,83,84,87,88,106,107,111,112,115,117-119,122,132,134,139,141,142,148,149,155,198,208,210,219,222,224,243,255,261,262,272,274,288,339,346,349,350,352,376,390,426,429,435,445
奉天特务机关　115
奉天营地　310
奉天政府　106,159,253
奉天政府总务局局长　261
奉天政权　10,343
奉系军阀　79
奉系政府　81
弗拉里奇　386
符拉迪沃斯托克　74,386
福建　32,33
福尼斯　423
福州　416
抚顺　134,135,137,208,312,418
抚顺商社事件　206
复辟帝制运动　223
复辟派　92,94

富山　254

G

甘珠尔扎布　148
冈本敏男（冈本）　1,6,95,97,112,114,116,117,119-121,123,125,126,129-131,136,148,154,162,163,169,172,173,175,176,181,182,185,187,188,191,215,218,219,221,222,224,225,228,231-235,238,240,243-248,250,252,254-260,268,432,476
冈部　389
冈村宁次　389
冈敬纯　432
冈田兼一　235
高伦斯基　246
高宪甲　436
歌德　244
格鲁吉亚　370
根本　7,18,20,28,47,48,66,94,98,162,193,211,212,220,232,241,248,277,283,290,299,302,316,326,330,332,345,391,393,397,442,457,461,470
公共租界　9,417,419,422,426,439
公共租界防御计划　8
公主岭　308
宫岛干之助　265
恭亲王　228,229
共产党　25,30-34,56,241,371
共产党军队　32,371

共产党人　31,32,241
共产党小组　33
共产党政府　33
共产主义　4,12,18,23,29,31-34,47,57,59,94
共产主义革命　31
共产主义理论　34
共产主义思潮　47
共产主义运动　29
沟帮子　320
古北口　388
古川清一　445,446
古庄干郎（古庄）　178,352
顾维钧　170
关岛　345
关东军　6,8,10,93,94,98,99,101,112-115,117,118,120,122-127,130-143,148-167,170-175,178-183,185,187-189,192,193,195-200,206,208-211,213,234,267,274,278-282,285-287,290-292,305,308,312,314,316,319-326,332,335,345-352,355,356,359,360,363,377,383,385-390,393,396,411,413,445,446,450,460,467,472,474,475
关东军司令部　413,414
关东军总部　86,94,117,118,122,124,149-151,168,175,180,182,183,186,190,192,195,209,259,310,350,383,385,406,412,445,446
关东省　226,227

关东省省长　252,253,414

关东州总督　234

关东州租借地　345

关内　37,60,77,104,150,158,249,
　　283,320,351,364,388,393,404

关外　388,404

关于南满洲及东部内蒙古的中日条约
　　219

《关于日军和中国军队在北大营附近
　　冲突的真相》　382

《关于五个问题的协定》　269

官堀悌吉　431

光绪皇帝　20

广岛　68

广东　33,255-257,416,418

广东起义　255,256

广东政府　256,257

广州　3,22-24,31,33

广州起义　32

广州湾　73

郭松龄兵变　263

《国籍法》　55

国际联盟技术组织　36

《国际外交记录》　406

国际主义　371

国联　7,12,24,60,64,102,158,170,
　　264,295,320,351,361,366,392,
　　401,406

国联大会　400

《国联公约》　12

国联李顿调查团　402

国联理事会　7,8,12,401,402

国联鸦片会议　265

国民党　3,4,21-23,25,30-33,40,
　　41,47,50,94,418

国民党第一次全国大会　31

国民党反对北洋军阀运动　31

国民党官员　416

国民党军队　22,32

国民党政府　22

国民党中央执行委员会　32

国民党总部　40,41

国民党组织　416

国民革命　31

国民政府　31,32,34,36,40,41,55,
　　256,257

国民政府军事委员会北平分会代理委
　　员长　389

国民政府中央军　9

H

哈尔滨　7,8,45,92,125-127,131,
　　142,149,160,161,165,253,261,
　　281,311,312,316,321,322,345,
　　349,351,385,403-405,410,412

哈尔滨陆军特务机关　126

哈尔滨特务机关　113,126,131,386

哈尔滨特务机关长　349

"哈里曼事件"　186

海参崴　44

海拉尔　385,386

海伦　91,92,142,188,410

韩云阶　90-92,142

汉人　9,37,43,44,138,230,284

汉冶萍公司 49
杭州 402,435,439
何应钦 389
和龙 56
和田劲 94
和知鹰二（和知） 400,465,468,474,475
河北 236,388,395,396
河本 297-299
河边 353,366,367,371,388
河边虎四郎（河边） 338,339,353,354,364,366,367,371,388
河野 315,316,389
黑河 141,187,229,315,316
黑龙江 7,42,43,53,91,141,142,151,194,281,314-320,325,329,349,386,404,409,410
黑龙江部队 281
黑龙江省政府主席 314
黑龙江政府 315,316
红军 32-34
虹口区 430
后藤 240,241
呼海铁路 43
呼伦贝尔 152,187,385,386
葫芦岛驻港计划 43
湖北 31,33
湖南 31-33,256,257
虎石台 118,295,309
花井 409
花屋 300
华北 3,4,78,141,176,177,229,349,350
华俄道胜银行 44,74
华南 20
华沙 368
华盛顿 130,344
华盛顿会议 3,24,26,27,35,49,50,222
华盛顿文献中心 120
华中 31
荒木贞夫（荒木） 164,332,352,361,362,467
皇姑屯 289,293,294
黄河 36
黄金台 153
黄埔军校 22
黄浦江 429,431
黄兴 283
珲春 57,58
珲春县令 236

J

基督教 379
吉长铁路借款合同 220
吉高 231
吉林 7,8,10,42,43,53,87,92-94,118,123,124,138-140,149-151,160,168,190,232,236,238,239,281,311-314,321,322,332,348,351,386,403-405
吉林-长春铁路当局 312
吉林军队 124,138,160,312,313,351

吉林派　93,94,124,190,348
吉林省部队　281
吉林省政府　56,124
《吉林省政府建设厅管理稻田水利暂行章程》　239
吉林省政府建设委员会　239
"吉林政权"　321
吉林自卫军　404
济南事件　35
加拿大　333,365
加藤　225
甲午中日战争　21
间岛　53,54,56－58,160,223,235,269,345,349,418
间岛省省长　261
《间岛协议》　54,57,58,269
建川美次（建川）　5,121－123,126,208,209,301,352－357,359
江河航行权　12
江桥站　318
江桥之战　7
江桥阻击战　7
江西　32,33,386
蒋介石（蒋）　5,32,255－257
交通大学　314
交趾中国　20
胶州湾　73
鲛岛具重　424
教皇　12
今村均（今村）　346,347,352,353,354,356,357,359,360
金谷范三（金谷）　119,125,126,130,131,352
金井章次（金井）　87,105,260,261,266,267
金梁　149
金龙亭　472
金宅　300
津田　7,310
锦州　8,70,90,150,156,158－161,281,314,318,320,321,324,350,351,361,395,405,411,413
锦州东大岭河　351
锦州沟帮子　310
锦州轰炸事件　350,360
锦州政权　159
近藤信一　233
井杉　278
井上　135,385
《九国公约》　4,11,49
九一八事变　16,17,218,444
久留米　174
臼田宽三　138,445,446
居留民　124,133
军队暴乱事件　156
军事保护院总裁　274
军事动乱　156
军事独裁政治　21
军政阶段　22
君主复辟运动　152
俊一　304

K

喀什噶尔人的叛乱　20

坎宁安　201-203,205

抗日救国会总部　416

抗日协会　430

抗日运动　435,442

柯明斯-卡尔（卡尔）　3,14,15,30,60,61,65-67,221,223-225,232,240,241,244,245,247,250,252,254,255,258,296,301,305,306,323,325,326,329,331-334,340,341,344,353,354,356,357,360-365,367-373,376-378,382-384,391,393,395-397,406-408,445,446,449,452,454-461,463

科尔　26,49

科尔曼　26,29-31

克劳迪奥　295,302

克罗地亚　12

孔子　27

库特·斯特纳　269

库兹涅夫　316

宽城子市　311

奎廉　267,335,336,374,424,425,428,431

L

拉扎勒斯　432

莱文　270

兰顿　222

蓝普森　423

《蓝辛—石井协议》　3

劳静远（音）　126,149,150,152,176,203,210,324,337,436,449

老头沟　43

老挝　20

雷寿荣　389

李杜　10,11,160,165,387,404

李顿　68,80,170,171

《李顿调查团报告书》　2,4,7,8,14,16,17,25,26,30,31,36,60-65,67,68,74-76,79,80,82-85,95,106,110,114,154,168-170,190-192,221,224,240,244-246,407,408,434,438,441,450,455-457

李顿调查团（李顿调查委员会、李顿爵士调查团）　12,16,17,30,60,63,170,171,189,244,281,297,302,401,433,454,456,462,463

李海青　404

李择一　389

李志春（音）　126,149,150,152,176,203,210,324,325,337,436,449

立宪政友会　8

"栗"号　431

笠井　373

笠木良明（笠木）　99,100,194

莲见喜一郎（莲见）　334

联合防御计划　430

《联合防御协议》　428

辽东　50,69

辽东半岛　2,36,44,45,47,65-69,73,76

辽东租界地　249

辽河　8,151,158,159,314,319,320,350,351,387,396,411

辽河疏浚工程 43
辽宁国民外交协会 41
辽宁省 10,153,242,261,263,411
辽宁省地方维持委员会 149,153,192
辽宁省公署 153
辽宁省和平维持委员会 261
辽宁省维持法治和秩序委员会 153
辽宁省维持和平委员会 263
辽宁省新民屯劝业公司 234
辽宁省政府 153,242
辽宁治安维持会 133
辽西 320
辽阳 47,115,122,191,288,292,310,346
列文 65,219,243,244,268,270,271,369
林 7,43,68,74,82,135,189,206-209,234,245,329,330,409,465,466,468,472,475,476
铃木重康 364
凌升 10,152
菱刈隆 185
琉球群岛 20
柳条沟 116,268,280,287,288,378,445,447
"柳条沟事变"（柳条沟事件） 112,115,174
龙军 229
隆裕太后 20
陆奥 68,70,72
旅顺港 7,45,47,71,112,115,116,118,121,151-153,167,191,227,308,310,311
罗伯茨 205,216,382,415,417,420-425,428,429,433,434,438-444,455,458,460
罗马尼亚 12
罗振玉 10,139,149,165
洛根 1,216

M

马成甫 441,442
马蒂斯 272,304-306,326,331,334-341,344,345,373-375,384,385,389-391,396-398,406-409,413,415,465
马格里亚诺 259
马关 47,65,66
《马关条约》 44,47,70
马苏科夫 386
马占山 7,8,10,11,91,92,141,142,150,166,188,213,214,281,315-317,319,320,329,330,349,409-412
迈凯 295,302
迈克尔·列文 269
麦克道格尔 365
麦克马纳斯 1,362
麦肯锡 130
满蒙地区 253,320
满蒙帝国 240
"满蒙开发" 353
满蒙问题 198,248,249,251

《满蒙问题参考资料》 259
满清复辟密谋 241
满清王朝 20,37,228,241,285
满人新政权运动 10
满洲 1-10,16,18,26,35-50,52-59,66,67,71,74,77-82,86-88,90,91,94-96,98,100,102-104,110,112-114,122,123,126,131,132,134,135,139-141,143,145,149-152,155,157,159,161-180,182-187,190,193,194,196-200,207-209,211,214,222-224,232,233,240,241,243,247,249,251-253,256-259,262,264,265,268,269,272,278-284,286,288,289,291,312,323,324,326,329,335,342,343,345-350,352,354-356,358,359,363-365,385-387,390,393-400,402,403,405,406,408,432,467,471
满洲当局 41,42,59,85
满洲的独立运动 111,195,241
满洲地方当局 58
满洲帝国 9
满洲独立的宣言 10
满洲独立运动 85,240
"满洲国" 1,2,9,11-14,78,79,87,93,141,142,161,163,167-173,176,178-187,189,196,249,265,266,269,282,284-286,385,387,390,392-395,476
"满洲国"皇帝 12

"满洲国"军队 11,183,184,388,403-405,410
"满洲国"协和会 91,93-102
"满洲国"政府 13,78,170,180,185,186,189,394,403-405
"满洲国"政府军队 183
"满洲国"执政 11,13
满洲珲春警察分局局长 236
满洲军队 148,184,278-282,411
满洲林业公司 78
《满洲年鉴》 37
《满洲年鉴1931》 257,258
满洲青年联盟 78,84,95,102,264,265
满洲青年人社团 264,265
满洲人 4,10,11,37,38,78-82,86,90,92,153,163,170,172,179,184,193,194,214,259,264,266,284,285,289,296,297,395
《满洲人-蒙古人满洲和蒙古参考》 259
《满洲日日新闻》 241
满洲事变 65,66,197,278,283,288,289,295,296,339,342,356,390,435,467,468,472,474,476
《满洲事变的真相》 276-278,285,286
《满洲事变经过概述》 301
满洲事件 141,185,187,195,335,392,398-401,407
满洲铁路区 249
满洲王朝 165

满洲协和会　78

满洲远征军　197

满洲战役　396

满洲治外法权　177

满族共进会　93

满族皇室　20

茂木　263

《没收日货条例》　231

梅津美治郎　187

梅耶　413

美国　8，9，12，13，25，65，88，165，221，327，331，333，343-345，362，363，365-367，371，379，401，419，423，427，430，436，440，449，453

美国汉森外国调查法庭小组　378

美国记者　451，457，460

美国律师　76，121，192，238，425，432

美国律师协会　331，363

美国驱逐舰　435

美国政府　165

美国资本主义　249

门罗社会　143

门司　253

蒙古　3，9，37，45，93，148，150，152，155，160，166，167，230，240，248，258，259

蒙古人民共和国　9

蒙古王公　10

孟德斯鸠　23

密云　389

缅甸　20

《民国日报》　416，418

《民国三年修正国籍法》　55

民国政府　20

民政党　4，254，468

民族问题　252，253

民族主义　4，25，27，41，44，50，186

明治天皇　401

明治维新　401

模范军队（新军）　21

摩根大通　248

摩根公司　248，249

莫罗　218，356，357，443

N

南昌　32

南次郎（南）　21-23，32，33，36，37，44-47，92，119，121，126，131，150，152，156，158，161，187，192，209，214，218，227，229，230，247，250，255，294，295，312，313，318，319，321，342，346，347，349，352，354，357，363，371，388，394，405，411，429，447，467，448

南大营　319

南京　3，20，22，31，32，56，158，164，197，234，256，257，320，402，434-437，439，440

南京当局　418

南京国民政府　32，58

南京居民　435，437

南京事件　433

《南京条约》　18

南京政府　23，32-34，40，42，44，

143,155,167,196,256,261,283,350

南岭　190,311

南满　49-52,54,85,104,107,108, 135,186,249,281,322,413

南满洲铁道株式会社（南满铁路公司）　78,84,93,107,108,135,140,234, 261,262,278-280,289,315-317, 349,408,409

南满铁路　6,36,42,47,48,50,51, 74,81,82,114,140,157,189,206, 249,258,262,263,269,280,281, 288,308-311,313,316,320,332, 345,346,348,350,351,361,408, 409,445,446,449,450

《南满铁路爆炸案的调查报告》　445, 446

南满铁路奉天分局　297

南满铁路公司附属地（南满铁路区）　222,233,253,269,289,314,316, 319,321,351,403,414

南满铁路公司卫生处处长　262

南满铁路总部　262

南满洲　51,52,54,158,160,219, 220,345,350,351,447

内阁委员会　102-104

内蒙古　40,49,51,54,219,220,241, 398

内蒙古的独立运动　241

内蒙古自治军　148

内田　189

内田康哉　173

《内外报》　382

嫩江　141,151,281,316,317

嫩江大桥　188,349

嫩江特遣队　317

南京政府　23,32-34,40,42,44, 143,155,167,196,256,261,283,350

南京政府扬子江洪水救灾委员会　261

嫩江中央政府　234

"能登吕"号战舰　427

1911年革命　9,18

1936年2月26日的事件　177

1932年1月28日事变　422

1932年5月15日事变　471

1931年9月事变　43,59

《1915年中日条约》　52

《1915年中日条约及换文》　51,54,57

诺兰　433,442

O

欧洲　69,265,341,369,371

P

派屈克·德福林　128

盘山　320,321

皮克特·柯嘉利　331

片仓　190,206,307,309

片仓衷（片仓）　95,98,112,116,117, 125,126,130,131,136,144,148, 154,163,173,181,182,188,190, 206,192,205,212,215,307,309

平户号巡洋舰　435

平津　150,388

平田　6,287,296,310,323

平田幸宏（平田） 6,287,295,296,310,323

《朴茨茅斯和约》 268

溥仪 10-13,93,149-153,155,165-167,223-225,228,240,284,326,329

溥仪复辟帝制运动 240

Q

齐克铁路 43,78

齐克铁路重建委员会 78

齐齐哈尔 8,91,92,113,114,141,156,157,160,189,281,315-319,326,329,349,350,403,408-411

齐王 10

埼玉县 385

埼玉县入间郡入间川町 385

埼玉县浦和市北浦和 273

千叶县君津郡根形村下新田 77

前川数马 445

前清皇帝 10

钱宗泽 389

桥本欣五郎（桥本） 174,466-474,472

亲日政策 81

青岛 310,416

《青年联盟的故事》 95

清朝 10,13,20,57,70,223,268,283

清国 72,74,269

清军 229

清水 189,316,317,321

清王朝 9,20,93,284

庆应义塾大学 261,262

秋田市 248

全国金融委员会 24

全国义勇军东北军 405

犬养内阁 8,161,352

犬养毅 8,420

R

热河 10,40,42,229,332,361,363,375,386-388,392-396,404,405,412,413

人道主义 371,386

日本 1-9,11-13,18,19,26,34-36,40-62,64-73,75-78,82,86,87,89,90,103,105,112,114,115,118,119,122,125,126,133,135,142,144,148,150,154,156,158,159,163-165,167,169-173,175-181,183-187,189-191,196,198,199,205-207,213,218-228,230-235,239,241,244-249,251-258,260,262,264,265,268,269,272,275-277,281-284,286-290,296,298,299,301,307,315,319-321,324,330,331,338,339,342,343,346,349,351,354,355,358,360,363,366,370,372,375,382,384-386,390,393,394,397-400,402-406,408,410,412,413,416,418,419,421,423,424,426,428-431,433-436,438,440,441,444,450,454,457,461,465,

470,471,473,474
日本报馆　125
《日本编年报》　243,244,247,248,250,252－254,256,257
日本兵营　289,290
日本部队　7
日本大帝国驻法使馆武官　369
日本代理总领事　240
日本当局　56,59,249,405,409,418,419,422
《日本的洲权》　247
日本帝国　18
日本帝国参议院　420
日本帝国政府　70
日本帝国主义　249
日本公民　3,4,398,402,416,420
日本公使馆副武官　389
日本国务大臣　397,398
日本海军　417,419,424,435,440
日本海军陆战队　9,427,428
日本海外事务省朝鲜事务部主任　242
日本皇室　226,228,416,418
日本金泽市　288
日本居留民协会　289,294,297,349
日本居民　6,8,13,124,160,168,169,186,233,258,280－282,288,290,293,294,320－322,345,348,349,351,386,416－419,426,427,435,436,438
日本居民协会主席　289
日本军队　4,158,169,183,192,207,290,308,312,315,318,351,390,391,393,403,404,409,412,419,422,463,464
日本领事治安警察　53
日本律师　87,110,154,191,192,238,239,340,407,425,432
日本轮船云阳号　435
日本内阁委员会　102
日本内务省警保局保安课　470
"日本农场"　248
日本炮兵　380
日本驱逐舰　431
日本人　2－6,9,11－13,30,35,38,41,43,47,48,50－60,64,78－80,82,93,94,103,104,114,118,119,132,133,141,142,149,152,155,156,161,162,167－169,181,185,186,188,192－195,198,212－215,221－224,232,233,241,248,253,257,259,263,264,268,279,283,286,290,297,298,302,308,312－314,321,325,326,329,351,386,387,392,400,401,403,405,418,426,428－430,443,455,456,463
日本人协会　297,312
日本僧侣　419,426
《日本时报》　247,250
日本天皇　70,142,210,211,252,274,348,355,413,426
日本铁道守备队　223,446,449,450,461
日本外务办侨务局局长　242

日本外务大臣　71－73,223,231,
　　232,235,238,240
日本政府　8,9,12,48,50,54,55,57,
　　58,60,62－64,67－70,72,124,
　　158,159,161,171,177,198,222－
　　225,232,244,252,253,256,257,
　　320,332,345,350,392,397,402,
　　407,408,415－418,420,421,435
日本中央当局　158,162
日本驻法国使馆武官　368
日本驻奉天总领事　115,134,200,
　　228,245
日本驻哈尔滨总领事　161
日本驻哈尔滨总领事馆　125,126
日本驻吉林总领事　238
日本驻间岛领事　235
日本驻间岛总领事　223
日本驻军　8,10,185
日本驻满当局　10
日本驻满洲领事馆　113
日本驻南京领事　438
日本驻上海总领事　416
日本驻天津总领事　224,240
日本租界地　417
日俄战争　46,48,132,283,289,343,
　　399
日军　2,11,92,95,110,116,118,
　　123,142,148,150,161,162,168,
　　170,180,181,185,190,209,211,
　　215,279,289,292,298,304,311,
　　318－320,322,352,361,378－381,
　　388,390,399,402－405,409－413,

419,426,436,455,460
日军第八师团总部　389
日莲宗　416
日满联合防御协议　387
《日满协定》　385
日内瓦　7,164,165,266,400,406
日内瓦裁军谈判会议　251
日内瓦国联秘书处　261
日清汽船会社　435－440
《日苏中立条约》　13
日中关系　253,282,283,343,345
日中武装冲突事件　419
荣臻　290
阮振铎　87,88,93,94
瑞士　148,264
若槻　247－249,254,255,348,468
若槻内阁　4,8,225,348,352

S

萨尔瓦多共和国　12
"三国干涉还辽"　62
三民主义　27
"三民主义原则"　22
三权分立　23
《三矢协定》　60
三文字　237,238
三轩房　410
三友实业社总厂　426
三月事件　467－471,475
三宅光治（三宅）　115,130,116,118,
　　132,134,135,151,155,164,174,
　　207,309,310,313

桑岛 150,324-326
森 234,308,346
森田福松 262
沙俄帝国 18
沙俄政府 29
山城镇 140
山东 229,236
山东半岛 3
山海关 321,403,405,411
山口重次(山口) 77,81,84,89,94-97,100-102,107,105,109,262
山田 188,190,287,288,295,302,303
山下奉文 187
杉村阳太郎 406
杉山 126,152,347
商务印书馆 427
上海 8,29,31,33,261,262,310,402,416-420,422,426-431,435-437,439,442
上海市长 430
上海市政府 426
上海事变 415-418,429,435,438
上海特别陆战队指挥官 425,426
上海停战协定 421
上海战役 440
《设置大连海关及内河汽船航行的协定》 269
神户 253
沈海铁路 43,85,86,107-110
沈海铁路保安维持委员会 78
"沈阳馆" 119

圣彼得堡 45,74
狮子山炮台 436,440
十月事件("十月事件") 142
石本 412
石川 87
石井菊次郎 221,222
《石井—兰辛协定》 221
石射猪太郎 239
石友三 33,197,198
石原莞尔(石原) 115,118,124,130,134,137,164,334,335,208,209,309,311,317,335,338,465,467,472-474
"柿"号 431
"收回权利运动" 52
寿一 304
枢密顾问官 275
双城 322,412
斯洛伐克 12
四平街 409
松花江 53,412
松江市 466
松井石根 2,6,71,105,144,182,218,277,330,375
宋子文委员会 261
苏炳文 11,385,386
苏俄 46
《苏俄第一次对华宣言》 29
苏俄顾问 32
苏俄政府 30,46
苏河 388
苏联 4,9,10,12,13,18,30,32-34,

36,42,47,48,53,55,57,179,322,
343-345,363-366,370-372,
386,401,412
苏联大使馆　257,365
苏联共产化　370
苏联军队　148,322,390
苏联政府　3,4,370
苏维埃化　33
苏维埃政权　32,33
孙逸仙(孙文、孙博士)　20-23,27,
30,31,35,283

T

台湾　20,345
太仓　248
太平天国叛乱　20,28
太平洋　342,343,465
太平洋行动　349
太田金次郎(太田)　267
泰国　12
泰来　160,317
汤岗子　151
汤玉麟　10,11,166,387,395,405
塘沽　176,389,390
《塘沽停战协定》(《塘沽协定》)　12,
　388
洮昂铁路　316,317,319,349,408-
　410
洮南　10,113,114,139,140,152,
　160,315,316,403
洮南镇守使　315
塔夫纳　46,67,68,70,72-77,81,

82,85,87,89,90,95-99,102-
106,109-111,114,119-121,123,
126-130,145-147,152,157,162,
172,189,190,192,197,199,200,
204,205,207,212,215,269-271,
275,285,286,304,305,335,336,
375,381,382,397,407,413,466,
468,470,472,474,475
天宝山　405
天皇　55,131,142,174,178,188,
210,252,269,274,324,348,413,
414,420,426
天津　8,10,13,139,149-151,156,
226,324,325,349,350,388,402,411
天津港　78
天津军队　151
天津租界　227
天龙号巡洋舰　435
天野　410,473
天子山　385
田　53,57,58,227,236,238,239,
253,287,423,445,446
田村一夫　445,446
田中　118,208,228,309,470,471,
473,475
田中隆吉　468
田中清(田中)　118,208,228,309,
470,471,473,475
田中义一(田中)　118,208,225,228,
231,233,309,470,471,473,475
田庄台　159,320,321
畑俊六　345,347,353,354

索　引 | 497

铁道守备兵　48
铁岭县县令　233
铁岭总领事　232
铁路爆炸事件　274
铁路附属地　6,7,26,82,124,186,281
铁路附属区　12,25
停战协定　9,423,428
通古斯部族　9
通辽　148
通商行船条约　268
同盟国最高司令官　474
图们江　57
土耳其　369－371
土肥原贤二（土肥原）　86,107－109,132,133,149－151,197,198,267,300,324－326,373,467,472－474
土桥　368

W

《外交评论》　221
外蒙古　4,47
外务办侨务局局长　242
万宝山　248,249,256,257
万宝山联合虐待朝鲜农民的事件　278
"万宝山事件"　5
万宝山事件　5
万福麟　141,314,315
万国宾　141,315
汪清　57
王瑞华　10,149

王永江　88,90,133,143,265
威格摩尔　331,362
威海卫港口　73
韦伯　1,2,5,6,14－18,25,26,29－31,36,38－40,46,49,61－68,70－77,79－87,89,90,95－97,99,101－106,109－112,114,116,117,119－131,136,144－148,152－154,157,162,169,172,173,175,176,181,182,188,190－192,196,199－205,207,208,212,215－219,221－225,228,231,232,234－248,250,252,255－257,259,260,263,266－277,285－288,295,296,301－307,322－324,326－331,333－341,344,354,357,361,362,364,365,367－371,373－378,381－385,389,391－393,395－398,401,406－409,413－415,417,420－425,428,429,431－434,437－446,449－460,462－466,468,470,472－476
韦礼德　423
维护和平与秩序委员会　110
文治派　88－94
沃伦　1－3,5,6,14－18,25,26,29,36,38－40,46,55,62－68,70－77,83,192,200,202－204,238,327－329,331,363,365,367,368,373
乌克兰　370
乌苏里江　53
无产阶级革命　31

吴家兴　405
吴松鳞　91
吴淞　431
吴淞炮台　431
五年计划　13,179,180
"五权宪法"路线　23
《五条誓文》　401
武汉　31,32
武汉政府　31
武藤信义　11,101
武藤章(武藤)　387,389
武田寿　323,329,331
武田寿一(武田)　306,307,323,331

X

西　18,19,21,48,70,113,114,159,262,263,280,289,293,294,303,309,341,342,350,351,388,396,405,411,448,452,455,456,459,460,463
西班牙　12
西北　36,289,294,404
西伯利亚　36,46
西伯利亚大铁路　44
西藏　240
西村祥治　431
熙洽　8,10,93,138,139,149,151,160,165-168,281,312,321
喜多　389
厦门　418
闲院宫载仁亲王　352
宪法党　468

宪政阶段　23
宪政主义　21
香港　20,257
小幡利城　352
小矶国昭　237,238,347,356,358
小山　306,448
小山贞知　84,86
小松原　386
小西　116,117
小兴屯-三间房地区　318
小泽开作　94
协和会　96,98,99,182,183,260,264,265
协和会中央委员会　183
协约国干涉　46
谢珂　315
新京　182,258
新京政府　94
新民　156,158,314
新义州　311,347
新政府　13,467
兴安岭山脉　386
匈牙利　12
熊斌　389
徐燕谋　389
宣统皇帝　10,20,21,138,139,167,225-228,240,241,284
"宣言"　22
训政阶段　22

Y

鸦片　14,265,267

鸭绿江　45,47,313,347,394
鸭绿江采木公司　43
亚洲　25,342,343,371
延吉　56
岩田大队　132
盐泽幸一（盐泽）　426,429,431,435－437
阎锡山　197
扬　244,284,379
扬子江　261,429,435
野田　118,309,473
一·二八事变　424
伊藤　68
义和团运动　20,45
义勇军　404,405,413
意大利　8,9,12,264,430
意大利军队　427
殷汝耕　389
印度　219,371
英国　8,9,73,154,219,244,328,331,379,419,423,430,436
英国法庭　327,434
英国军队　427
英国政府　69
英日同盟　3
英日同盟条约　219
樱会　466－471,475
营口　7,44,132,149,151,159,191,310,320
营口（牛庄）　7,44,132,149,151,159,191,310,320
永津佐比重　389

于冲汉　10,88,90,143,148,149,153,155,163,165,166,184,193,194,264－266,282,284
于静远　89,94
于学忠　177
于珍徽　160
于芷山　10,90,133,140,281
"榆"号　431
宇都宫市　473
宇垣一成　468
玉田　177
袁金铠　10,106,107,133,143,153,192,265,282
袁世凯　21,22
远东　3,12,18,370,390,399,401,402,417,420
远东国际军事法庭　1,5,6,10,25,39,62,71,83,89,97,100,105,117,125,136,144,162,173,181,192,202,204,205,216,218,237,244,246,263,276,295,304,322,326,327,329,330,336,340,354,364,375,389,398,415,431,432,443,453,464,473,474
远藤三郎　384,385,391,396
远征军　9,345,347,420
越飞　30
越南　20
云南回民起义　20
云阳号军舰　436

Z

臧式毅　10,87,105,106,154,155,

159,165-167,194
曾弥　70,72
闸北区　419,426,427,430
斋藤内阁　173
詹森　423
张海鹏　7,10,139-141,149,152,188,229,281,315-317,325,326,329,349,409
张景惠　10,91,142,149,160,167,281
张氏家庭　79
张氏家庭统治　12
张氏家族　10,12,79,283
张氏军阀　82
张氏政权　4,13,164,196
张熙光　389
张学良　4,8,10,40,43,50,80,133,139,141,150,155,156,158,159,229,282,283,289,291-293,297-299,314,315,320,321,347,350,358,361,387,388,395,396,404,405
张学良军队　6,8,115,290,292,293
张学良政府　283
张学良政权　115,155,156,158,163,167,184,351
张作霖　3,4,9,24,39-41,43,80,81,88,90,138,229,262,265,282,283
张作霖军队　263
张作相　139,236,314,321
赵欣伯　10,86,90,155,165,166
真崎甚三郎　352

郑垂　240
郑家屯　160,317,319
郑孝胥　11,94,165,185,214
政府执政　284
芝罘港　78
执政（摄政王）　167,248,284
植松　425
植田　185
志摩俊一（志摩）　304
治安维持委员会　86,108,110,192,193,263,403
治外法权　12-14,19,25,26,51,56,58,177,179-181,185,249,268,269
中村　127
中村大尉事件（中村大尉被杀事件、中村大尉、井杉曹长被满洲屯垦部队虐杀事件）　5,113,114,135,137,198,209,255,256,278,290,346
中村事件　135
中东铁路　12,42,45,53,74,149,161,223,318,319,405,410
中俄结盟　74
中俄条约草案　45
中共党员　30,31
中共召开第二次大会　30
中共中央委员会　33
中国　1-4,8-12,16-38,41-60,65,66,69,72-74,79,86,88,90,94,100,106,109,113-115,132,133,136,137,141,150,156-158,161,170,176,177,184,190,192,

193,197,198,207,213,219-227,230,231,233-235,238,240-246,248,249,252-257,261,278,282-286,290,293,309,310,312,315,320,321,342-345,350,354,358,363,365,366,371,373,379,381,391,393,398-400,402-404,411-413,416-419,421,422,426,427,430,432,434-436,442,446-450,460-464,468,471,475

中国当局 59,60,215,232-234,308,416,417

中国地方政府体制 39

中国第十九路军 9

中国调查委员会 295

中国东北军 289

中东铁路 12,42,45,53,74,149,161,223,318,319,405,410

中东铁路护路军 404

中东铁路 12,42,45,53,74,149,161,223,318,319,405,410

中东铁路董事会副主席 316

中国法庭 25,220,442

中国革命 9

中国公安局 430

中国共产党 29,94

中国官方 43,51,52,58,60,233,290,404

中国海军 435,436

中国海容号军舰 436

中国警察 60,220,422,430

中国军队 3,4,6,9,125,134-136,191,207,211,215,223,290,299,301,306,308,310,311,315,320,322,361,380,381,394,396,399,404,405,409-412,417,419,422,427,430,464

中国军舰 435

中国民族主义 4,46,51

中国人 4,5,8,9,26,35,43,50-53,55,56,58-60,79,85,86,89,106,114,115,123,132,152,156,194,198,200,206,220,223,224,233,235,239,240,244,248,249,251,253,255,256,262,290,297,312,324,371,379,392,400,418-420,426,429,440,442

中国商人 257,400

中国事变 178-180,420

中国铁道守卫队 223

中国协会 249

中国辛亥革命 37

中国银行 44

中国正规军 300,392,395

中国正规军队 320,403

中国政府 4,9,27,50,51,54,58,70,220,234,236,349,379,400,402,406,416

中国中东铁路 41

中国中央军 428

中国中央政府 395,416,418

中国驻军部署地图 305

中华民国 18,110,221,231,243

中华民国临时宪法 27

中日关系　5,17,18,53,56,218,282,
　　354,400
《中日和平条约》　65,66,69
《中日民四条约及换文》　50
中日事件　69
中日条约　346
《中日条约》　346
中日战争　2,20,44,47
中央当局　131,139,141,143,151,
　　156-158,162,188,196,310,319,
　　320,348
中央军部　355
中央军队当局　321,332,367
中央司令部　339,342,343,345,348,
　　349,351,388
中央统帅部　339,341-352,355,
　　356,363,387
中央银行　24,103
中央政府　18,22-24,28,29,32,35,
　　36,40-42,50,124,125,163,172,
　　179,234,416
中央最高指挥部　390
中野　309
塚本　252,253
重光葵　257,423
竹村胜清　316
住友　209
自治管理指导理事会　194
自治委员会　282
自治运动　89,104,109,140
自治政府　193,194,264,282
自治政府指导理事会　193-195
自治政府指导委员会　101
自治政府指导组织　264,265
自治指导部　95,100-102,153,264,
　　265
宗宫　424,425,428,433-435,440,
　　441
宗社党　92,226
佐世保　431